四訂版
わかる・読める・解ける
Key & Point
古文単語330
早稲田大学名誉教授
中野幸一＝監修
池田修二／宮下拓三＝著
いいずな書店

いろはにほへと

はじめに

大学入試の問題文を正しく読み取り、自信を持って設問に答えられる古文の実力を身につけようとしている高校生のみなさんに、真に役立つ古文単語集をお届けします。

まず必要にして十分な単語を厳選しました。高校の教科書と大学入試問題を徹底的に分析し、それに基づいて選び抜いた「これぞ」という古語です。この330語を五つの章に分け、学習を段階的に積み上げていけるように配列しました。

次に適切な例文を厳選しました。本書に挙げた用例は句点「。」で結ばれ、完結した内容を持ったものです。古語の学習では、単に訳語を覚えるだけでは実際にはあまり役立ちません。完結した一つ一つの例文において、古語がどのように、どんな意味合いで用いられるかをきちんととらえ、その語の核心を把握することが大切なのです。

以上のような必要・十分な内容を確実に身につけるため、本書はさまざまな工夫を凝らしました。「POINT」「KEY」をはじめ、イラスト・図解・入試情報・実戦問題など、少しずつ角度を変えて一つの単語を繰り返し学習することで、古語が立体的に生き生きととらえられるようになっています。

では、いよいよ清少納言や兼好法師たちの生きた世界へ出発です。

中野幸一／池田修二／宮下拓三

目次

本書の使い方

❶見出し語

右上にあるのが見出し語番号です。

＊用言は［　］内に活用の種類を示しました。

＊代表的な漢字表記を【　】内に示しました。

❷「KEY」「POINT」

見出し語を理解するための重要な情報をコンパクトにまとめました。まず、ここを読んでみましょう。

＊「KEY」は、各語が持つイメージ・語感・働きです。

＊「POINT」は、各語の成り立ち、現代語との比較、記憶するための方法など、学習上の留意点です。

❸訳語

古文を読み、訳すために覚えてほしい重要な訳語です。

＊訳語を意味ごとに分類し（❶・❷・❸・…）、それぞれの意味の中で重要なものは赤字で示しました。

❹イラスト・図解

見出し語・例文の内容を視覚的に理解してみましょう。

＊「イラスト」は、例文中に出てくる事物のうち、古文常識として知っておきたいものを中心に取り上げています。

＊「図解」は、「POINT」の内容や関連語・現代語との比較などをわかりやすく図示しています。

❺例文

見出し語の訳し方を実例によって確認しましょう。

＊❶・❷・…の数字は、上段の訳語と対応しています。

＊例文の後の（　）内は出典の名称です。

＊例文・訳の見出し語部分には、傍線を付しました。

＊訳の赤字はチェックシートで隠すことができます。

＊訳の後にある赤字（＊〜）の部分は、例文の前後の文脈の補足、文法事項・古文常識の解説などです。

❻関連語

見出し語と関連している語を確認しましょう。

＊①・②・…は派生語、同・対・類・関は同義語・対義語・類義語・関連語であることを示しています。

＊［　］内は品詞名です。動詞は四段活用→［動四］のように活用の種類も示しています。

＊見出し語の場合は、「① 114 **おぼえ**［名］」のように見出し番号を掲げています。

❼入試情報

各語が入試でどのように問われるかを確認しましょう。

＊入試で設問になる確率を★の数で示しています。

＊出題のポイントを具体的に指摘しています。関連する実戦問題は（実戦①2）のように示しています。

本書の学習をサポートする動画を用意しています。こちらからアクセスしてください。

※2024年4月上旬公開予定。

1 □□□

① おどろく 【驚く】 ［カ行四段］

② 

はっとする

「びっくりする」の意だけと考えてはいけません。現代語「驚く」は古語の意味の一部にすぎず、**古語では物音などで「はっとする」の意が基本です。**眠っていた場面ならば、「ふと目を覚ます」の意になります。

③ 訳語

1（はっと）気づく。

2（ふと）目を覚ます。

④

古 おどろく
はっとする
気づく
目を覚ます

現 おどろく
おどろく

▶古語の守備範囲の広さに注目。

⑤

1 **秋来ぬと目にはさやかに見えねども風の音にぞおどろかれぬる**（古今和歌集）

訳 秋がやって来たと、目にははっきり見えないけれども、風の音に（もう秋なのだと）自然と気づいたことだ。

2 **物に襲はるる心地して、おどろき給へれば、灯も消えにけり。**（源氏物語・夕顔）

訳 ものに襲われる気持ちがして、目を覚ましなさったところ、灯も消えてしまっていた。

＊光源氏が夕顔という女性を連れて過ごす、人気もない荒廃した屋敷跡での夜の出来事です。

⑥ 関連語

1 **おどろかす**［動四］ **1** 目を覚まさせる。**2** 気づかせる。**3** 手紙を出す。訪問する。

2 **おどろおどろし**［形］ **1**（はっとするほど）おおげさだ。**2** 気味が悪い。

⑦ 入試 ★★

入試で問われるのはほとんどが **2** の意味です。（実戦①10）

④

▶神仏に祈って願いを成就するには我慢強さや忍耐力が必要でした。

訳語

1（心の中で）祈る。

2 がまんする。

⑤

1 **常に「天照御神を念じ申せ」といふ人あり。**（更級日記）

訳 常に「天照御神をお祈り申し上げよ」という人がいる。

＊「念ず」はザ行に活用しますがサ変と呼びます。

2 **いみじく心憂けれど、念じてものも言はず。**（堤中納言物語・はいずみ）

訳 ひどくつらいが、がまんしてものも言わない。

⑦ 入試 ★★★

入試で問われるのは **2** の意味です。（実戦①11）ただし、**1** の意味は頻出なので読解上は大切です。

索引

見出し語・関連語

＊第1章から第5章で取り上げた見出し語・関連語と、付録「まとめて覚える慣用表現」で取り上げた語を掲載した。

＊配列は歴史的仮名遣いによった。

＊見出し語330語については、上に見出し語番号を付け、**太字**で示した。

＊漢字表記が必要な語については、（ ）内に示した。

＊各語の訳語のうち重要なものを、左側に赤字で示した。

あ

い

さ

し

す

せ

そ

た

索引　古文常識語

＊第1章から第5章、付録「古文常識」で取り上げた古文常識語を掲載した。
＊現代仮名遣いで配列し、赤字でその読みを示した。

第1章

読解必修語50

＊この章には、古文を正しく読解するためにどうしても覚えておきたい50語を集めました。この50語から「古文単語」の学習を始めましょう。

＊単語の選定に際しては、「言語文化」を中心とした教科書の出典を基準としています。まずは、教科書に出てきた重要語を確実に身につけてほしいからです。

＊入門の章ですが、「あやし」「おとなし」「としごろ」「やがて」など、入試最頻出の語を多数収録しています。

1 おどろく【驚く】

□□□

［カ行四段］

訳語

1（はっと）気づく。

2（ふと）目を覚ます。

古 おどろく
はっとする
気づく
目を覚ます

現 おどろく
おどろく

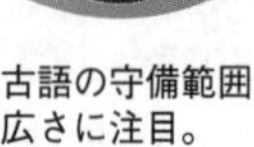

▶古語の守備範囲の広さに注目。

KEY **はっとする**

POINT 「びっくりする」の意だけと考えてはいけません。現代語「驚く」は古語の意味の一部にすぎず、**古語では物音などで「はっとする」の意が基本です。**眠っていた場面ならば、「ふと目を覚ます」の意になります。

1 **秋来ぬと目にはさやかに見えねども風の音にぞおどろかれぬる**（古今和歌集）

訳 秋がやって来たと、目にははっきり見えないけれども、風の音に（もう秋なのだと）自然と気づいたことだ。

2 **物に襲はるる心地して、おどろき給へれば、灯も消えにけり。**（源氏物語・夕顔）

訳 ものに襲われる気持ちがして、目を覚ましなさったところ、灯も消えてしまっていた。

＊光源氏が夕顔という女性を連れて過ごす、人気もない荒廃した屋敷跡での夜の出来事です。

関連語

［1］**おどろかす**［動四］**1**目を覚まさせる。**2**気づかせる。**3**手紙を出す。訪問する。

［2］**おどろおどろし**［形］**1**（はっとするほど）おおげさだ。**2**気味が悪い。

入試 ★★★
入試で問われるのはほとんどが**2**の意味です。（実戦①10）

2 ののしる

□□□

［ラ行四段］

訳語

KEY **大きな声で騒ぐ**

POINT 現代語の「罵倒する」の意味に取ってはいけません。**古語の基本の意味は「大きな声を出して騒ぐ」で、悪い意味合いはありません。**世間が騒ぎ立てることから、「評判になる」の意も生じました。

関連語

1 大騒ぎする。**大声で騒ぐ。**
2 評判になる。**うわさになる。**

▶宴会が盛り上がり「ののしる」。

1 とかくしつつ**ののしる**うちに、夜(よ)更けぬ。（土佐日記）
訳 あれこれしながら大騒ぎするうちに、夜が更けた。

2 この世に**ののしり**給ふ光源氏、かかるついでに見たてまつり給はむや。（源氏物語・若紫）
訳 世間で評判になっていらっしゃる光源氏を、このような機会に見申し上げなさったらどうか。

類 みな同じく笑ひののしる、いと**らうがはし**。（徒然草）
訳 皆同じように大騒ぎして笑うのは、非常に騒がしい。
＊「笑ひののしる」など、「ののしる」が他の動詞の下に付いた複合動詞の場合、「大騒ぎして〜する」と訳します。

類 **らうがはし**［形］**1**乱雑だ。**2**騒がしい。**3**無作法だ。

入試 ★★★
1を中心に語義が問われます。（実戦①1）選択肢では「ののしり…」が「口をきわめて…」のように訳された例もあります。

3 □□□ ねんず【念ず】［サ行変格］

じっと我慢(がまん)する

現代語と同じ「心の中で祈る」が基本の意味です。神仏に祈って願いを成就するにはそれ相当の持続・忍耐が必要なことから、**「がまんする」の意が生じましたが、古語で重要なのはこちらの意味です。**

訳語
1（心の中で）祈る。
2 がまんする。

▶神仏に祈って願いを成就するには我慢強さや忍耐力が必要でした。

1 常に「天照御神(あまてるおほんかみ)を**念じ**申せ」といふ人あり。（更級日記）
訳 常に「天照御神をお祈り申し上げよ」という人がいる。
＊「念ず」はザ行に活用しますがサ変と呼びます。

2 いみじく心憂(う)けれど、**念じ**てものも言はず。（堤中納言物語・はいずみ）
訳 ひどくつらいが、がまんしてものも言わない。

入試 ★★★
入試で問われるのは**2**の意味です。ただし、**1**の意味は頻出（実戦①11）なので読解上は大切です。

4 □□□

おぼゆ【覚ゆ】

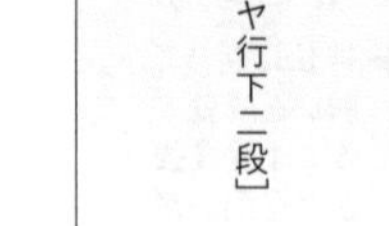

［ヤ行下二段］

訳語

1（自然に）思われる。

2 似る。似ている。

3 思い出される。

4（人から）思われる。

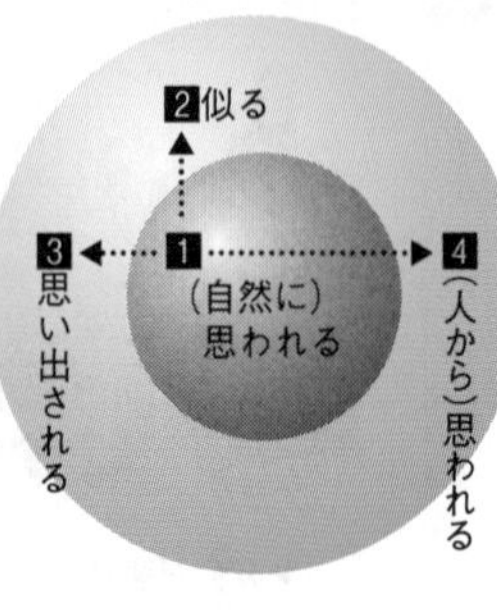

▼**1**がもとの意味で、そこから**2** **3**、さらに**4**などの意味が生まれました。

KEY

思ふ＋ゆ（自発・受身）

POINT

動詞「思ふ」の未然形に奈良時代の自発・受身の助動詞「ゆ」が付いた「思はゆ」が変化して生まれた語です。**基本の意味「自然に思われる」から「似る」や「思い出される」「人から思われる」の意が生じました。**

1 **いと悲しくおぼえけり。**（大和物語）

訳 たいそう悲しく思われた。

2 **尼君の見上げたるに、少しおぼえたるところあれば、子なめりと見給ふ。**（源氏物語・若紫）

訳 尼君が見上げている顔立ちに、少し似ているところがあるので、子どもであるようだとご覧になる。

＊光源氏が後の最愛の妻・紫の上を初めて見た場面で、実際には紫の上は尼君の孫でした。「なめり」は、断定の助動詞「なり」の連体形「なる」の撥音便「なん」（撥音「ん」は無表記）＋推定の助動詞「めり」の終止形で、「なんめり」と読みます。

3 **これにただ今おぼえむ古き言一つづつ書け。**（枕草子）

訳 これに今すぐ思い出されるような古歌を一首ずつ書け。

4 **などさしも心にしみてあはれとおぼえ給ひけむ。**（源氏物語・夕顔）

訳 どうして（あの人は）あんなにも心にしみてしみじみといとしいと（私から）思われなさったのだろう。

＊「ゆ」が自発の意味から派生した受身の意味を表す場合です。光源氏が亡くなった夕顔のことを回想して夕顔の

・関連語・

1 114 **おぼえ**［名］

入試 ★★☆

2・**3**の意味が問われます。（実戦①2）ただし、記述式の現代語訳で**1**の意味を「思う」と訳さないように。必ず「思われる」と訳しましょう。また、「おぼえ給ふ」の形で「（人から）思われなさる」と受身の意味で使われる場合があります。これが問われて得点できると優位に立てます。

侍女であった右近に語っている場面です。

5 □□□

しのぶ

【忍ぶ】［バ行上二段／バ行四段］

気づかれないように

恋心や逢瀬などを「人に気づかれないようにする」が基本の意味です。奈良時代には上二段活用でしたが、平安時代になり、懐かしく思う意の「偲ぶ」と混同されて、四段にも活用するようになりました。

訳語

1〔耐え忍ぶ〕がまんする。**恋心を包み隠す。**

2〔人目を忍ぶ〕人目を避ける。

▶古文では、男が人目を忍んで女のもとを訪れる場面がよく見られます。

1 **しのぶれど色に出でにけり我が恋はものや思ふと人の問ふまで**（拾遺和歌集）

訳（恋心を人に知られまいと）がまんするのに顔色に表れてしまった、私の恋は。もの思いをしているのかと人が尋ねるほどに。

2 **宮、例の、しのびておはしまいたり。**（和泉式部日記）

訳 宮は、いつものように、人目を避けていらっしゃった。

＊「おはしまい」は「おはしまし」のイ音便です。

[1] **浅茅が宿に昔をしのぶこそ、色好むとは言はめ。**（徒然草）

訳 茅の茂る荒れ果てた家で（恋人と過ごした）昔を懐かしむことこそ、恋の情趣を解すると言えよう。

＊「やど」は「屋戸」で、本来の意味は「家」「住む所」です。「め」は「こそ」の結びで、推量の助動詞「む」の已然形。

・関連語・

[1] **偲ぶ**［動四／上二］思い慕う。懐かしむ。

入試 ★★☆

2の意味が多く問われます。（実戦①12）選択肢では「人目をはばかる」といった訳になる場合もあります。また、関連語の「偲ぶ」も問われますが、その際には「しのぶ」と平仮名で表記されるので注意しましょう。

6 □□□ ながむ 【眺む】［マ行下二段］

訳語

1 もの思いに沈む。（もの思いに沈んで）**ぼんやり見る。**

▶もの思いにふける男。

もの思い

POINT

現代語と同じ意＝距離的に遠い所を「ながめる」もありますが、**古語では「長目(ながめ)」＝時間的に長い間ぼんやり見ている意が重要です。**そんな時には考えごとをしがちなので、「もの思いにふける」の意も加わります。

1 **暮れはつるまで、ながめ暮らしつ。**（蜻蛉日記）
訳 日がすっかり暮れてしまうまで、もの思いに沈んで過ごした。

1 **明くるより暮るるまで、東(ひむがし)の山ぎはをながめて過ぐす。**（更級日記）
訳 夜が明けてから暮れるまで、東の山際をぼんやり見て過ごす。

＊「東の山際」は東国に赴任する父の旅行く方向の空です。

・関連語・
1 **詠む(ながむ)**［動下二］詩歌を詠む。吟詠する。

入試★★★ 「詠む」もよく問われます。「ながむ」の前に詩歌があるかないかで見分けましょう。

7 □□□ みゆ 【見ゆ】［ヤ行下二段］

訳語

1 ［自発の意から］（自然と）見える。**思われる。**

見る＋ゆ（自発・受身）

動詞「見る」の未然形に奈良時代の自発・受身の助動詞「ゆ」が付いて生まれた語です。「ゆ」の表す意味によって「見える」「見られる」などの意に分かれ、そこからさらに派生的な意味が生じました。

1 **海の中にはつかに山見ゆ。**（竹取物語）
訳 海の中にわずかに山が見える。

1 **雲居(くもゐ)よりもはるかに見ゆる人ありけり。**（平中物語）

・関連語・
1 **見る**［動上一］**1** 見る。思う。**2** 世話をする。

2 **姿を見せる。現れる。**

3 〔受身の意から〕（人から）**見られる。見せる。結婚する。**

訳 雲よりもはるかに（遠い存在と）思われる女性がいた。（源氏物語・早蕨）

2 時々も**見え**給へ。

訳 時々は姿を見せてください。

3 つかふ人にも**見え**で、いと長かりける髪をかい切りて、手づから尼になりにけり。（大和物語）

訳 召し使う人にも見られないで、たいそう長かった髪をぷっつり切って、自分の手で尼になってしまった。

3 かかる異様の者、人に**見ゆ**べきにあらず。（徒然草）

訳 このような変わり者は、人と結婚するべきではない。

3 結婚する。

2 **見す** ［動下二］ 1見せる。2結婚させる。

入試 ★★☆ 入試では**3**の意味が問われます。女性が男性に見られることは結婚を承諾したこととイコールでした。

8 あふ（ウ） □□□ ［ハ行四段］

訳語

1 **結婚する。男女が契る。**

▶平安時代、結婚三日目に行われた披露宴を「所顕し」と言います（→P337）。

男女が結ばれる

現代語の「あう」と同じ意味（一つになる・つり合う・出会う、など）のほかに、**古語では「結婚する」の意味が重要です。**男女が「あふ」という場合、多くは契りを交わすことで、単なる対面ではありません。

1 男、大和にある女を見て、よばひて**あひ**にけり。（伊勢物語）

訳 ある男が、大和の国に住む女を見て、求婚して結婚した。

1 女はこの男をと思ひつつ、親の**あはすれ**ども聞かでなむありける。（伊勢物語）

訳 女はこの男を（夫にしよう）と思い続け、親が（他の男と）結婚させ（ようとす）るけれども聞き入れないでいた。

関連語

1 **あはす** ［動下二］ 結婚させる。

関 **よばふ** ［動四］ 1呼び続ける。2求婚する。

入試 ★★★ 「あふ」は掛詞としても要注意です。（→P315）

9 ゐる（イ）□□□

【居る】［ワ行上一段］

訳語

1 座る。動かずにいる。

2 〔他の動詞の連用形や助詞「て」に付いて〕〜ている。

▶「下りゐる」と言えば、馬から下りて座ることです。

KEY じっとして「居る」

POINT 単に「居る」ことではなく、「その場から動かずにいる」の意です。多く「その場に座っている」意を表します。**ワ行上一段動詞「ゐる」には、「居る」のほかに「率（ゐ）る」（＝連れる）もあるので注意しましょう。**

1 立ちて見、ゐて見、見れど、去年（こぞ）に似るべくもあらず。（伊勢物語）

訳 立って見、座って見、（辺りを）見るけれども、去年（見た感じ）と似ているはずもない。

＊無理やり別れさせられた恋人との、思い出の地での感慨です。

2 鳥獣（とりけだもの）もなき所にて一人食ひゐたり。（宇治拾遺物語）

訳 鳥や獣もいない所で一人食っていた。

2 見れば率て来（こ）し女もなし。（伊勢物語）

訳 見ると連れて来た女もいない。

＊「率る」は漢字の読みも重要です。

関連語

1 **ついゐる**［動上一］ひざまずく。

2 **率る**［動上一］連れる。

入試 ★★☆ 入試では「居る」も「率る」も平仮名で表記されることがあります。両者を混同しないように注意しましょう。

10 ありく □□□

【歩く】［カ行四段］

訳語

KEY あちこち移動

POINT **移動することを表すのが基本です。**注意点は移動手段が歩行に限らないことで、牛車（ぎっしゃ）や船による移動もあり、犬や猫が歩き回る場合にも用います。歩行を表す現代語「歩く」に相当する古語は「あゆむ」です。

関連語

1 動き回る。出歩く。外出する。

2 〔動詞の連用形に付いて〕（空間的に）（～して）まわる。（時間的に）（～し）続ける。

1 菰積みたる舟の**ありく**こそ、いみじうをかしかりしか。（枕草子）

訳 まこも（＝水辺の植物名）を積んだ舟が動き回るのが、たいそう趣深かった。

2 ひたすらに家ごとに乞ひ**ありく**。（方丈記）

訳 ひたすらに家ごとに物乞いしてまわる。

2 わびしと思ひ**ありき**給ふ。（源氏物語・紅葉賀）

訳 困ったと思い続けていらっしゃる。

1 **ありき**［名］外出。

入試 ★☆☆ 記述式の現代語訳のときは、「動き回る」「歩き回る」と「回る」を添えて訳すことを心がけましょう。（実戦①14）

11 あく □□□

【飽く】［カ行四段］

KEY **満足！**

POINT **満ち足りた気持ちを肯定的に表すのが基本です。**ただし、その程度がさらに進むと、現代語「飽きる」と同様の否定的な意味を表すことになります。「あかず」「あかで」など打消の語が付いた形も大切です。

訳語

1 満足する。

2 〔「飽かず」の形で〕満ち足りない。いやにならない。

射向の袖
馬手の袖
胴先の緒
弦走
前の草摺
菱縫の板
脇楯の草摺

▶「武具」とは鎧や兜のことです。

1 この法師ばら、美麗なる物具**飽く**まで取りて、帰りけり。（平治物語）

訳 この法師どもは、きれいな武具を満足するまで取って、帰った。

2 **飽かず**惜しと思はば、千年を過ぐすとも一夜の夢の心地こそせめ。（徒然草）

訳（いくら生きても）満ち足りず命が惜しいと思うなら、千年を過ごしても一夜の夢のような短い気持ちがするだろう。

＊「せめ」はサ変動詞「す」の未然形＋推量の助動詞「む」の已然形（「こそ」の結び）。

関連語

1 **飽かぬ別れ**［連語］名残惜しい別れ。

関 **ともし**［形］少ない。足りない。貧しい。

入試 ★★☆ **2**は「あかで」（「で」は打消の接続助詞）の形でも出題されます。

12 □□□

うつくし

［シク活用］

訳語

1 かわいらしい。

2 立派だ。

尼そぎの幼女

鶏のひな

▼『枕草子』には、「何も何も、小さきものはみなうつくし」とあります。

KEY

かわいい！

POINT

現代語の「美しい」の意だけでは不十分です。奈良時代には肉親への親愛の情「いとしい」を表し、**平安時代に入って小さく愛らしいものに対する「かわいい」の意**が生じ、その後、美一般を表すようになりました。

1 **三寸ばかりなる人、いとうつくしうてゐたり。**（竹取物語）

訳 三寸（＝約九センチメートル）ほどである人が、たいそうかわいらしい様子で座っている。

2 **かの木の道の匠の作れる、うつくしき器物も、古代の姿こそをかしと見ゆれ。**（徒然草）

訳 あの木工の名人の作った、立派な器物も、昔風の形が趣深いと思われる。

＊「作れる」の「る」は完了の助動詞「り」の連体形です。

関連語

1 **うつくしがる・うつくしむ**［動四］いとしく思う。かわいがる。

類253 **らうたげなり**［形動］

類79 **うるはし**［形］

類100 **きよらなり**［形動］

入試 ★★☆

入試では**1**の意味が問われます。（実戦①4）

13 □□□

かなし

［シク活用］

訳語

1 〔愛し〕いとしい。かわいい。

KEY

切ない

POINT

あるものや人に対する思いが、胸に痛切に迫ってくるさまを表します。別離などに対する「悲し・哀し」という思いは現代語と同じです。**古語で重要なのは、異性や肉親に対する「愛し」という思い**です。

1 **かなしからん親のため、妻子のためには、恥をも忘れ、盗みもしつべきことなり。**（徒然草）

関連語

1 **かなしむ**［動四］・**かな**

14 □□□

いみじ［シク活用］

痛切な思い
悲し・哀し
かわいそう
哀れ
愛し
いとしい
かわいい

▶「かなし」の原義に近いのは「愛し」の方です。

訳 いとしいような親のため、妻子のためには、恥も忘れ、きっと盗みもするにちがいないものである。

＊「つべき」は強意（完了）の助動詞「つ」の終止形＋推量の助動詞「べし」の連体形です。

1 ひとつ子にさへありければ、いとかなしうし給ひけり。（伊勢物語）

訳 そのうえ一人っ子でもあったので、たいそうかわいがりなさった。

しぶ［動四］・かなしうす［動サ変］かわいいと思う。かわいがる。

類 86 いとほし［形］

類 12 うつくし［形］

入試 ★★★

関連語「かなしうす」もよく問われます。

KEY

並外れてすごい

POINT

四段動詞「忌む」が形容詞化した語で、**忌み避けなければならないほど、程度が並外れていることを表します。**好ましい場合と好ましくない場合があり、何についての程度か、文脈から読み取る必要があります。

訳語

1［連用形「いみじく」「いみじう」の形で］とても。**たいそう。**

2［好ましい場合］とてもすばらしい。**とてもうれしい。**

3［好ましくない場合］とても悲しい。**ひどい。大変だ。**

1 いみじくうれしきにも涙落ちぬ。（源氏物語・紅葉賀）

訳 とてもうれしいと思うにつけても涙が落ちた。

2 し得たりし心地は、いみじかりしものかな。（大鏡）

訳 うまくし遂げた気持ちは、とてもすばらしかったものだよ。

＊「し得たりし心地」から、好ましい場合と判断します。

3 死にけりと聞きて、いといみじかりけり。（大和物語）

訳 死んだと聞いて、本当にとても悲しかった。

＊「死にけり」から、好ましくない場合と判断します。

・関連語・

類 77 ゆゆし［形］

入試 ★★☆

記述式の現代語訳では、2・3の意味のとき、「とても」の下にそれぞれ「すばらしい」「悲しい」を添えることを忘れてはいけません。

15 □□□

をかし［シク活用］

訳語

1 趣がある。おもしろい。

2 美しい。かわいい。

3 滑稽だ。

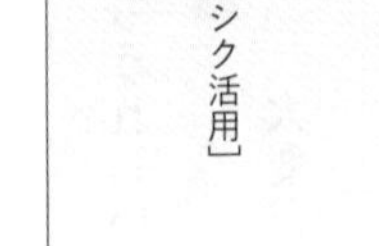

▼人の心には、「をかし」と「あはれ」の二つの側面があります。

すてき！

普通や普段とは一味違った対象に興味・関心を抱き、それを「すばらしい」と肯定的に評価するのが基本の意です。対象がどういう点で「興味深くすばらしい」のかを考え、適切な訳語を当てることが大切です。

1 **雨など降るもをかし。**（枕草子）

訳（夏の夜に）雨などが降るのも趣がある。

1 **たまさかに立ち出づるだに、かく思ひのほかなることを見るよと、をかしう思す。**（源氏物語・若紫）

訳 たまに出かけてさえ、このように意外なことを目にするよと、（光源氏は忍び歩きを）おもしろくお思いになる。

＊「をかしう」は連用形「をかしく」のウ音便です。

2 **をかしき額つきの透影あまた見えてのぞく。**（源氏物語・夕顔）

訳（すだれ越しに）美しい額のかっこうの（女の）人影が数多く見えて（こちらを）のぞいている。

3 **そのほかをかしきことども多かりけれども、恐れてこれを申さず。**（平家物語）

訳 そのほか滑稽なことが多かったが、（人々は）恐れてこれを申し上げない。

［1］ **童のをかしげなる、糸をぞよる。**（源氏物語・浮舟）

訳 少女の召使いでかわいらしい子が、糸を縫っている。

・関連語・

［1］ **をかしげなり**［形動］
かわいらしい。美しい。

類 **74 おもしろし**［形］

入試★★★

『枕草子』の作者清少納言はこの語をとても好みました。そこから『枕草子』は「をかし」の文学と言われています。なお、入試では**3**の意味も意外と問われます。現代語と同義だからきくはずがないと決めてかかってはいけません。

16

よし □□□

［ク活用］

訳語

1 よい。**すぐれている。**

2 〔「よき人」の形で〕**身分が高く教養がある。**

よし ……絶対評価
よろし
わろし …相対評価
あし ……絶対評価

▶「相対評価」とは、他と比べて「良い/悪い」ということです。

よし↓よろし↓わろし↓あし

「よし」は絶対的に良い評価を表す語であるのに対し、「よろし」は「欠点はあるが悪くはない」というほどの、そこそこの評価を表します。「**よき人**」**といった場合は**「**身分が高く教養のある人**」**の意を表します。**

1 風も吹かず、**よき**日出(い)で来て、漕(こ)ぎ行く。（土佐日記）

訳 風も吹かず、よい日和になってきて、漕ぎ進む。

2 **よき人**はあやしきことを語らず。（徒然草）

訳 身分が高く教養のある人は不思議なことは語らない（ものだ）。

＊『論語』の「子(し)は怪力乱神(かいりきらんしん)を語らず」に基づく言葉です。

関 「**よろしき**者にやあらむ」とこそ思ひつれ、さらにこれはただ者にはあらず。（落窪物語）

訳 「普通の者（＝ありふれた男）だろうか」と思ったが、まったくこの男は並たいていの者ではない。

関 春ごとに咲くとて、桜を**よろしう**思ふ人やはある。（枕草子）

訳 春が来るたびに咲くからといって、桜をまあまあだと思う人がいるだろうか（、いやいない）。

関 友とするに**わろき**者、七つあり。（徒然草）

訳 友とするのによくない者が、七つある。

・関連語・

関 **よろし**［形］悪くはない。普通だ。まあまあだ。

関 **わろし**［形］よくはない。

対 **あし**［形］悪い。

入試 ★★☆

入試で問われるのは**2**の意味です。（実戦①15）関連語「よろし」もよく問われます。また、「よろし」の同義語「けしうはあらず」（→P255）も問われます。

17 □□□

あやし【シク活用】

【奇し・怪し／賤し】

訳語

1〔奇し・怪し〕不思議だ。変だ。

2〔奇し・怪し〕けしからん。よくない。

3〔賤し〕身分が低い。卑しい。

4〔賤し〕粗末だ。みすぼらしい。

▼「連子」は、窓や戸に細かい角材や竹を一定の間隔で並べたものです。

理解を超えた不思議さ

まず「奇し・怪し」と「賤し」の二通りの漢字を覚えましょう。驚きの声を表す感動詞「あや」から生まれた語で、基本の意は**1**です。貴族の目には庶民の様子が不思議なものに見えるので**3**・**4**の意が生じました。

・関連語・

[1]**あやしむ・あやしがる**［動四］不思議に思う。

同**いやし**［形］身分が低い。

入試★★★

入試で問われるのは**2**・**3**・**4**の意味です。とりわけ**3**・**4**はよくきかれます。（実戦①16）**1**はまれにいい意味で使われます。「珍しくてすばらしい」という意味です。これが問われて得点できると優位に立てます。

1 **盗人**(ぬすびと)**あやしと思ひて、連子**(れんじ)**よりのぞきければ、若き女の死にて臥**(ふ)**したるあり。**（今昔物語集）

訳 盗人は不思議だと思って、連子窓からのぞいたところ、若い女で死んでよこたわっている人がいる。

＊場面は平安京の正門である羅城門(らじょうもん)の二階です。

2 **遣戸**(やりど)**を荒くたてあくるも、いとあやし。**（枕草子）

訳 引き戸を荒々しくあけたてするのも、とてもけしからん。

3 **あやしき下臈**(げらふ)**なれども、（ソノ言葉ハ）聖人の戒**(いまし)**めにかなへり。**（徒然草）

訳 身分が低い下賤(げせん)の者であるが、その言葉は聖人の教訓に一致している。

4 **水無月**(みなづき)**のころ、あやしき家に夕顔の白く見えて、蚊遣火**(かやりび)**ふすぶるもあはれなり。**（徒然草）

訳 六月の頃、粗末な家に夕顔の花が白く見えて、蚊遣火がくすぶっているのも趣深い。

[1] **道すがら、人のあやしみ見ること限りなし。**（徒然草）

訳 途中、人が不思議に思って見ることこの上ない。

18 おとなし □□□

【大人し】［シク活用］

訳語

1 大人らしい。大人びている。

2 年配だ。（年長で）主だっている。

3 （年配で）思慮分別がある。

▼「大人しき女房」と「いはけなき少女」。

幼稚でない大人らしさ

現代語の「おとなしい」（＝穏やかな性格）ではありません。名詞「大人（おとな）」が形容詞化した語で「**大人の要素を持っている**」**が基本の意なので、漢字で理解しましょう。** 年長、中心的な存在、分別（ふんべつ）があるということです。

1 今日よりは、**おとなしく**なり給（たま）へりや。（源氏物語・紅葉賀）

訳 今日からは、大人らしくなられたか。

＊光源氏（ひかるげんじ）が、将来の妻として自邸に迎えたまだ幼げな紫（むらさき）の上（うえ）に向かって、元日の朝に話しかけた言葉です。昔は数え年で年齢を数えていたため、正月一日が来ると一歳年をとることになりました。

2 心ばせある少将の尼、左衛門（さゑもん）とてある**おとなしき**人、童（わらは）ばかりぞとどめたりける。（源氏物語・手習）

訳 気がきく少将の尼と、左衛門といって仕えている年配の女房と、童女の召使いだけを残しておいた。

3 さるべく**おとなしき**人々、何がしかがしといふいみじき源氏の武者（むさ）たちをこそ、御送りに添へられたりけれ。（大鏡）

訳 しかるべく思慮分別のある人々で、何の誰それというすぐれた源氏の武者たちを、お見送りのために添えられた。

・関連語・

1 **おとな**［名］年長の者。主だった人。

対 **83 いはけなし**［形］入試★★★

どの意味も大切です。**2** は、実際の年齢はそれほど高くないときもあります。その集団の中で一番年長であるということです。これを「中年」と読むと、本文を誤読してしまいます。

ゆかし □□□

［シク活用］

行ってみたいと心ひかれる

POINT

四段動詞「行く」が形容詞化した語で、**そちらへ行ってみたいと思うほど「心がひかれる」が基本の意です。**心がひかれる対象に応じて「見たい」「聞きたい」「知りたい」などと訳し分けることが大切です。

・関連語・

[1] **ゆかしげなり**［形動］ 見たそうだ。聞きたそうだ。知りたそうだ。

入試★★★ 選択式のときは、「〜たい」と訳されている選択肢を探しましょう。（実戦①7）ただし、「〜たい」と訳されず「心ひかれる」と訳されていることもあるので注意しましょう。

訳語

1 見たい。聞きたい。知りたい。

何だろう？

ゆかし

▼何かに興味・関心をいだき、それに近づきたいと思う気持ちを表します。

1 月かげゆかしくは、南面に池を掘れ。さてぞ見る。（梁塵秘抄）

訳 月明かりが見たいならば、屋敷の南正面に池を掘れ。そうして（池の水面に映る月を）見るのだ。

1 ゆかしかりしかど、神へ参るこそ本意なれと思ひて、山までは見ず。（徒然草）

訳 行ってみたかったけれども、神社へ参拝するのが本来の目的なのだと思って、山の上までは見ない。

[1] 人の目をもおどろかし、心をもよろこばせ給ふ昔の世、ゆかしげなり。（源氏物語・紅葉賀）

訳 人の目を見張らせ、心をもお喜ばせになる（源氏の）前世（はどのようなものであったか）を、（人々は）知りたそうだ。

＊当時の人々は、「因果応報」という仏教思想により、現世の幸・不幸は前世での行いの結果だと考えました。例文は、前世でどんな善行を積んだのか知りたいと語ることで、現世における光源氏のすばらしさを描き出しています。

20 □□□

おぼつかなし

［ク活用］

気になる

「おぼ」は「おぼろ」から類推できるように、**ぼんやりしていてつかみどころがない状態を表します。**そういうはっきりしない状態から、**2**の不安な気持ちが生じ、また一方で**3**の期待する気持ちも生じてきます。

訳語

1 ぼんやりしている。はっきりしない。

2 気がかりだ。不安だ。

3 待ち遠しい。もどかしい。

▶「もの越し」とはこんな感じです。

1 **明けぐれの空に、雪の光見えておぼつかなし。**（源氏物語・若菜上）

訳 夜明けの薄暗い空に、雪明かりが（白く）見えて（辺りが）ぼんやりしている。

2 **おぼつかなきもの。十二年の山ごもりの法師の女親（めおや）。**（枕草子）

訳 気がかりなもの。十二年間の山籠（ごも）りをしている僧の母親（の心）。

＊「山」は比叡山（ひえいざん）。比叡山延暦（えんりゃく）寺では、出家後十二年間、下山を許さず修行させたと言います。

3 **いかでもの越しに対面して、おぼつかなく思ひつめたること、少しはるかさむ。**（伊勢物語）

訳 なんとかして物隔てにでもお目にかかり、待ち遠しく思い重ねた心の中を、少し晴れやかにしたい。

＊「もの越し」とは几帳（きちょう）や簾（すだれ）を隔ててということで、貴族の男女がそういう姿で語り合う場面が平安時代の作品によく見られます。

・関連語・

関 **おぼめく**［動四］**1**（よくわからず）まごつく。**2** 知らないふりをする。

類 **85 こころもとなし**［形］

類 **220 うしろめたし**［形］

類 **そこはかとなし**［形］とりとめがない。はっきりしない。

入試 ★★★

入試では**2**の意味がよく問われます。（実戦①8）ただ、選択式のときは、より文脈に即してさまざまな言葉で訳されます。その時は、どうして気がかりなのか、気になってどういう思いなのかを考えて、適切な訳語を選びます。

21 ありがたし

□□□

【有り難し】［ク活用］

訳語

1 めったにない。

2 （めったにないほど）立派だ。すぐれている。

▶姑と嫁が仲よく絵巻を見ています。

KEY **有り＋難し**

POINT 現代語の感謝を表す言葉「ありがとう」と間違えないようにしましょう。ラ変動詞「有り」に形容詞「難し（かた）」が付いて生まれた語で、「**存在することが難しい**」**が古語の基本の意味です**。

入試 ★★★ 訳語は「めったにない」を覚えておけば大丈夫です。（実戦①17）ただし、現代語訳ばかりではなく、内容説明でもよく問われる語です。その時は「めったにない」ほどどうなのかを考えなければいけません。

1 **ありがたきもの。舅（しうと）にほめらるる婿（むこ）。また、姑（しうとめ）に思はるる嫁（よめ）の君（きみ）。**（枕草子）

訳 めったにないもの。舅（しゅうと）（＝妻の父親）にほめられる婿。また、姑（しゅうとめ）（＝夫の母親）に愛されるお嫁さん。

2 **「物は、破れたる所ばかりを修理（しゅり）して用ゐる事ぞと、若き人に見ならはせて、心づけんためなり」と申されける、いとありがたかりけり。**（徒然草）

訳 「物は、壊れた所だけを修理して使用するものだと、若い人に見習わせて、気づかせようとするためだ」と申されたのは、まことにめったにないほど立派であった。

22 めでたし

□□□

［ク活用］

訳語

KEY **思いっきりほめたい！**

POINT 現代語の「めでたい」の意ではありません。下二段動詞「愛づ（め）」（＝賞賛する）の連用形に形容詞「甚し（いた）」（＝はなはだしい）が付いた「**めでいたし**」**から生まれた語で、「大いに賞賛すべき様子だ」の意を表します。**

・関連語・

1 すばらしい。立派だ。

月＝秋
雪＝冬
花＝春

▶古文では、単に「月」とあるだけで秋の澄みきった月を言う場合があります。

1 秋の月は、限りなく**めでたき**ものなり。（徒然草）

訳 秋の月は、この上なくすばらしいものである。

＊「雪月花（せつげつか）（冬の雪・秋の月・春の桜）」は日本の四季を彩る代表的な美です。

1 大社（おほやしろ）を移して、**めでたく**造れり。（徒然草）

訳 出雲大社の神の分霊を移して、立派に造営してある。

2 人の顔に、とり分きてよしと見ゆる所は、度（たび）ごとに見れども、あなをかし、**めづらし**とこそおぼゆれ。（枕草子）

訳 人の顔で、特にいいと見える所は、（顔を合わせる）たびごとに見ても、ああ美しい、すばらしいと思われる。

1 **55めづ**［動下二］
2 **めづらし**［形］（めったになく）すばらしい。目新しい。

入試★★★ 基本的な重要古語です。問われたら確実に得点しなければいけません。

23 □□□ くちをし（オ）

【口惜し】［シク活用］

がっかり

期待や予想がはずれて残念な気持ちを表します。類義語「くやし」が自分の行為を悔やむ気持ちを表すのに対し、「くちをし」は恨みがましさを伴っていないので、「くやしい」と訳すのは避けた方が無難です。

訳語

1 残念だ。**期待はずれだ。**

1 見すべきことありて、呼びにやりたる人の来（こ）ぬ、いと**くちをし**。（枕草子）

訳 見せようというものがあって、呼びにやった人が来ないのは、とても残念だ。

＊「見す」（＝見せる）はサ行下二段動詞です。「見る」「見ゆ」（→P32）と正確に区別しましょう。

・関連語・

類 **207あたらし**［形］
類 **294くやし**［形］

入試★★★ 心情説明でもよく問われます。「がっかり」「落胆（らくたん）」がKEYです。

24

うし【憂し】［ク活用］

□□□

憂鬱(ゆううつ)な気分

物事が思いどおりにならず、憂鬱な気持ちを表します。 恋愛や人間関係にまつわるつらさのほか、人が生きてゆく中で避けることのできない生の本質的なつらさやむなしさも表します。

自分のことが → いやだ ひどい → 古 うし

相手のことが → いやだ ひどい → 古 つらし

▼「うし」と「つらし」の違いに注意。

訳語

1 つらい。 **いやだ。**

1 **世を捨てて山に入る人山にてもなほ憂き時はいづちゆくらむ**（古今和歌集）

訳 俗世間を捨てて（出家し）山に入る人は、山においてもやはりつらい時は（今度は）どこへ行くのだろう。

＊「山に入る」は山（山寺）に入って仏道の修行をすることを言います。

同 **忠見(ただみ)、心憂くおぼえて、胸ふさがりて、不食の病つきてけり。**（沙石集）

訳 忠見は、つらく思われて、胸がつまって、食べ物がのどを通らない病気になってしまった。

＊壬生忠見(みぶのただみ)が歌合(うたあわせ)（＝左右の組に分かれて歌の優劣を競う行事）で負けになった後のありさまです。平安時代の歌人がいかに和歌に執着していたかがわかる説話です。

類 **いとはつらく見ゆれど、志(こころざし)はせむとす。**（土佐日記）

訳 ひどく薄情に思われるが、謝礼はしようと思う。

＊「つらし」は「つらい」「堪え難い」の意もありますが、「（つらくなるほど相手が）薄情だ」と相手の冷たい態度や仕打ちを「むごい」と非難する気持ちを表す意が重要です。

・関連語・

同 **心憂(う)し** ［形］ つらい。いやだ。

類 **つらし** ［形］ 薄情だ。むごい。

入試 ★★★

「うし」はク活用形容詞なので、語幹は「う」です。これに感動詞「あな」が上に付くと「あなう」となります。「ああなんともつらい」という意味です。これが問われて得点できると優位に立てます。同様に「あなこころう」は「あな心憂」です。「あな心得」と勘違いしてはいけません。

25 □□□

わびし【侘びし】［シク活用］

やりきれない

現代語「わびしい」の落ちぶれたイメージにとらわれないようにしましょう。上二段動詞「侘ぶ」（＝思うようにならず落胆し、嘆く）の形容詞化した語で、**物事が思うようにならず「やりきれない」の意が基本です。**

訳語

1 **つらい。困ったことだ。**

2 **興ざめだ。もの足りない。**

▼庭の草木の植え込みを「前栽」と言います（→P344）。

1 **すべてかれにわびしきめな見せそ。**（大和物語）

訳 万事この女につらい目を見させるな。

＊「な～そ」（→P66）は禁止を表す呼応表現です。

2 **前栽の草木まで、心のままならず作りなせるは、見る目も苦しく、いとわびし。**（徒然草）

訳 庭の植え込みの草や木までも、その自然の趣のままの姿でなく意図的に作り上げているのは、見た目にも不愉快で、たいへん興ざめだ。

＊「興ざめ」とは、それまで感じていた面白みや愉快さが消えることを言います。

① **つれづれわぶる人は、いかなる心ならん。まぎるる方なく、ただ一人あるのみこそよけれ。**（徒然草）

訳 することのない状態をつらいと嘆く人は、どのような心なのだろう。（事にも人にも）まぎれることなく、たった一人でいることこそよいのだ。

＊自己の本心を見失うことなく直視して自己を確立するために、「ただ一人ある境地」が必要だと説いています。

・関連語・

① **わぶ**［動上二］ **1** やりきれなく思う。困る。 **2**（つらいと）嘆く。 **3**［動詞の連用形に付いて］～しかねる。

入試★★★

現代語訳でも心情説明でもよく問われます。「やりきれない」と押さえておけば大丈夫です。選択式で「やりきれない」と訳されていないときは、その言い換えの訳を探します。記述式のときはともかくKEYの「やりきれない」で訳します。

実戦問題①

問 傍線部の口語訳として適当なものを、後から選べ。

□**1** かかるほどに、「侍従の君、人面（ひとおもて）も知らず、口惜しうなりぬ」と**ののしる**。

①評判が高い　②言い騒ぐ　③軽蔑（けいべつ）する　④批判する

⑤かげ口をたたく　〈宇津保物語・早稲田大〉P28

訳 こうしているうちに、「侍従の君が、人の顔もわからなくなって、意識を失ってしまった」と②言い騒ぐ。

□**2** 十五、六ばかりにやあらんと覚ゆる人の、隈（くま）なき火影（ほかげ）に隠れなく見ゆるに、眉（まゆ）、額など、心にはなるる時なき斎宮にぞ、ふと**覚え**給へる。

①自然に思われる　②思いあたる

③そっくりだと感じられる　④記憶している

⑤思い出す　〈あさぢが露・清泉女子大〉P30

訳 十五、六歳ほどだろうかと思われる人が、影もなく輝く火の光にはっきりと見えるが、眉や、額などが、心から離れる時がない斎宮に、不意に③そっくりだと感じられなさった。

□**3**「あかで**散る**花見る折はひたみちに」とあれば、

①赤く染まらないうちに散る

②十分に堪能しないうちに散る

③夜が明けないうちに散る

④十分に咲かないうちに散る

⑤まだ咲き足りないで散る　〈堤中納言物語・関西学院大〉P35

訳「②十分に堪能しないうちに散る桜の花を見る折はひたすらに」と（上の句を）詠むと、

□**4** このほどに、**うつくしく**大きになりたまひて、母君の御頸（くび）にとりつきて、

①大人っぽく　②背が高く　③たいへん　④少しだけ

⑤愛らしく　〈しのびね・成蹊大〉P36

訳 この間に、⑤愛らしく成長なさって、母君の御首に抱きついて、

□**5**「この世のみにてしたまふことにはあらざりけり」と、あはれに**かなしく**思ひきこえたまふ。

①悲しく　②いとしく　③気がかりに　④恐れ多く　〈夜の寝覚・西南学院大〉P36

訳「この世の才能だけでなさることではなかったのだ」と、しみじみと②いとしくお思い申し上げなさる。

□**6** **おとなしき**尼一人、女房二三人ある中に、いと若き尼の、ことにたどたどしげなるがあり。

①内気な　②上品な　③年かさの　④徳の高い

⑤もの静かな　〈今物語・青山学院大〉P41

訳 ③年かさの尼一人、女房二、三人がいる中に、たいそう若い尼で、とりわけ心もとなさそうな者がいる。

□**7** 奈良初瀬の方へ思ひ立ちて、いまだ見ぬ方の木ずゑも**ゆかしくて**、

①優雅で　②神秘的で　③見たくて　④距離が遠くて
⑤昔がしのばれて

訳 奈良初瀬の方へ行こうと思い立って、まだ見ぬ所の梢も③見たくて、
〈中務内侍日記・明治大〉P42

□**8**「吾子を久しく見ねば**おぼつかなき**を、見てまゐらん」とて、殿へおはしたり。

①さみしいから　②心細いだろうから
③気がかりだから　④顔を忘れそうだから
⑤ぼんやりしているから
〈しのびね・成蹊大〉P43

訳「我が子をしばらく見ていないので③気がかりだから、見てこよう」と思って、殿のところにいらっしゃった。

□**9**この越前守は、伯の母とて、世に**めでたき**人、歌よみの親なり。

①滅多にいない　②優れて立派な　③人当たりのいい
④信頼されている　⑤仲がよい
〈宇治拾遺物語・関西学院大〉P44

訳 この越前守は、伯の母といって、実に②優れて立派な人で、歌人（であった人）の親である。

問 **傍線部を口語訳せよ。**（※**太字**部分が本書の見出し語）

□**10**勤操、酒の気ありてねぶりいりて、**おどろき**て見るに日の影かたぶけり。
〈三宝絵・広島大〉P28

訳 勤操は、酒に酔って寝入ってしまって、［目を覚まし］て見ると日の光が西に傾いていた。

□**11**いみじう**念ずれ**ど涙とまらず。
〈浜松中納言物語・広島大〉P29・37

訳［たいそう］［がまんする］が涙がとまらない。

□**12**「**忍び**て文など通はさむに、手書かざらむ、**口惜し**。手習ふべし」。
〈古本説話集・神戸大〉P31・45

訳「［人目を避け］て手紙などを通わせるようなときに、字を書かないとしたら、［残念だ］。字を習おう」。

□**13**月に**ながめ**、嵐にかこちても、心をいたましむるたよりは多く、
〈今物語・東京都立大〉P32

訳 月を見て［もの思いにふけり］、嵐に向かって嘆いても、心を痛めさせる種は多く、

□**14**長月の頃、吉野を出でて、奈良の都**ゆかしく**はべりて、ここかしこ見**ありき**はべるに、
〈吉野拾遺・神戸大〉P34・42

訳 陰暦九月頃、吉野を出て、奈良の都を［見たい］と思いまして、あちらこちらを見物して［まわり］ましたときに、

□**15****よき人**の御前に人々あまた候ふをりに、
〈枕草子・岐阜大〉P39

訳［高貴な人］の御前に人々がたくさん伺候する折に、

□**16**昼たち入りたる所に、**あやしき**黄楊の小枕あり。
〈十六夜日記・千葉大〉P40

訳 昼立ち寄った所に、［粗末な］つげの木でできた枕がある。

□**17**まことによき本は世に**ありがたき**物なり。
〈枕草子・大阪大〉P44

訳 本当によい本は世に［めったにない］物である。

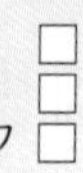

26

□□□

あはれなり

［ナリ活用］

じーんとした感動

POINT

現代語の「あわれ」が持つかわいそうだという響きにとらわれないことが大切です。感動詞「あはれ」（＝アア）から生まれた語で、そういう声が思わず出てしまうような時、古語ではみな「あはれなり」と言いました。

訳語

1 心底しみじみと感じられる。（＊例文のように、場面に合わせて口語訳する。）

▼何についてであれ、「じーん」ときたら「あはれ」です。

1 **梁塵秘抄の郢曲の言葉こそ、また、あはれなることは多かめれ。**（徒然草）

訳 梁塵秘抄の謡い物の歌詞は、また、しみじみと心打たれることが多いようだ。

＊『梁塵秘抄』は平安時代末期の歌謡集です。「多かめれ」は「多かんめれ」の撥音を表記しない形です。

1 **滝の音水の声、あはれに聞こゆる所なり。**（宇津保物語）

訳 滝の音や川の音が、趣深く聞こえる所だ。

1 **あはれなる人を見つるかな。**（源氏物語・若紫）

訳 かわいらしい人を見たことよ。

＊光源氏が、後に最愛の妻となる紫の上（当時十歳ほど）を最初に目にした時の感想です。

1 **あはれ、いと寒しや。**（源氏物語・夕顔）

訳 ああ、ひどく寒いなあ。

3 **この歌をこれかれあはれがれども、一人も返しせず。**（土佐日記）

訳 この歌を一同皆感心するが、一人も返歌をしない。

・関連語・

1 **あはれ** ［感動］ああ。

2 **あはれ** ［名］情趣。感動。愛情。

3 **あはれがる・あはれむ（あはれぶ）** ［動四］感心する。

類 **15をかし** ［形］

入試 ★★☆

入試でよく問われるのは動詞形の「あはれがる」です。「アアと声をあげる」ことで、「アア」が嘆きではなく（**3**の例文のように）感動の声のときが要注意です。これが問われて得点できると優位に立てます。

27 □□□

おろかなり ［ナリ活用］

【疎かなり】

訳語

1 おろそかだ。**いい加減だ。**

2 〔「言ふも」「言へば」に続けて〕（〜という）言葉では言い尽くせない。

▶「習いはじめの人は、二本の矢を持ってはならない。」

KEY いい加減

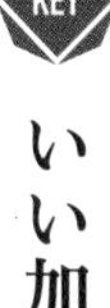

POINT 現代語の「愚かだ」と混同しないように注意しましょう。**古語を漢字で書けば「疎かなり」で、現代語の「おろそかだ」に当たります。**基本の意は「不十分」です。**2**は「表現が不十分だ」という意味の慣用表現です。

1 **わづかに二つの矢、師の前にて一つをおろかにせんと思はんや。**（徒然草）

訳 たった二本の矢である、師匠の前で（そのうちの）一本をおろそかにしようと思うだろうか（、いや思わない）。

2 **口惜(くちを)しといふもおろかなり。**（増鏡）

訳 残念だという言葉では言い尽くせない。

2 **おそろしなんどもおろかなり。**（平家物語）

訳 恐ろしいなどという言葉では言い尽くせない。

＊「言ふも」「言へば」が省略されている用例です。「なんど」は副助詞「など」と同じ意で、口語的な表現です。

類 **後(のち)の矢を頼みて、初めの矢になほざりの心あり。**（徒然草）

訳（弓を射るときに矢を二本持つと）後の矢をあてにして、初めの矢（を射ること）においていい加減な気持ちがある。

＊「なほざりの」は形容動詞の語幹の用法の一つです。「形容詞の語幹（シク活用の形容詞は終止形）・形容動詞の語幹＋の」は連体修飾語になります。

・関連語・

類 101 **さらなり**［形動］

類 **なほざりなり**［形動］いい加減だ。かりそめだ。ほどほどだ。

関 **おろかならず**［連語］並一通りでない。格別だ。

入試 ★★★

1も**2**も大切です。**1**は、人と人との関係で使われているときは、愛情や思いやりが不十分なことを言っています。（実戦②9）**2**の同義表現に「〜とは世の常なり」（→P288・300）があります。あわせて覚えましょう。

28 □□□

ねんごろなり

【懇ろなり】

［ナリ活用］

訳語

1 熱心だ。丁寧だ。

2 親しい。親密だ。

▶平安時代、鷹狩りは貴族の代表的な娯楽の一つでした。

心を込めた熱心さ

漢字で記すと「懇ろなり」となります。「懇」は「懇談会」や「懇切丁寧」の「**懇**」で、**心を込めて親しく熱心にする様子を表します。**「ねむごろなり」とも書きます。

1 狩りは**ねんごろに**もせで、酒をのみ飲みつつ、やまと歌にかかれりけり。（伊勢物語）

訳 鷹(たか)狩(が)りは熱心にもしないで、酒ばかり飲んでは、和歌を詠むのに熱中していた。

＊「鷹狩り」はタカを使って野鳥や小さいけものを捕える狩猟です。

2 それ、人の友とあるものは、富めるをたふとみ、**ねんごろなる**を先とす。（方丈記）

訳 そもそも、世間の友人というものは、金のある者を尊び、親しい者を（重んじて）第一にする。

・関連語・

類252 **こまやかなり**［形動］

類 **むつまじ・むつまし**［形］ **1** 親しい。親密だ。**2** 慕わしい。心ひかれる。

入試 ★☆☆

入試では**1**の意味がよく問われます。（実戦②1）

『万葉集』の時代には「ねもころなり」で、この古い形が『万葉集』の語を好んだ江戸時代の文章に見られることがあります。

29 □□□

つれづれなり

【徒然なり】

［ナリ活用］

単調で退屈だ

POINT

語源の「連れ連れ」は同じ状態が連続するさまで、「**つれづれなり**」は**単調な時間が長く続くさまや、その時の晴れ晴れとしない気持ちを表します。**訳語「所在ない」の「所在」は「すること」の意です。

・関連語・

1（することもなく）退屈だ。**所在ない。手持ちぶさただ。**

2（一人もの思いに沈み）しんみりともの寂しい。

1 **つれづれなる**時は、これを友として遊行(ゆぎやう)す。（方丈記）

訳 することもなく退屈な時は、これ（＝小童(こわらは)）を友としてぶらぶら歩く。

2 **つれづれに思ひつづくるも、うち返しいとあぢきなし。**（源氏物語・柏木）

訳 しんみりともの寂しく思い続けているのだが、考えれば考えるほどまったく情けない。

＊「うち返し」は「繰り返し、何度も」の意の副詞です。

1 **つれづれ**［名］所在ないこと。もの寂しい気持ち。

2 **つれづれと**［副］しんみりと寂しく。

入試 ★★☆

1 は選択肢では「所在ない」と訳されることも多くあります。（実戦②2）

30 □□□ いたづら(ズ)なり

【徒らなり】［ナリ活用］

KEY **むなしい**

POINT 現代語「いたずら」の意味「悪さ」と混同しないようにしましょう。**古語「いたづらなり」は努力・価値・才能などに見合った結果が得られず、失望するさまを表します。**人が「いたづらになる」は「死ぬ」ことです。

訳語

1 むだだ。**役に立たない。**

2 手持ちぶさたで暇だ。

1 少しの地をも、**いたづらに**おかんことは、益(やく)なきことなり。食ふ物・薬種(やくしゆ)などを植ゑおくべし。（徒然草）

訳 少しの土地も、むだに（空けて）おくようなことは、無益なことだ。食物や薬になる草木を植えておくべきだ。

2 **船も出(い)ださでいたづらなれば、ある人の詠める。**（土佐日記）

訳 船も出さず手持ちぶさたで暇なので、ある人が詠んだ（歌）。

＊「詠める」の「る」は完了の助動詞「り」の連体形です。

・関連語・

類 105 **あだなり**［形動］

類 80 **はかなし**［形］

類 **むなし**［形］ **1** 空(から)である。**2** 死んでいる。**3** むだだ。

入試 ★★★

1 も **2** も大切です。どちらも「むなしい」と押さえておけば大丈夫です。

31 としごろ □□□
【年ごろ】

訳語 **1** 長年。数年（の間）。

▶「ころ」（頃）は時間の経過を表します。

KEY 「年」の流れ

POINT 古語では「結婚適齢期（お年ごろ）」の意ではありません。「**年」「月」「日」の下に付いて、長い時間の経過を表します。** したがって、「年ごろ」は「長年」「これまでの何年かの間」の意になります。

1 **年ごろ**思ひつること、果たし侍り（はべり）ぬ。（徒然草）
訳 長年思ってきたことを、果たしました。

1 文太（ぶんだ）といひて、**年ごろ**の者あり。（文正草子）
訳 文太といって、長年召し使われている者がいる。

[1] **日ごろ経て、宮に帰り給（たま）うけり。**（伊勢物語）
訳（惟喬親王（これたかのみこ）は）数日経（た）って、御殿にお帰りになった。
＊「給う」は「給ひ」のウ音便です。

・関連語・ [1] **日ごろ**［名］何日もの間。[2] **月ごろ**［名］何か月もの間。

入試 ★★★ 記述式の現代語訳で「長年」か「数年」かわからないときは、「ここ何年来」と訳します。

32 かたち □□□
【形・容貌】

訳語 **1** 容貌（ようぼう）。人の姿。

KEY 人の顔の形

POINT 「かたち」は現代語と同じく「（物の）外形」が基本の意味ですが、**古語では特に「顔かたち＝容貌（ようぼう）」を指す場合が多くあります。** 衣装を何枚も重ね着していた当時、視線が向く先といえばまず顔だったのです。

1 その人、**かたち**よりは心なむまさりたりける。（伊勢物語）
訳 その人は、容貌よりは心がすぐれていた。

・関連語・ [1] **かたちを変ふ**［連語］出家する。

33

かげ

□□□

【影】

訳語

1 光。

2 姿。形。

KEY

光り輝くもの

POINT

太陽・月・灯火などの「輝く光」が基本の意味で、「日影(ひかげ)」は日の光、「月影(つきかげ)」は月光です。転じて、光によって見える姿形、鏡・水に映る姿形も表すようになり、さらに現代語の「陰影(いんえい)」「物陰(ものかげ)」の意も生じました。

1 御灯明(みあかし)の影ほのかに透きて見ゆ。（源氏物語・夕顔）

訳 お灯明の光がほのかに（御簾(みす)を）透けて見える。

2 鏡には色・かたちなきゆゑに、よろづの影来(きた)りて映る。（徒然草）

訳 鏡には色も形もないので、さまざまな姿が来て映る。

入試 ★★☆

「陰」の意も「おかげ・庇護(ひご)」の意味で使われているときは問われます。

形を変ふ

出家後 after

出家前 before

▼出家して髪を切ることを「剃髪」と言います。女性は髪を肩のあたりで切りそろえました。

1 かたちを変へて、世を思ひはなるやと、試みむ。（蜻蛉日記）

訳 出家して、この世のつらさから思いが離れるかと、試してみよう。

＊出家は剃髪(ていはつ)して僧侶(そうりょ)姿になることから「かたちを変ふ」と言います。女性の場合は、髪を肩の辺りで短く切りそろえました。それを「尼削(あまそ)ぎ」と言います（↓P352）。

同 見目も心ざまも、昔見し都鳥に似たることなし。（源氏物語・手習）

訳 容貌も性格も、以前都で見た女たちに似ている者はいない。

＊都の女を「都鳥」にたとえています。

同 見目(みめ)［名］容貌。

入試 ★★☆

「かたちありさま」という言葉があります。「顔だちと体つき」のことです。「かたち」が「顔だち」、「ありさま」が「体つき」です。つまり「かたち」には「体つき」の意味はありません。記述式の現代語訳のときは「容貌」と訳しましょう。（実戦②12）「容姿」は避けた方が無難です。

34 □□□ ほい 【本意】

訳語

1 かねてからの願い。本来の目的。宿願（しゅくがん）。

KEY 本来の意志

POINT 「**本来の意志**」**が基本の意味**で、出家したいという宗教的な望みから、恋人に会いたい、宮仕えしたいなどの世俗的な望みまで、すべて「本意」と言いました。「ほい」は「ほんい」の撥音（はつおん）「ン」の無表記形です。

1 **つひに本意のごとくあひにけり。**（伊勢物語）

訳 しまいにかねてからの願いどおりに結婚した。

1 **過ぎ別れぬること、かへすがへす本意なくこそおぼえ侍（はべ）れ。**（竹取物語）

訳 お別れして行ってしまうことは、本当に残念に思われます。

・関連語・

1 **本意なし**〔形〕残念だ。不本意だ。

入試 ★★☆

記述式で「本心」と訳してはいけません。「本心」とは「今の正直な心」の意味です。

35 □□□ ものがたり 【物語】

訳語

1 話。**雑談。世間話。**

2（『竹取物語』『源氏物語』などの）物語。

KEY おしゃべり

POINT 「物語などして」という表現をよく見かけますが、この場合の「物語」は単に「話すこと」の意で、『源氏物語』などの物語作品のことではありません。「**物語す**」**は**「**話（雑談・世間話）をする**」**と訳します。**

1 **暮るるまで御物語したまひて、大宮も渡りたまひぬ。**（宇津保物語）

訳 暮れるまでお話をなさって、大宮もお帰りになった。

2 **この源氏の物語、一の巻よりしてみな見せ給（たま）へ。**

入試 ★☆☆

主に記述式の現代語訳で問われる語です。きかれるのはもちろん **1** の意味

訳 この源氏の物語を、一の巻から（終わりまで）全部お見せください。（更級日記）

です。

36 ふみ【文・書】 □□□

訳語
1 手紙。
2 漢詩。漢籍。学問。

▶「文」を読む男。

KEY 手紙

「文（フン）」が音変化してできた語と言われ、文字で書かれた「書物」「手紙」のことですが、**「手紙」の意が最も重要です。**また、平安時代における男性社会の文字は主に漢字だったので、**2**の意味も生じました。

POINT

1 その人の御もとにとて、文書きてつく。（伊勢物語）
訳 あの人のお所へと思って、手紙を書いてことづける。

1 大江山いく野の道の遠ければまだふみも見ず天の橋立（十訓抄）
訳 大江山を越え、生野へと行く道は遠いので、まだ踏んでみることもしてみません、天の橋立（の地）は。また（そこにいる母からの）手紙も見ていません。
＊「文」と「踏み」の掛詞として用いられた例です。

2 世の中に長恨歌といふ文を、物語にかきてある所あんなり。（更級日記）
訳 この世に、「長恨歌」という漢詩を、（仮名の）物語に書き直して持っている人がいるそうだ。
＊「長恨歌」は唐の玄宗皇帝が愛する楊貴妃を失った悲しみを歌った白居易の長編の漢詩です。助動詞「なり」は伝聞。

入試 ★★☆
読解上は最も頻出する**1**の意味が重要です。ところが、入試でよく意味が問われるのは**2**です。（実戦②3）また、和歌では「ふみ」は「文」と「踏み」の掛詞として用いられることがあります。

37

ほど【程】

KEY **POINT**

いろいろな「ほど」

時間、空間、人間など、**さまざまな事柄に関して、その程度やおおよその範囲をいう語で**、現代の用法よりもはるかに広く用いられました。したがって、訳語は用例のようにさまざまです。

訳語

1〔時間の場合〕**時。時分。間。**

2〔空間の場合〕**あたり。距離（道のり）。長さ。広さ。**

3〔人間の場合〕**身分。身のほど（分際）。年齢。間柄。**

4〔広く一般に〕**様子。程度。ほど。**

○時間的な

○空間的な

○人事に関する

○一般的な事物の

→ だいたいの程度

＝

《 ほど 》

▶古語の「ほど」は現代語より広い範囲で用いられます。

1 **ほど経にければ便なし。**（蜻蛉日記）

訳 時が経ってしまったので具合が悪い。

2 **足もとへふと寄り来て、やがてかきつくままに、首のほどを食はんとす。**（徒然草）

訳 足もとへさっと寄って来て、すぐに飛びつくと同時に、首のあたりに食いつこうとする。

3 **同じほど、それより下﨟の更衣たちは、ましてやすからず。**（源氏物語・桐壺）

訳 同じ身分、（あるいは）それより低い地位の更衣たちは、なおさら気持ちが穏やかでない。

4 **（源氏ガ）出で給ふほどを、人々のぞきて見たてまつる。**（源氏物語・須磨）

訳 源氏がご出発なさる様子を、女房たちはのぞいてお見送りする。

・関連語・

1 **ほどに**［連語］**1**〜（している）うちに。**2**（原因・理由）〜ので。

2 **ほどほど**［名］それぞれの身分。

1 **急ぎしもせぬほどに、月出でぬ。**（土佐日記）

訳 急ぎもしないうちに、月が出た。

2 **さぶらふ人々、ほどほどにつけてはよろこび思ふ。**

入試★★★

「ほど」そのものの語義に注目して入試で問うのは**3**の「身分」の意味です。（実戦②14）関連語の「ほどほど」も、これが問われて得点できると優位に立てます。記述式の文の現代語訳のときは、「ほど」は場面に応じて正確に訳し分けることが大切です。関連語「ほどに」は意味の識別で問われることがあります。「〜

訳 お仕えする人々も、それぞれの身分に応じて喜んでいる。（源氏物語・明石）

ので・〜から」と訳せる「ほどに」を見つけることがポイントです。

38 なさけ【情け】□□□

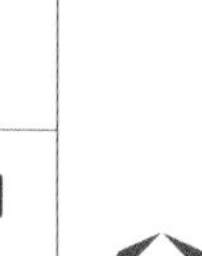

訳語

1 思いやり。**人情。**

2 男女間の情愛。**恋情。**

3 情趣を解する心。**風流心。**

心
暗
明
思いやり
恋情
風流心
なさけ

▼人の「心」には明と暗の側面がありますが、「なさけ」は明るい側面のみを表します。

KEY すてきな心

POINT あるものに対して敏感に反応する心の動き（情感）のことです。**人一般に対する「やさしい心」「思いやり」が基本の意**で、異性に対してならば「恋情」、自然に対してならば「風流心」の意になります。

1 **よろづのことよりも情けあるこそ、男はさらなり、女もめでたくおぼゆれ。**（枕草子）

訳 何事よりも思いやりがあるのが、男はもちろん、女でもすばらしく思われる。

2 **男女（をとこをんな）の情けも、ひとへに逢（あ）ひ見るをばいふものかは。**（徒然草）

訳 男女の情愛も、ひたすら逢って契りを結ぶことだけをいうのだろうか（、いやそうではない）。

＊思うように逢えないつらさ、もどかしさをも味わってはじめて恋の情趣を理解したと言えるというのです。

3 **なさけある人にて、瓶（かめ）に花をさせり。**（伊勢物語）

訳 情趣を解する心のある人で、瓶に花を挿してある。

・関連語・

1 **情けなし**［形］ 1 思いやりがない。 2 情趣がない。

入試 ★★☆

入試では**2**と**3**の意味が問われます。とりわけ**3**の意味はよくきかれます。文章の中に和歌が出てきて、おしまいに「人はなさけあるべし」などと言っているときの「なさけ」は**3**の意味です。問われたら確実に得点したいものです。

39

ちぎり
【契り】

KEY

固い約束・固い縁

POINT

「約束する」という意味の動詞「契る」の連用形が名詞化した語です。約束の中でも特に、男女間の愛情に関する約束や、**前世からの約束である宿縁・因縁の意で用いられる場合に注意しましょう。**

訳語

1 約束。
2 前世からの因縁。宿縁。
3 男女の仲。逢瀬。

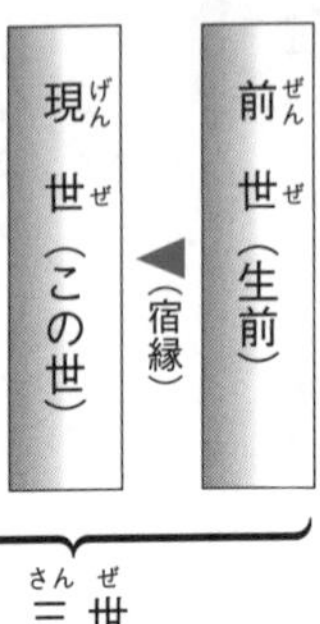

▼仏教では、この世の出来事は前世での行いの結果とされます。

1 **日ごろのちぎりを変ぜず、一所にて死ににけるこそ無慚なれ。**（平家物語）
訳 常々の約束をたがえず、同じ所で死んでしまったのは痛ましい。

2 **前の世にも御契りや深かりけむ、世になく清らなる玉の男皇子さへ生まれ給ひぬ。**（源氏物語・桐壺）
訳（天皇と桐壺の更衣は）前世でもご宿縁が深かったのだろうか、世にまたとなく美しい玉のような皇子までがお生まれになった。
＊主人公「光源氏」の誕生です。

3 **月に二度ばかりの御契りなめり。**（源氏物語・松風）
訳 月に二度ほどの逢瀬であるようだ。
＊「逢瀬」とは、恋愛関係にある男女が人目を忍んで会うことを言います。「なめり」はP30を参照。

1 **千年万年と契れども、やがて離るる仲もあり。**（平家物語）
訳 千年万年（変わらず添い遂げよう）と夫婦の約束をしても、間もなく別れる仲もある。

・関連語・

1 **ちぎる**［動四］（夫婦の）約束をする。夫婦の縁を結ぶ。

同 **宿世**［名］前世からの因縁。宿縁。

入試 ★★★
入試でよく問われるのは **2** と **3** の意味です。（実戦②4）**2** は「さるべきちぎりにやありけむ」（＝そうあって当然の前世からの因縁だったのだろうか）の形でよく使われます。あまりに使うので「ちぎり」と「ありけむ」が省略されて「さるべきにや」だけでも同じ意味を表します（→P152）。

40 □□□

けしき
【気色】

訳語
1 様子。そぶり。
2 機嫌。顔色。
3 思い。意向。

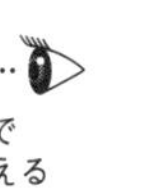

▼「けしき」と「けはひ」の違いがわかりますか？

KEY
目に見えるものの様子

POINT
現代語では「景色」と書き「風景」の意ですが、**古語では「気色」と書き、自然に限らず、視覚でとらえた物や人の様子を表します。**人の場合、外面の様子から内面もうかがえるので、2や3の意が生じました。

1 **今日、風、雲の気色はなはだ悪し。**（土佐日記）
訳 今日は、風や、雲の様子がひどく悪い。

1 **せちにもの思へる気色なり。**（竹取物語）
訳 ひどくもの思いにふけっている様子である。

2 **かぢとり、気色悪しからず。**（土佐日記）
訳 船頭は、機嫌が悪くない。

3 **いかなるたよりして、気色見せむ。**（平中物語）
訳 どのような方法で、思いを知らせようか。

1 **けしきばかり舞ひ給へるに、似るべきものなく見ゆ。**（源氏物語・花宴）
訳（源氏が）ほんの形だけお舞いになったが、たとえようもなく（みごとに）見える。

2 **梅は気色ばみほほ笑みわたれる、とりわきて見ゆ。**（源氏物語・末摘花）
訳 梅はみな（ふくらんで）ほころびそうなきざしが見えるのが、特に目立って見える。

・関連語・
1 **けしきばかり**〔連語〕ほんの形だけ。ごくわずか。
2 **けしきだつ・けしきばむ**〔動四〕きざしが見える。思いがそぶりに表れる。
類 **けはひ**〔名〕〔音や雰囲気からとらえられる〕様子。（＊「ケワイ」と読みます。）

入試★★★
3の意味が大切です。3は多く「御けしき」の形をとります。貴人の様子・そぶりから、周りの者は貴人の機嫌をうかがい、その心の中の思いを察する必要がありました。

41 □□□ いと

訳語

1 とても。たいそう。実に。

2 〔下に打消を伴って〕たいして（～ない）。それほど（～ない）。

とても～

POINT

程度がはなはだしいことを表します。類義語「いたく」（形容詞「いたし」の連用形）が動詞を修飾するのに対し、「いと」は主に形容詞・形容動詞など状態を表す語を修飾します。

1 **月明(あか)ければ、いとよくありさま見ゆ。**（土佐日記）

訳 月が明るいので、とてもはっきりとありさまが見える。

＊紀貫之(きのつらゆき)が京の自邸に戻った場面です。当時は旅疲れした姿を見せないように夜間に京へ戻ったと言われます。

2 **つた・くず・朝顔、いづれもいと高からず、ささやかなる墻(かき)に、繁(しげ)からぬ、よし。**（徒然草）

訳（秋草として）蔦(つた)・葛(くず)・朝顔は、どれもたいして高くなく、小さな垣根に、密生していないのが、よい。

＊「いと」は打消の助動詞「ず」（連用形）と呼応しています。

関連語

1 131 **いとど** 〔副〕

2 321 **いとしもなし** 〔連語〕

類 **88 いたし** 〔形〕

入試 ★★☆

「いと」そのものに注目して入試で問うのは **2** の意味です。（実戦②16）

ただし、記述式の文の現代語訳の場合、傍線部中に「いと」があるときは、訳し忘れてはいけません。

42 □□□ あまた

訳語

KEY

あまるほどたくさん

数や量が「あまる」ほど多い、という意味を表します。副詞として用言を修飾するほか、名詞的用法「あまたを具して」（＝大勢を連れて）や、名詞を修飾する接頭語的用法「あまたたび」（＝何度も）があります。

関連語

1 たくさん。数多く。

▶「あまた」は漢字で記せば「数多」です。

1 **大門(だいもん)のかたに、馬のいななく声して、人のあまたあるけはひしたり。**(蜻蛉日記)

訳 大門の方に、馬のいななく声がして、人がたくさんいる様子がしている。

＊古語「けはひ」は「ケワイ」と読みます。

同 **人にまされりと思へる人は、たとひ言葉に出(い)でてこそ言はねども、内心にそこばくの咎(とが)あり。**(徒然草)

訳 人にまさっていると思っている人は、たとえ言葉に出して言わなくても、心の中にたくさんの欠点がある。

関 **悲しびをなむ、かへすがへすのたまひける。**(源氏物語・桐壺)

訳 (母君は) 悲しみの気持ちを、何度もおっしゃった。

同 269 **ここら・そこら** [副] 多く。

同 **そこばく** [副] たくさん。

関 **かへすがへす** [副] **1** 何度も。**2** 本当に。

入試 ★★☆

訳語「たくさん」を覚えておけば、大丈夫です。

43 げに

□□□

訳語

1 なるほど。本当に。

KEY 納得した気持ち

POINT 漢字「現」に「に」が付いて生まれたといわれ、以前からの知識や他人の言動に対して、**「なるほど現実だ」「なるほどそのとおりだ」と納得したり、同調したりする気持ちを表します。**

1 **げにただ人(びと)にはあらざりけり。**(竹取物語)

訳 なるほど (かぐや姫は) 普通の人ではなかったのだなあ。

＊強引な求婚に対し、かぐや姫がふっと姿を消してしまうのを目のあたりにした天皇の感想です。助動詞「けり」は詠嘆を表します。

・関連語・

類 **むべ** [副] なるほど。まことに。

入試 ★★★

訳語を続けて「なるほど本当に」と覚えておけば大丈夫です。

44 なほ（オ） □□□

訳語

1 やはり。

▼古語では夜明け頃の時間帯が右のように区分されます。

KEY **やっぱり**

POINT 現代語で「なお知りたくなる」などという場合と同じ「**さらにいっそう**」「**ますます**」の意もありますが、**古語で重要なのは1の意です**。一口に「やはり」といっても、用例のようにいくつかの場合があります。

1 **和歌こそ、なほをかしきものなれ。**（徒然草）

訳 和歌は、やはり趣深いものである。

＊一般的に支持されている考え方を改めて確認して、「なんといってもやはり」和歌はよいものだと述べています。

1 **明けぬれば暮るるものとは知りながらなほ恨めしき朝ぼらけかな**（後拾遺和歌集）

訳 夜が明けてしまうと、（再び）日が暮れ（てあなたに逢（あ）え）るものとは知っているが、やはり恨めしい（別れの）朝であることよ。

＊「そうはいっても、やはり」別れは恨めしいと述べています。

・関連語・

類141 **さすがに**［副］

入試 ★★☆

入試では「なほ」そのものに注目して問いを作ることはまずありません。ただし、記述式の文の現代語訳で傍線部中に「なほ」があるときは「やはり」と訳さなければ失点します。

45 やがて □□□

訳語

KEY **即**

POINT **古語の「やがて」は、物事が引き続き起こるさまを表します。**同じ状態が続く場合は「そのまま」、時間的に続いて起こる場合は「すぐに」の意になりますが、まとめて「そのまますぐに」と覚えましょう。

・関連語・

1 そのまま。

2 すぐに。

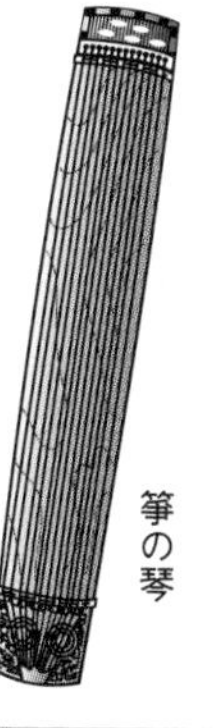

▼「琴」は弦楽器の総称です。現代の琴に当たる十三絃のものは「箏」と言います。

1 **薬も食はず。やがて起きもあがらで、病み臥せり。**（竹取物語）

訳 薬も飲まない。そのまま起き上がらないで、病気になって臥せっている。

2 **門をほとほとたたけば、やがて弾きやみ給ひぬ。**（平家物語）

訳 門をとんとんとたたくと、（小督は）すぐに（琴を）弾きやめなさった。

同127 **すなはち**［副］

入試 ★★★

「やがて」＝「即」と押さえます。「即刻」「即座」の「即」です。基本的な重要古語です。問われたら確実に得点しなければいけません。

46 やうやう（ヨーヨー）

□□□

訳語

1 だんだん。**しだいに。**

KEY **少しずつ少しずつ**

POINT 「漸く」のウ音便です。**古語では、時間が進むにつれて物事が少しずつ変化していくさまを表します。**現代語の「やっとのことで」の意は鎌倉時代になって現れました。

1 **かくて、翁やうやう豊かになりゆく。**（竹取物語）

訳 こうして、（竹取の）翁はだんだん豊かになっていく。

同 **四十あまりの春秋をおくれるあひだに、世の不思議を見る事、ややたびたびになりぬ。**（方丈記）

訳 四十余年の年月を送っている間に、世の中の思いがけない出来事を見ることが、だんだん度重なった。

＊「春秋」は春と秋の意から「一年間」。また、転じて「年月」「年齢」の意。

関連語

同 **やや**［副］ **1**だんだん。**2**ちょっと。

入試 ★★★

基本的な重要古語です。問われたら確実に得点しなければいけません。

47

□□□

え〜打消

訳語

1 〜できない。

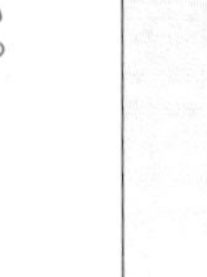

▼「え」の下に来るのは「ず」だけではありません。

不可能

POINT

下に打消の語を伴い、不可能（〜できない）の意を表します。 日本語は今も昔も、ふつう述語まで表現しきってはじめて肯定か否定かなどが明らかになりますが、呼応の副詞は下の述語を予告する点で特徴的です。

・関連語・

1 **えさらず**［連語］避けられない。やむをえない。

2 **えならず**［連語］何とも言えないほどすばらしい。

3 **えも言はず**［連語］何とも言いようがない。（＊すばらしい場合も、ひどい場合もある。）

入試 ★★★
呼応の副詞中、最頻出語。

1 **女、いと悲しくて、しりに立ちて追ひ行けど、え追ひつかで、清水（しみづ）のある所に伏（ふ）しにけり。**（伊勢物語）

訳 女は、とても悲しくて、（男の）あとを追って行くが、追いつくことができず、清水のある所に倒れてしまった。

＊「え」は「で」（打消の接続助詞）と呼応しています。

1 **えさらぬことのみいとど重なりて、事の尽くる限りもなく、思ひ立つ日もあるべからず。**（徒然草）

訳 やむをえない用事ばかりがますます重なって、用事がなくなる際限もなく、（出家を）決心する日もあるはずがない。

48

□□□

な〜そ

訳語

禁止

POINT

呼応の副詞「な」と終助詞「そ」が呼応して、禁止（〜するな）の意を表します。「な」と「そ」の間には、動詞の連用形（カ変・サ変は未然形）や、動詞＋助動詞の連用形が挟まります。

1 〜(する)な。〜(し)てくれるな。

○な来(こ)そ・なせそ
×な来(き)そ・なしそ
▼カ変・サ変動詞が挟まる場合は、未然形になります。

1 や、**な**起こしたてまつり**そ**。幼き人は寝入り給(たま)ひにけり。(宇治拾遺物語)

訳 おい、お起こし申し上げるな。幼い人は眠ってしまわれた。

＊「あやまちすな(＝けがをするな)」(徒然草)のように禁止の終助詞「な」を用いた表現よりも、「な〜そ」の方がやや柔らかい言い方だったと言われます。

1 身も亡(ほろ)びなむ、かく**な**せ**そ**。(伊勢物語)

訳 身も破滅するだろう、こんなことをするな。

＊「な〜そ」の間にサ変動詞「す」が挟まった例です。

入試 ★★★
「え〜打消」「な〜そ」の「え」「な」を接頭語や助詞と誤解している人がいますが、品詞は副詞です。品詞名もしばしば問われるので、要注意です。

49 さらに〜打消

□□□

全部否定

「さらに」は下に打消の語を伴って「全然〜ない」の意を表す呼応の副詞です。

打消を伴わない場合は、現代語と同じ「あらためて」「かさねて」「いっそう」の意を表します。

訳語

1 まったく〜ない。決して〜ない。

扇面(せんめん)
絵柄の描いてある部分。
天
扇面の一番上の部分。
地
扇面の一番下の部分。
要(かなめ)
扇骨の留め具。
中骨
内側の骨。
親骨
左右外側の一番太い骨。
※親骨と中骨を合わせて扇骨と呼ぶ。

▶「扇」は生活のさまざまな場面で用いられた大切な小道具でした。

1 **さらに**まだ見**ぬ**骨のさまなり。(枕草子)

訳 まったくまだ見たこともない(みごとな扇の)骨の様子だ。

＊「さらに」は「ぬ」(打消の助動詞「ず」の連体形)と呼応しています。

1 **さらに**人に交(まじ)はることな**し**。(徒然草)

訳 まったく人とつき合うことがない。

＊「さらに」は形容詞「なし」と呼応しています。

関連語

同 138 **つゆ〜打消** [副]
同 317 **おほかた〜打消** [副]

入試 ★★★
選択肢で迷わせる誤答例に「その上」「新しく」「加えて」「次に」などがあります。(実戦②7)

50 □□□

いかで・いかでか

疑問・反語と願望

「いかにして（か）」が変化して生まれた語で、**疑問・反語と願望を表します。**下に来る助動詞・助詞によって、**1**・**2**か、**3**かに分かれますが、助動詞「む・べし」が来る場合は文脈からの判断が必要です。

訳語

1〔疑問〕どうして（～か）。

2〔反語〕どうして（～か、いや～ない）。

3〔願望〕どうにかして（～たい・～てほしい・～よう）。

「いかで(か)」の下に来る語

ぞ　か
らむ　けむ
まし
む　べし
→ 疑問・反語

む　べし
じ　まほし
ばや　てしがな
もがな
→ 願望

▼右の助動詞・助詞の意味を確認しておきましょう。

1 **いかでさることは知りしぞ。**（枕草子）

訳 どうしてそのようなことを知ったのか。

2 **忠見（ただみ）、名歌詠み出（い）だしたりと思ひて、兼盛（かねもり）もいかでこれほどの歌詠むべきとぞ思ひける。**（沙石集）

訳 忠見は、名歌を詠み表したと思って、（ライバルの）兼盛もどうしてこれほどの歌を詠めるだろうか（、いや詠めないだろう）と思った。

＊「これほどの歌」という自作に対する自信から、「ライバルの兼盛には詠めない」の意を表す反語と判断します。

2 **命を奪はん事、いかでかいたましからざらん。**（徒然草）

訳 命を奪うようなことが、どうしてかわいそうでないだろうか（、いやかわいそうだ）。

＊「命を奪はん事」＝「かわいそうだ」という内容から反語と判断します。

3 **いかでこのかぐや姫を得てしがな、見てしがな。**（竹取物語）

訳 どうにかしてこのかぐや姫を手に入れたい、妻としたい。

・関連語・

同 **いかでかは**〔連語〕

類 **いかが**〔副〕**1**〔疑問〕どのように（～か）。**2**〔反語〕どうして（～か、いや～ない）。

類 **いかに**〔副〕**1**〔疑問〕どのように・どうして（～か）。**2**〔感嘆〕どんなに（～だろう）。

類 **いかにして**〔連語〕**1**〔疑問〕どのようにして。**2**〔願望〕なんとかして。

入試 ★★ 入試で問われるのは**2**・**3**の意味です。（実戦②20）まず**2**・**3**の意味で解釈し、それで文意が通ったら、**2**あるいは**3**と答えればいいのです。

Column

古語の世界へ――①

古語のふところ

古語はふところが深いと言われています。どういうことかと言うと、一般に現代語が一語一義であるのに比べ、古語は一つの語がいろいろな意味を持っているということです。

たとえば、**13**「**かなし**」という形容詞があります。この語は、漢字で「愛し」と書くように、どうしようもなく切なくいとしい気持ちが基本で、かわいい、つらい、悲しいなどとも訳されます。つまり「愛し」にかかわるいろいろな感情を表すと考えてよいでしょう。その中の悲しいという意味だけが、現代語の「かなしい」に残っているわけです。

1「**おどろく**」という動詞も、はっとする、気がつく、目を覚ます、驚く、などいろいろな意味を持っていますが、そのうち現代語に残っているのは、驚く、びっくりするという意味だけです。

12「**うつくし**」も、古語では外観的に小さくかわいらしいものに対してかわいらしく思う感情が基本で、かわいい、立派だ、美しいなど幅広い意味を持っていますが、現代語の「うつくしい」は、その中のきれいな意味のうつくしいだけで、かわいいという意味はありません。

◎かなし　◎おどろく　◎うつくし　◎をかし

以上。三つの例を挙げましたが、古文が不得手だという人の多くは、この古語のふところの深さ、つまり、多様な意味を持つ言葉に幻惑されているのです。それを防ぐには、本書のKEYやPOINTの解説にあるような、その語の基本的な意味やニュアンスをしっかりと理解しておくことです。その点を第1章の古語を例に挙げて確認しておきましょう。

たとえば、**15**「**をかし**」について見ると、KEYに「すてき！」とあり、POINTには「普通や普段とは一味違った対象に興味・関心を抱き、それを『すばらしい』と肯定的に評価するのが基本の意です」と詳しく説明されています。この基本を理解していれば、その前後の文章によって、趣深い、美しい、おもしろいなど、その場に適した解釈ができるはずです。

それにしても、「かなし」といえば悲しいだけ、「おどろく」は驚く、「うつくし」は美しい、「をかし」はおもしろいだけしか意味のない一語一義の現代語は、ふところの深い古語に比して、意味が狭く、ニュアンスの貧しい言葉と言わざるをえません。

（中野幸一）

実戦問題 ②

問 傍線部の口語訳として適当なものを、後から選べ。

□**1** この猟師、この聖人をなむ**ねむごろに**貴びて、常に自らも来たり、折節には然るべき物を志しける。

①うわべだけで ②おごそかに ③心をこめて ④親しげに ⑤仏道に従って 〈今昔物語集・関西学院大〉P52

訳 この猟師は、この聖人を③心をこめて尊敬し、いつも自分自身も僧坊にやって来て、折々には供え物にふさわしい品物を贈った。

□**2** ある日の**つれづれに**、

①所在ない時に ②うきうきした折に ③思いにふけっている時に ④だらしなくしている折に ⑤雨模様の時に 〈ささやき竹・成蹊大〉P52

訳 ある日の①所在ない時に、

□**3** **書**（ふみ）**に心入れたる親**は、「口惜しう。男子（をのこご）にてもたらぬこそ、さいはひなかりけれ」とぞ、つねになげかれ侍りし。

①書道に巧みであった親 ②漢籍の学問に熱心だった親 ③和歌の道の指導者だった親 ④和文に通暁していた親 ⑤仏書の学問に熱心だった親 〈紫式部日記・防衛医大〉P57

訳 ②漢籍の学問に熱心だった親は、「残念なことだ。（娘を）男子として授からなかったのが、不運だったよ」と、いつも嘆いておられました。

□**4** 「いかなりし**契り**にて、かくもの思ふらん」と思（おぼ）し続くるに、

①約束 ②宿縁 ③事情 ④契約 ⑤理由 〈しのびね・同志社大〉P60

訳 「どのようであった②宿縁によって、このように思い悩むのだろう」と思い続けなさるが、

□**5** ゆゆしき大事かなと思へども、ほど経（ふ）べきことならねば、**やがて**走り入りて、

①すぐに ②そっと ③すばやく ④少しして ⑤しばらくして 〈十訓抄・國學院大〉P64

訳 大変な仕事だなあと思うが、時間がかかってよいことではないので、①すぐに走って（邸（やしき）に）入っていって、

□**6** 「まことにわれ孝の子ならば、氷溶けて魚出（い）で来（こ）。孝の子ならずは、**ないでこそ**」

①そんなことはないはずだ ②ありませんね ③出てくるな ④無いはずはない ⑤出ておいで 〈宇津保物語・九州産業大〉P66

訳 「本当に私が孝行な子であるならば、氷が溶けて魚が出てこい。孝行な子でないならば、③出てくるな」

□**7** 殿下の御けしきを見るに、**さらに**まことのわづらひならず、ひとへに思ひに沈みたまふと見えたり。

①ほとんど ②その上 ③新しく ④まったく ⑤実は 〈ささやき竹・成蹊大〉P67

訳 殿のご様子を見ると、④まったく本当の病気ではなく、

ただひたすら物思いに沈んでいらっしゃるように見えた。

問 **傍線部を口語訳せよ。**（※**太字**部分が本書の見出し語）

□**8** 経信卿のおもかげ、さまざま思し出でられて**あはれなり**。〈文机談・鳴門教育大〉P50

訳 経信卿のおもかげなど、さまざまなことを自然と思い出しなさって［しみじみと心が動かされる］。

□**9** いづれの女御と聞こゆとも、これにならび給ふべきことかたければ、上も**おろかに**は思し召さじ。〈しのびね・大阪公立大〉P51

訳 どのような女御と申し上げても、姫君に肩を並べることがおできになるのは難しいので、天皇も［おろそかに］はお思いになられまい。

□**10** これは何事するぞ。収納の盛りに多くの人を集めて**いたづらに**置きたるは。〈宝物集・日本女子大〉P53

訳 これは何をするのだ。収穫の真っ盛りに大勢の人を集めて［むだに］（お堂に）留め置くとは（とんでもない）。

□**11** その御徳に、**年ごろ**の**本意**をなんとげて侍る。〈閑居友・北海道大〉P54・56

訳 あなたの御徳により、［長年］の［念願］を遂げました。

□**12** **かたち**も、清げなり。〈宇津保物語・立教大〉P54

訳［容貌］も、整っていてきれいだ。

□**13** **稀有**の物がたり聞こえまゐらせん。〈雨月物語・滋賀県立大〉P56

訳 めったにない［話］をお聞かせ申し上げよう。

□**14** **人のほど**、くちをしかるべきにはあらねど、〈堤中納言物語・大阪大〉P58

訳［身分］は、期待はずれでありそうなほどではないが、

□**15** 皇子も御**けしき**かはりて、おほかたのことども仰せられて、言葉にはのたまはで、〈浜松中納言物語・広島大〉P61

訳 皇子もご［表情］が変わって、当たり障りのないことなどをおっしゃって、（それ以外のことは）言葉に出してはおっしゃらないで、

□**16** いと**高く**はなくて、「おう」と叫びて、〈今昔物語集・名城大〉P62

訳［それほど］大きな声ではなくて、「おう」と叫んで、

□**17** あたりの木に、詩歌など**あまた**書きつけたり。〈都のつと・愛媛大〉P62

訳 辺りの木に、詩歌などを［たくさん］書きつけた。

□**18** 手にあかく物つきたれば、「**げに**血なりけり」と思ひて、〈古今著聞集・京都教育大〉P63

訳 手に赤く物が付いたので、「［本当に］血だった」と思って、

□**19** かかる比なれば、**え参らじ**。〈沙石集・九州大〉P66

訳 このような時節なので、参上［できまい］。

□**20** 昼見えつる人、何ならむ。**いかで**見むと思して、暗く帰りたまふに、〈宇津保物語・福島大〉P68

訳 昼間見えた女は、どのような人だろう。［どうにかして］見たいとお思いになって、暗くなってお帰りになるときに、

入試古文実戦講義①

●文脈に合う選択肢に要注意

問題作成者の身になって考えてみましょう。古文の問題を作るとき、ふさわしい文章を探し、設問を考える、これもそれなりに大変なのですが、最も厄介で骨を折るのが選択式の設問で誤りの選択肢を作ることです。五択の場合なら、四つもウソをつかなければなりません。これがなかなか大変なのです。そこでマニュアルめいたものが自然とできます。

ウソのつき方のパターンとしては、次の四つがよく見られます。

その一…重要古語を現代語の語義で読む。
その二…辞書的には正しいが、文脈にそぐわない。
その三…語義は間違っているが、文脈には最も適合する。
その四…語義も間違っていて、文脈にも合わないが、前の文章を誤読しているならば、こう読んでくる。

この中で、受験生が最もひっかかるのが「その三」の選択肢です。なにしろ文脈には最も適合するように作られているのですから。たとえば、次の問題を見てみましょう。語句の解釈問題です。

宮の御さまを、いつしかゆかしう思ひ聞こえ給ふに、

①いつ見られるかと
②こっそり覗(のぞ)こうと
③早く目にしたいと
④焦って調べようと
⑤すぐ明白になると

〈石清水(いわしみず)物語・共通テスト追試験〉

正解は③です。しかし、①や②と答えた人も相当数いるはずです。それぞれ傍線部に入れて訳してみると、いかにもよさそうな感じがするからです。が、①も②も「ゆかしう」の語義に合っていません。また②は「いつしか」の語義の解釈も間違っています。④と⑤はもとより、文脈上一見よさそうな①も②も明らかな誤訳なのです。こういう選択肢にひっかからないようにするためには、やはり試験でよく問われる古語の語義をしっかりとマスターしておくことが大切なのです。

第2章 入試必修語100

＊この章には、入試の問題文を正しく読解し、単語の意味や現代語訳の設問を解くために欠かすことのできない100語を集めました。

＊入試問題を分析してみると、毎年同じような単語がくり返し出題されているのがわかります。「ゆゆし」「あさまし」「すずろなり」など、出題者が好きな単語に強くなりましょう。

＊単語の選定に際しては、「言語文化」「古典探究」の教科書に出てくる重要語も重視しています。

51 □□□ にほふ

【匂ふ】［ハ行四段］

訳語 **1** 美しく照り映える。美しく輝く。

紫雲

▶「極楽浄土」は、人間界の西方十万億もの国土を隔てたかなたにあると考えられていました。

KEY 視覚的に美しい

POINT 「丹」（＝赤い色）に「秀」（＝秀でている）が付いて動詞化した語で、赤い色が美しく映えるさまをいうのが原義です。本来、**視覚的な美しさを表しました**が、平安時代には嗅覚的な香りのよさも表すようになりました。

1 **春は藤波を見る。紫雲のごとくして、西方ににほふ。**（方丈記）

訳 春は藤の花房が波のようになびくさまを見る。（阿弥陀仏が乗って来るという）紫雲のようで、西方に美しく照り映える。

＊「西方」は極楽浄土の方角です。極楽往生の際には、阿弥陀仏が菩薩らと紫雲に乗って迎えに来ると言われます。

1 **絵に描ける楊貴妃の容貌は、いみじき絵師といへども、筆限りありければ、いとにほひ少なし。**（源氏物語・桐壺）

訳 絵に描いた楊貴妃の容貌は、優れた絵師といっても、筆に限界があったので、実につややかな美しさが少ない。

・関連語・

1 **にほひ**［名］つややかな美しさ。

入試★★☆ 視覚的な美しさを表す「にほふ」「にほひ」が大切です。ただし、入試では嗅覚の場合も問われます。今は「悪臭」を言ったりしますが、古語のそれは「芳香」です。

52 □□□ うつろふ

【移ろふ】［ハ行四段］

訳語

KEY 色の変化・心の変化

POINT 動詞「移る」の未然形に奈良時代の助動詞「ふ」（反復・継続）が付いた「移らふ」が一語化した語で、「移りゆく（変化する）」意味を表します。**1は主に花の色の変化、2は人の心の変化を言っています。**

1 **色が変わる。**（色が変わり）**紅葉する。**（葉や花が）**散る。**

2 （心が）**移る。心変わりする。**

うつろふ
色が変わる

▶中国渡来の菊は、平安時代以降、秋を代表する花となりました。

1 **例よりはひきつくろひて書きて、うつろひたる菊にさしたり。**（蜻蛉日記）

訳 いつもよりは（筆跡に）気を配って書いて、（その手紙を）色が変わった菊の花にさした。

＊手紙には季節の草木などを添えるのが習慣でした。この例文では、作者である道綱の母が、色が変わった白菊で夫兼家の心変わりをチクリと刺そうとしています。

2 **おのづから御心移ろひて、こよなう思し慰むやうなるも、あはれなるわざなりけり。**（源氏物語・桐壺）

訳 （桐壺の更衣が亡くなり沈んでいた天皇は）自然とお心が（藤壺へ）移って、この上なくお気持ちが慰められておいでのようなのも、しみじみとしたことであった。

入試 ★☆☆
1も**2**も大切です。古文では、秋風が吹くころ人の心にも「飽き」の風が吹き、草木の色の変化と人の心変わりが並行して進みます。やがて冷たい時雨が降り、木枯らしが吹くころ、草木も人も「かれ（枯れ・離れ）」てしまいます。この過程を示す語が「うつろふ」です。

53 □□□ いぬ 【往ぬ・去ぬ】［ナ行変格］

KEY **行ってしまう**

POINT **その場を立ち去ることが基本の意味**ですが、空間的にだけではなく、時間的にも使われます。類義語「行く」が目的地へ向かう点に意識が向かうのに対し、「いぬ」はその場から消え失せる点に重きが置かれます。

訳語

1 **行く。去る。**

2 （時が）**過ぎ去る。**

1 **男、「みやこへいなむ」といふ。**（伊勢物語）

訳 男は、「都へ行くつもりだ」と言う。

2 **あはれ今年の秋もいぬめり**（千載和歌集）

訳 ああ、今年の秋も（むなしく）過ぎ去るようだ。

関 **渡辺の聖のがり尋ねまからん。**（徒然草）

訳 渡辺の聖のもとへ訪ねて参りましょう。

・関連語・

関 **～がり・～のがり**［接尾］
～のもとへ

入試 ★★☆
終止形のとき平仮名で問われます。下二段動詞「寝ぬ」と間違うからです。

54

□□□

あそぶ【遊ぶ】

［バ行四段］

訳語

1 管絃(かんげん)を楽しむ。管絃の遊びをする。

▶平安時代、琴などの弦楽器は男女ともに奏しましたが、横笛などの管楽器は男だけのものでした。

KEY

音楽の演奏

POINT

日常の生活から離れた世界に入り、自分の好きなことをして心を慰め楽しむという意では、現代語と同じですが、**古語では管絃(かんげん)の遊び**（＝**楽器の演奏**）**に特定して用いる場合が多い**という点に注意が必要です。

1 **とりどりに物の音(ね)ども調べあはせて遊び給(たま)ふ、いとおもしろし。**（源氏物語・花宴）

訳 それぞれ思い思いに楽器の音色を整えて管絃を楽しみなさるのは、とてもおもしろい。

1 **物も聞こし召さず、御遊びなどもなかりけり。**（竹取物語）

訳 何も召し上がらず、管絃の遊びなどもなさらなかった。

＊かぐや姫が月の世界へ帰ってしまった後の天皇の様子です。

関連語

1 **遊び**［名］管絃の遊び。

入試 ★☆☆

動詞「あそぶ」とともに、関連語の名詞「あそび」も出題されます。

55

□□□

めづ【愛づ】

［ダ行下二段］

訳語

1 感嘆する。ほめる。たたえ

KEY

賞賛！

POINT

漢字「愛づ」からわかるように、対象の美しさやすばらしさ、かわいらしさに強く心をひかれることを表します。心ひかれる対象に応じて「感嘆する」「愛する」などの意に分かれます。

1 **良秀(よしひで)がよぢり不動とて、今に人々めで合へり。**（宇治拾遺物語）

関連語

1 **22 めでたし**［形］

る。

2 愛する。かわいがる。好む。

▶不動明王

訳「良秀のよじり不動」といって、今でも人々が感嘆し合っている。

＊「不動」は煩悩を打破して修行者を守る「不動明王」のこと。その像は怒りの相を表し、大火炎を背負っています。

2 **人々の、花、蝶やとめづるこそ、はかなくあやしけれ。**（堤中納言物語・虫めづる姫君）

訳（世の）人々が、花よ、蝶よと愛するのは、あさはかで奇妙なことだ。

2 **めづらし**［形］（めったになく）すばらしい。目新しい。

入試 ★☆☆ 「めづ」から派生した形容詞「めでたし」「めづらし」が問われます。「めづらし」はもとは「めづ」なので、古語ではいい意味でしか使いません。

56 □□□ ならふ（ロ）（ウ）［ハ行四段］

【慣らふ・馴らふ】

訳語

1 慣れる。習慣となる。

2 親しむ。なじむ。

KEY **慣れ親しむ**

POINT 古語「ならふ」の意は現代語の「世のならい」（＝世の常）などに残っていて、**物事に繰り返し接して「習慣となる」が基本の意です。**そこから「なれ親しむ」の意、繰り返しにより身につける「習う」の意も生じました。

1 **ならはぬ鄙の住まひこそ、かねて思ふも悲しけれ。**（平家物語）

訳 慣れない田舎の生活は、あらかじめ想像するのも悲しいことだ。

2 **ここには、かく久しく遊びきこえて、慣らひたてまつれり。**（竹取物語）

訳 ここ（地上の世界）では、このように長い間楽しく過ごし申し上げて、（育ててくれた竹取の翁や嫗にも）親しみ申し上げた。

・関連語・

1 **ならひ**［名］習慣。定め。

類 **なる**［動下二］**1** 慣れる。**2** 打ち解ける。

関 **まねぶ**［動四］**1** まねる。**2**（事実のまま）伝える。

入試 ★★☆ 名詞の「ならひ」もよく問われます。

57 □□□

かしづく〔カ行四段〕

訳語
1 大切に養育する。
2 大切に世話をする。

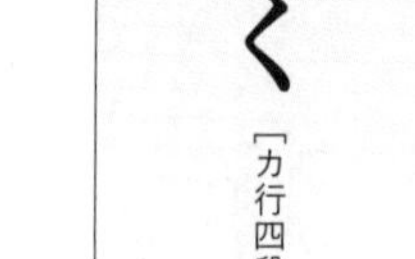

▶現代語と古語の「かしづく」の違いを押さえましょう。

KEY **大切**

POINT **大切な者として守り、世話をする意を表します。**ふつうは親が子どもを愛育する1の意で用いられます。他に、夫が妻や愛人を、主人が乳母(めのと)や女房を、あるいは人が動物を大事に世話する2の意の場合もあります。

1 **親たちかしづき給(たま)ふこと限りなし。**（堤中納言物語・虫めづる姫君）
訳 親たちが（虫めづる姫君を）大切に養育しなさることはこの上もない。

2 **この猫を北面(きたおもて)にも出(い)ださず、思ひかしづく。**（更級日記）
訳 この猫を北向きの部屋（＝使用人の部屋）にも出さず、心にかけて大切に世話をする。

・関連語・
類 **いつく**〔動四〕 大切に世話をする。

入試 ★★☆
読解上の重要古語です。今は立場的に下の者が上の者に仕えることですが、古語は上位者が下位者に対して「かしづく」のです。

58 □□□

たのむ【頼む】〔マ行四段／マ行下二段〕

訳語
1 〔四段活用〕 あてにする。期待する。

KEY **あてに「する」のか「させる」のか**

POINT 人への期待や信頼について述べる語ですが、活用の種類によって、あてに「する」のか「させる」のか、立場が変わる点が要注意です。**四段活用ならば「あてにする」、下二段活用ならば「あてにさせる」の意になります。**

1 **初心の人、二つの矢を持つことなかれ。後(のち)の矢を頼み**て、**初めの矢になほざりの心あり。**（徒然草）
訳 （弓の）初心者は、二本の矢を持ってはならない。後の

・関連語・
1 **たのもし**〔形〕 **1**あてにできる。**2**裕福だ。

2〔下二段活用〕あてにさせる。**期待させる。**

古 たのむ

こちらが相手を信頼する（四段）
相手
こちら
相手がこちらに信頼させる（下二段）

▼現代語「頼む」は、「依頼」、古語「頼む」は、「信頼」が基本の意味です。

矢をあてにして、初めの矢（を射ること）においていい加減な気持ちがある。

＊弓を習う際の心得です。「頼み」は四段の連用形。

2 **我を頼めて来ぬ男、角三つ生ひたる鬼になれ。**（梁塵秘抄）

訳（逢いに来ると）私をあてにさせて（おきながら）やって来ない男よ、角が三本生えた鬼になれ。

＊裏切られた女の恨みです。「頼め」は下二段の連用形。

1 **さてまことに頼もしき人にぞなりにける。**（宇治拾遺物語）

訳 そうして実に裕福な人になった。

入試 ★★★

入試で問われたら、まず活用の種類をチェックする必要があります。**1**の意味も大切ですが、**2**の意味なら★★★です。（実戦③11）四段も下二段も終止形は「たのむ」ですが、下二段は終止形では使われません。「たのむ」の形なら**1**の意味です。

59 □□□ まもる【守る】〔ラ行四段〕

訳語

1 見つめる。**見守る。**

下簾

KEY **目守る**

POINT **古語「まもる」は「目守る」**（＝**見る状態を保つ**）で、「**目を離さずじっと見つめる**」**の意です。**「目」は「まぶた」「まつげ」の中に、「守る」は「防人」（＝崎守り）」「子守り」の中に姿をとどめています。「**まぼる**」とも言います。

1 **下簾の狭間の開きたるより、この男まもれば、わが妻に似たり。**（大和物語）

訳（牛車の）下簾のすきまの開いている所から、この男が（車の中を）見つめると、自分の妻に似ている。

＊貴族は牛車（→P347）で外出します。牛車には目隠しの簾と、その内側に「下簾」という細長い布を垂らしました。

入試 ★★☆

「まもる」はつい「守る」の意味と読んでしまいます。そもそも、今と同じ語義ならば、入試で問われることはないのです。

60

□□□

きこゆ【聞こゆ】［ヤ行下二段］

訳語

1 聞こえる。（自然に）**耳に入る。**

2 世間に知られる。うわさされる。**評判になる。**

3 理解できる。**意味がわかる。**

KEY **聞く＋ゆ（自発・受身）**

POINT 四段動詞「聞く」の未然形「聞か」に奈良時代の自発・受身の助動詞「ゆ」が付いてできた語です。**自然に耳に入る1の意が基本**で、人の耳に入ることから2の意が、耳に入ればわかることから3の意が生じました。

1 沖より舟どものうたひののしりて漕ぎ行くなども**聞こゆ**。（源氏物語・須磨）

訳 沖を通っていくつもの舟が大声で歌って漕いで行くのなども聞こえる。

2 これ、昔、名高く**聞こえ**たる所なり。（土佐日記）

訳 ここは、昔、有名で世間に知られた所である。

3 **聞こえ**ぬことども言ひつつよろめきたる、いとかはゆし。（徒然草）

訳 （酒に酔って）理解できないことをいろいろ言いながらよろめいているのは、とても見るにたえない。

関連語

1 **きこえ**［名］うわさ。評判。

2 156 **きこゆ**［謙譲語］入試★★☆

入試では2と3の意味が問われます。（実戦③2）敬語の「きこゆ」（→P161）も重要です。「言ふ」の謙譲語や謙譲の補助動詞として使われます。

61

□□□

おこす［サ行下二段］

訳語

KEY **こちらへよこす**

POINT 「**おこす**」と「**やる**」**を対にして覚えましょう。** 両者の関係は現代語の「よこす」と「やる」の関係にあたり、「おこす」が「こちらへ送ってよこす」の意、「やる」は「先方へ送ってやる」の意です。

関連語

1 よこす。**送ってくる。**

文を「やる」
こちら
先方
文を「おこす」

▼「おこす」「やる」は、文(ふみ)(手紙)のやりとりの場面でよく用いられます。

1 **せちによばひければあひにけり。その朝(あした)に文(ふみ)もおこせず。夜まで音もせず。**（大和物語）

訳 (平中(へいちゅう)が)しきりに言い寄ったので契った。その翌朝に手紙もよこさない。夜になるまで音沙汰(さた)もない。

＊男女が契りを結んで別れた翌朝には、男から女へ手紙を贈るのが習慣で、それを「後朝(きぬぎぬ)の文」(→P337)と言いました。例文は何らかの異常を暗示しているようです。

2 **月の出(い)でたらむ夜(よ)は、見おこせ給(たま)へ。**（竹取物語）

訳 月が出ているような夜は、こちら(＝私のいる月の都)の方を見てください。

対 **歌を書きてやる。**（伊勢物語）

訳 歌を書いて送ってやる。

1 **言ひおこす**［動下二］ 言ってよこす。

2 **見おこす**［動下二］ こちらの方を見る。

対 **やる**［動四］ (送って)やる。

入試 ★★☆

訳語は「よこす」で大丈夫です。ただし、読解上の重要古語です。話題の主でない「あちら」の人の行為だからです。

62 まうく(モ) □□□

【設く】 ［カ行下二段］

KEY **あらかじめ設ける**

POINT

現代語「もうける」の古い形です。「基準をもうける(＝作る)」「妻子をもうける(＝得る)」「株でもうける(＝利益を得る)」などと同じ意もありますが、**古語で重要なのは「将来のために前もって準備する」の意です。**

訳語

1 準備する。**用意する。**

▶「大傘」は、大人二人が入るほどの大きさです。

1 **大傘(おほがさ)一つまうけよ。**（落窪物語）

訳 大きな傘を一つ準備しろ。

1 **雨露(あめつゆ)をふせぐまうけもあり。**（雨月物語・浅茅が宿）

訳 雨露を防ぐ用意もしてある。

・関連語・

1 **まうけ**［名］ **1**準備。用意。**2**ごちそう。

入試 ★☆☆

「準備」「用意」と押さえておけば大丈夫です。

63

□□□

いらふ（ロウ）

【答ふ】［ハ行下二段］

訳語

1 答える。返事をする。

KEY

返答

POINT

類義語に「こたふ」がありますが、**平安時代の和文では「いらふ」が圧倒的に多く見られます。**和歌を贈られたら和歌で答えるのが習慣でしたが、その場合の動詞は「返す（かへす）」と言いました。

1 子三人（みたり）を呼びて語りけり。二人の子は、情けなく**いらへ**てやみぬ。（伊勢物語）

訳 子三人を呼んで話をした。二人の子は、そっけなく答えて終わった（＝とりあわなかった）。

・関連語・

1 **いらへ**［名］返事。

入試 ★★☆
名詞の「いらへ」もきかれます。

64

□□□

わたる

【渡る】［ラ行四段］

訳語

1 行く。来る。通る。

2［補助動詞として］
（時間的に）ずっと（〜する）。
（空間的に）一面に（〜する）。

KEY

移動する

POINT

「川を渡る」「橋を渡る」などの現代語の用法は古語の用法の一部で、**古語では「行く」「来」など、移動することを広く表します。**連続することを表す補助動詞の用法2や、「いらっしゃる」意の敬語の用法3も要注意です。

1 今日は、宮の御方に昼**渡り**給（たま）ふ。（源氏物語・若菜上）

訳 今日は、女三の宮のお部屋へ昼間に行きなさる。

2 おぼつかなく思（おぼ）し**わたる**ことの筋を聞こゆれば、いと奥ゆかしけれど、げに人目もしげし。（源氏物語・橋姫）

訳（薫（かおる）が）ずっと不審にお思いになっていたこと（＝薫自身の出生の秘密）の方面を（老女が）申し上げるので、

・関連語・

関 **はつ**［動下二］［動詞の連用形に付いて］最後まで〜する。すっかり〜する。

入試 ★★★
入試では2の意味が問わ

3〔「わたらせたまふ」の形で、「あり」「をり」の尊敬語〕**いらっしゃる。**

六条坊門小路
西北(冬)の町
東北(夏)の町
東京極大路
万里小路
西南(秋)の町
東南(春)の町
六条大路

▶女三の宮は光源氏の大邸宅六条院の東南の町に住んでいました。

もっと聞きたかったが、いかにも人目も多い。（源氏物語・橋姫）

2 **霧いと深くたちわたれり。**
訳 霧がたいそう深く一面に立ちこめている。

3 **この宮は腹々(はらばら)に御子(おんこ)の宮たちあまたわたらせ給ひけり。**（平家物語）
訳 この宮は奥様方に御子の宮たちが大勢いらっしゃった。
＊「わたらせたまふ」は、軍記物などに見られる鎌倉時代以降の表現で、尊敬の意「いらっしゃる」を表します。

れます。特に記述式の現代語訳のときは、きちんと訳さないと減点されます。（実戦③14）読解上は**1**と**3**が大切です。**1**は「横断する」、**3**は「移動なさる」と読むと、文脈を取り違えてしまいます。

65 □□□ ぐす

【具す】［サ行変格］

訳語
1 (引き)連れる。**つき従える。**
2 つき従う。**連れ立つ。**
3 添える。**備える。備わる。**

KEY **一緒に**

POINT **漢語の「具」に、動詞「す」が付いてできた、サ行変格活用の複合動詞です。**漢字「具」が持つ「そなえる」「そなわる」の意が基本的に生きていて、あるべき人や物が「一緒にある」ことを表します。

1 **我をばいづちへ具して行かむとするぞ。**（平家物語）
訳 私をどこに連れて行こうとするのか。

2 **我は一門に具して西国(さいごく)の方へ落ちゆくなり。**（平家物語）
訳 私は（平家）一門につき従って（＝一緒に）西国へ逃げていくのだ。

3 **不死の薬壺(くすりつぼ)に文(ふみ)具して、御使ひに賜(たま)はす。**（竹取物語）
訳 不死の薬の壺に手紙を添えて、御使いにお与えになる。

・関連語・
類 **率(ゐ)る**［動上一］連れる。

入試 ★★★
2の意味が大切です。（実戦③15）**1**が主従の「主」の行動とすれば、**2**は「従」の者の行動です。出題者はそこを突くのです。

66 □□□

とぶらふ（ロウ）

【訪ふ・弔ふ】［ハ行四段］

訳語
1 訪（おとず）れる。訪（たず）ねる。
2 見舞（ちょうもん）う。安否を尋ねる。
3 弔問する。供養（くよう）する。

▼現代語の「とむらう」は古語「とぶらふ」の3の意味のみを引き継いでいます。

訪問・弔問

POINT

動詞「問ふ」と関係の深い語で、「問い尋ねる」「訪ねる」の意と、「安否を尋ねて見舞う」の意があります。漢字「弔」をあてる「弔（とぶら）ふ」は、見舞う対象が特に死者の遺族に限られる「弔問（ちょうもん）する」の意を表します。

1 心ざし深かりける人、行きとぶらひけるを、正月（むつき）の十日ばかりのほどに、ほかに隠れにけり。（伊勢物語）

訳（ある女への）愛情が深かった男が、（女の所へ）行って訪れたが、正月十日あたりのころに、（女は）よそに姿をかくしてしまった。

2 大弐（だいに）の乳母（めのと）のいたくわづらひて尼になりにける、とぶらはむとて、五条なる家訪ねておはしたり。（源氏物語・夕顔）

訳大弐の乳母（＝光源氏（ひかるげんじ）の乳母）がひどく患って尼になったのを、見舞おうと思って、五条にある家を訪ねていらっしゃった。

3 かの御法事などし給（たま）ふにもいかめしうとぶらひきこえ給へり。（源氏物語・紅葉賀）

訳あの方（＝若紫（わかむらさき）の祖母）のご法事などなさるときにも（源氏は）丁重に弔問し申し上げなさった。

＊形容詞「いかめし」は「威厳がある」の意です。

3 維盛（これもり）が後生（ごしゃう）をもとぶらへかし。（平家物語）

訳維盛の来世（の幸せ）を（祈って）供養してくれよ。

・関連語・

類 おとづる［動下二］ 1音を立てる。2訪問する。3手紙を送る。

類186 おとなふ［動四］

（入試）★★☆

1と2の意味が大切です。（実戦③4）「とぶらふ」は、1のときも2のときも、慰めの優しい言葉だけでなく、物品を相手に渡すことが伴う場合があります。つまり、実質的な経済援助です。この意味で使われている「とぶらふ」が問われたとき、得点できると優位に立てます。

67 □□□

ものす【物す】

［サ行変格］

訳語

1 いる。ある。
2 行く。来る。
3 何かをする。
（＊例文のように文脈に応じて具体的に口語訳する。）
4 〔「～ものしたまふ」の形で〕
～（て）いらっしゃる。

格子
見出だす
内
外

▶梅の花を「見つけ出し」たのではありません。

「あり」「行く」「来」の代わり

名詞「もの」にサ変動詞「す」が付いてできた「**ものす**」は、**いろいろな動詞の代わりに用いられます。**具体的に何をするのか文脈から考えて訳す必要がありますが、多くは「あり」「行く」「来」の代わりに用いられます。

1 日ごろ**ものしつる**人、今日ぞ帰りぬる。（蜻蛉日記）
訳 数日来（私と一緒に）いた人が、今日帰ってしまう。

2 馬にて**ものせむ**。（源氏物語・夕顔）
訳 馬で行こう。

2 中将はいづこより**ものしつる**ぞ。（源氏物語・野分）
訳 中将はどこから来たのか。

3 魚(いを)なども**ものせよ**。（蜻蛉日記）
訳 魚などを食べよ。

3 まづ御文(ふみ)を**ものせ**させ給へ。（蜻蛉日記）
訳 まずお手紙をお書きください。

4 梅の香(か)をかしきを見出(い)だして**ものしたまふ**。（源氏物語・末摘花）
訳 梅がいいにおいで咲いているのを部屋の中から眺めていらっしゃる。

＊「見出だす」は「内から外を見る」の意です。

入試 ★★★

1と2と3の意味が大切です。入試では、現代語訳だけでなく、意味の識別でもきかれます。本文中の傍線が引かれた「ものす」と同じ「ものす」を選択肢から選ばせるのです。まず、傍線部の「ものす」を「あり」「行く」「来」に代えてみて、文意が通らなかったときは「食ふ」「言ふ」に代えてみましょう。それでも文意が通らないときは、文脈から考えると、何をしているのか容易にわかるはずです。

68 わななく

□□□

［カ行四段］

訳語 **1** ふるえる。

ぶるぶる・わななわな

寒さ、恐れなどで、手足や身体がぶるぶる震えることを表します。震えは身体に限らず、声や楽器などの音声の場合もあります。特に震え声のことを「**わななき声**」と言います。

1 いと恐ろしと思(おぼ)して**わななき**給(たま)ふ。（源氏物語・少女）
訳 たいそう恐ろしいとお思いになってふるえなさる。

関 何(なに)といふにか、唇**はたらく**。（宇治拾遺物語）
訳 何と言っているのだろうか、唇が動く。

・関連語・
関 **はたらく**［動四］動く。
入試 ★★☆
「ざわめく」という意味もありますが、入試で問われるのは**1**の意味です。

69 わづ(ズ)ら(ロ)ふ(ウ)

□□□

［ハ行四段］

訳語
1 思い悩む。**病気になる。**
2 苦労する。**難儀(なんぎ)する。**
3［補助動詞として］～するのに困る。**～しかねる。**

心身の苦痛

現代語の「患(わずら)う」は主に肉体的な意味で用いられますが、「わづらふ」はもとは精神的に苦しむことを表しました。**古語では、心と身両方のつらく苦しい状態を表し、他に補助動詞としても用いられます。**

1 寛大にして極まらざる時は、喜怒これにさはらずして、物のために**わづらは**ず。（徒然草）
訳 心が広く大らかで狭く限ることがないときは、喜怒の感情が邪魔となることなく、物事のために思い悩まない。

2 漕(こ)ぎ上(のぼ)るに、川の水干(ひ)て、悩み**わづらふ**。（土佐日記）
訳（都に向けて淀川(よどがわ)を船で）こぎ上るが、川の水が少なく

・関連語・
類 204 **なやむ**［動四］
入試 ★★☆
入試で問われるのは「心」が苦しんでいるときですが、**1**・**2**・**3**どの意味

わづらふ

古 精神的に苦しい

現 身体的に苦しい

▶古語「わづらふ」は、心身両方の苦しさを表します。

なって、難儀し苦労する。

＊「悩む」と「わづらふ」は同じ意味を表し、重ねて用いて大変苦労したことを表現しています。

3 **勢多の橋みな崩れて、渡りわづらふ。**（更級日記）

訳 勢多の橋がみな崩れて、渡るのに困る。

も大切です。**1**は「思ひわづらふ」の形でも使われます。訳語は「思い悩む」でいいのですが、その状態がなかなか解消しないことを言っています。

70 まどふ（ウ） □□□

【惑ふ】［ハ行四段］

訳語

1 心が乱れる。途方に暮れる。あわてる。

2 〔動詞の連用形に付いて〕ひどく（～する）。

原義 心が混乱 ▼ 文脈 → 訳 心が乱れる／あわてる／途方に暮れる

▶原義を押さえた上で、文脈に応じた訳語を選びましょう。

KEY **パニック**

「まどふ」には、道に迷う意もありますが、**重要なのは、心が乱れ迷う場合です。**心が混乱してあれこれ迷い、どうしたらよいかわからない状態を表しますので、訳語は場面に応じてさまざまになります。

1 **心地惑ひにけり。**（伊勢物語）

訳 気持ちが乱れてしまった。

1 **宮の御前、母北の方、帥殿、一つに手を取りかはして惑はせたまふ。**（栄花物語）

訳 宮の御前（＝中宮定子）、（帥殿たちの）母である北の方、帥殿（の三人）は、手を取り合って途方に暮れなさる。

＊帥殿（＝定子の兄伊周）が左遷されるときのありさまです。

2 **風の吹きまどひたるさま、恐ろしげなること、命かぎりつと思ひまどはる。**（更級日記）

訳 風がひどく吹いている様子の、恐ろしげなことは、命もおしまいだと気が動転してしまう。

・関連語・

1 **まどはす**［動四］ 1 見失う。 2 心を乱れさせる。

関 **しづごころ**［名］ 落ち着いた心。

入試 ★★☆

1も**2**も大切です。心情説明でもよくきかれます。選択式の現代語訳や心情説明の問題のときは、心が「パニック」していると押さえておけば十分対応できます。

71 □□□

かづく【被く】

［カ行四段／カ行下二段］

訳語

1〔四段活用〕（ほうびを）いただく。**かぶる。**

2〔下二段活用〕（ほうびを）与える。**かぶせる。**

▶ほうびの品を左肩に掛けて退出するのが作法でした。

ほうびをもらう・与える

活用の種類によって意味が変わる点に注意しましょう。四段活用は「頭にかぶる」の意で、そこから「ほうびをいただく」の意が生じました。下二段活用は「ほうびを与える」の意で、授受の方向が逆になります。

1 **大将も物かづき、忠岑も禄賜はりなどしけり。**（大和物語）

訳 大将も物をいただき、忠岑もほうびをいただくなどした。

＊「かづき」は四段活用の連用形で、連用中止法です。

1 **御衣ひきかづきて臥し給へり。**（源氏物語・葵）

訳（掛けてある）お召し物をひきかぶって寝ておしまいになる。

2 **郎等までに物かづけたり。**（土佐日記）

訳 従者にいたるまでに物を与えた。

＊「かづけ」は下二段活用の連用形で、下に完了の助動詞「たり」が続いています。

関連語

1 **かづけもの**［名］ほうびの品物。

関 **潜く**［動四］水に潜る。

入試 ★★☆ **1**も**2**も大切です。ただし、ただ物をかぶったり、かぶせたりする意味でなく、ほうびの授受のときが入試では問われます。（実戦③17）当時、衣服は高価でした。

72 □□□

うす【失す】

［サ行下二段］

訳語

なくなる

物事や人が「消えてなくなる」が基本の意ですが、特に**人が「死ぬ」ことを婉曲的に言い表す用法が重要です。**「婉曲」とは、そのものずばりを言わないで、遠回しに、穏やかに表現することです。

関連語

1 消える。無くなる。

2 亡（な）くなる。死ぬ。

1 消える・無くなる
↓
（この世から）消えてなくなる
↓
2 死ぬ・亡くなる（婉曲表現）

▶「消えてなくなる」ことから**2**の意味で使われました。

1 **翁（おきな）を、いとほし、かなしと思（おぼ）しつることも失せぬ。**（竹取物語）

訳（かぐや姫は、天（あま）の羽衣（はごろも）を着ると）翁を、気の毒だ、かわいそうだとお思いになっていたことも（心から）消えてしまった。

2 **その人、ほどなく失せにけりと聞き侍（はべ）りし。**（徒然草）

訳 その人は、間もなく亡くなったと聞きました。

類 **かくる**［動下二］・**みまかる**［動四］亡くなる。死ぬ。

入試 ★★★ 入試で問われるのは**2**の意味です。（実戦③6）ただし、文中には**1**の意味も頻出します。

73 □□□ おこな（ノ）ふ（ウ）【行ふ】［ハ行四段］

KEY 仏道修行

古語の「行ふ」は作法にのっとって「行う」ことですが、仏教思想の行きわたっていた平安時代の例では、多くが仏道に関する行為を表します。

POINT **自動詞「行ふ」＝「仏道の修行をする」と理解することが重要です。**

訳語

1 仏道の修行をする。**勤行（ごんぎょう）**する。

※勤行…仏前で読経などをすること。

▶日常の仏道修行のため、自分の居室に仏像を置くことがありました。

1 **持仏（ぢぶつ）据ゑたてまつりて行ふ尼なりけり。**（源氏物語・若紫）

訳 持仏を安置申し上げて仏道の修行をする尼であった。

＊「持仏」は常に身近に置いて信仰する仏像のことです。

1 **行ひをだにせむ。**（大和物語）

訳 せめて仏道の修行だけでもしよう。

類 **水草清き山の末にて勤めはべらむ。**（源氏物語・若菜上）

訳 水も草も清らかな山の奥で仏道の修行に励みましょう。

・関連語・

1 **行ひ**［名］仏道の修行。勤行。

類 **つとむ**［動下二］仏道の修行に励む。

入試 ★★★ 訳語は「勤行する」も大切です。（実戦③7）記述式では「修業」ではなく「修行」と書きましょう。

実戦問題③

問 傍線部の口語訳として適当なものを、後から選べ。

□**1** 長者の家に**かしづく**娘のありけるに、顔良からむ婿取らむと母のもとめけるを伝へ聞きて、

①大切にしている　②しつけのよい　③年頃になった
④仕えている　〈宇治拾遺物語・学習院大〉P78

訳 長者の家で①大切にしている娘がいたが、顔の良いような婿をとろうと母親が探していたことを伝え聞いて、

□**2** 大納言なりける人、小侍従と**聞こえし**歌よみにかよはれけり。

①よく知られた　②ひそかに耳にした　③以前に聞いた
④よしみを通じた　〈今物語・学習院大〉P80

訳 大納言であった人が、小侍従という①よく知られた歌人のもとへお通いになった。

□**3** 実方泣く泣く暇乞ひして陸奥へ下られし後、かの国より師宣のもとへ**おこされたる**歌、

①送ることができた　②思わず送り届けた
③送らせなかった　④およこしになった　〈百人一首一夕話・龍谷大〉P80

訳 実方が泣く泣く離別のあいさつをして陸奥へ下向なさった後、その国から師宣のもとへ④およこしになった歌、

□**4**「鄙の住まひのならはずしてはいかにしてか」など、**なのめならずとぶらひ給ふ**に、

①何度もお悔やみに来てくださった
②何度も訪問してくださった
③ほどほどに心配してくださった
④通りがかりに訪問してくださった
⑤格別に心配して尋ねてくださった　〈なぐさめ草・青山学院大〉P84

訳「地方の生活に慣れていずにどのように過ごしているのか」などと、⑤格別に心配して尋ねてくださったのには、

□**5** 牛主聞き驚きて、**迷ひ騒ぎて**行きて見ければ、牛大きなる狼を片岸に突き付けて動かで立てり。

①嘘をつくなと叫んで　②あわてふためいて
③当惑し半信半疑で　④道に迷い助けを呼びながら　〈今昔物語集・明治学院大〉P87

訳 牛の飼い主が聞いて驚き、②あわてふためいて行って見たところ、牛は大きな狼を崖に突き付けて動かずに立っている。

□**6**「昔語りにこそ、聞きつれ。浦人の、さこそ**失せぬらめ**」と、悲しませ給へるに、

①命を落としたことだろう　②姿を消したことだろう
③財産を無くしたことだろう　④意識を失ったことだろう
⑤落胆したことだろう　〈松陰中納言物語・立教大〉P88

訳「昔話としては、聞いたことがある（が、実際に経験す

るとは驚いた）。海岸に住む人が、さぞ①命を落としたことだろう」と、悲しんでおられるときに、

□**7** ただこの端つ方に**行なふ**人あるにや、経の巻き返さるる音も、しのびやかになつかしく聞こえて、

①住む　②仕える　③香りをかぐ　④勤行をする　⑤移動する　〈山路の露・青山学院大〉P89

訳 ちょうどこの端の方で④勤行をする人がいるのだろうか、経巻を（読誦しながら）巻き返される音も、忍びやかで心ひかれるように聞こえて、

問 傍線部を口語訳せよ。（※**太字**部分が本書の見出し語）

□**8** 花に朝日の**にほひ**たるも、松に有明の残りたらむも、　〈鶉衣・立教大〉P74

訳 桜の花に朝日が［照り映え］ているのも、松の枝に有明の月の光が残って射しているようなのも、

□**9** とどまりなむと思ふ夜も、なほ**いね**といひければ、　〈大和物語・千葉大〉P75

訳（男がもとの妻の家に）泊まろうと思う夜も、（もとの妻は）やはり（あちらへ）［行きなさい］と言ったので、

□**10** いとおもしろく**遊び**ののしる。　〈宇津保物語・東京大〉P76

訳 たいそう楽しく［楽器を奏で］歌い騒ぐ。

□**11** 思はむと**頼め**し人はありと聞く言ひし言の葉いづち行きけむ　〈本朝美人鑑・広島大〉P78

訳 あなたを恋しく思おうと言って［あてにさせ］た人がいると聞きます。その言葉はどこへ行ったのでしょう。

□**12** かかる人の**ものし**たまひけるよと驚かれて、とばかり**まもり**たまふに、　〈とりかへばや物語・大阪公立大〉P79・85

訳 このような（立派な）人が［いらっしゃっ］たよと驚かれて、しばらく［見つめ］なさると、

□**13** せちに問はせ給へど、何にか**いらへ**給はん、　〈しのびね・大阪公立大〉P82

訳（天皇は）しつこく尋ねなさるが、（姫君は）どうして［答え］なされようか、

□**14** 下野（しもつけ）の国に男女（をとこをんな）住み**わたり**けり。　〈大和物語・愛知教育大〉P82

訳 下野の国に男女が（一緒に）住み［続け］た。

□**15** むかしは、うせたる人をば、塚にをさめければ、恋しきたびに、あにおとと、**うち具し**つつ、かの塚のもとにゆきむかひて、　〈俊頼髄脳・明治大〉P83

訳 昔は、亡くなった人を、塚に埋葬すると、恋しく思うたびに、兄弟が、［連れ立っ］ては、その塚の所へ行って、

□**16**「雨の降りぬべきになん見**わづらひ**侍る。身さいはひあらば、この雨は降らじ」　〈伊勢物語・佐賀大〉P86

訳「今にも雨が降りそうなので（あなたの所へ行こうか行くまいか）様子を眺めて［思い悩ん］でいます。私が幸運に恵まれていれば、この雨は降らないだろう」

□**17** 御衣（ぞ）脱ぎて**かづけ**させ給ふ。　〈増鏡・岐阜大〉P88

訳 御衣を脱いで［与え］なさる。

74 □□□

おもしろし

［ク活用］

訳語

1 （景色などが）すばらしい。**趣がある。**

2 興趣（きょうしゅ）がある。**興味深い。**

※興趣…味わいの深いおもしろみ。

KEY **明るい・晴れやか**

POINT 現代語「おもしろい」（＝滑稽（こっけい）だ）とは違います。古語「おもしろし」の語源は「面（おも）」が「白し」で、**目の前がぱっと明るくなるようなすばらしい自然の光景や、心が楽しく晴れやかになるような芸能や遊びのさまを表します。**

1 **その沢にかきつばたいとおもしろく咲きたり。**（伊勢物語）

訳 その沢にかきつばたがたいそうすばらしく咲いている。

2 **神楽（かぐら）こそ、なまめかしく、おもしろけれ。**（徒然草）

訳 神楽こそ、（世俗じみず）優雅であり、興趣がある。

＊「おもしろけれ」は係助詞「こそ」の結びで、已然形。「けれ」は形容詞の活用語尾で、過去の助動詞ではありません。

・関連語・

類**15 をかし**［形］

類**26 あはれなり**［形動］

入試 ★★☆ 歌論ではほめ言葉ではありません。「こけおどし」ということです。

75 □□□

あらまほし

［シク活用］

訳語

1 理想的だ。**好ましい。**

KEY **理想的！**

POINT ラ変動詞「あり」の未然形「あら」に願望の助動詞「まほし」が付いて一語化した形容詞で、**「そうありたいと願う状態＝理想的だ」が基本の意です。**一語化する前の連語「あら＋まほし」との区別は文脈から判断します。

1 **墨染（すみぞ）めの御姿あらまほしう清らなるも、うらやましく見たてまつり給（たま）ふ。**（源氏物語・柏木）

訳 黒い僧衣のお姿が理想的に上品で美しいのも、うらやましく見申し上げなさる。

・関連語・

1 **あらまほし**［連語］ありたい。あってほしい。

2 304 **あらまし**［名］

あり ＋ まほし　二語
＝
あってほしい
▼
そうありたい
≒
理想的だ
あらまほし　一語

▶もともとは連語の形で、のちに一語化し形容詞となりました。

＊「墨染めの衣」（↓P339）は黒か灰色に染めた僧衣や喪服のことで、出家以前の貴族の華麗な衣服と対照的に描写されることがあります。

1 少しのことにも、**先達**(せんだつ)**はあらまほしきことなり。**（徒然草）

訳 ちょっとしたことにも、案内者はあってほしいものだ。

＊先達の存在を願っているので、「あら＋まほし」の連語と判断します。

入試 ★☆☆ 形容詞の「あらまほし」も連語の「あらまほし」もともに大切です。POINTで述べているように文脈から判断します。しかし、訳してみればすぐわかります。

76 やむ（ン）ごとなし

□□□

［ク活用］

KEY 最高だ

POINT **漢字で書けば**「**止む事無し**」で、これでよしとしてそのままに済ますことができない、つまり「放(ほう)っておけない」がもとの意です。そこから「最上級」の意が生じました。いろいろな「最上級」を言い表します。

訳語

1 高貴だ。尊い。大切だ。

2 この上ない。並々でない。

やむごとなし
これ以上ない最上級。

あてなり
一般的な高貴さ。

▶「あてなり」よりもはるかに高い最高の家柄を表します。

1 **この山に籠**(こも)**りゐて後、やむごとなき人のかくれ給へるもあまた聞こゆ。**（方丈記）

訳（私が）この山に（庵(いおり)を作って）こもってからあと、高貴な方々がお亡くなりになったことも数多く耳に入る。

2 **身の才**(ざえ)**やむごとなくして、公**(おほやけ)**につかまつりけるほどに、道心をおこして出家せるなり。**（今昔物語集）

訳 学才がこの上なくて、朝廷にお仕えしていたときに、信仰心を起こして出家したのである。

・関連語・

類 **99 あてなり** ［形動］

入試 ★★★

1 の意味が大切です。（実戦④10）「やむごとなし」はいろいろなものの「最上級」を言い表します。文脈に応じて適切な訳語を考えましょう。

77 □□□

ゆゆし［シク活用］

普通とかけ離れている

「神聖だから触れてはならない」が原義です。触れてはならないものの様子「不吉だ」や、それに対したときの気持ち「恐ろしい」を表し、そこから、**よいにつけ悪いにつけ、普通とかけ離れたさまも表す**ようになりました。

訳語

1 不吉だ。不吉なほど美しい。恐ろしい。

2 すばらしい。立派だ。

3 はなはだしい。重大だ。大変だ。

いみじ → 3 程度が並外れている

ゆゆし → 3 程度が並外れている／1 おそれ多い 恐ろしい

かしこし（畏し） → 1 おそれ多い 恐ろしい

▼「ゆゆし」と「いみじ」「かしこし」の共通点を確認してみよう。

1 **ゆゆしき身に侍れば、**（若宮ガ）**かくておはしますも、いまいましう、かたじけなくなむ。**（源氏物語・桐壺）

訳（私は娘に先立たれた）不吉な身ですので、若宮がこうして（私と一緒に）いらっしゃるのも、縁起でもなく、おそれ多いことです。

＊文末の「なむ」は係助詞で、下に結びの「侍る」（連体形）が省略されています。

1 **かたちなむまことにいとうつくしう、ゆゆしきまでものし給ひける。**（源氏物語・橋姫）

訳容貌は実にたいそうかわいらしく、不吉なほど美しくていらっしゃった。

2 **ただ人も、舎人など賜はるきはは、ゆゆしと見ゆ。**（徒然草）

訳普通の貴族（で）も、警護の官人などを（朝廷から）いただく身分の人は、すばらしいと思われる。

＊「舎人」は天皇や皇族の雑事や警護に当たる下級官人ですが、貴族にも与えられる場合がありました。現代のSP（＝要人警護の警官）が思い合わせられます。

関連語

類 **いまいまし**［形］不吉だ。縁起が悪い。

類 **まがまがし**［形］**1** 不吉だ。縁起が悪い。**2** 憎らしい。いまいましい。

入試 ★★★

どの意味も大切ですが、とりわけ **1** の「不吉なほど美しい」が入試では重要です。あまりにも美しすぎるものは神に召されて早死にするから不吉なのです。頻出する語義ではありませんが、問題文中にあればまず問われます。ここで得点できると優位に立てます。

3 おのおの拝みて、ゆゆしく信おこしたり。（徒然草）

訳 それぞれ拝んで、はなはだしく信心をおこした。

78 □□□

かしこし

【畏し・恐し／賢し】［ク活用］

1 〔畏し・恐し〕おそれ多い。もったいない。

2 〔賢し〕すばらしい。**立派だ。好都合だ。**

3 〔連用形「かしこく」の形で〕非常に。

かしこし
- 心情
  - 1 おそれ多い
- 状況
  - 2 すばらしい
  - 3 非常に

▶心情を表す場合は1、対象の状況や様子を表す場合は23になります。

おそれ多いほどすごい

POINT

本来は、**古代の人が自然の威力や霊力に対して抱いたおそれ多いという気持ちを表す語でした。**その後、おそれ敬うべき対象の優れた性質を表す2の意が生じました。連用形「かしこく」の形での3の用法も重要です。

1 **帝（みかど）の御位（おほんくらゐ）は、いともかしこし。**（徒然草）

訳 天皇の御位は、とてもおそれ多い。

2 **寺をこそ、いとかしこく造りたなれ。**（源氏物語・浮舟）

訳 寺を、実にすばらしく造ったそうだ。

＊「たなれ」は「た＋なれ」。完了の助動詞「たり」の連体形「たる」の撥音便（はつおんびん）「たん」の撥音無表記「た」＋伝聞の助動詞「なり」の已然形で、「たんなれ」と読みます。

2 **今日しもかしこく参り候（さぶら）ひにけり。**（宇治拾遺物語）

訳 ちょうど今日は好都合に参上したものです。

3 **風吹き、波荒ければ、船出（い）ださず。これかれ、かしこく嘆く。**（土佐日記）

訳 風が吹き、波が荒いので、船を出さない。誰もかれも、非常に嘆息する。

＊『土佐日記』には、天候不良で航海できないことを嘆く記事が多く見られます。

・関連語・

類 208 **かたじけなし**［形］

類 77 **ゆゆし**［形］

入試 ★★★

どの意味も大切です。とりわけ入試では2の意味が大切で、2の意味で最もきかれるのは「運」のすばらしさです。3同様に連用形「かしこく」の形で用いられますが、「好都合に」「幸運にも」という意味になります。

79

うるはし（ワ）

［シク活用］

訳語

1 端正だ。**きちんとしている。立派だ。**

2 親しい。

端正な美

きちんと整った美しさを表します。類義語「うつくし」が愛すべき美しさを表すのに対し、「うるはし」は欠点のない美しさ、立派さ、折り目正しさを言い、時には整いすぎて近寄りがたい印象を言う場合もあります。

1 **その日の、髪上げうるはしき姿、唐絵（からゑ）をかしげに描（か）きたるやうなり。**（紫式部日記）

訳 その日の、（内侍（ないし）の）髪を結いあげた端正な姿は、まるで中国風の絵を美しく描いたようだ。

2 **昔、男、いとうるはしき友ありけり。**（伊勢物語）

訳 昔、男が、たいそう親しい友人を持っていた。

関連語

類 **12 うつくし**［形］

入試 ★★☆

1 は容姿、態度、物言いなど、様々なものを表しますが、「きちんと」「しっかり」と押さえておけば大丈夫です。（実戦④12）

80

□□□

はかなし

［ク活用］

訳語

1 頼りない。**あっけない。むなしい。**

2 ちょっとした。**とるに足り**

ちょっとで頼りない

「はかる」「はかどる」「はかばかし」などの「はか」です。つまり「はか」は「はかる」に「値する量」を言います。それが「無し」なので、「はかなし」で、**頼りにできるものがなく、心細い気持ちを表します。**

1 **鳥辺山（とりべやま）谷に煙（けぶり）の燃え立たばはかなく見えし我と知らなむ**（拾遺和歌集）

訳 鳥辺山の谷間に煙が燃え立ったら、頼りなく見えた私（を火葬する煙）だと知ってほしい。

関連語

1 **はかなくなる**［連語］

亡くなる。死ぬ。

対 **81 はかばかし**［形］

ない。

▶平安京の郊外にあった墓地・火葬場として化野（あだしの）・鳥辺野の二つが有名です（→P340）。

＊訳語「頼りなく」は、信頼できないと非難する意はなく、今にも倒れそうで「弱々しい」「もろい」の意味合いです。「鳥辺山」は京都東山にあった火葬場。「知ら」＝未然形に接続する文末の「なむ」は他に対する願望（〜てほしい）を示す終助詞です（→P309）。

2 **梨（なし）の花、世にすさまじきものにして、近うもてなさず、はかなき文（ふみ）付けなどだにせず。**（枕草子）

訳 梨の花は、実に興ざめなものとして、身近にもてはやさず、ちょっとした手紙を結びつけたりさえしない。

＊手紙は、季節の草木などに添えて送るのが習慣でした。

入試 ★★☆

1も**2**も大切です。**1**は内容説明でもきかれます。**1**は正妻以外の妻がみずからのことを「はかなし」と言っているときです。正妻以外の妻は法律の後ろ盾がなかったのです。これが問われて得点できると優位に立てます。

81 はかばかし □□□

［シク活用］

訳語

1 しっかりしている。**頼もしい。**

2 はっきりしている。**際だっている。**

KEY **しっかり、ちゃんと**

POINT 仕事の目標や進み具合の意の「はか」を重ねて形容詞化した語です。順調にはかどってしっかり、ちゃんとしているところから、「**頼もしい**」「**際だっている**」などの意を表しますが、**多くは打消の語とともに用いられます。**

1 取りたてて、**はかばかしき後見（うしろみ）しなければ、事ある時は、なほ拠（よ）りどころなく心細げなり。**（源氏物語・桐壺）

訳 格別に、しっかりした後ろ盾がないので、何かあらたまった事があるときは、やはり頼るあてもなく心細そうだ。

2 **はかばかしくも身の上をえ知り侍（はべ）らず。**（宇津保物語）

訳 はっきり身の上を知ることができません。

・関連語・

対 **80はかなし** ［形］

入試 ★★☆

入試で問われるのは**1**の意味です。（実戦④13）

1は価値が高くて存在感があることを言っています。

82 やさし □□□

［シク活用］

訳語

1 優雅だ。上品だ。風流だ。

2 けなげだ。殊勝（しゅしょう）だ。感心だ。

優雅・けなげ

動詞「痩（や）す」（＝やせる）が形容詞化した語で、身がやせ細るほど「つらい」「恥ずかしい」が原義です。そこから「こちらが恥じ入るほど優美だ」の意が生じ、鎌倉時代の軍記では武骨（ぶこつ）さに対するけなげさを表しました。

1 いみじうやさしかりける人の妻（め）に成りにけり。（古本説話集）

訳 たいそう優雅だった人の妻になった。

2 やさしう申したるものかな。（平家物語）

訳 けなげに申したことよ。

＊「やさしう」は連用形「やさしく」のウ音便です。

・関連語・

類 213 なまめかし［形］

（入試）★★★

和歌の教養がある人を「やさし」と言い、入試では、内容説明できかれます。「歌人」＝「やさし」と押さえておきましょう。

83 いはけなし □□□

［ク活用］

訳語

1 幼い。あどけない。

幼い

「子どもっぽいことをする」の意の下二段動詞「幼（いは）く」の連用形に、形容詞を作る接尾語「なし」が付いてできた語です。接尾語「なし」は、その性質が著しいことを表すもので、「無し」の意ではありません。

1 いといはけなき御ありさまなれば、乳母（めのと）たち近くさぶらひけり。（源氏物語・若菜上）

訳（女三の宮は）ひどく幼いご様子なので、乳母たちがおそば近くにお仕えした。

・関連語・

同 いときなし・いとけなし［形］

対 18 おとなし［形］

＊「乳母」は貴族の子を養育する係の女性です（↓P338）。

入試 ★★☆
同義語「いときなし」「いとけなし」も問われます。

84 かたはらいたし（ワ）

［ク活用］ □□□

いたたまれない

POINT

漢字で記すと「傍ら痛し」です。**その場に居続けることができないほど「見苦しい」ものの様子や「気の毒」「恥ずかしい」思いを表します。**鎌倉時代以降、「傍ら」が「片腹」と誤解され、**4**の意味が生じました。

訳語

1 見苦しい。**苦々しい。**
2 気の毒だ。**心苦しい。**
3 恥ずかしい。**きまりが悪い。**
4 ばかばかしい。**笑止千万（しょうしせんばん）**だ。

▶寝殿造りは、内側から、母屋→廂→簀子の三つの部分から成ります（→P345）。

1 **すべて、いとも知らぬ道の物語したる、かたはらいたく聞きにくし。**（徒然草）
訳 何事でも、たいして知らない方面の話をしているのは、（はたで聞いていて）見苦しく聞き苦しいものだ。

2 **簀子（すのこ）はかたはらいたければ、南の廂（ひさし）に入れたてまつる。**（源氏物語・朝顔）
訳 縁側は気の毒なので、（姫君は源氏を）南の廂の間にお入れする。

3 **うちとけてかたはらいたしと思（おぼ）されむこそゆかしけれ。**（源氏物語・帚木）
訳 うちとけて（書いてあって、見られたら）恥ずかしいとお思いになるようなもの（＝手紙）こそ見たいものだ。

4 **あなかたはらいたの法師や。**（宇治拾遺物語）
訳 ああなんとばかばかしい法師だなあ。
＊「かたはらいた」は「かたはらいたし」の語幹です。

・関連語・
類221 **こころぐるし**［形］
類 **ひとわろし**［形］体裁が悪い。外聞が悪い。

入試 ★★★
入試ではどの意味も問われます。四つも意味がありますが、どの意味も「いたたまれない」と押さえておけば大丈夫です。選択式のときは、「いたたまれない」ほどどうなのかを考えて、適切な訳語を選びます。（実戦④4）記述式のときは、「いたたまれない」と訳しておけば大丈夫です。

85

こころもとなし【心もとなし】［ク活用］

気持ちばかりが先走る

「心」に「もとな」（「むやみに〜する」）が付いて生まれた語で、「心がむやみに〜する」がもとの意です。**気持ちばかりが先走り、じれったい気持ちや、気がかりで不安な気持ちを表します。**

訳語

1 待ち遠しい。じれったい。

2 不安だ。**心配だ。**

3 はっきりしない。ぼんやりしている。

おぼつかなし　こころもとなし

現在の状況　実現の時期

はっきりしない

気がかり・不安

▼同じような訳語があてられる二語ですが、「はっきりしないもの」にニュアンスの違いがあります。

1 心地の悪しく、ものの恐ろしきをり、夜の明くるほど、いと**心もとなし**。（枕草子）

訳 気分が悪く、何となく恐ろしい感じがする時、夜が明ける時が、ひどく待ち遠しい。

2 **心もとなき**日数重なるままに、白河の関にかかりて、旅心定まりぬ。（奥の細道）

訳 不安な日数が重なるうちに、白河の関にさしかかって、（やっと）旅に徹する心が定まった。

＊「白河の関」は今の福島県白河市にあった関所で、有名な「歌枕」の一つです。「歌枕」とは和歌で詠まれる名所のことで、松尾芭蕉は、その名所「白河の関」まで江戸から旅してきて旅心が定まったと言っています。歌枕紀行とも言える『奥の細道』の始まりです。

3 花びらの端に、をかしき匂ひこそ、**心もとなう**つきためれ。（枕草子）

訳（梨の花は）花びらの端に、趣深い色つやが、はっきりしないほど（＝ほのかに）ついているようだ。

1 天人、「遅し」と**心もとながり**給ふ。（竹取物語）

・関連語・

1 **こころもとながる** ［動四］じれったがる。

類220 **うしろめたし** ［形］

類20 **おぼつかなし** ［形］

入試 ★★★

1 の意味が大切です。欲求がいつ満たされるのかはっきりしていなくて、イライラしているのです。（実戦④15）類義語「うしろめたし」は、将来がはっきりしなくて、不安なのです。「おぼつかなし」は、正体や真相がはっきりしなくて、気になるのです。しかし、どの語も記述式のときは、「気がかりだ」「気にかかる」と訳しておけば得点できます。

訳天人が、「遅い」と言ってじれったがりなさる。

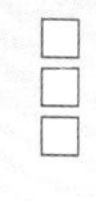

86 いとほし（オ）

［シク活用］

1 かわいそうだ。**気の毒だ。**

2 かわいい。**いとしい。**

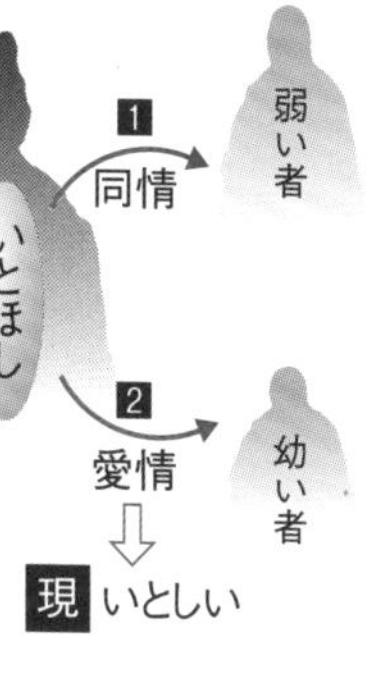

▼現代語の「いとしい」は**2**の意味から生じました。

気の毒

POINT

動詞「厭(いと)ふ」の形容詞化した語と言われ、**「見ていてつらく、目をそむけたい」の意を表します。**そこから弱者への同情「気の毒だ」の意や、幼い者・かよわい者を見ていて切なく思う感情「愛(いと)しい」の意が生じました。

1 **熊谷(くまがへ)、あまりにいとほしくて、いづくに刀を立つべしともおぼえず。**（平家物語）

訳熊谷は、あまりにかわいそうで、どこに刀を突き立てたらよいかもわからない。

＊源氏方の武士の熊谷次郎直実(くまがえのじろうなおざね)が、組み伏せた敵の首を掻(か)こうという場面です。熊谷の目に我が子ほどと映った敵の若武者は平清盛(たいらのきよもり)の甥(おい)である敦盛(あつもり)、十七歳でした。

2 **これは故殿(ことの)のいとほしくし給ひし者なり。**（宇治拾遺物語）

訳これは亡くなった殿がかわいく思いなさった者である。

関連語

1 家焼けたなりとて、いとほしがりて給ふなり。（枕草子）

訳（おまえの）家が焼けたと聞いたというので、かわいそうに思って（短冊(たんざく)を）くださるそうだ。

＊「短冊」は厚手の紙を細長く切ったもので、短歌などを記すほか、米塩などを給与する場合にその数量を記したりしました。「たなり」はP95を参照。

1 いとほしがる［動四］

かわいそうに思う。気の毒に思う。

類**13かなし**［形］

入試★★★

1の意味が大切です。（実戦④16）入試では、現代語訳ばかりでなく、心情説明でも問われます。心情説明できかれているときは、**1**の意味と思ってまず間違いありません。動詞形の「いとほしがる」も重要です。

87

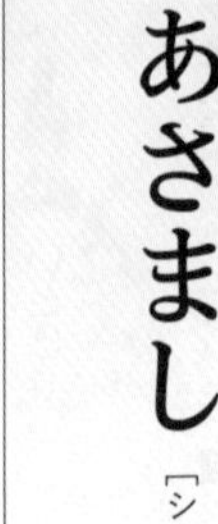

あさまし

［シク活用］

□□□

訳語

1 驚きあきれるほどだ。
2 あきれるほどひどい。
3 情けない。**嘆かわしい。**

▼どういうニュアンスで用いられているか、文脈から判断する必要があります。

唖然！

「あさましい」ことではありません。**古語「あさまし」は、よくも悪くも、思いがけなく驚きあきれることを表すのが基本です。** ただし、古語でも好ましくない場合が多く、**3** はそれに対する不快な心情です。

1 **かかる人も世に出でおはするものなりけりと、あさましきまで目を驚かし給ふ。**（源氏物語・桐壺）

訳 このような人もこの世に生まれておいでになるものだったのだなあと、驚きあきれるほどまでに目を見張りなさる。

＊三歳の光源氏のすぐれたさまを見た賢人の感想です。この「あさまし」は良否の判断なしの意外さの表現です。

2 **まこと蓬莱の木かとこそ思ひつれ。かくあさましき虚言にてありければ、はや返し給へ。**（竹取物語）

訳 本当に蓬莱の木かと思った。このようにあきれるほどひどい嘘であったのだから、早くお返しください。

＊この例文の「あさまし」は悪い場合を述べた例です。

3 **ひたすら世をむさぼる心のみ深く、もののあはれも知らずなりゆくなん、あさましき。**（徒然草）

訳 むやみに名誉や富をむさぼる心ばかりが深くなり、情趣も解さなくなってゆくのは、情けない。

類 **乳母の女房うちおどろき、側をさぐれどもおはせざりければ、「あれよ、あれ」とぞ、あきれける。**（平家物語）

・関連語・

1 **あさましがる・あさむ** ［動四］ 驚きあきれる。

類 **あきる** ［動下二］ 驚いて途方に暮れる。呆然とする。

入試 ★★★

あるものに触れて、唖然として、開いた口がふさがらない――目が点になり、「えっ、ウソだろ」と思っているのです。選択式の場合、**1**・**2** の意味のときは、必ずと言っていいほど正解には「驚くほど」「あきれるほど」という言葉が添えられていて、「驚きあきれる」が正解の目印になります。記述式のときは、**1**・

訳 乳母の女房ははっと目を覚まし、そばをさぐるけれども（小宰相(こざいしょう)が）いらっしゃらなかったので、「あれえ、あれえ」と、驚いて途方に暮れた。

＊西海へ落ち行く平家の船中での出来事です。

2・**3**のどの意味で使われていても、「驚きあきれるほどだ」と訳しておけば得点できます。

88 いたし □□□

［ク活用］

痛いほど激しい

POINT

痛いと感じるほど程度がはなはだしいことを表すのが基本です。多くは連用形「いたく」（ウ音便「いたう」）の形で登場し、さらに、下に打消を伴って「それほど〜ない」の意でもよく用いられます。

1 〔連用形「いたく」「いたう」の形で〕とても。**たいそう。**

2 〔打消を伴って〕たいして（〜ない）。**それほど（〜ない）。**

3 すばらしい。

▶「小柴垣」は、雑木の細い枝を編んで作った低い垣根です。

1 **夕暮れのいたう霞(かす)みたるにまぎれて、かの小柴垣(こしばがき)のもとに立ち出(い)で給ふ。**（源氏物語・若紫）

訳 夕暮れのとてもかすんでいるのに紛れて、例の小柴垣のそばへお出かけになる。

2 **我がため面目あるやうに言はれぬる虚言(そらごと)は、人いたくあらがはず。**（徒然草）

訳 自分にとって名誉になるように（他人から）言われた嘘(うそ)は、人はたいして言い争って否定しない（ものだ）。

3 **造れるさま木深(こぶか)く、いたき所まさりて見どころある住まひなり。**（源氏物語・明石）

訳 （家の）造ってある具合は木立が深く、すばらしい所が多くて見る価値のある住まいである。

・関連語・

類 **41 いと**［副］

入試 ★☆☆

どの意味も大切です。**2**の意味は、記述式の現代語訳のとき、つい**1**の意味で訳しがちです。注意しましょう。**3**の意味が問われて得点できると優位に立てます。

89

つれなし

□□□

［ク活用］

平然・冷淡

語源は「連れ無し」で、**周囲と連動した反応が無いことを表します。**具体的な意味は、**1**感情が表に現れない、**2**こちらの気持ちや働きかけに関心を示さない、**3**予想に反して無変化である、に分かれます。

訳語

1 平然としている。そ知らぬふりをしている。

2 冷淡だ。薄情だ。

3 何の変化もない。もとのままだ。

赤々と日はつれなくも秋の風　芭蕉（ばせう）

▼『奥の細道』の一句です。もう秋になったのに、残暑の太陽は「そ知らぬ顔をして」芭蕉に照りつけたのでした。

1 やすからず思（おぼ）されけれど、なほ**つれなく**同じさまにて過ぐし給（たま）ふ。（源氏物語・若菜下）

訳 穏やかでなくお思いになったけれども、やはり平然として（常と）同じ様子でお過ごしになる。

2 昔、男、**つれなかりける**女にいひやりける。（伊勢物語）

訳 昔、ある男が、（自分に）冷淡だった女に詠んで贈った（歌）。

3 雪の山、**つれなくて**年も返りぬ。（枕草子）

訳（年の暮れに作り、じきに融（と）けるだろうとみなが予想していた）雪の山は、何の変化もなくて年も改まった。

＊十二月に大雪が降り、中宮定子（ていし）付きの女房たちは積もった雪で山を作り、いつまでもつか賭（か）けをしました。皆が年内と言うなか、清少納言だけが年明けまでと言います。ところが、年が明け清少納言が賭けに勝ちそうになったとき、定子は雪山を壊します。意地悪ではありません。清少納言が周囲から孤立することを心配したのです。

・関連語・

1 **つれなしづくる**［動四］そ知らぬふりをする。

1 **つれなしづくれ**ど、おのづから見知りぬ。（源氏物語・葵）

訳（六条の御息所（みやすどころ）は）そ知らぬふりをするが、（相手は）

入試 ★★☆

入試では**1**と**3**がよく問われます。（実戦④6）さて、古文ではときどき「つれなき命」（＝死にたいと思っても、思うにまかせない命）という表現を見かけます。愛する者に先立たれたとき、まだ生きている自分の「命」は「薄情」なのです。昔は、自殺は大罪でした。死ぬことができず、自然と命が尽きるまで悲しい日々を送らざるをえなかったのです。この語義の「つれなし」が問われて得点

90

□□□

あいなし

〔ク活用〕

訳語

1 筋違いだ。**具合が悪い。**

2 つまらない。**おもしろくない。**

3 〔連用形「あいなく」「あいなう」の形で〕むやみに。**わけもなく。**

連用形	訳
いみじく→	とても
かしこく→	非常に
いたく→	たいそう
あいなく→	むやみに

↑ 程度のはなはだしさを表す。

▼これまでに学習した形容詞の連用形の用法をまとめてみました。

自然とわかってしまった。

違和感がある

語源は不詳ですが、「合い無し」ととらえ、**理に合わないことや不調和などからくる受け入れがたい気持ち＝違和感**を表したものと押さえましょう。**1**は強い違和感、**2**は弱い違和感と言うことができます。

1 **まだきに騒ぎて、あいなきもの恨みし給ふな。**（源氏物語・若菜上）

訳 まだその時にならないうちに騒ぎ立てて、筋違いな恨みごとをなさいますな。

＊女三の宮を新たに妻として迎えなければならなくなった光源氏（ひかるげんじ）が紫（むらさき）の上（うえ）に向かって語った言葉です。

2 **あまりに興（きょう）あらんとすることは、必ずあいなきものなり。**（徒然草）

訳 あまりにおもしろくしようとすることは、必ずつまらないものである。

3 **あさましきまであいなう、面（おもて）ぞ赤むや。**（枕草子）

訳 あきれるほどむやみに、顔が赤らむことよ。

類 **春の夜の闇（やみ）はあやなし梅の花色こそ見えね香（か）やは隠るる**（古今和歌集）

訳 春の夜の闇は道理に合わない。梅の花は、（闇に隠れて、確かに）色は見えないが、香りは隠れるか（、いや隠れはしない）。

できると優位に立てます。

関連語

類 **91 あぢきなし**〔形〕

類 **あやなし**〔形〕道理に合わない。

入試 ★★☆

入試ではどの意味も問われます。現代語訳ばかりではなく、心情説明でもきかれます。POINTで言うように「あいなし」の「あい」は「合ひ」とも「愛」とも言われ、語源は定かではありません。いずれにしろ、「まともではない」ことを言っています。入試できかれたら、このことを押さえた上で、文脈に合った否定的な訳語を選びます。

91 □□□

あぢきなし［ク活用］

訳語

1 どうにもならない。無益だ。
2 つまらない。苦々しい。

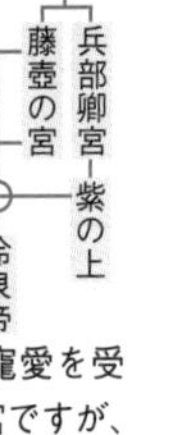

▶桐壺帝のご寵愛を受けた藤壺の宮ですが、光源氏との逢瀬で懐妊し、不義の御子(のちの冷泉帝)を産みます。

どうにもならないつまらなさ

「味気(あじけ)ない」ということではありません。古語「あぢきなし」は、理不尽で人の力や自分の心ではどうしようもない状態を表すのが基本です。2の意はそうした状態に対する苦々しい心情です。

1 **あぢきなきことに心を占めて、生ける限りこれを思ひ悩むべきなめり。**（源氏物語・若紫）

訳 どうにもならないことに心を奪われて、生きている間はこれを悩まなければならないようだ。

＊光源氏(ひかるげんじ)は父帝の妻（＝藤壺(ふじつぼ)の宮）を愛してしまったのです。「なめり」は「なんめり」と読みます（↓P30）。

2 **愚かなる人の目を喜ばしむる楽しみ、またあぢきなし。**（徒然草）

訳 愚かな人の目を喜ばせる快楽も、またつまらない。

関連語

類 235 あへなし［形］

入試 ★★☆ 入試では2の意味が問われます。訳語は「つまらない」と覚えておけば大丈夫です。

92 □□□

さがなし［ク活用］

訳語

1 性質がよくない。意地が悪

性悪(しょうわる)

名詞「性(さが)」は「性質」の意味です。「さがなし」は評価できる性質ではない＝「性質が悪い」の意味となります。思いやりや控え目の美徳を欠き、露骨で意地悪なさまを言います。

1 さるさがなきえびす心を見ては、いかがはせむは。（伊勢物語）

関連語

1 さが［名］ 1 性質。2

い。

2 いたずらだ。

訳 そんな性質がよくない野蛮な心を見たって、どうしようか(、いやどうしようもないよ)。

2 **さがなき童べどものつかまつりける、奇怪にさうらふことなり。**(徒然草)

訳 いたずらな子どもらがいたした、けしからぬことでございます。

習慣。3 宿命。

類 245 **あやにくなり** [形動]

入試 ★☆☆

1も2も大切です。2は子どもの性質を言っているときです。

93 すさまじ □□□ [シク活用]

不調和でしらける

POINT 現代語「すさまじい」の「勢いや程度がものすごい」という意味ではありません。「すさまじ」は、**時機のずれ、場違い、期待はずれなど、不調和なことから受けるしらけた不快感**や、殺風景なものの様子を表します。

1 **遅桜、またすさまじ。**(徒然草)

訳 遅咲きの桜は、これまた興ざめだ。

＊訳語の「興ざめ」とは、それまで感じていたおもしろみや愉快さが消えることを言います。

2 **すさまじきものにして見る人もなき月の、寒けく澄める二十日あまりの空こそ、心細きものなれ。**(徒然草)

訳 殺風景なものとして眺める人もない月が、寒そうに澄みわたっている二十日過ぎの夜空は、もの寂しい(風情が感じられる)ものである。

＊秋の月がいいという一般的な考え方に対して、作者は冬のもの寂しい月にも趣があると言っています。

訳語

1 **興ざめだ。**

2 **殺風景だ。寒々としている。荒涼としている。**

▶陰暦の22日頃の月を二十日余りの月と言い、月の出は22:30頃になります。

関連語

類 **すごし** [形] 1 (ぞっとするほど)寂しい。2 (ぞっとするほど)すばらしい。美しい。

入試 ★★★

「すさまじ」は動詞「すさむ」の形容詞形です。「すさむ」は「心がすさむ」の「すさむ」。「すさまじ」は「冷めてシラッとしている」さまと押さえましょう。

94 □□□

いふかひなし（いウかひイなし）

【言ふ甲斐無し】

［ク活用］

KEY **話にならない**

POINT **漢字で書けば「言ふ甲斐無し」で「言うだけの価値がない」が原義です。**そこから、言ったところでどうにもならないという1の意、価値が低くてお話にならないという2や3の意が生じました。

訳語

1 どうしようもない。言ってもしかたがない。

2 取るに足りない。たわいない。

3 ひどい。ふがいない。

第一志望に合格！
頑張って勉強したかいがあった。

⇦

ある行為（＝勉強）に
値するだけの効果＝合格

▼「甲斐」という言葉は、右のような形で現代語に生き残っています。

1 **聞きしよりもまして、言ふかひなくぞこぼれ破れたる。**（土佐日記）

訳（家は）聞い（てい）た以上に、どうしようもなく壊れ損じている。

＊紀貫之（きのつらゆき）が土佐の国司として四年の任期を終え、京の自邸に戻って目にしたショッキングな光景です。

2 **「飽かず口惜し」と、言ふかひなき法師、童（わらは）べも、涙を落としあへり。**（源氏物語・若紫）

訳「心残りで残念だ」と、取るに足りない（＝身分の低い）法師や、子どもの召使いも、涙を流し合っている。

＊「いふかひなし」が人を形容している場合、「身分が低い」と訳すとよい場合があります。

3 **年ごろ、仏・神にいみじうつかうまつりつれば、何事もさりともとこそ頼みはべりつれど、かくいふかひなき死（し）をさへせむことのかなしさ。**（大鏡）

訳長年、神仏に熱心にお勤め申してきたので、何事もそうはいっても（末々悪いことはあるまい）と頼みにしてきましたが、このようにひどい死に方までするということの悲しいことよ。

・関連語・

1 **いふかひなくなる**［連語］死ぬ。世を去る。

入試 ★★★

入試ではどの意味も問われます。また、文脈をどう読むかによって、1・2・3のどの意味でも訳せるときがあり、比較的自由に解釈できる語です。ただ、一応どういう違いがあるのかを考えてみると、1は既成事実であるから言うに値しない、2は価値が低いから言うに値しない、3は状態が無茶苦茶だから言うに値しない、ということになります。選択式でも記述式でも、「話にならない」

＊ライバル藤原道長（ふじわらのみちなが）との政争に敗れた藤原伊周（これちか）（中宮定子（ていし）の兄）が、死を間近にした場面です。

と押さえておけば対応できます。

95

よしなし

□□□

［ク活用］

訳語

1 関係がない。いわれがない。**理由がない。**

2 方法がない。**しかたがない。**

3 つまらない。**かいがない。**

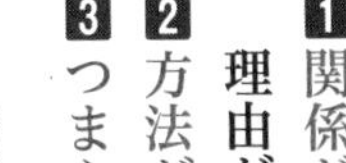

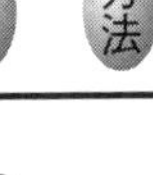

▼3は1 2のような状況に接したときの心情を表します。

KEY 「由（よし）」が無い

POINT

名詞「由」（＝物事の拠（よ）り所）に形容詞「無し」が付いて一語化した語です。したがって、「由」**の表す意である「関係」「方法」「由緒」などがないこと**＝「関係がない」「方法がない」「由緒がない」などの意を表します。

1 **あらぬよしなき者の名のりして来たるも、返す返すもすさまじといふはおろかなり。**（枕草子）

訳（来るのを待っていた恋人とは）別の関係がない人が名のってやって来たのも、本当に興ざめだという言葉では言い尽くせない。

2 **男、血の涙を流せども、とどむるよしなし。**（伊勢物語）

訳 男は、血の涙を流すけれども、（女を）引き留める方法がない。

3 **おろかなる人は、「用なき歩き（あり）は、よしなかりけり」とて来ずなりにけり。**（竹取物語）

訳（かぐや姫への思いが）いい加減な人は、「無用な出歩きは、つまらないことだった」と言って来なくなった。

＊こうして求婚者の多くが脱落し、残った五人の貴公子たちのそれぞれにかぐや姫が難題を出すことになります。

・関連語・

1 122 **よし** ［名］

入試 ★★☆

入試で問われるのは1と3の意味です。特に3はよくきかれます。対義語の「よしあり」もきかれることがあります。この「よし」は「風情」の意味です。つまり、「よしあり」で「風情がある・品がある」という意味になります。

96 びんなし 【便無し】 ［ク活用］

訳語 **1** 都合が悪い。**不都合だ。** **2** 困ったことだ。**感心しない。**

▶裏に板を張った格子を蔀（しとみ）と言います。

KEY まずい

POINT 「便宜（べんぎ）」（＝都合がよいこと）の「便」に、形容詞「無し」が付いてできた語です。**客観的に「都合が悪い」というのが基本で**、不都合を引き起こした者を「困ったことだ」ととがめる主観的な心情も表します。

1 今日はいと**便なく**なむ侍る（はべ）べき。（源氏物語・若紫）

訳（姫を連れ出すには）今日は本当に都合が悪くございましょう。

2 月見るとて上げたる格子（かうし）下ろすは、何者のするぞ。いと**便なし**。（大鏡）

訳 月を見るといって上げてある格子を下ろすのは、何者がするのか。実に困ったことだ。

＊寝殿造りの柱と柱の間に上下二枚の格子戸をはめました。

関連語 1 **不便（ふびん）なり**［形動］**1**都合が悪い。**2**困ったことだ。**3**気の毒だ。

入試 ★★☆ **1**の意味が大切です。本当は「まずい」「やばい」と言っているのですが、俗語は避けて訳します。

97 さうざうし（ソウゾウシ） ［シク活用］

訳語 **1** 物足りない。**心寂しい。**

KEY ぽっかりあいた心の穴

POINT 「騒々（そうぞう）しい」ことではありません。古語「さうざうし」は、楽しくないの意を表す漢語「索々（さくさく）」が形容詞化した「さくさくし」のウ音便形と言われ、**本来あるべきものがない空虚感を表します。**

1 この酒をひとり食（た）うべんが**さうざうしければ**、申しつるなり。（徒然草）

訳 この酒を一人で飲むようなのが物足りないので、お呼

入試 ★★★ 入試でよく問われる単語です。現代語訳ばかりで

びしたのだ。
＊「食ぶ」は「食ふ」「飲む」を改まって言う丁寧語です。

なく、内容説明や心情説明でもきかれます。

98

むつかし

□□□

［シク活用］

訳語

1 うっとうしい。**不快だ。**
2 わずらわしい。**面倒だ。**
3 むさくるしい。**見苦しい。**
4 気味が悪い。**恐ろしい。**

▶洗髪には「泔（ゆする）」（米のとぎ汁）が使われていました。

不快

「むずかしい」ことではありません。古語「むつかし」は、現代語「むずかる」の古い形「むつかる」と同源の語で、**1不快感を表し、その原因としての2わずらわしさ、3むさくるしさ、4気味悪さを表します。**

1 **女君（をんなぎみ）は、暑くむつかしとて、御髪（みぐし）すまして、少しさはやかにもてなし給（たま）へり。**（源氏物語・若菜下）
訳 女君（＝紫（むらさき）の上（うえ））は、暑くうっとうしいといって、御髪を洗って、少しさわやかにふるまっておられる。

2 **用ありて行きたりとも、そのこと果てなば、とく帰るべし。久しくゐたる、いとむつかし。**（徒然草）
訳 用事があって（人の所へ）行ったとしても、その用事が終わったならば、早く帰るのがよい。長居をしているのは、（相手にとって）とてもわずらわしい。

3 **行く先多かるに、大津のいとものむつかしき屋（や）どもの中に、引き入りにけり。**（蜻蛉日記）
訳 行先は（まだ）遠いが、（牛車（ぎっしゃ）は）大津のひどくむさくるしい家並みの中に、入って行った。

4 **遅桜、またすさまじ。虫のつきたるもむつかし。**（徒然草）
訳 遅咲きの桜は、これまた興ざめだ。虫がついているのも気味が悪い。

・関連語・

1 **むつかる**［動四］不快に思う。ぶつぶつ文句を言う。

入試 ★★★
どの意味も大切です。「すっきりしない」「むかむかする」と押さえましょう。選択式のときは、この語義を押さえた上で、文脈に合った否定的な訳語を選びます。記述式のときは、「不快だ」と訳しておけば大丈夫です。

④

問　傍線部の口語訳として適当なものを、後から選べ。

□**1** **よにおもしろき**菊の根を、たづねつつ掘りてまゐる。

①世の中にまたとない　②世間で評判の
③実にすばらしい　④とてもかわいらしい　〈紫式部日記・日本大〉P92

訳 ③実にすばらしい菊の根を、探しては掘って持って参る。

□**2** この一条宮の御ありさまをなほ**あらまほし**と心にとどめて、

①理想的だ　②優美だ　③聡明だ
④高貴だ　⑤魅力的だ　〈源氏物語・立教大〉P92

訳 この一条宮のご様子をやはり①理想的だと心に思い込んで、

□**3** 君（＝新帝）は、**いはけなく**おはします。

①寂しそうで　②頼りがいがなくて　③幼くて
④なつかしくて　〈讃岐典侍日記・西南学院大〉P98

訳 新帝は、③幼くていらっしゃる。

□**4** 我がためは名聞（みやうもん）にてこそあれど、**かたはらいたし**。

①厚かましい　②気恥ずかしい　③不愉快だ
④もの足りない　〈梁塵秘抄口伝集・西南学院大〉P99

訳 わたしにとっては名誉であるが、②気恥ずかしい。

□**5** **あさましき**に、あきれてものしたまふ。

①いやしい　②びっくりする　③浅はかだ
④みすぼらしい　⑤深くない　〈源氏物語・福岡教育大〉P102

訳 ②びっくりするあまり、呆然（ぼうぜん）としていらっしゃる。

□**6** **つれなき**顔なれど、女の思ふことといみじきことなりけるを、

①平然とした　②薄情な　③無愛想な　④冷淡な　〈大和物語・学習院大〉P104

訳 ①平然とした顔をしているが、あの女が思うことは大変なものだったから、

□**7** 何事も**あいなく**なりゆく世の末に、この道ばかりこそ、山彦（やまびこ）の跡絶えず、柿（かき）の本（もと）の塵（ちり）つきず、とかやうけたまはりはべれ。

①わけもなく　②関わりなく　③つまらなく
④あたりまえに　⑤穏やかでなく　〈無名草子・東京女子大〉P105

訳 何事も③つまらなくなっていくこの末世に、歌の道ばかりは、絶えることがなく、尽きることもない、とか承っています。

□**8** **すさまじき**物とかや言ひふるすなる、師走（しはす）の月夜なれど、

①興ざめである　②似つかわしい　③親しみがある
④不都合である　⑤不吉である　〈中務内侍日記・佛教大〉P107

訳 ①興ざめである物とか言い古すという、師走の月夜だが、

□**9** いとおどろおどろしくかき垂れ雨の降る夜、みかど、**さうざうし**、とやおぼしめしけん、

①気にかかる　②退屈である　③耳ざわりだ

④よい気味だ　⑤胸騒ぎがする　〈大鏡・中央大〉P110

訳 たいそう気味悪く激しい雨が降る夜、天皇は、②退屈である、とお思いになったのだろうか、

問 傍線部を口語訳せよ。（※太字部分が本書の見出し語）

□10 某殿（それどの）の御説なり、などといひて、**やむごとなき人**の説をばみだりに信用する人あり。〈紫文要領・山梨大〉P93

訳 誰それ殿の御説だ、などと言って、[高貴な]人の説をむやみに信用する人がいる。

□11 あな、**ゆゆし**の雪の高さや。〈讃岐典侍日記・山口大〉P94

訳 まあ、[大変]な雪の高さだなあ。

□12「せめて名字ばかりをも唱へん」と思へども、**うるはしく**も云（い）はれず。〈沙石集・京都府立大〉P96

訳「せめて名字だけでも声に出して言おう」と思うが、[きちんと]言うこともできない。

□13 家も**はかばかしき**柱は立てて作らず。〈九州の道の記・山口大〉P97

訳 家も[しっかりした]柱は立てて作らない。

□14 昔より恋の歌多く世に聞こえければ、これらの言種（ことぐさ）は、ためしなう**やさしく**も侍るとかや。〈本朝美人鑑・広島大〉P98

訳 昔から恋の歌はたくさん世間に知られたが、これらの話題は、例がなく[優美で]ございましたとか。

□15 鎌倉大納言の上り、今日今日とのみ聞こえしかど、ただ同じ様にて日数経しかば、**心もとなし**とて、度々御使ひを遣はす。〈小島のくちずさみ・東京学芸大〉P100

訳 鎌倉大納言が攻め上ってくるのが、今日、今日とばかりうわさされたが、ただ同じ様子で日数が経ったので、[待ち遠しい]と言って、（天皇は）たびたびご使者を遣わす。

□16 布衣（ほい）なよらかにて、そこはかとなくながめ居たるけしき、**いとほしく**、をかし。〈源家長日記・北海道大〉P101

訳 平服の柔らかいのを着て、とりとめもなくもの思いにふけっている様子は、[気の毒で]、風情がある。

□17 この女の親の、**わびしく**さがなき朽嫗（くちおうな）の、さすがにいとよくものの気色（けしき）を見て、〈平中物語・高知大〉P106

訳 この女の親で、ぞっとするような[意地悪い]老婆が、（年寄りのくせに）そうはいってもやはりたいそうよくものの様子を見て、

□18 世間の過差の制きびしき頃（ころ）、左のおとどの、一の人といひながら、美麗ことのほかにて参れる、**便なきことなり**。〈大鏡・白百合女子大〉P110

訳 世の贅沢（ぜいたく）に対する禁制が厳しい時分、左大臣が、臣下第一の身分の人とは言うものの、格別に美麗な服装で参内したのは、[不都合な]ことである。

□19 これはその書の誰（た）が言（げん）なりなど、一人一人に講釈せんははとむ**つかしかり**ぬべし。〈鶉衣・奈良女子大〉P111

訳 これは何々の書物の誰の言葉であるなどと、一人一人に講釈するようなのはひどく[わずらわしい]にちがいない。

99

□□□

あてなり

【貴なり】［ナリ活用］

訳語

1 身分が高い。**高貴だ。**

2 上品だ。優美だ。

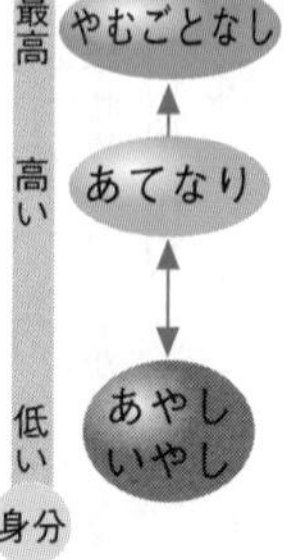

▶この4語はまとめて覚えましょう。

高貴で上品

「身分が高い」が基本の意です。 身分が高いことは、すなわち上品で優美だという王朝文化の理念から、「上品だ」の意が生じました。「あてなり」よりもはるかに高い、最高の家柄を表す語に「やむごとなし」があります。

1 一人はいやしき男の貧しき、**一人はあてなる男もたりけり。**（伊勢物語）

訳（姉妹のうちの）一人は身分の低い男で貧しい男を、もう一人は身分の高い男を夫としていた。

2 ただ文字一つにあやしう、**あてにもいやしうもなるは、いかなるにかあらむ。**（枕草子）

訳ただ（用いる）言葉一つで不思議に、上品にも下品にもなるのは、どうしてだろうか。

・関連語・

1 **あてやかなり**［形動］上品だ。優美だ。

類 **76 やむごとなし**［形］

対 **17 あやし・いやし**［形］

入試 ★★☆ 記述式のときは、「優美だ」と訳しておけば大丈夫です。

100

□□□

きよらなり

【清らなり】［ナリ活用］

訳語

1 美しい。**華麗だ。**

最高美

形容詞「きよし」から派生した語です。「**きよし**」の**清潔な美しさに、光り輝く気品を加えた最高級の美を表します。**「けうらなり」とも表記します。関連語「きよげなり」はそれよりも一段劣った美を表します。

1 世になく**清らなる**玉の男皇子(をのこみこ)さへ生まれ給(たま)ひぬ。（源氏物語・桐壺）

訳世にまたとなく美しい玉のような皇子までがお生まれ

・関連語・

類 **きよげなり**［形動］きれいだ。

になった。

＊光源氏の誕生です。格助詞「の」は比喩（～のような）を表します。

類 **きよげなる**大人二人ばかり、さては童べぞ出で入り遊ぶ。（源氏物語・若紫）

訳 きれいな女房が二人ほど、それから子どもが出たり入ったりして遊んでいる。

入試 ★☆☆
訳語は「美しい」と覚えておけば大丈夫です。

101 □□□

さらなり

【更なり】［ナリ活用］

訳語

1 〔「言へば」「言ふも」に続けて〕（いまさら）言うまでもない。**もちろんだ。**

2 〔「言へば」「言ふも」を省略して〕（いまさら）言うまでもない。**もちろんだ。**

KEY **言うといまさらだ**

POINT 「言へばさらなり」「言ふもさらなり」の形で、**言うといまさらの感じがする**＝「**言うまでもない**」**の意を表します。**その「言へば」「言ふも」を省略した「さらなり」だけの形でも同じ意を表します。

1 **つらつき、まみのかをれるほどなど、言へばさらなり。**（源氏物語・薄雲）

訳 頬の形や、目もとが美しく映えて見えるさまなどは、いまさら言うまでもない（ほどすばらしい）。

2 **夏は夜。月のころはさらなり。**（枕草子）

訳 夏は夜（が趣深い）。月の出ているころは言うまでもない。

同 **冬はつとめて。雪の降りたるは言ふべきにもあらず。**（枕草子）

訳 冬は早朝（が趣深い）。雪が降っているときは言うまでもない。

・関連語・
1 27（言ふも・言へば）おろかなり［形動］
同 **言ふべきにもあらず**［連語］

入試 ★★★
1も**2**も大切です。特に**2**はよく問われます。（実戦⑤2）語句の一部が省略されて使われるということは、それだけ使用頻度が高いということです。

102 あらはなり

□□□

【顕はなり】［ナリ活用］

訳語

1 まる見えだ。

2 明らかだ。

▶高貴な女性は通常部屋の奥にいますが、例文では外からすぐの辺りにいて、御簾も上げていました。

KEY **まる見え**

POINT 「外に現れる」の意の動詞「あらはる」と同じ語幹「あらは」を持つ形容動詞で、**内にあるものが隠れることなく外からはっきり見えることを表す**のが基本です。

1 **こなたはあらはにや侍らむ。今日しも端におはしましけるかな。**（源氏物語・若紫）

訳 こちらはまる見えではございませんか。今日に限って端近なところにいらっしゃいましたね。

＊「端」は、部屋の中で、外に近い場所です。高貴な女性は部屋の奥にいて姿を人目にさらさないのが普通でした。

2 **あらはに御損にさぶらふ。**（今昔物語集）

訳 明らかにご損でございます。

入試 ★☆☆

入試では**1**の意味も**2**の意味も問われます。**1**は、具体的な物の姿が何かにさえぎられることなく丸見えだということを言っています。このことを押さえて、**1**なのか**2**なのかを判別します。

103 あからさまなり

□□□

［ナリ活用］

訳語

1 ちょっとの間だ。ちょっと。

KEY **ほんのちょっとの間**

POINT 現代語の「露骨だ」という意味に引きずられてはいけません。**古語では、その状態が一時的で仮のものであることを表し、時間的に「ちょっと」が基本の意味です。**多くは連用形「あからさまに」の形で登場します。

1 **をかしげなる児の、あからさまに抱きて遊ばしうつくしむほどに、かい付きて寝たる、いとらうたし。**（枕草子）

訳 かわいらしい幼児が、ちょっとの間抱いて遊ばせかわいがっているうちに、しがみついて寝てしまったのは、とてもかわいらしい。

・関連語・

類 **時の間**［連語］ほんのちょっとの間。

がっているうちに、抱きついて寝てしまったのは、とてもかわいい。

入試★★★
入試でとてもよく問われる単語の一つです。

104 □□□

かたくななり

【頑ななり】［ナリ活用］

KEY **頑固＝無教養＝見苦しい**

POINT 「片(かた)(＝片方)にくねっている」が語源と言われ、**漢字は「頑固」の「頑」**です。現代語と同じ、自分の考えに凝り固まって「**頑固だ**」「**偏屈だ**」が基本の意で、そこから**1**「情趣を解さない」、**2**「見苦しい」の意が派生しました。

・関連語・

類 **こちごちし・こちなし**
［形］**1**無骨(ぶこつ)だ。無風流だ。**2**無礼だ。無作法だ。

入試★☆☆
今でも「かたくなに口を閉ざす」とか「かたくなな老人」とか言います。「頑固だ」「偏屈だ」の意味です。古語にもこの意味はありますが、入試で問われるのは**1**・**2**の意味です。（実戦⑤10）

訳語
1 情趣を解さない。教養がない。
2 見苦しい。みっともない。

教養・風流心
ある：よき人（→P39）　なさけある人（→P59）
↔
ない：かたくななる人　こちごちしき人　こちなき人

▼対義語とセットで覚えましょう。

1 ことに**かたくななる**人ぞ、「この枝、かの枝、散りにけり。今は見所なし」などは言ふめる。（徒然草）

訳 特に情趣を解さない人に限って、「この枝も、あの枝も、（花が）散ってしまった。もはや見る価値のあるところもない」などと言うようだ。

2 みづからもいみじと思へる気色(けしき)、**かたくななり**。（徒然草）

訳 自分でもえらいと思っている様子は、見苦しい。

＊都に出てきて日も浅いのに万事心得顔に口を出すタイプの人に対する手厳しい批評です。

類 **名をば大納言(だいなごん)の大別当とぞいひける。こちなかりし名なりかし。**（古今著聞集）

訳 名を大納言の大別当と言った。無骨な名前であったよ。

＊「こちごちし」「こちなし」は、漢字で書けば「骨骨し」「骨なし（「なし」は形容詞を作る接尾語）」で、「骨っぽい＝ごつごつしている」が原義です。

105

あだなり

□□□

【徒なり】［ナリ活用］

訳語

1 はかない。むなしい。役に立たない。

2 不誠実だ。浮気だ。

表面ばかりで実がない

見かけばかりで内容がなく、からっぽであることを表すのが基本で、否定的な評価を表します。物事について述べた場合は1の意に、人間（特に男女関係）について述べた場合は2の意になります。

1 **露をなどあだなる物と思ひけむ**（古今和歌集）

訳 露をどうしてはかないものと思っていたのだろう。

＊自分自身が死に臨んだ今、人の命も露同様に「あだなる物」とわかった、というのです。

2 **いとまめに実用にて、あだなる心なかりけり。**（伊勢物語）

訳 大変まじめで実直で、不誠実な心はなかった。

＊「あだなり」と対義語の「まめなり」が一文の中に用いられた例です。『伊勢物語』のこの話では、「あだなる心」のない謹厳実直な男が、誤って道ならぬ恋に落ちます。

・関連語・

1 **あだあだし**［形］不誠実だ。浮気だ。

関 **かりそめなり**［形動］一時的だ。ちょっとだ。

対246 **まめやかなり**［形動］

入試 ★★★

1も2も大切です。とりわけ2は入試でよく問われます。（実戦⑤11）

106

すずろなり

□□□

【漫ろなり】［ナリ活用］

訳語

1 あてもない。わけもない。

漫然としている

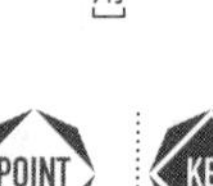

「すずろ」は現代語「そぞろ歩き」（＝あてもないぶらぶら歩き）の「そぞろ」の古い形で、漢字をあてれば「漫然」の「漫」です。**はっきりした理由や目的もないままに「何となく」物事が進んでいくことを表すのが基本です。**

1 **昔、男、陸奥の国にすずろに行きいたりにけり。**（伊勢物語）

訳 昔、ある男が、奥州へあてもなく行き着いた。

・関連語・

同 **そぞろなり**［形動］

入試 ★★☆

2 思いがけない。**無関係だ。**
つまらない。

3 〔多く連用形「すずろに」の形で〕むやみに。

▼修行者とは仏道修行のため諸国を旅する僧のことです。

2 **つた、かへでは茂り、もの心細く、すずろなるめを見ることと思ふに、修行者あひたり。**（伊勢物語）

訳 つたや、かえでは茂り、何となく心細く、思いがけない（つらい）めに遭うことだと思っていると、修行者が（男に）出会った。

3 **大方は知りたりとも、すずろに言ひ散らすは、さばかりの才にはあらぬにやと聞こえ、おのづから誤りもありぬべし。**（徒然草）

訳 大体は知っていても、むやみに言いちらすのは、さほどしっかりした才能ではないのであろうと思われ、自然と誤りもあるにちがいない。

どの意味も大切です。ただし、入試は、**1**は「わけもない」、**2**は「とんでもない」と押さえておけば十分対応できます。選択式のときは、この語義を押さえた上で、文脈に合った訳語を選びます。記述式のときは、「わけもない」あるいは「とんでもない」と訳しておけば大丈夫です。「そぞろなり」もよくきかれます。

107 □□□ むげなり 【無下なり】 ［ナリ活用］

KEY **最低**

POINT 漢字で書くと「無下なり」で、それより下が無い＝「最低だ」「まったくひどい」の意を表します。**多くは連用形「むげに」の形で現れ、「むやみに」の意で用いられますが、やはりいい意味では使われません。**

訳語

1 まったくひどい。**最低だ。**

2 〔「むげに」の形で〕むやみに。（下に打消を伴い）まったく（〜ない）。

1 **いかに殿ばら、殊勝のことは御覧じとがめずや。むげなり。**（徒然草）

訳 なんと皆さん、（この）すばらしいことをお見とがめにならないのですか。（それでは）まったくひどい。

2 **今様は、むげにいやしくこそなりゆくめれ。**（徒然草）

訳 当世風は、むやみに下品になっていくようだ。

入試 ★★★

POINTで言うように多く**2**の意味で使われ、入試でよく問われます。ただし、**1**の意味も現れるときかれます。

108 □□□ おほやけ（オ）【公】

訳語
1 朝廷。
2 天皇。

KEY **朝廷＝天皇**

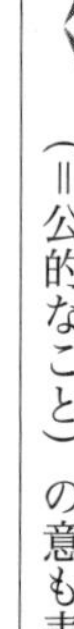

POINT 「大宅（おほやけ）＝大きな建物」がもとの意で、**「朝廷」の意を表します。また、朝廷の主人として「天皇」の意も表します。**さらに、「私」に対する「公」（＝公的なこと）の意も表します。

1 **おほやけの宮仕へしければ、常にはえまうでず。**（伊勢物語）
訳 朝廷へのご奉仕をしていたので、ふだんは（主君のもとへ）参上できない。

2 **おほやけに御文（ふみ）奉り給（たま）ふ。**（竹取物語）
訳 天皇にお手紙を差し上げなさる。

・関連語・
1 **おほやけごと**［名］公務。朝廷の儀式。公事（くじ）。

入試 ★★☆
1も**2**も大切です。ただし、**1**でも**2**でも訳せるケースが多くあります。

109 □□□ きは（ワ）【際】

訳語
1 身分。**分際（ぶんざい）。**
2 程度。

KEY **身分**

POINT 現代語の「窓際」「いまわの際（きわ）」「きわどい」などから類推できるように、「きは」は「端」「限り」「境目」などの意を表しますが、**古語で特に重要なのは「身分」「程度」の意です。**

1 **いとやむごとなき際にはあらぬが、すぐれて時めき給ふありけり。**（源氏物語・桐壺）
訳 それほど高貴な身分ではない方で、とりわけ（天皇の）寵愛（ちょうあい）を受けていらっしゃる方がいた。

・関連語・
類257 **しな**［名］

入試 ★★☆
入試で問われるのは**1**の意味です。古文は身分社

2 人を見るに、少し心あるきはは、皆このあらましにてぞ一期は過ぐめる。（徒然草）
訳 人を見てみると、少しものの道理がわかる程度の人は、みなこの（出家の）心づもりで一生は過ぎてしまうようだ。

会の世界を描いているので、「きは」「しな」「ほど」など、「身分」の意味を持つ語はいずれも重要です。

110 □□□

しるし

【験・徴】

訳語
1 〔験〕（神仏の）ご利益。霊験。
2 〔験〕効果。効き目。
3 〔徴〕前兆。兆候。

信仰 → 悩み
ご利益 ＝ 験 ＝ 解決
▼仏教説話の基本パターンです。

KEY
神仏のご利益

POINT
四段動詞「記す」の連用形が名詞化した語で、「印」「証拠」など、さまざまな意を表します。**古語で特に重要なのは、ある働きかけに対して現れる効果の意の「験」と、ことが起こる前ぶれの意の「徴」です。**

1 **観音を頼み奉らんに、その験なしといふことは、あるまじきことなり。**（宇治拾遺物語）
訳 観音様におすがりして、そのご利益がないということは、あるはずがないことだ。

2 **験なきものを思はずは一坏の濁れる酒を飲むべくあるらし**（万葉集）
訳（考えても）効果のないものを思わないで、一杯の濁り酒を飲むべきであるらしい。

3 **かの鬼の虚言は、このしるしを示すなりけりと言ふ人も侍りし。**（徒然草）
訳 あの鬼についての流言（＝鬼が都に現れたという根拠のないうわさ）は、この（病気流行の）前兆を示すものだったのだと言う人もございました。

・関連語・
関 292 しるし［形］
入試 ★★☆
入試では1・2の意味が問われます。神仏に祈ることで願いがかなうことです。「しるし」は漢字の読みでも問われます。「験」の読みがきかれたら「しるし」と読みましょう。なお、形容詞「しるし」（↓P266）の終止形と混同しないように注意しましょう。

111 ことわり □□□

【理】

訳語 **1** 道理。

▼複雑な「事」も、きちんと区分けするとわかりやすくなります。

物の筋道

POINT

現代語の「断り」（＝拒絶・辞退）の意味ではありません。**古語では「事割り」の意で、物事を筋道立てて区分けし、判断した事柄を表します。**派生語の形容動詞「ことわりなり」もよく用いられます。

1 **我を知らずして、外**（ほか）**を知るといふ理あるべからず。**（徒然草）

訳 自分を知らないで、他人を知るという道理があるはずがない。

[1] **宮の泣きまどひ給**（たま）**ふこと、いとことわりなりかし。**（源氏物語・夕霧）

訳 宮がひどく泣きなさるのは、まったく当然だよ。

＊母が亡くなったので泣くのも道理だという文脈です。

[2] **天地**（あめつち）**ことわり給へ。**（源氏物語・明石）

訳 天地の神々よ道理を明らかにしてください。

・関連語・

[1] **ことわりなり**［形動］当然だ。もっともだ。

[2] **ことわる**［動四］道理を明らかにする。（道理に照らして）判定する。

関 **あきらむ**［動下二］明らかにする。

入試★★★ 形容動詞「ことわりなり」、動詞「ことわる」もよく問われます。

112 ためし □□□

【例】

訳語

KEY

「ためし」は「例（ためし）」

「試（ため）し」の意味ではありません。現代語で「うまくいったためしがない」と言うときの「ためし」です。**古語の「ためし」を漢字で書けば、「例」になります。**

1 例。**先例。手本。**
2 語り草（ぐさ）。**話の種（たね）。**

1 久しくとどまりたる例なし。（方丈記）
訳 いつまでもとどまっている例はない。
2 世の例にもなりぬべき御もてなしなり。（源氏物語・桐壺）
訳 後世（こうせい）の語り草になってしまうにちがいないご待遇である。
＊**2**は「よくない手本」の意味合いで、悪い意味に用いられます。

入試 ★☆☆
読解上重要な語です。「ためし」を「試し」と読んで、文章を誤読してしまうのです。「ためし」は「例」と覚えましょう。

113 わざ【業】 □□□

訳語
1 仏事。**法事。**
2 〔形式名詞として〕こと。**行い。**

ある意図を持った行為 ＝原義
（例）供養
読経
仏事 ＝訳語

▼どういう「意図」を持っているかで、訳語が変わります。

行為

「技」のことではありません。「人間業（にんげんわざ）」の「業」、人の「行為」「事柄」を表します。中でも**重要なのは、法会（ほうえ）や追善供養（＝死者の冥福を祈ること）など、「仏事」の意味です。**

1 寺にたうときわざすなる、見せたてまつらむ。（大和物語）
訳 寺で尊い仏事をするということだ、お見せ申し上げよう。
＊男が妻の求めに応じ、親代わりの年老いた伯母を山に捨てようとして誘い出す時の偽りの言葉です。「すなる」はサ変動詞の終止形＋伝聞の助動詞「なり」の連体形。

2 ひとり、灯火（ともしび）のもとに文（ふみ）を広げて、見ぬ世の人を友とするぞ、こよなう慰むわざなる。（徒然草）
訳 ただ一人、明かりのもとで書物を広げて、（それを書いた）見知らぬ世の人を友とすることは、格段に心が慰められることである。

関連語
1 **後（のち）の業（わざ）**［連語］葬送。法要。
入試 ★★☆
入試では**1**の意味が問われます。「後の業」もよくきかれます。**2**も記述式では問われます。「技」と読んで答えると、失点します。

114 おぼえ【覚え】

□□□

訳語

1 評判。人望。

2［多く「御おぼえ」の形で］寵愛（を受けること）。

KEY 人からよく思われること

下二段動詞「おぼゆ」の連用形が名詞化した語です。**人からよく思われることを表します**が、世間から思われる場合は**1**「評判」の意に、目上の人や権力のある人から思われる場合は**2**「寵愛」の意になります。

POINT

1 小式部、**これより、歌詠みの世におぼえ出で来にけり。**（十訓抄）

訳 小式部は、これ以来、歌詠みの世界で評判が高くなった。

2 **いとまばゆき、人の御おぼえなり。**（源氏物語・桐壺）

訳 とても見ていられないほどの、（桐壺の更衣に対する天皇の）ご寵愛である。

関連語

1 **4おぼゆ**［動下二］

入試 ★★☆

どちらの意味も大切です。**2**の訳語「寵愛」は、女性が男性から受けることとはかぎりません。同性間でも「寵愛」と訳します。

115 ここち【心地】

□□□

訳語

1 気持ち。感じ。

2 病気。体調。

KEY 気分

「ここち」は「気分」、つまり、心や体の調子を言います。**古語で重要なのは体の「ここち」、特に、気分がすぐれないこと＝「病気」の意味です。**気分が悪いとき人は体調を意識するのでこの意味が生じました。

POINT

1 **いづくにもあれ、しばし旅立ちたるこそ、目さむる心地すれ。**（徒然草）

訳 どこにでもあれ、しばらくよそに泊まっているのは、目の覚める（新鮮な）気持ちがする。

＊「旅立つ」は旅に出発するの意ではなく、家を離れて外

関連語

1 **乱り心地**［名］**1**取り乱した心。**2**病気。

入試 ★★☆

入試で問われるのは**2**の

▶古語「ここち」は気分だけでなく体調も表します。

泊することです。

2 中納言、たちまちに御心地もやみてめでたし。（落窪物語）

訳 中納言は、たちまちご病気も治って喜ばしい。

意味です。（実戦⑤15）ただし、「体調」の意味でなく、「病気」の意味を表しているときです。

116 うつつ【現】□□□

KEY

夢か、現か

対義語「夢」に対し、目覚めている状態＝「現実」の意です。夢の中の不確かさに対し、しっかりした気持ちを言う**2**の意も生じました。現代語の「夢うつつ」は夢か現実か意識がはっきりしない状態を言います。

POINT

訳語

1 現実。

2 正気。

▶下の①の夢と②の夢の違いを図にしてみました。

1 うつつにも夢にも人にあはぬなりけり（伊勢物語）

訳 現実においても、夢においても、あなたに逢（あ）わないので したよ。

＊夢に異性が現れることについて、①自分が相手を恋しく思って寝ると夢にその人が現れる、②相手が自分のことを強く思っているために夢にその人が現れる、の二通りが考えられました。特に②は古文特有の発想です。

2 うつつの人の乗りたるとなむ、さらに見えぬ。なほ下（お）りて見よ。（枕草子）

訳（卯（う）の花をびっしりと挿したあの牛車（ぎっしゃ）には）正気の人が乗っているとは、まったく思われない。やはり（車から）降りて（自分で）見てごらん。

・関連語・

1 **うつし心**［名］しっかりした気持ち。正気。

入試 ★★☆

今も昔も「うつつ」は「現実」「正気」の意味です。「ゲームにうつつを抜かす」の「うつつ」も「現実」「正気」の意味を表しています。しかし、つい「夢」の意味と誤解するので入試ではきくのです。

117 つとめて □□□

訳語 1 早朝。 2 翌朝。

▶「早朝」「翌朝」の意味です。

KEY **朝**

現代語の「務めて」と混同しないようにしましょう。古語「つとめて」は副詞の「つと」(=急に)や「つとに」(=朝早く)と同じ語源で、**「早朝」が原義です。また、前夜何か出来事があった、その「翌朝」の意も表します。**

1 **十七日のつとめて、立つ。**(更級日記)
訳 十七日の早朝、出発する。

2 **うち笑ふことがちにて暮れぬ。つとめて、客人(まらうと)帰りぬる後(のち)、心のどかなり。**(蜻蛉日記)
訳 笑いがちに一日を過ごした。翌朝、客が帰ってしまった後は、のんびりした気持ちだ。

・関連語・
類 **あした** [名] 1朝。2翌朝。

入試 ★★☆
どちらの意味も大切です。記述式のときは、1か2か見極めて訳す必要があります。

118 つごもり □□□

【晦・晦日】

訳語 1 月末。月の下旬。

KEY **月末**

POINT

「月籠(つきごも)り」が変化して生まれた語です。 毎月、陰暦十五日の満月が過ぎると月はだんだん欠けてゆき、見えなくなってしまうのが「晦日(つごもり)」(=月末)です。また、月が満ちはじめるのが「月立(ついた)ち」(=月の初め)です。

1 **三月(やよひ)のつごもりなれば、京の花、盛りはみな過ぎにけり。**(源氏物語・若紫)
訳 陰暦三月の月末なので、京の桜の花は、花盛りはみな過ぎてしまった。

＊新暦六月頃に降る雨=梅雨(つゆ)を「五月雨(さみだれ)」(↓P333)と呼

・関連語・
類 **みそか** [名] 月の三十日目の日。月末。
対 **ついたち** [名] 月の初め。月の上旬。

ぶことを基準に、「陰暦＋1月≒新暦」と覚えましょう。用例の「三月のつごもり」は「陰暦三月末＋1月≒新暦四月末」になるわけです。

入試★☆☆ 月の最終日とはかぎりません。「下旬」と押さえましょう。

119 ついで □□□

訳語

1 （物事の）順序。**順番。**

2 機会。**折。**

ついで（順序）は一定

四季　春　夏　秋　冬　春

人間　生　死

生　死　死

ついで（順序）は不定（ふじょう）

▶後から生まれた人が先に死ぬこともあるのが人生です。

KEY

時の順序

POINT

「ついでに立ち寄る」などという現代語の意とは違います。**古語の「ついで」は、例えば、春の次は夏、夏の次は秋というような「時の順序」の意を表します。**また、春に続いて夏になる「時」「折」の意も表します。

1 **四季はなほ定まれるついであり。死期（しご）はついでを待たず。**（徒然草）

訳 四季はやはり決まった順序がある。（しかし人の）死ぬ時期は順序を待たない（でやって来る）。

＊兼好は、病気・出産・死ばかりは「ついで悪し（あ）とてやむことなし」（順序が悪いからといって中止することはない）と、成し遂げたいことは直ちに着手せよと述べます。

2 **ことのついでありて、人の奏しければ、聞こしめしてけり。**（大和物語）

訳 何かの機会があって、ある人が奏上したので、（天皇は）お聞きになった。

＊「奏す」（→P177）は絶対敬語で、「申し上げる相手＝天皇」と決まっているので、「聞こしめし」の主語は天皇であるとわかります。

・関連語・

類120 **たより** ［名］

入試★☆☆

入試で問われるのは**2**の意味です。記述式でよくきかれます。現代語訳でそのまま「ついで」とすると失点します。内容説明でもきかれます。「AのついでにB」というと、今はAに便乗してBをしたことになりますが、古語ではAの時にBをしたということです。Bは重要なことなのです。

120

たより

【頼り・便り】

□□□

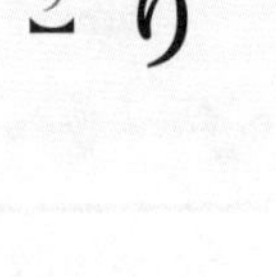

訳語

1 **頼れるもの。よりどころ。**

2 **縁故。つて。**

3 **便宜。手段。**

4 **機会。ついで。**

▼「簀子(すのこ)・透垣(すいがい)のたよりをかしく」(徒然草)のように、「たより」が「配置・具合」の意味になる場合もあります。

KEY

頼りになるもの

POINT

四段動詞「頼る」の連用形が名詞化した語で、**この世を生きていく上で頼りになる人や物事を表します。**学習の際は「頼みとするもの」(1の意)と「便宜(べんぎ)」(2・3・4の意)に分けて覚えましょう。

1 **女、親なく、頼りなくなるままに、もろともにいふかひなくてあらむやはとて、河内(かふち)の国、高安(たかやす)の郡(こほり)に、行き通ふ所出で来(い)にけり。**(伊勢物語)

訳 女は、親が亡くなり、頼れるものがなくなるにつれ、(男は、この妻と)ともに貧しく哀れなさまでいてよいものかと思って、河内の国、高安の郡に、(新たに妻をもうけて)行き通う所ができた。

＊「よりどころ」の実体は「生活の経済的基盤」ということです。女性が「たより」をなくしたとか「たより」がないということは、その女性を経済的に支えていた親や夫を亡くしたことや裕福な男性との良縁に恵まれていないということを言っています。

2 **たよりの人に言ひつきて、女は京に来にけり。**(大和物語)

訳 縁故の人に頼んで、女は都に来たのだった。

3 **これを習ふべし。学問に便りあらんためなり。**(徒然草)

訳 これ(＝文字を書くこと)を習うべきだ。学問をする上で便宜があるようなためである。

・関連語・

類 119 **ついで** [名]

類 **たづき** [名] 手だて。手段。方法。

類 **ゆかり** [名] 縁故。

類 **よすが** [名] 1よりどころ。縁者。2手段。方法。便宜。

入試 ★★★ どの意味も大切です。1は現代語訳ばかりではなく、内容説明でも問われます。＊で記したことを思い出してください。2・3・4の意味もよくきかれます。これらの意味で使われているときにこわいのは、つい「手紙」の意味と決めてかかってしまうことです。「たよ

4 便りごとに物も絶えず得させたり。（土佐日記）

訳 機会（がある）ごとに贈り物も絶えずやった。

り」の意味をきかれたら、「手紙」の意味は捨ててその語義を考えることが、正解するポイントです。

121 こころざし

□□□

【志】

訳語

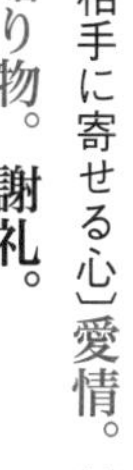

1（相手に寄せる心）**愛情。誠意。**

2 **贈り物。謝礼。**

▶心が相手に直接向けられれば**1**、その気持ちを表せば**2**の意です。

KEY 「愛」は「贈り物」

POINT 四段動詞「こころざす」の連用形が名詞化した語で、「心（が）指す」＝心がある方向を指して向かって行くことを表しますが、古語では現代語よりも幅広く用いられます。特に「**愛情**」「**贈り物**」**の意は要注意です。**

1 **孝養（けうやう）の心なき者も、子持ちてこそ、親の志は思ひ知るなれ。**（徒然草）

訳 親孝行の心のない者も、（自分自身が）子を持って（はじめて）、親の愛情はわかるものである。

2 **いとはつらく見ゆれど、志はせむとす。**（土佐日記）

訳 ひどく薄情に思われるが、贈り物はしようと思う。

＊**2**の意は現代でも「寸志（すんし）」の語に残っています。相手に寄せる「ちょっとした志」を物を贈ることで示すのです。**1**の「志」も単なる「愛情」ではありません。日常の暮らしの援助を伴う「愛情」です。

類 **まことに他にことなりけり。都のつとに語らん。**（徒然草）

訳 本当によそ（の獅子（しし）・狛犬（こまいぬ））と違っているなあ。都へのみやげ（話）として語ろう。

関連語

類 **つと**［名］旅のみやげ。贈り物。

入試 ★★★

入試ではどちらの意味も問われます。ただし、**1**と**2**の意味は裏表の関係にあると言えます。相手に自分の思いを示すときに、人は物を贈ります。ですから、選択式で**1**・**2**の意味が並ぶことはありません。記述式のときは文脈に応じて通りのいい方で訳します。（実戦⑤18）

122 □□□

よし【由】

1 縁。関係。いわれ。
2 方法。手段。
3 由緒。風情。品。
4 事情。旨。こと。
5 そぶり。様子。

▼古語「よし」は、右のような形で現代語にも生き残っています。

○よしありげな話だ。＝事情

○知るよしもない。＝方法・手段

拠り所となるもの

POINT

奈良時代の四段動詞「寄す」の連用形が名詞化した語です。物事を核心に近寄せ、関係づけるという原義から、**物事の拠り所の意を表します。** 多義語なので、場面に応じて適切に訳す必要があります。

・関連語・

2 1 95**よしなし**［形］

よしばむ［動四］風情ありげに見せる。

関 **よそふ**［動下二］**1**関係づける。**2**比べる。

類 300**ゆゑ**［名］

入試★★☆

「よしあり」「よしなし」の形で多く用いられます。「よし」だけで使われているときのほとんどは**4**の意味です。しかし、この**4**が「旨」（「～ということ」）の意味で使われているとき、入試ではレベルの高い問題が作られることがあります。会話部の指摘です。会話は普通「と」「とて」「など」

1 **平城（なら）の京、春日（かすが）の里に、しるよしして、狩りに往（い）にけり。**（伊勢物語）

訳 奈良の都の、春日の里に、土地を領有する縁で、鷹狩（たかが）りに行った。

2 **人に知られでくるよしもがな**（後撰和歌集）

訳 人に知られないで（逢（あ）いに）来る方法があればなあ。

＊「もがな」は願望を示す終助詞です（→P309）。

3 **ふりにける岩の絶え間より、落ちくる水の音さへ、故（ゆゑ）びよしある所なり。**（平家物語）

訳 古びた岩のすき間から、落ちてくる水の音までが、由緒ありげで風情のある所である。

＊**3**の意は多く「よしあり」の形で用いられます。「故び」は上二段動詞「故ぶ」の連用形。「故ぶ」は「故づく」と同じく、「由緒ありげである」の意を表します。

4 **十二月（しはす）の二十日（はつか）あまり一日（ひとひ）の日の戌（いぬ）の時に、門出（かどで）す。そのよし、いささかにものに書きつく。**（土佐日記）

訳 陰暦十二月二十一日の午後八時ごろに、出発する。その事情を、少しばかり紙に書きつける。

4 火をつけて燃やすべき**よし**仰せ給(たま)ふ。（竹取物語）

訳 火をつけて燃やせという旨をご命令になる。

＊「べき」は助動詞「べし」の連体形で、命令の意を表します。

5 心得たる**よし**して、賢げにうちうなづき、ほほ笑みてゐたれど、つやつや知らぬ人あり。（徒然草）

訳 わかったそぶりをして、賢そうにうなずき、ほほえんでいるけれども、少しもわかっていない人もいる。

で閉じられますが、「よし」も会話を閉じるのです。**4**の例文は〈「火をつけて燃やすべき」よし仰せ給ふ。〉と引用符をつけることができます。この「よし」がきかれて得点できると優位に立てます。

123 □□□ よろづ（ズ）

【万】

万

漢字で書けば、数の単位を表す「万」で、**数の多いこと**＝「**さまざまなこと**」「**すべてのこと**」**の意を表します**。また、副詞として用いられる場合もよくあります。

POINT

訳語

1 さまざまなこと。あらゆること。

2 〔副詞として〕すべて。万事につけて。

1 今日は**よろづ**を捨てて、参り候(さぶら)ひつるなり。（宇治拾遺物語）

訳 今日はさまざまなことをなげうって、参上したのです。

2 尋常(よのつね)ならぬさまなれども、人に厭(いと)はれず、**よろづ**許されけり。（徒然草）

訳 普通ではないありさまだが、人に嫌がられず、すべて許された。

入試 ★☆☆

入試では記述式の現代語訳で問われます。（実戦⑤19）きかれたら確実に得点しましょう。

124 て【手】 □□□

訳語
1 筆跡。書。文字。
2 演奏法。曲。

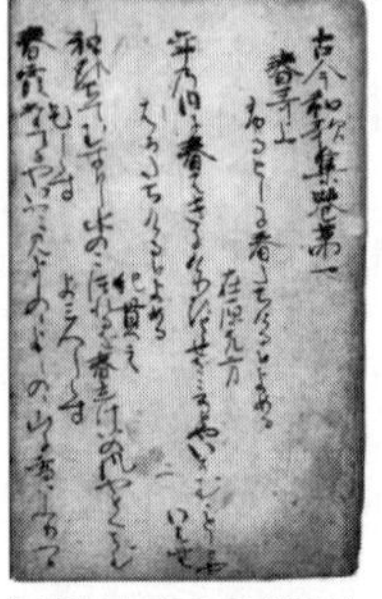

▶藤原定家の手（筆跡）です。

KEY **筆跡**

POINT
「手」は、手の働きとして「腕前」「手段」「手傷」などの意味を表す多義語ですが、**古語で特に重要なのは「筆跡」と「演奏法」です。**また、「文字」の意味も表します。「女手（をんなで）」＝平仮名、「男手（をとこで）」＝漢字です。

1 **見給（たま）へば、御息所（みやすどころ）の御手なり。**（源氏物語・葵）
訳 ご覧になると、御息所のご筆跡である。

2 **あまたの手を、片時（かたとき）の間（ま）に弾きとりつ。**（夜の寝覚）
訳 たくさんの演奏法を、あっという間に習得した。

・関連語・
① **手を負ふ**［連語］傷を負う。負傷する。
類 **あと**［名］**1** 足跡（あしあと）。足跡（そくせき）。**2** 痕跡。**3** 筆跡。

① **雨の降るやうに射けれども、鎧（よろひ）よければ裏かかず、あき間（ま）を射ねば手も負はず。**（平家物語）
訳 雨が降るように（矢を）射たが、鎧がよいので裏まで貫かず、（鎧の）すき間を射ないので傷も負わない。

入試 ★★☆
入試ではどちらの意味も問われます。「和歌」「習字」「音楽」はお嬢様の必須（ひっす）科目でした。言い換えれば「和歌」と「手」です。

125 ざえ【才】 □□□

訳語
1 学問。（漢学の）学識。

KEY **漢学の教養**

POINT
「才（ざえ）」は努力して身につける才能のことで、**平安時代の男性貴族社会では漢学や音楽の素養を意味しました。**その「才」を日本の実情に応用する実務能力が「大和魂（やまとだましひ）」で、この二つは官僚社会での栄達に不可欠でした。

1 **才をもととしてこそ、大和魂の世に用ゐらるる方（かた）も強う侍（はべ）らめ。**（源氏物語・少女）

入試 ★★★
入試ではよく問われます。

（音楽の）**才能。**

訳 学問を基本としてこそ、実務能力が世間に重んじられるということも確実になるのでございましょう。

＊漢学教育は大学寮（＝官僚の教育機関）で行われ、女性は入学できませんでした。『源氏物語』には元服した夕霧（光源氏の子）が大学寮で学ぶ姿が描かれています。

漢学と音楽が男性貴族の必須科目だったからです。和歌は男性にとっては自由科目です。

Column

古語の世界へ―②

同じ語構成を持つ語

84「**かたはらいたし**」は、はたで見ていて苦々しく感じたり、気の毒に思ったりする気持ちを表す形容詞ですが、後世の人が「片腹痛し」と思い違いをしたために、横腹が痛くなるほどおかしくてたまらないとか、ばかばかしいとかいう意味に誤用されてきました。このことは、後世の誤用から出た言葉が市民権を得た例としてよく知られていますが、もとは「傍ら痛し」ですから、中世以前の古語としては「かたはら」ではなく「かたわら」と読まなくてはいけません。

ところで、これと同じ語構成を持つと思われる語に**220**「**うしろめたし**」があります。これは「後ろ目痛し」から出た語で、人を後ろから見守りながら将来を案ずる気持ちがもとになっていますので、心配だ、気がかりだ、不安だ、という意味になります。

それならば、「かたはらいたし」も「傍ら目痛し」から出たと考えてよいのではないでしょうか。「うしろめたし」は「いたし」の「い」を脱し、「かたはらいたし」は「かたはらめ」の「め」を脱しており、これを補えば、双方は同じ語構成になるわけです。

また、「うしろめたし」の対義語の「うしろやすし」も、「後ろ目痛し」から出たと考えてよいでしょう。

一見違う形のように見える語でも、もとの形に戻してみると、言葉の成り立ちが同じになるという興味深い例です。

（中野幸一）

◎かたはらいたし　◎うしろめたし

かたはらいたし
かたはら め いたし
うしろ め いたし
うしろめたし

実戦問題 ⑤

問 傍線部の口語訳として適当なものを、後から選べ。

□1 むかし、あてなる男ありけり。〈伊勢物語・東京女子大〉P114

①賢い ②愚かな ③高貴な ④浮気っぽい ⑤見栄っ張りの

訳 昔、③高貴な男がいた。

□2 世に貧しき人はさらなり、そのほか通途(つうづ)の末々の者も、実に金を愛せざる故、金を持たぬなり。〈耳嚢・青山学院大〉P115

①応分である ②気の毒である ③もちろんである ④大したものである ⑤いっそうひどいものである

訳 とても貧しい人は③もちろんである、そのほかありふれた下々の者も、本当に金を愛していないから、金が身につかないのである。

□3 すずろなる男のうち入り(い)来(き)たるならばこそは、「こはいかなることぞ」とも参り寄らめ、〈源氏物語・國學院大〉P118

①あきれた ②すました ③すてきな ④不誠実な ⑤見知らぬ

訳 ⑤見知らぬ男が入って来たのならば、「これはどういうことか」とも（問いただして）近寄っても参るだろうが、

□4 時人(じじん)、いみじきをこのためしにいひけるを、〈十訓抄・名城大〉P122

①例 ②手本 ③試み ④結果

訳 当時の人は、ひどい愚か者の①例として話したが、

□5 男、いとかなしくて、寝ずなりにけり。つとめて、いぶかしけれど、〈伊勢物語・東洋大〉P126

①働いて ②夜を徹して ③翌朝になって ④疲れ果てて ⑤努力して

訳 男は、ひどく悲しくて、寝ずに起きていた。③翌朝になって、気がかりだが、

□6 今は昔、たよりなかりける女の、清水(きよみづ)にあながちに参るありけり。〈宇治拾遺物語・明治学院大〉P128

①生活に苦しんでいた ②親しき友人もいなかった ③幸運に見放された ④信仰心も少なかった ⑤うわさが絶えなかった

訳 今となっては昔のことだが、①生活に苦しんでいた女で、清水寺に熱心にお参りする者がいた。

□7 いとをかしげなる女の手にて、かく書けり。〈大和物語・成蹊大〉P132

①女性的なやり方で ②女房のなかだちで ③女の細腕で ④女の筆跡で ⑤女の立場から

訳 たいそうすてきな④女の筆跡で、こう書いてある。

□8 はかばかしき御後見のとりたてたる、おはせざりければ、才など深くもえ習ひたまはず。〈源氏物語・立教大〉P132

①芸術 ②学問 ③政治 ④処世術 ⑤有職故実

訳 しっかりした後見人で特別な方が、いらっしゃらなかったので、②学問なども深くは習得できていらっしゃらない。

問 傍線部を口語訳せよ。（※太字部分が本書の見出し語）

□ 9 **あからさまに**思ひし程に、この宿に一両年住み侍り。〈沙石集・大分大〉P116

訳「ほんのしばらくの間だ」と思っているうちに、この宿に一、二年住んでおります。

□ 10 道々の物の上手のいみじき事など、**かたくななる**人の、その道知らぬは、そぞろに神のごとくに言へども、〈徒然草・宇都宮大〉P117

訳 それぞれの芸道の名人のすばらしいことなどを、「教養がない」人で、その芸道を知らない人は、むやみに神のように言うけれども、

□ 11 少将、「御ためにはかくまめにこそ。**あだなれ**とやおぼす」などいふけしき、〈宇津保物語・東京大〉P118

訳 少将が、「あなたに対してはこのように誠実です。「浮気であれ」と思っていらっしゃるのか」などと言う様子が、

□ 12 さまざま経文など書きて弔ひけれども、その**しるし**なかりしに、〈古今百物語評判・埼玉大〉P121

訳 さまざまな経文などを書いて弔ったけれども、その「効き目」がなかったが、

□ 13 彼(か)の昭君(せうくん)が青塚(せいちよう)の草の色も**ことわり**にぞ思ひやられし。〈都のつと・愛媛大〉P122

訳 あの（王）昭君の青塚の草の色も「もっともなこと」であると推察された。

□ 14 弟殿には人柄、**世おぼえ**の劣り給へればにや、〈大鏡・白百合女子大〉P124

訳 弟殿には人柄や、「人望」が劣っていらっしゃったからだろうか、

□ 15 やうやう**心地**も怠(おこた)りざまになりたるを、〈うたたね・熊本大〉P124

訳 次第に「病気」も回復に向かうようになったので、

□ 16 これは、ただ今、**うつつ**に侍ることなり。〈今物語・岐阜大〉P125

訳 これは、たった今、「現実」にあったことでございます。

□ 17 例の、日過ぎて、**つごもり**になりにたり。〈蜻蛉日記・東京都立大〉P126

訳 いつものように、日が経(た)って、「月末」になった。

□ 18 世の常のさまにて、清げなる住まひしたまはむを見ましかば、昔の**心ざし**は失はぬものから、心憂(こころう)からまし。〈宇津保物語・関西大〉P129

訳 世間の普通の様子で、こざっぱりときれいな暮らしをなさっているようなのを見たとしたら、昔の「愛情」は失わないものの、好ましくなく思ったでしょうに。

□ 19 妻の阿満(おみつ)、**よろづ**まめやかに家をもりて、〈新花摘・千葉大〉P131

訳 妻の阿満は、「万事につけて」かいがいしく家を守って、

126

おのづから【自ら】

自然・偶然・万が一

KEY

事が「自然に」起こることを表す1の意のほか、古語では、自然の成り行きで偶発的に事が起こる2「偶然に」の意や、予想外のことが起こる3「万一」の意があることに注意しましょう。

訳語

1 自然に。ひとりでに。
2 偶然に。たまたま。
3 〔仮定・推量の表現を伴って〕万一。ひょっとすると。

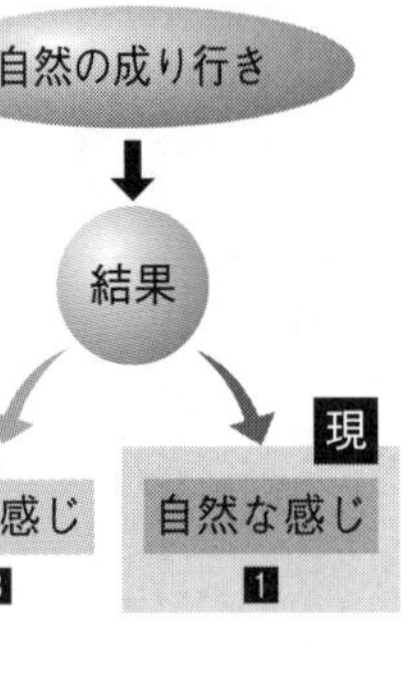

▼現代語にはない23の意味が大切です。

POINT

1 母、物語など求めて見せ給ふに、げにおのづから慰みゆく。（更級日記）

訳 母が、物語などを探して見せてくださるので、なるほど（母の思わくどおりに）自然に心が晴れていく。

2 かねてのあらまし、皆違ひゆくかと思ふに、おのづから違はぬこともあれば、いよいよ物は定めがたし。（徒然草）

訳 前もっての計画が、すべてはずれていくかと思うと、偶然にはずれないこともあるので、いよいよ物事は定めがたい。

＊「あれば」はラ変動詞「あり」の已然形＋接続助詞「ば」で、順接の確定条件を表します。

3 おのづから後まで忘れぬ御事ならば、召されてまたは参るとも、今日は暇を給はらむ。（平家物語）

訳 万一後々まで（私を）お忘れにならないならば、（その時は）お召しを受けて再び参上するとしても、今日はいとまをいただこう。

＊「ならば」は断定の助動詞「なり」の未然形＋接続助詞「ば」で、順接の仮定条件を表します。

・関連語・

1 口づから〔副〕自分の口で。
2 手づから〔副〕自分の手で。
3 みづから〔副〕自分から。自分自身で。

類 たまさかなり〔形動〕1偶然だ。2万一。

入試 ★★☆

2・3の意味がよく問われます。2は1と紛らわしいときがありますが、まず2の意味で訳してみて、文脈が通るならば、2と判断してかまいません。類義語「たまさかなり」もよくきかれますが、1の意味はありません。

127 すなはち（ワ）□□□

【即ち・則ち】

訳語 1 すぐに。そのまま。

即

もとは「その時」「当時」の意の名詞でしたが、副詞としても用いられるようになりました。**古語で最も重要なのは、現代語にない、時間的に間をおかない「即座に」の意を表す用法です。**

1 **立て籠（こ）めたる所の戸、すなはちただ開きに開きぬ。**（竹取物語）

訳（かぐや姫を）閉じ込めてあった所の戸は、すぐにただもうさっと開いてしまった。

関連語

同45 **やがて**〔副〕

入試 ★★☆

「すなはち」＝古語の「やがて」と覚えておけば大丈夫です。

128 とく □□□

【疾く】

訳語 1 早く。すぐに。 2 すでに。とっくに。

疾風（はやて）のように

「（速度が）速い」「（時期が）早い」の意の形容詞「疾（と）し」の連用形「疾く」が副詞になった語です。「**とく〜命令・意志・願望」なら1の意**、すでに起こった事柄や一般論を述べているなら1・2両方が考えられます。

1 **用ありて行きたりとも、そのこと果てなば、とく帰るべし。**（徒然草）

訳用事があって（人の所へ）行ったとしても、その用事が終わったならば、早く帰るのがよい。

2 **息はとく絶え果てにけり。**（源氏物語・夕顔）

訳息はすでに絶え果ててしまった。

関連語

1 **とし**〔形〕 1（速度が）速い。 2（時期が）早い。

入試 ★★★

ウ音便「とう」もよくきかれます。「とう」＝「とく」と押さえましょう。

129 いつしか

□□□

訳語

1 早く(～したい・～してほしい)。

2 早くも。

一刻も早く！

「いつの間(ま)にか」ではありません。古語では「早く」という意味です。特に重要なのは、**これから起こるはずの事柄について「早く」と実現を待ち望む意味**で、原則的に「いつしか～意志・願望」の形をとります。

1 **いつしか梅咲かなむ。**(更級日記)

訳 早く梅が咲いてほしい。

＊未然形に接続する「なむ」は他に対する願望(～てほしい)を示す終助詞です(↓P309)。

2 **鶯(うぐひす)ばかりぞいつしか音(おと)したるを、あはれと聞く。**(蜻蛉日記)

訳 鶯だけが早くも鳴いたのを、しみじみと聞く。

・関連語・

類 128 **とく**［副］

関 **いつとなし**［連語］ 1 いつともわからない。知らない間に。2 いつと限らない。いつも。

入試 ★★★

1 の意味が問われます。(実戦⑥10)

130 なべて

□□□

訳語

1 総じて。おしなべて。

2 普通。並。

一般

下二段動詞「並(な)ぶ」(＝一列に並べる)の連用形に接続助詞「て」が付いた「**並べて」から生まれた語で、同列に並べて、が原義です。**そこから「総じて」の意が生じ、さらに「普通」の意も生じました。

1 **この法師のみにもあらず、世間の人、なべてこのことあり。**(徒然草)

訳 この僧だけではなく、世間の人には、総じてこのようなことがある。

・関連語・

対 **なべてならず**［連語］ 並々ではない。格別だ。

入試 ★★★

特別
一般・普通
なべて
なべてならず

▼「なべて」は「普通はこうだよね」という感じを表す語です。

＊兼好法師が言う「このこと」とは、肝心なことを後回しにして瑣末（さまつ）に走り、結局第一の目的を遂げられないということです。

2 **なべての人に似ずをかし。**（源氏物語・若菜下）

訳 普通の人に似ないで風情がある。

対 **なべてならぬ法ども行はるれど、さらにその験（しるし）なし。**（方丈記）

訳 並々ではない（格別に尊い）修法（ずほう）（加持祈禱（かじきとう））がいろいろ行われるが、まったくその効果がない。

1も**2**も、対義語の「なべてならず」も入試ではよく問われます。**2**は多く「なべての」の形で使われます。（実戦⑥2）

131 □□□ いとど

訳語 **1** いっそう。**ますます。**

▼宮中や貴族の家でともす灯火を「大殿油（おほとなぶら）」と言います。

程度の進行

「いとど」と「いと」は違います。「いとど」は「いと」を二つ重ねた「いといと」から生まれた語で、**程度のはなはだしさが「いっそうはなはだしい」ものに進むことを表します。**

1 **散ればこそいとど桜はめでたけれ**（伊勢物語）

訳（ただでさえ美しい上に）散るからこそいっそう桜はすばらしい。

類 **ひまひまより見ゆる灯（ひ）の光、蛍よりけにほのかにあはれなり。**（源氏物語・夕顔）

訳 すき間すき間から（もれて）見える灯火の光は、蛍（の光）よりいっそうかすかでしみじみとした趣がある。

・関連語・

1 **いとどし**［形］いっそうはなはだしい。

類 **〜よりけに**［連語］〜よりいっそう。

入試★★★

入試でよく問われる単語の一つです。「とても」と訳してはいけません。

132 かく □□□

訳語

1 このように。

「かく」＋「あり」
kaku ＋ ari
⇩
kakari
「かかり」

▼動詞「かかり」は「かくあり」の変化した形です。

「かくかく」しかじか

眼前の事実や、前の会話・文脈を「このように」と指示します。文中に指示の副詞が出てきたら、何を指しているのか具体的内容を押さえることが重要です。指示語「かく」「さ」「しか」はまとめて覚えましょう。

1 **かくおとなしき心あらむとこそ思はざりしか。**（十訓抄）

訳 このように思慮分別のある心を持っているだろうとは思わなかった。

＊例文の前に、同僚の無礼で乱暴なふるまいに対し冷静沈着に対応したことが述べられており、それが「かく」の指示内容です。

[1] **いかでかからむ。うらやましくもあるかな。**（大鏡）

訳 どうしてこのようだろうか。うらやましいなあ。

＊藤原兼家（かねいえ）が藤原公任（きんとう）の立派さを、自らの息子たちと比較して賛嘆した言葉です。「かから」はラ変動詞「かかり」の未然形です。

・関連語・

[1] **かかり**［動ラ変］このようだ。

[2] **かくて**［副］このようにして。このまま。

類 135 **さ**［副］

類 134 **しか**［副］

入試 ★★☆

入試では指示内容の具体化が問われます。後の文章の内容を指しているときもあります。

133 とかく □□□

訳語

「と」＋「かく」

現代語の「とかく（＝ともすれば）忘れがちだ」「とかく（＝とにかく）住みにくい」の意ではありません。**古語の「とかく」は、語を構成している副詞の「と」と「かく」の意が生きていて、「あれこれと」が基本の意です。**

・関連語・

1 あれこれと。何やかやと。

とても かくても
あのように　このように
とまれ かくまれ

▼二つの関連語にも「と」と「かく」の意味が生きています。

1 何をもちて、**とかく**申すべき。（竹取物語）

訳 何を理由に、あれこれと申せましょうか。

類 おのれは、**とてもかくても**経なむ。（大和物語）

訳 私は、どのようにしてもきっと過ごすことができよう。

＊「経」は下二段動詞「経」の連用形、「なむ」は、強意の助動詞「ぬ」の未然形＋推量の助動詞「む」の終止形。

類 **とまれかくまれ**、まづ請じ入れ奉らむ。（竹取物語）

訳 ともかくも、まずお招き入れ申し上げよう。

類 **とてもかくても**［連語］ どのようにしても。

類 **とまれかくまれ**［連語］ ともかくも。

入試 ★★☆ 「と〜かく〜」と「と」と「かく」が離れて使われていると問われます。

134 □□□ しか

KEY かくかく「しかじか」

POINT **すでに述べたことを「そのように」と指示します。**奈良時代に多く用いられた語です。平安時代以降の和文では「さ」が一般化し、「しか」は漢文訓読語か、硬い調子の男性語として用いられました。

訳語

1 そう。そのように。

しか なく
名＋動 鹿鳴く
副＋動 そのように泣く

▼「しか」は掛詞として用いられる場合があります。

1 我は**しか**隔つる心もなかりき。（源氏物語・夕顔）

訳 私はそのように分け隔てする心はなかった。

2 この名**しかるべから**ずとて、かの木を伐られにけり。（徒然草）

訳 この名前は（自分に）ふさわしくないと言って、その木を切ってしまわれた。

＊庭に榎の木があったことから「榎の僧正」とあだ名をつけられた高僧の、怒りっぽい性格を述べたものです。

・関連語・

1 **しかり**［動ラ変］ そのようだ。

2 **しかるべし**［連語］ 1ふさわしい。2そうなることに決まっている。3立派だ。

類 135 **さ**［副］

入試 ★★☆ 名詞「鹿」との掛詞にも注意しましょう。

135

さ □□□

訳語

1 そう。そのように。

KEY

そんな風(ふう)

すでに述べたことや、お互いが知っていることを「そのように」と指示します。平安時代以降、広く用いられました。左の表のように、他の語と連なってできたさまざまな語も重要です。

POINT

・関連語・

1 **さり（然り）**［動ラ変］そのようだ。

2 **さること**［連語］〔さり＋事〕 **1**そのようなこと。**2**もっともなこと。もちろんのこと。

類 134 **しか**［副］

入試 ★★☆

次の表のような関連語の形でも多く出題されます。

1 **まことにさにこそ候(さうら)ひけれ。**（徒然草）

訳 本当にそうでございました。

1 **昔の若人(わかうど)はさるすける物思ひをなむしける。**（伊勢物語）

訳 昔の若者はそのような一途(いちず)な恋の苦悩をしたものだ。

2 **さることなし。何を証拠にてかうはのたまふぞ。**（宇治拾遺物語）

訳 そのようなことはない。何を証拠にそうおっしゃるのか。

2 **これを聞く人、「げにさることなり」となむ言ひける。**（今昔物語集）

訳 これを聞いた人は、「なるほどもっともなことである」と言った。

入試で出る「さ」の関連語

□**さて**〔さ＋て〕［副］そのまま。↓p 283

□**さも**〔さ＋も〕［連語］そのようにも。［副］いかにも。

□**さながら**〔さ＋ながら〕［副］↓p 144

□**さばかり**〔さ＋ばかり〕［副］↓p 143

□**さらで**〔さり＋で〕［連語］そうではなくて。

□**さらぬ**〔さり＋ず〕［連語］そうでない。それほどでもない。

□**さらば**〔さり＋ば〕［接］そうしたら。それならば。

□**さりとて**〔さり＋とて〕［接］そうかといって。↓p 283

□**さりとも**〔さり＋とも〕［副］いくらなんでも。↓p 282

□**さはれ**〔さ＋は＋あれ〕〔感〕→p285

□**さりぬべき**〔さり＋ぬ＋べき〕〔連体〕そうするのがよい。適当な。

□**さるべき**〔さり＋べし〕〔連語〕→p152

136

さばかり

□□□

訳語

1 その程度。それほど。

2 非常に。たいそう。

▶**1**は西行法師の言葉で、トビ（鳶）が屋根に止まれないように縄を張る主人（殿）の心はその程度（に狭い）と言っています。

どの程度？

指示語の副詞「さ」に程度を示す副助詞「ばかり」が付いてできた語で、「**その程度**」**が基本の意です**。程度がはなはだしいことを表す**2**の意もあります。

1「この殿の御心(み)、さばかりにこそ」とて、その後(のち)は参らざりける。（徒然草）

訳「この殿のお心は、その程度である」と言って、その後は参上しなかった。

2 **さばかり深き谷一つを平家の勢七万余騎でぞ埋めたりける。**（平家物語）

訳非常に深い谷一つを平家の軍勢七万余騎で埋め尽くしてしまった。

＊倶利伽羅(くりから)峠の合戦で、十万と称された平家の大軍を木曽(きそ)義仲(よしなか)が挟み撃ちにし、撃破したときのありさまです。

類**今はなき人なれば、かばかりのことも忘れがたし。**（徒然草）

訳今はこの世にいない人なので、この程度のことも忘れがたい。

・関連語・

類**かばかり**〔副〕**1**この程度。これほど。**2**これだけ。

関**とばかり**〔副〕少しの間。しばらく。

入試★☆☆

入試では**1**が問われます。POINTで言うように程度の大小を考えて訳を決める必要があります。文章の読解がからむので、内容説明でもきかれます。

137

さながら

□□□

1 そのまま。もとのまま。
2 全部。すべて。

▶安元の大火では，一晩に2万戸が焼失したと言われています。

そのまま全部

現代語で「さながら絵のようだ」などと言う「まるで」の意味ではありません。**副詞「さ」に持続(〜のまま)を示す接続助詞「ながら」が付いてできた語**で、**1**事態が「そのまま」、**2**数量が「全部」の意味を表します。

1 かの廂(ひさし)に敷かれたりし物は、**さながら**ありや。（大和物語）

訳 あの廂の間に敷かれていた物は、そのまま（今でも）あるか。

＊「廂の間」は寝殿造りにおいて、母屋(もや)の外側の細長い部屋のことです（→P99・345）。

2 資材を取り出(い)づるに及ばず、七珍万宝(しっちんまんぼう)**さながら**灰燼(くわいじん)となりにき。（方丈記）

訳 家財を持ち出すこともできず、多くのすばらしい宝ものが全部灰や燃えがらになってしまった。

＊安元の大火（一一七七年）による惨状の描写です。

関連語

同 **しかしながら** ［副］ 入試★★★

1の意味も**2**の意味も大切です。入試でよく問われる語の一つです。きかれたら確実に得点しなければなりません。

138

つゆ〜打消

□□□

訳語

全部否定

「つゆ」**は下に打消の語を伴って「全然〜ない」の意を表す呼応の副詞です**。語源は名詞「露」です。「露」は量がわずかであるところから、「わずかなもの」の意味を持ち、それが副詞化しました。

1 少しも〜ない。まったく〜ない。

いと	＋	打消	＝たいして〜ない
え	＋	打消	＝〜できない
さらに	＋	打消	＝まったく〜ない
つゆ	＋	打消	＝まったく〜ない

▼打消の語と呼応する副詞の復習です。

1 知らぬ人の中にうち臥(ふ)して、**つゆ**まどろまれ**ず**。（更級日記）

訳 見知らぬ人の間に横になって、少しも眠ることができない。

＊作者の菅原孝標女(すがわらのたかすえのむすめ)がはじめて宮仕えをしたころの様子で、「人」は女房たちです。「つゆ」は打消の助動詞「ず」と呼応しています。

1 すべて**つゆ**違(たが)ふこと**なかり**けり。（枕草子）

訳 すべて少しも間違うことはないのだった。

＊「つゆ」は形容詞「なし」の連用形「なかり」と呼応しています。

1 **つゆ**の御いらへもしたまは**ず**。（源氏物語・葵）

訳 ほんの少しのご返事もなさらない。

1 **つゆ**［名］1露。2ほんの少しであること。3はかないこと。

2 **つゆけし**［形］1露に濡れてしっとりしている。2涙がちである。

類 49 **さらに〜打消**［副］

類 317 **おほかた〜打消**［副］

入試 ★★

入試では空欄補充問題でも問われます。名詞「露」は「涙」や「はかない命」の比喩にもなり、このことも入試ではきかれます（→P334）。

139 □□□ よも〜じ

訳語

1 まさか〜ないだろう。
よもや〜まい。

KEY **まさか〜まい**

POINT 副詞「よも」は打消推量の助動詞「じ」とともに、**「よも〜じ」の形で用いられる呼応の副詞です。**確定的とは言い切れないけれど「まさか〜ないだろう」という予測を表します。

1 今は逃ぐとも、**よも**逃がさ**じ**。（宇治拾遺物語）

訳 今はもう逃げようとしても、（相手は私を）まさか逃がさないだろう。

入試 ★★★

現代語訳だけでなく、「よも」または「じ」の空欄補充問題でも問われます。

140 なかなか

□□□

訳語 **1** かえって。むしろ。

▶平安京から須磨までは１日で着く距離でしたが、光源氏は侘び住まいを余儀なくされました。

KEY かえってしない方が…

POINT 現代語の「なかなか(=かなり)いいね」や「なかなか(=簡単には)承知しない」とは違います。古語では「中中」=**中途半端で不十分な状態なら、かえってしない方がよいということ**を表します。

1 むなしう帰り参りたらんは、**なかなか**参らざらんより悪しかるべし。（平家物語）

訳（成果もなく）むなしく（天皇のもとへ）帰参したとしたら、かえって帰参しないようなのより悪いだろう。

1 かへりみのみしつつ出で給ふを、見送り給ふ気色、いと**なかなかなり**。（源氏物語・須磨）

訳（頭の中将が）ただもう何度も振り返っては出てお行きになるのを、見送りなさる（源氏の）様子は（つらそうで）、まったくかえって会わない方がましだ。

＊須磨に退去してやるせない日々を送る光源氏を訪ねて来た中将が都へ戻っていくのを、光源氏が見送る場面です。

・関連語・

1 **なかなかなり**［形動］**1** 中途半端だ。**2** かえってしない方がましだ。

入試★★★ 入試でよく問われる語の一つです。「なかなかなり」もきかれます。訳語の「～」の部分は文脈から補います。

141 さすがに

□□□

訳語

KEY そうはいっても

POINT **直前の内容を受けて、そこから予想されることと相反するような内容や心情を述べる言葉です。**「さすがに」をはさんで、何と何が相反しているのかを考える必要があります。「**さすが**」という形もあります。

・関連語・

1 そうはいってもやはり。

▶白拍子は男装して歌舞を演じました。

1 祇王もとより思ひまうけたる道なれども、**さすがに**昨日今日とは思ひよらず。（平家物語）

訳 祇王は以前から覚悟していたことではあるが、そういってもやはり昨日今日（のこと）とは思いもよらない。

＊祇王は平清盛の寵愛を受けた白拍子（＝歌舞を生業とする芸人）でしたが、新たな人気スターの出現で、寵愛を失うことになりました。

1 **さすがなり**［形動］そうはいってもやはり、そうもいかない。

入試 ★★★
現代語訳でも内容・心情説明でも問われます。

142 かつ

□□□

訳語

1 一方では。

2 すぐに。次から次へと。

KEY

二つのことの並行・連鎖

POINT

現代語の「かつ」（＝その上に）は接続詞で、江戸時代以降の用法です。**古語の副詞「かつ」は、二つのことが同時に並行して起こる（行われる）ことを表します。**そこから、事柄が続いて起こる**2**の意も生じました。

1 淀みに浮かぶうたかたは、**かつ**消え**かつ**結びて、久しくとどまりたる例なし。（方丈記）

訳（川の流れの）淀みに浮かぶ泡は、一方では消え（また）一方では生じて、いつまでも（そのまま）とどまっている例はない。

2 **かつ**あらはるるをも顧みず、口に任せて言ひ散らすは、やがて浮きたることと聞こゆ。（徒然草）

訳 すぐに（嘘が）ばれていくのを気にかけず、口から出まかせに言い散らすのは、すぐに根拠がない話だとわかる。

・関連語・

類 **はた**［副］一方ではまた。これもまた。

関 **かつがつ**［副］1どうにかこうにか。やっと。2とりあえず。

入試 ★☆☆
読解上大切な語です。入試では、記述式の文の現代語訳の中で問われます。**1**の意味なのか**2**の意味なのか見極めて訳します。

143

など・などか

訳語

1〔疑問〕どうして(〜か)。

2〔反語〕どうして(〜か、いや〜ない)。

いかで(か)
など(か)
なに(か)(かは)
} 〜 連体形

▼疑問・反語の副詞は「か」「かは」がなくても、文末は連体形です。

なぜ?

「など」は「どうして」の意で**疑問・反語を表す副詞で、文末を連体形で結びます**。これに係助詞「か」が付いた「などか」も「など」と同じ意味・用法です。「雨など降るもをかし」の助詞「など」と明確に区別しましょう。

1 **などかくは仰せらるる。**（落窪物語）

訳 どうしてこのようにおっしゃるのか。

＊文末の「らるる」は「など」の結びで、尊敬の助動詞「らる」の連体形。

2 **正直の人、などかなからむ。**（徒然草）

訳 正直な人が、どうしていないだろうか(、いやいないはずはない)。

同 **などて、かくはかなき宿りは取りつるぞ。**（源氏物語・夕顔）

訳 どうして、このように頼りない所に泊まったのか。

＊「などて」は「など」+接続助詞「て」の一語化した語で、「など」と同じ意味・用法です。例文は疑問の意です。

同 **なにか射る。な射そ。な射そ。**（大鏡）

訳 どうして射るのか(、いや射る必要はない)。射るな。射るな。

＊「なに」「なにか」「なにかは」も疑問・反語を表します。例文は反語の意です。

・関連語・

同 **などて**〔副〕・**などてか**〔連語〕

同 **なに・なにか**〔副〕・**なにかは**〔連語〕

入試 ★★★

「など」「などか」にかぎらず、入試では疑問・反語表現は頻出で、特に反語表現はよく問われます(→P297・310)。反語表現が現代語訳で問われた場合、記述式では「〜か、いや〜ない。」と訳してもいいのですが、選択式ではズバリ解釈していることがあります。**2**の例文で言うと「正直な人は、必ずいるだろう」と訳すのです。

□□□

なでふ(ジョウ)・なんでふ(ジョウ)

なぜ？

POINT

「なにといふ(何と言ふ)」が「なにてふ」→「なんでふ」→「なでふ」と変化してできた語です。「なにといふ」の「いふ」は連体形なので本来は連体詞ですが、**「どうして」の意で疑問・反語を表す副詞の用法が要注意です。**

訳語

1〔疑問〕どうして(～か)。

2〔反語〕どうして(～か、いや～ない)。

▼疑問／反語の見分け方として、右のことを知っておくとよいでしょう。

1 **なでふ**、かかるすき歩き(あり)をして、かくわびしきめを見るらむと、思へどかひなし。（大和物語）

訳 どうして、このような色事を求める道楽歩きをして、このようにつらいめをみるのだろうと、思うけれどそのかいもない。

2 **いまさらに、なでふさることかはべるべき。**（源氏物語・椎本）

訳 今となって、どうしてそんなことがございましょうか(、いやないでしょう)。

1 **こは、なでふことをのたまふぞ。**（竹取物語）

訳 これはまあ、なんということをおっしゃるのか。

＊「なでふ＋こと」の形で、連体詞の用法です。

同 (仏御前(ほとけごぜん)ハ) **みめかたち美しく、声よく節(ふし)も上手でありければ、なじかは舞も損ずべき。**（平家物語）

訳 仏御前は顔かたちが美しく、声がよく節回しも上手であったので、どうして舞いも失敗することがあろうか(、いや失敗することはないだろう)。

＊仏御前は都で評判の白拍子(しらびょうし)(→P147)でした。

・関連語・

1 **なでふ・なんでふ**〔連体〕なんという。

同 **なじかは**〔副〕(「何にしかは」の転) **1**〔疑問〕どうして(～か)。**2**〔反語〕どうして(～か、いや～ない)。

入試 ★★☆

入試では副詞の用法だけでなく、関連語の連体詞の用法も問われます。連体詞とは、体言を修飾し、活用しない語を言います。「なでふ(なんでふ)＋体言」の形で、「なんという」と訳せる「なでふ・なんでふ」が「連体詞」です。

145 ありし・ありつる

［連体詞］

1（「ありし」の形で）かつての。**以前の。**

2（「ありつる」の形で）さっきの。**先ほどの。**

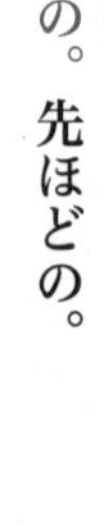
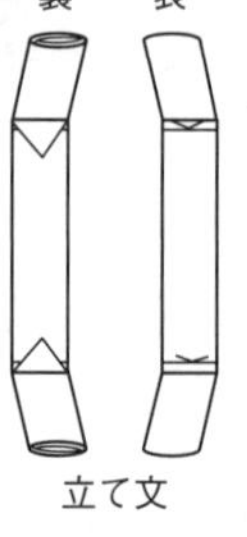

▼正式の手紙は礼紙（白い紙）で包んだ立て文として送られました。

遠い過去・近い過去

「ありし」はラ変動詞「あり」＋過去の助動詞「き」の連体形、「ありつる」はラ変動詞「あり」＋完了の助動詞「つ」の連体形です。**「ありし」はかなり以前に起こったこと、「ありつる」はついさっき起こったことを表します。**

1 **大人になり給ひて後は、ありしやうに御簾の内にも入れ給はず。**（源氏物語・桐壺）

訳（源氏が）大人におなりになってからは、（天皇は）かつてのように（藤壺の女御の）御簾の中にもお入れにならない。

＊男子は元服すると大人として扱われます。光源氏の元服は数え年で十二歳の時のことでした。

2 **「さらば、そのありつる御文を給はりて来」となむ仰せらるる。**（枕草子）

訳「それならば、そのさっきのお手紙をいただいて来い」とお命じになる。

入試★★★

1も**2**もよく問われます。また、入試では品詞もきかれます。「かつての・さっきの」と訳すときの「ありし・ありつる」は、これで一語の「連体詞」です。

146 れいの

訳語

【例の】

例によって

現代語と同様に「いつもの」の意を表す連体修飾語としての用法もありますが、**特に重要なのは、「いつものように」の意を表す連用修飾語としての用法**で、これは古語特有のものです。

関連語

1〔用言を修飾して〕いつものように。

2〔体言を修飾して〕いつもの。

1 **例の**いと忍びておはしたり。（源氏物語・末摘花）

訳 いつものようにたいそうこっそりと人目を避けていらっしゃった。

＊「例の」の連用修飾語としての意味は、格助詞「の」の比喩を示す用法（～のように）によって生じます。

2 **例の**ことどもして、昼になりぬ。（土佐日記）

訳 いつものことをあれこれしていると、昼になった。

対 **そのころほひより、例ならず悩みわたらせ給ふ。**（源氏物語・若菜上）

訳 そのころから、いつものようでなくずっとご病気でいらっしゃる。

対 **例ならず**〔連語〕**1** いつものようでない。**2** 病気である。

入試 ★★☆
入試では**1**の意味が問われます。（実戦⑥19）また、文法問題でもきかれます。格助詞「の」の意味の識別です。

147

おとにきく □□□

【音に聞く】

訳語

1 うわさに聞く。**人づてに聞く。**

2 評判が高い。**有名だ。**

「音」は「うわさ」や「評判」

古語の「音」は「物音」のほか、「鳴き声」「便り」「訪れ」など、より幅広くいろいろな「音」を表します。「音に聞く」「音に聞こゆ」の形で用いられた「**音**」は「**うわさ**」「**評判**」**の意です。**

1 **音に聞くと、見る時とは、何事も変はるものなり。**（徒然草）

訳 うわさに聞くのと、（実際に）見る時とは、どんな事も違っているものだ。

2 **音に聞く人なり。何事によりて来(きた)れるぞ。**（宇治拾遺物語）

訳 評判の高い人だ。何の用事で来たのか。

・関連語・

類 **きこゆる**〔連体〕有名な。評判の。

入試 ★★☆
入試では**1**も**2**も問われます。「音」だけの意味をきくこともあります。

148 □□□ いかがせむ／いかがはせむ

訳語

1 〔疑問〕どうしようか。

2 〔反語〕どうしようもない。

どうしようか、どうしようもない

疑問「どうしようか」が困惑を、反語「どうしようもない」があきらめを表す慣用的な表現です。文法的な成り立ちは、副詞「いかが」（＋係助詞「は」）＋サ変動詞「す」の未然形「せ」＋推量の助動詞「む」の連体形、です。

1 奈良坂にて人にとられなば**いかがせむ**。（更級日記）

訳 奈良坂で人に捕まえられたらどうしようか。

2 養ひ飼ふものには、馬・牛。つなぎ苦しむるこそ痛ましけれど、なくてかなはぬものなれば、**いかがはせむ**。（徒然草）

訳 （家畜として）飼育するものには、馬と牛（がよい）。つないで苦しめることはかわいそうだが、なくてはならないものだから、どうしようもない。

入試 ★★☆

入試で問われるのは2の意味です。（実戦⑥6）きかれたら、まず2の意味で訳します。「む」を「むずる」に置き換えた「いかがせむずる」「いかがはせむずる」の形も出題されます。

149 □□□ さるべき

訳語

1 （そうするのが）適当な。

それが適当か当然だ

ラ変動詞「さり」の連体形＋助動詞「べし」の連語です。「さり」は「さ＋あり」からできた指示語で、「べし」の意が適当ならば1の意に、当然ならば2の意になります。3の意は多く「さるべき人」「さるべき所」の形をとります。

1 若宮など生ひ出で給はば、**さるべき**ついでもありなむ。（源氏物語・桐壺）

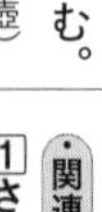

関連語

1 **さるべきにや**（ありけ

ふさわしい。

2 そうなるはずの。そうなる運命の。

3 立派な。それ相応の。

仏教の教え　**因果応報**

因　前世でのふるまい　⇨　果　現世での境遇・運命

▼「現世」の立場から見ると、「前世からの因縁」となります。

訳 若宮でも成人なされば、適当な機会もきっとあるだろう。

＊娘（＝桐壺の更衣）を亡くした母親への、天皇の慰めの言葉です。「さるべき」とは若宮（＝光源氏）に地位を与えるのに適当な、の意味です。

2 **さるべき契りこそはおはしましけめ。**（源氏物語・桐壺）

訳 そうなるはずの前世からの因縁がおありだったのだろう。

3 **さるべき人は、とうより御心魂のたけく、御守もこはきなめりとおぼえはべるは。**（大鏡）

訳 立派な人は、早くからご胆力が強く、神仏のご加護も強いようだと思われますよ。

む）［連語］そうなる運命だったのだろうか。

同 **しかるべき**［連語］

入試 ★★☆

入試で問われるのは**2**の意味です。「そうなる」の「そう」を具体化して意味を考えます。（実戦⑥21）指示内容は前だけでなく後ろの文章に記されていることもあります。

150 □□□ いざたまへ

【いざ給へ】

訳語

1 さあ、（一緒に）いらっしゃい。さあ、どうぞ。

KEY **さあどうぞ！**

POINT **相手を誘ったり、促したりする慣用的な表現です。**「いざ」は「さあ」の意の感動詞です。「たまへ」は尊敬の補助動詞「たまふ」の命令形で、その前に動詞「行く」や「来」の省略があり、敬意のこもった表現です。

1 **いざたまへ、出雲拝みに。**（徒然草）

訳 さあ、一緒にいらっしゃい、出雲（神社）を参拝しに。

同 **いざさせたまへ。湯浴みに。**（宇治拾遺物語）

訳 さあ、一緒にいらっしゃいませ。入浴に。

＊「いざさせたまへ」は「いざたまへ」の敬意を強めた表現です。

・**関連語**・

同 **いざさせたまへ**［連語］さあ、（一緒に）いらっしゃいませ。

入試 ★★★

入試でよく問われる語の一つです。

実戦問題⑥

問 傍線部の口語訳として適当なものを、後から選べ。

□1 小舎人童(こどねりわらは)を走らせて、すなはち、車にてまめなる物、さまざまにもて来たり。

①そのうち　②ようやく　③要するに　④いわゆる　⑤すぐさま　〈大和物語・成蹊大〉P137

訳 小舎人童を（家へ）走らせて、⑤すぐさま、車で実用的な品物を、いろいろと持ってこ（させ）た。

□2 かけむと思ふに、なべての手して書かせむがわろくはべれば、われに書かせたてまつらむと思ふにより、

①かなり　②さまざま　③上手　④すべて　⑤普通　〈大鏡・立教大〉P138

訳（神社の名を記した額を）かけようと思うが、⑤普通の（書家の）筆跡で書かせるようなことが悪うございますので、あなたに書かせ申し上げようと思うので、

□3 ある時、長雨ふり、震動して山くづれて、この庵室(あんじつ)をさながら打ち埋(うづ)みてけり。

①しだいに　②たちまち　③ほとんど　④ちょうど　⑤すっかり　〈沙石集・同志社大〉P144

訳 ある時、長雨が降り、地響きがして山が崩れて、この庵室を⑤すっかり埋めてしまった。

□4 はかばかしき御後見(うしろみ)もなかりければ、なかなかただ人にておほやけの御後見とおぼしおきてけるなるべし、

①中途半端に　②まったく　③そのまま　④かえって　〈夜の寝覚・西南学院大〉P146

訳 しっかりした御後見人もなかったので、④かえって臣下として朝廷の御補佐役にとお決めになったのであろう、

□5 ありしよりもけにものぞ悲しき。

①以前よりも　②同居していた時よりも　③別れた時よりも　④生前よりも　⑤元気な頃よりも　〈蜻蛉日記・立教大〉P150

訳 ①以前よりもいっそう悲しい。

□6 明けぬれば、「今はいかがはせむ」と、逢はで帰りぬるなり。

①これから何かなさいますか　②これではどうしようもないだろう　③今ならまだ間に合うだろう　④今ならどうしたらいいかわかるだろう　⑤その時何がしたいのか　〈俊頼髄脳・青山学院大〉P152

訳 夜が明けてしまったので、「②これではどうしようもないだろう」と、逢わないで帰ってしまったのである。

□7 いざたまへ、今宵ばかり。

①どうぞ私にください　②どうぞおっしゃってください　③どうぞ思うままになさってください　④さあいらっしゃい　⑤さあ召し上がれ　〈和泉式部日記・関西学院大〉P153

訳 ④さあいらっしゃい、今夜だけは。

問 傍線部を口語訳せよ。（※太字部分が本書の見出し語）

□8 いつしか家衰ひ、よろづものさびしく、たち入る人も**おのづから**うとうとしくなりぬ。〈新花摘・千葉大〉P136

訳 いつの間にか家は衰え、万事につけてものさびしく、出入りする人も［自然に］疎遠になった。

□9「**とく**入りたまへ」と言ひて入れつ。〈いほぬし・岡山大〉P137

訳 「［早く］お入りなさい」と言って（中へ）入れた。

□10 **いつしか**返りごときかむ。〈枕草子・立命館大〉P138

訳 ［早く］返事を聞きたい。

□11 **いとど**人めも見えず、さびしく心ぼそくうちながめつつ、〈更級日記・福岡女子大〉P139

訳 ［ますます］人の訪れもなく、さびしく心細くもの思いに沈みながら、

□12 なほ、**かう**な思ほしそ。人に知られたまはで、異ごとをもしたまへ。〈平中物語・岡山大〉P140

訳 もう、［このように］思い悩みなさるな。（この度のことは）人に知られなさらずに、別の人のことをお考えなさい。

□13 おほかた古人の良き歌は、その詞みな、**必ずしか**言はではかなはぬさまにて、〈玉勝間・奈良女子大〉P141

訳 だいたい昔の人の良い歌は、その（用いられている）言葉はみな、必ず［そう］詠まなくてはならない姿であって、

□14 しかれども**露**したがふけしきみえざりけり。〈一休ばなし・東京都立大〉P144

訳 しかし［まったく］従う様子は見えなかった。

□15 **よも**それは蔵人になるべきものにはあらじ。〈今鏡・立教大〉P145

訳 ［まさか］その人は蔵人になる者ではないだろう。

□16 又よき人の説ならんからに、多くの中には、誤りも**などか**なからむ。〈玉勝間・明治大〉P148

訳 又優れた人の説だからといって、多くの中には、誤りも［どうして］ないだろう［か、いやないことはない］。

□17 **なんでふ**、近衛司、望まるるやらむ。〈十訓抄・明治大〉P149

訳 ［どうして］、近衛の役人を、お望みになるのだろうか。

□18 **ありつる**海士の釣り舟の御歌の右に、〈増鏡・岐阜大〉P150

訳 ［先ほどの］漁師の釣り舟を詠まれた御歌の右に、

□19 うるさければ、答へもせでつくづくと聞き居たり。**例の**、妹の君たちのことなるべし。〈海人の刈藻・島根大〉P150

訳 面倒なので、答えもしないでじっと聞いている。［いつものように］、妹の君たちのことであるに違いない。

□20 鳴海の浦の潮干潟、**音に聞き**けるよりもおもしろく、〈うたたね・長崎大〉P151

訳 鳴海の浦の潮干潟は、［うわさに聞い］たよりも（景色が）すばらしく、

□21 遁世の姿すでに定まりぬ。さてはうき世の名にもあらじ。**さるべき**二字にあらためばやと、〈※設問条件…「さる」の指示するところを明らかにして〉〈鶉衣・奈良女子大〉P152

訳 遁世の姿も身についた。それでは浮世の名でいるまい。［遁世者にふさわしい］二文字で作った名前に変えたいと、

入試古文実戦講義②

●辞書にない語が問われたら

現代語訳で問われる語のすべてが重要古語とはかぎりません。たとえば、次の問題を見てみましょう。問いは「傍線部をわかりやすく語釈せよ」とあります。

御曹司城郭遥かに見わたいておはしけるが、「馬共おといてみん」とて、鞍置き馬をおひおとす。或は足をうちおつて、ころんでおつ、或は相違なく落ちて行くもあり。

〈平家物語・弘前大〉

（注）○御曹司＝源　義経

傍線部の「相違なく」は重要古語ではありません。辞書にも載っていないレベルの古語です。こういう古語が問われると、多くの人はいきなり傍線部をXとしてしまいます。「或はX落ちて行くもあり」。そしてこのXにさまざまな言葉を代入し、自身最も適当と思われる言葉で訳すのです。

これはあまりにも主観的な方法です。入試は、主観はききません。この語が辞書に載っていない理由は語義が今と同じだからです。にもかかわらず入試できくのは、今とは違う使い方をしているからです。語義は同じだが使い方が違う。こういう古語はたくさんあります。概して古語の方が現代語よりも広い範囲で使われます。この手の古語も入試では意外と問われるのです。

上のような設問の場合、正解を導くためには次のように考えます。

まず今の「相違」の意味を確認します。「相違」＝「一致しないこと」。

次にここでは何が一致しないのかを文脈から考えます。すると上に「足をうちおつて、ころんでおつ」とあります。なぜこうなるのか？　それは馬の足と地面とが一致しないからです。傍線部はそれがないと言っているのですから、馬の足と地面が一致して「落ちて行く」ことを言っていることがわかります。そこから「無事に」「難なく」「確実に」などの言葉を導くことができます。

第3章

最重要敬語30

＊古文を正しく読解するために敬語の知識は欠かせませんが、覚えなければならない語数は多くはありません。入試のレベルを問わず、この章に収録した30語で十分です。

＊第1章からここまでの180語をマスターすれば、古文単語の基礎力は完成します。

＊章末には、「敬語のまとめ」を設けました。学習内容の整理に活用してください。

151 のたまふ〔ハ行四段〕 のたまはす〔サ行下二段〕

□□□

（モ）ウ　ワ

【宣ふ・宣はす】

訳語

1 〔「言ふ」の尊敬語〕おっしゃる。

尊敬語＋「す・さす」	謙譲語＋「す・さす」
例 のたまはす たまはす	例 きこえさす まゐらす

▼「敬語＋す・さす」はより高い敬意を表します。

KEY 「言う」の尊

POINT 天皇などが神聖な言葉を口にする意の「告る」に、尊敬の補助動詞「たまふ」が付いた「のりたまふ」が一語化した語で、**「おっしゃる」の意を表します。**「のたまはす」は「のたまふ」より高い敬意を表します。

入試 ★★☆ 訳語「おっしゃる」を覚えておけば大丈夫です。

1 **かぐや姫ののたまふやうに違はず作り出でつ。**（竹取物語）

訳 かぐや姫がおっしゃるとおりに違わないで作り上げた。

1 **御鷹の失せたるよし奏したまふ時に、帝、ものものたまはせず。**（大和物語）

訳 御鷹がいなくなったことを奏上なさる時に、天皇は、ものもおっしゃらない。

＊「のたまはす」の敬意は高く、平安時代の作品の地の文では天皇をはじめとする皇族が主語になります。

152 おほす〔サ行下二段〕

□□□

オ

【仰す】

訳語

1 〔「言ふ」の尊敬語〕

KEY 「言う」の尊

POINT 本来は「命令する」「お命じになる」の意を表します。**「言ふ」の尊敬語の場合、平安時代には多く「仰せらる」「仰せたまふ」の形をとりました。**鎌倉時代以降、単独でも「おっしゃる」の意を表すようになりました。

1 **などかくは仰せらるる。**（落窪物語）

訳 どうしてこのようにおっしゃるのか。

・関連語・

関 **仰せ言** [名]（天皇や身

おっしゃる。

尊		謙
おほす のたまふ のたまはす	言ふ	まうす きこゆ きこえさす 奏す 啓す
訳 おっしゃる		訳 申し上げる

▼「おっしゃる」「申し上げる」の訳語をしっかり覚えましょう。

＊「らるる」は尊敬の助動詞「らる」の連体形。疑問の副詞「など」（→p148）があるので文末は連体形で結びます。

1 **官(つかさ)も賜(たま)はむと仰せ給(たま)ひき。**（竹取物語）

訳 官職もくださろうとおっしゃった。

＊「仰せらる」「仰せたまふ」全体で「おっしゃる」と訳します。

1 **「天人の五衰(ごすい)の悲しみは、人間にも候(さうら)ひけるものかな」とぞ仰せける。**（平家物語）

訳 「天人の五衰の悲しみは、人間にもあったのですねえ」とおっしゃった。

＊「天人の五衰」は仏教の言葉で、天人の臨終の際に現れるという五種の衰相（＝死相）のことです。

分の高い人の）お言葉。ご命令。

入試 ★★☆ 最も多く目にするのは「おほせらる」の形です。これで「おっしゃる」という意味ですが、文法的には「おほせ」＋「らる」です。「らる」は助動詞で「尊敬」の意味です。入試では助動詞「る」「らる」の意味の識別でも問われます。

153 □□□ きこしめす

【聞こし召す】 ［サ行四段］

訳語

1 〔「聞く」の尊敬語〕 お聞きになる。

2 〔「食ふ」「飲む」の尊敬語〕 召し上がる。

KEY **「聞く」「飲食する」の尊**

POINT 「聞く」の奈良時代の尊敬語「聞こす」の連用形に、尊敬の補助動詞「召す」が付いて生まれた語で、平安時代の最高敬語の一つです。**1と2の意味は、話を聞く場面か、飲食の場面か、文脈から判断しましょう。**

1 **きこしめす人、涙を流し給はぬなし。**（宇津保物語）

訳 お聞きになる人で、涙をお流しにならない人はいない。

2 **物も聞こし召さず、御遊(かんげん)びなどもなかりけり。**（竹取物語）

訳 何も召し上がらず、管絃のお遊びなどもなかった。

入試 ★★☆ 入試では**2**の意味が問われます。（実戦⑦6）

154 ごらんず 〔サ行変格〕

□□□

【御覧ず】

訳語

1〔「見る」の尊敬語〕

ご覧になる。

「見る」の尊

「**御覧ず**」**全体で一語のサ変動詞**で、「ず」は打消の助動詞ではありません。「御覧じとがむ」などの複合動詞は、いったん「御覧じ」を「見」に置き換えて「見とがむ」としてみると、意味がとらえやすくなります。

1 **早う御文(ふみ)も御覧ぜよ。**（落窪物語）

訳 早くお手紙をご覧になってください。

＊「御覧ぜよ」は「見給へ」よりも敬意の高い表現です。

1 **いかに殿(との)ばら、殊勝(しゅしょう)のことは御覧じとがめずや。**（徒然草）

訳 なんと皆さん、（この）すばらしいことをお見とがめにならないのですか。

入試 ★☆☆

入試では「ごらんぜさす」「ごらんぜらる」がよく問われます。

「御覧ぜさす」と「御覧ぜらる」

□**御覧ぜさす** →「さす」は**使役**＝ご覧に入れる。お見せする。お目にかける。

□**御覧ぜらる** →「らる」が**尊敬**＝ご覧になる。／「らる」が**受身**＝ご覧いただく。お見せする。お目にかける。

155 まうす(モ) 〔サ行四段〕

□□□

【申す】

KEY

「言う」の謙／謙の補

POINT

「言ふ」の**謙譲語で**、「**申し上げる**」**の意です**。平安時代の和文では「聞こゆ」「聞こえさす」が多く用いられ、「申す」は漢文訓読調の文章で用いられましたが、鎌倉時代以降広く用いられるようになりました。

1〔「言ふ」の謙譲語〕
申し上げる。

2〔謙譲の補助動詞〕
（お）〜申し上げる。
お〜する。

1 供の者どもに問ひ給（たま）へば、「知らず」と**申す**。（平家物語）

訳 供の者たちにお尋ねになると、「知らない」と申し上げる。

2 刀どもを抜きかけてぞ守り**申し**ける。（大鏡）

訳 刀などを抜きかけてお守り申し上げた。

入試 ★★☆

1の意味が問われます。記述式の現代語訳のときは「申し上げる」と訳しましょう。（実戦⑦7）

156 □□□

きこゆ〔ヤ行下二段〕

きこえさす〔サ行下二段〕

【聞こゆ／聞こえさす】

「言う」の謙／謙の補

「聞こゆ」には敬意を含まない一般動詞（↓P80）と謙譲語があります。

一般動詞は音が自然に耳に入るの意ですが、そこから高貴な方のお耳に自然に入るようにするの意で、「言ふ」の謙譲語の用法が生じました。

訳語

1〔「言ふ」の謙譲語〕
申し上げる。（手紙などを）
差し上げる。

2〔謙譲の補助動詞〕
（お）〜申し上げる。
お〜する。

1 いと切（せち）に**聞こえさす**べきことありて、殿（との）より人なむ参りたると、**聞こえ**給へ。（大和物語）

訳 本当にぜひ申し上げなければならないことがあって、御殿から人が参ったと、申し上げてください。

＊「聞こえさす」は「聞こゆ」よりも高い敬意を表します。

1 御文（ふみ）も**聞こえ**たまはず。（源氏物語・賢木）

訳 お手紙も差し上げなさらない。

2 ここには、かく久しく遊び**きこえ**て、慣らひたてまつれり。（竹取物語）

訳 ここ（地上の世界）では、このように長い間楽しく過ごし申し上げて、（あなた方にも）親しみ申し上げた。

入試 ★★★

1も**2**も大切です。一般動詞の「きこゆ」も入試ではよく問われます。「きこえさす」は「きこゆ」より相手を強く敬う語です。目的語は高貴な人になります。

157 □□□ おはす(ワ)〔サ行変格〕 おはします(ワ)〔サ行四段〕

訳語

1〔「あり」「をり」の尊敬語〕
いらっしゃる。

2〔「行く」「来」の尊敬語〕
いらっしゃる。

3〔尊敬の補助動詞〕
〜ていらっしゃる。

一般動詞		尊敬語
古　あり・をり・行く・来	⇩	おはす・おはします
現　いる・行く・来る	⇩	いらっしゃる

おはす・おはします ＝ いらっしゃる

▼古語「おはす」と現代語「いらっしゃる」はほぼ同じ意味の範囲を表します。

「いる」「行く」「来る」の尊／尊の補

平安時代に生まれた敬語で、存在や行き来を表す最も重要な尊敬語です。**1**〜**3**の用法がありますが、**訳語はどの場合にも「いらっしゃる」になります**。「おはします」は「おはす」よりも高い敬意を表します。

1 竹の中に**おはする**にて知りぬ。（竹取物語）
訳 竹の中にいらっしゃるのでわかった。

1 今日しも端(はし)に**おはしましける**かな。（源氏物語・若紫）
訳 今日に限って端近(はしぢか)なところにいらっしゃいましたなあ。

2 「くらもちの皇子(みこ)**おはしたり**」と告ぐ。（竹取物語）
訳 「くらもちの皇子がいらっしゃった」と告げる。

2 惟喬(これたか)の親王(みこ)、例の狩りしに**おはします**供に、馬の頭(かみ)なる翁(おきな)つかうまつれり。（伊勢物語）
訳 惟喬の親王が、いつものように狩りをしにいらっしゃる供に、右馬頭(うまのかみ)である翁がお仕えしている。

3 聞きしにも過ぎて、尊くこそ**おはしけれ**。（徒然草）
訳 聞いていた以上に、尊いご様子でいらっしゃった。

3 上(うへ)もきこしめして、興(きょう)ぜさせ**おはしましつ**。（枕草子）
訳 天皇もお聞きになって、おもしろがっていらっしゃった。

同 「かかる道は、いかでか**いまする**」と言ふを見れば、見し人なりけり。（伊勢物語）

・関連語・

同 **います**〔動四・サ変〕いらっしゃる。〜ていらっしゃる。

入試 ★★★
現代語訳や主語判定の問題のほかに、入試では意味の判別が問われます。「いらっしゃる」と訳しても判別できません。敬語をはずして判別します。「行く」「来」のときがよくきかれます。「おはします」は最高敬語です。地の文では天皇をはじめとする皇族が主語となります。関連語の「います」もきかれます。丁寧語ではありません。古語の「います」は尊敬語です。

訳「このような道は、どうしていらっしゃるのか」と言うのを見ると、見知った人であった。

158 □□□ おぼす［サ行四段］ おぼしめす［サ行四段］

【思す／思し召す】

1〔「思ふ」の尊敬語〕お思いになる。

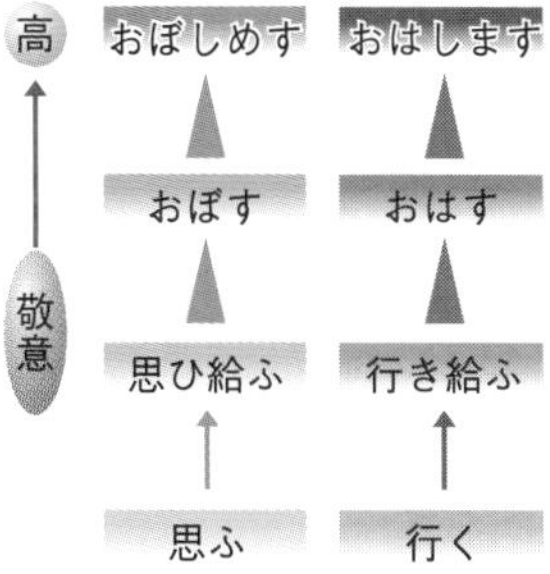

▼上に行くほど敬意の高い表現になります。

KEY 「思う」の尊

「思す」を「おぼす」と読めるようにし、似た形の「おぼゆ」と明確に区別しましょう。動詞「思ふ」の未然形に奈良時代の尊敬の助動詞「す」が付いた「思はす」が「思ほす」→「思す」と変化して生まれた語です。

1 **もの馴れのさまや、と君は思す。**（源氏物語・葵）

訳 もの馴れたものだなあ、と君はお思いになる。

1 **帝、なほめでたく思しめさるること、せき止めがたし。**（竹取物語）

訳 天皇は、やはりすばらしい（女性だ）とお思いになることは、止めることができない。

＊「おぼしめす」は「おぼす」よりも高い敬意を表します。「るる」は自発の助動詞「る」の連体形です。

1 **あはれ、死ぬともおぼし出づべきことのなきなむ、いと悲しかりける。**（蜻蛉日記）

訳 ああ、（私が）死んでもお思い出しになるだろうことがないのが、ひどく悲しいことだ。

＊「思し出づ」のように他の動詞と複合した例に「思し嘆く」「思し惑ふ」「思し寄る」などがあります。

・関連語・

同 **おもほす・おもほしめす**［動四］

入試★★★

「おぼしめす」は最高敬語です。地の文では天皇をはじめとする皇族が主語となります。「おぼす」は漢字で記すと「思す」です。入試ではこの「思」の漢字の読みも問われます。

159

□□□

たま（モ）ふ（ウ）

【賜ふ・給ふ】〔ハ行四段〕

訳語

1〔「与ふ」の尊敬語〕お与えになる。くださる。

2〔尊敬の補助動詞〕お～になる。～なさる。～てくださる。

KEY 「与える」の尊／尊の補

POINT **尊敬の「たまふ」は、身分の上位者が下位者に「物をお与えになる」の意で、四段活用です。下二段活用の謙譲の「たまふ」と明確に区別しましょう。**尊敬の補助動詞「たまふ」は敬語の中で最もよく使われる語です。

1 使ひに禄（ろく）**たまへ**りけり。（伊勢物語）

訳 使いにごほうびをお与えになった。

2 かぐや姫、いといたく泣き**たまふ**。（竹取物語）

訳 かぐや姫は、たいそうひどくお泣きになる。

同 娘を我に**たべ**。（竹取物語）

訳 娘を私にください。

同 深き山に捨て**たうび**てよ。（大和物語）

訳 深い山奥に捨ててしまってください。

＊「てよ」は完了の助動詞「つ」の命令形です。

関連語

1 150 **いざたまへ**〔連語〕

同 **たぶ・たうぶ**〔動四〕

入試 ★★☆

2の意味が大切です。（実戦⑦8）記述式の現代語訳のとき、つい適当に扱ってしまいます。尊敬の表現で訳さないと失点します。

160

□□□

たま（モ）ふ（ウ）

【賜ふ・給ふ】〔ハ行下二段〕

訳語

1〔謙譲の補助動詞〕

KEY 謙の補

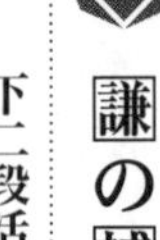

POINT **下二段活用の「たまふ」は謙譲語で、ふつう補助動詞として用いられます。**次の特徴を記憶しましょう。(1)会話や手紙文で用いられ、(2)ほとんどが動詞「思ふ」「見る」「聞く」「知る」に付き、(3)終止形・命令形はまれ。

1 中納言も、「まだこそ見**たまへ**ね」とて見たまふ。（宇津保物語）

入試 ★★★

問題文中に現れると、ま

～ております。～させていただく。

	尊敬・四段	謙譲・下二
未	たまはず	たまへず
用	たまひて	たまへて
止	たまふ。	○
体	たまふ時	たまふる時
已	たまへど	たまふれど
命	たまへ！	○

▶くりかえし声に出して読み、覚えておきましょう。

161 □□□

たまはす（ワ）【賜はす】

［サ行下二段］

訳語

1〔「与ふ」の尊敬語〕

お与えになる。

たまはす

たまはる

▶尊敬語「たまはす」と謙譲語「たまはる」を混同しないようにしましょう。

訳中納言も、「(私も)まだ見ておりません」と言ってご覧になる。

＊「たまへね」は下二段活用の未然形＋打消の助動詞「ず」の已然形（係助詞「こそ」の結び）です。

1 **これをなむ、身にとりては面歌(おもてうた)と思ひたまふる。**（無名抄）

訳これを、私としては代表歌だと思っております。

＊「たまふる」は下二段活用の連体形で、係助詞「なむ」の結びです。

「与える」の尊

POINT

尊敬語「たまふ」の未然形に、尊敬の助動詞「す」が付いて一語化した語で、「**たまふ」と同じ意味を表し、「たまふ」よりも高い敬意を表します。** ただし、「たまふ」のような補助動詞の用法はありません。

1 **後涼殿(こうりやうでん)にもとよりさぶらひ給(たま)ふ更衣(かうい)の曹司(ざうし)を、ほかに移させ給ひて、上局(うへつぼね)に賜はす。**（源氏物語・桐壺）

訳後涼殿に以前からお仕えなさっている更衣の部屋を、他の場所へお移しになって、(桐壺(きりつぼ)の更衣に)控えの部屋としてお与えになる。

＊光源氏(ひかるげんじ)の母親である桐壺の更衣に対する天皇の過度の寵愛(ちょうあい)ぶりを述べた一節です。

ず問われると言っていいほどの重要語です。尊敬の「たまふ」との識別・主語判定（主語は「私」です）・訳語・敬意の対象（「会話の聞き手」です）など、さまざまな角度からきかれます。

入試 ★☆☆

謙譲語「たまはる」と混同しやすい語です。出題者はそこを突いてきます。

162 たまはる[ワ]

【賜はる・給はる】〔ラ行四段〕

訳語

1〔「受く」「もらふ」の謙譲語〕
いただく。**頂戴する。**

1 **忠岑も禄たまはりなどしけり。**（大和物語）

訳 忠岑もほうびの品をいただきなどした。

・関連語・ 対 159 **たまふ**〔動四〕

入試 ★☆☆

KEY **「もらう」の謙**

「たまはる」は物を「いただく」の意の謙譲語です。形が似ていて、漢字も同じ尊敬語「たまふ」と区別しましょう。上位者が下位者に物を与える場合、**上位者が物を「たまふ」**、**下位者は物を「たまはる」**です。

163 うけたまはる[ワ]

【承る】〔ラ行四段〕

訳語

1〔「受く」の謙譲語〕
お受けする。**承諾し申し上げる。**

2〔「聞く」の謙譲語〕
お聞きする。

1 **かしこき仰せ言をたびたびうけたまはりながら、みづからはえなん思ひ給へ立つまじき。**（源氏物語・桐壺）

訳（天皇の）おそれ多いお言葉をたびたびお受けしながら、私自身は（参内を）思い立たせていただくことができそうもありません。

＊「給へ」は下二段・謙譲の「給ふ」の連用形。

2 **定めて習ひあることに侍らむ。ちと承らばや。**（徒然草）

訳 きっといわれがあることでございましょう。少しお聞きしたい。

KEY **「受ける」「聞く」の謙**

下二段動詞「受く」の連用形に、謙譲の補助動詞「たまはる」が付いてできた語で、**高貴な方の言葉や命令を「お受けする」が基本の意です。**平安時代の用例の多くは「言葉をお受けする」＝「聞く」の謙譲語です。

入試 ★★☆

今でもよく使うため、敬語であることを忘れがちです。出題者はそこを突いてきます。謙譲語です。

164 □□□

たてまつる【奉る】

［ラ行四段］

訳語

1〔「与ふ」の謙譲語〕差し上げる。

2〔謙譲の補助動詞〕（お）～申し上げる。お～する。

3〔「着る」「乗る」「食ふ・飲む」の尊敬語〕お召しになる。お乗りになる。召し上がる。

▶天人たちが、かぐや姫を迎えに来た場面です。

「与える」の謙／謙の補／「着る」などの尊

高貴な方に「物を献上する」＝「与ふ」の謙譲語が基本で、謙譲の補助動詞の用法も重要です。一方、着物・乗り物・食べ物を献上する目下の者の奉仕を、高貴な方が受けて用いるところから、尊敬の意が生じました。

1 **簾（すだれ）少し上げて、花奉るめり。**（源氏物語・若紫）

訳 簾を少し巻き上げて、（仏前に）花を差し上げるようだ。

2 **かぐや姫をやしなひたてまつること二十余年になりぬ。**（竹取物語）

訳 かぐや姫を養育し申し上げることは二十余年になった。

3 **帝は赤色の御衣（ぞ）奉れり。**（源氏物語・少女）

訳 天皇は赤色の御衣をお召しになっている。

＊高貴な方の「着用する」「乗る」「飲食する」という動作を表す場合は尊敬語、それ以外の「たてまつる」は謙譲語です。

3 **壺（つぼ）なる御薬たてまつれ。穢（きたな）き所の物きこしめしたれば、御心地悪（あ）しからむものぞ。**（竹取物語）

訳 壺に入っているお薬を召し上がれ。穢い地上の物を召し上がったので、きっとご気分が悪いに違いない。

＊ここの「きこしめす」（↓P159）も「食ふ」「飲む」の尊敬語です。

入試 ★★★

1も**2**も大切ですが、入試では**3**の意味が最もよく問われます。（実戦⑦2）現代語訳のほかに、敬語の種類の識別でもきかれます。識別法は文脈です。主語が高貴な人の場合、**3**の意味です。ただし、「奉り給ふ」など、下に尊敬の補助動詞があるときは、そのかぎりではありません。敬語は「奉る」だけで主語が高貴な人のとき、**3**の意味となります。

165 はべり【侍り】［ラ行変格］

□□□

訳語

1〔「あり」「をり」の謙譲語〕（高貴な方のおそばに）**お仕えする。伺候（しこう）する。**

2〔「あり」「をり」の丁寧語〕**あります。おります。**

3〔丁寧語の補助動詞〕**ございます。～（ござい）ます。～です。**

「いる」の謙／「いる」の丁／丁の補

謙譲語がもとですが、丁寧語の用法が圧倒的に重要です。高貴な方のおそばに「お仕えする」の意の場合は謙譲語、それ以外は丁寧語と判別します。丁寧語「はべり」は平安時代に改まった会話で多用されました。

1 宿直人（とのゐびと）にて**侍らむ**。（源氏物語・若紫）

訳（私が）宿直の番人としてお仕えしよう。

2 おのがもとにめでたき琴（きん）**侍り**。（枕草子）

訳 私の手もとにすばらしい七絃（しちげん）の琴があります。

3 御気色（けしき）悪（あ）しく**はべりき**。（源氏物語・夕顔）

訳 ご機嫌が悪うございました。

＊丁寧の補助動詞の場合、動詞だけではなく、形容詞や形容動詞にも接続します。

入試 ★★★

記述式の現代語訳のとき、きちんと訳さなければ失点します。入試では敬語の意味の識別も問われます。**1**・**2**・**3**のいずれであるか、選択式の形できかれます。

166 さぶらふ（さぶら〔ロ〕ふ〔ウ〕）【候ふ】［ハ行四段］

□□□

訳語

1〔「あり」「をり」の謙譲語〕

「いる」の謙／「いる」の丁／丁の補

「さぶらふ」は「はべり」**と同じ意味で、意味の判別法も「はべり」の場合と同じです。**丁寧語は平安時代には「はべり」、鎌倉時代以降は「さぶらふ」が中心です。変化した形「さうらふ」は主に男性が用いました。

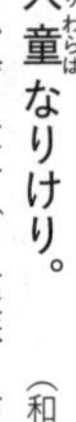

1 故宮（こみや）に**さぶらひし**小舎人童（こどねりわらは）なりけり。（和泉式部日記）

訳 亡き宮様にお仕えした小舎人童（＝貴族に使われてい

・関連語・

同 さうらふ［動四］

（高貴な方のおそばに）お仕えする。**伺候する。**

2〔「あり」「をり」の丁寧語〕あります。**おります。ございます。**

3〔丁寧語の補助動詞〕～（ござい）ます。**～です。**

る少年）であった。

2「さること候ひき」と申す。（宇治拾遺物語）

訳「そういうことがありました」と申し上げる。

3 大原山のおく、寂光院（じやくくわうゐん）と申す所こそ閑（しづか）にさぶらへ。（平家物語）

訳 大原山の奥、寂光院と申します所は静かでございます。

入試 ★★★

謙譲語か丁寧語かの識別が問われます。丁寧語は会話や手紙文の中で用いられることを覚えておきましょう。

167 めす □□□

【召す】［サ行四段］

KEY **「呼び寄せる」「飲食する」「着る」「乗る」の尊**

POINT さまざまな意を表す**多義語ですが、いずれの場合も尊敬語**であることに注意しましょう。**2**・**3**・**4**の意は現代語でも「召し上がる」「お召し物」「お召し列車（＝皇族のための列車）」などの表現に生きています。

訳語

1〔「呼び寄す」「取り寄す」の尊敬語〕（人をそばに）お呼び寄せになる。（物をそばに）**お取り寄せになる。**

2〔「食ふ」「飲む」の尊敬語〕**召し上がる。**

3〔「着る」の尊敬語〕**お召しになる。**

4〔「乗る」の尊敬語〕**お乗りになる。**

1 その郎等（らうどう）を召すに、跡（あと）をくらみて失（う）せぬ。（十訓抄）

訳 その家来をお呼び寄せになると、（その家来は）行方をくらませて消えてしまった。

2 箸（はし）とって召すよししけり。（平家物語）

訳 箸を取って召し上がるふりをした。

3 帝ばかりは御衣（ぎよい）を召す。残りは皆裸なり。（沙石集）

訳 天皇だけがお着物をお召しになる。残りの者は皆裸である。

4 主上（しゆしやう）をはじめ奉りて、人々皆御舟（おふね）に召す。（平家物語）

訳 主上をはじめとして、人々はみなお舟にお乗りになる。

入試 ★★☆

今でもよく使うため、敬語であることを忘れがちです。出題者はそこを突いてきます。尊敬語です。**3**・**4**の意味もきかれます。

168 □□□ まうづ（モズ）【詣づ】〔ダ行下二段〕

訳語

1 〔「行く」の謙譲語〕 **参上する。うかがう。**

2 〔寺社に「行く」の謙譲語〕 **参詣（さんけい）する。お参りする。**

「行く」の謙

「まうづ」は寺社の参拝とは限りません。**高貴な方の所へ行くのが「まゐる」「まうづ」**で、逆に、高貴な方の所から別の所へ行くのが「まかる」「まかづ」です。この四語はまとめて覚えるのが学習のコツです。

1 **ここに侍（はべ）りながら、御とぶらひにもまうでざりける。**（源氏物語・若紫）

訳 ここにおりながら、（源氏の所へ）お見舞いにも参上しなかった。

2 **その秋、住吉（すみよし）に詣で給（たま）ふ。**（源氏物語・澪標）

訳（源氏は）その秋、住吉大社にご参詣になる。

＊住吉大社は航海安全の神として信仰されていました。

入試 ★☆☆ 敬語であることを忘れがちな語です。出題者はそこを突いてきます。謙譲語です。

169 □□□ まゐる（イ）【参る】〔ラ行四段〕

訳語

1 〔「行く」「来」の謙譲語〕 **参上する。**

2 〔「与ふ」の謙譲語〕

KEY

「行く」「与える」「する」の謙／「飲食する」の尊

謙譲と尊敬の二つの用法を持つ敬語です。「**召し上がる**」**の意ならば尊敬語、それ以外は謙譲語と判別します。**謙譲語の場合、まず「参上する」と訳してみて、不自然ならば2・3の意を当てはめてみましょう。

POINT

1 **四月（うづき）に内裏（うち）へ参り給ふ。**（源氏物語・紅葉賀）

訳 四月に宮中に参上しなさる。

＊宮中に参上することを「参内（さんだい）する」、后（きさき）として宮中に入ることを「入内（じゅだい）する」と言います。

・関連語・

1 **御格子（みかうし）参る**〔連語〕格子をお上げ（お下げ）する。

差し上げる。

3 〔「す」の謙譲語〕
（高貴な方に何かを）し申し上げる。して差し上げる。

4 〔「食ふ」「飲む」の尊敬語〕
召し上がる。

2 親王（みこ）に、馬の頭（かみ）、大御酒（おほみき）**参る**。（伊勢物語）
訳 親王に、右馬頭（うまのかみ）が、お酒を差し上げる。

3 加持（かぢ）など**まゐる**ほど、日高くさしあがりぬ。（源氏物語・若紫）
訳（病気の源氏に）祈禱（きとう）などし申し上げるうちに、日も高く昇った。

4 大御酒（おほみき）**まゐり**、御遊びなどし給ふ。（源氏物語・藤裏葉）
訳 お酒を召し上がり、管絃（かんげん）のお遊びなどをなさる。

2 **大殿油（おほとなぶら）参る**〔連語〕明かりをおつけする。

入試★★★
入試でよく問われるのは**4**の意味です。（実戦⑦4）しかし、**2**・**3**の意味も大切です。とりわけ**3**の意味がきかれて得点できると優位に立てます。

170 □□□ まゐ（イ）らす【参らす】〔サ行下二段〕

訳語
1 〔「与ふ」の謙譲語〕
差し上げる。
2 〔謙譲の補助動詞〕
（お）〜申し上げる。
お〜する。

「与える」の謙／謙の補

謙譲語「まゐる」の未然形に、使役の助動詞「す」が付いてできた語。「す」に使役の意味が失われ、**「まゐる」の持つ意味の一つである「差し上げる」の意を表します**。「行く」「来」の意はありません。

1 薬の壺に御文（ふみ）添へて**参らす**。（竹取物語）
訳 薬が入った壺にお手紙を添えて（天皇に）差し上げる。
＊「御文」は月に帰ったかぐや姫が天皇に宛てたお手紙で、「薬」は月の国の人々が持ってきた不死の薬です。

2 「かかる人こそは世におはしましけれ」と、驚かるるまでぞ、まもり**参らする**。（枕草子）
訳「このような方が世にいらっしゃったのだ」と、自然とはっとした気持ちになるまで、お見つめ申し上げる。

入試★★★
「まゐら＋す」（「す」は使役の助動詞）の場合は「参上させる」と訳しますが、「まゐらす」で一語の場合は「与ふ」の謙譲語です。出題者はそこを突いてきます。

171 □□□ まかる 【罷る】 〔ラ行四段〕

訳語

1 〔「出づ」の謙譲語〕 **退出する。おいとまする。**

2 〔「行く」の丁寧語〕 参ります。**出かけます。**

3 〔他の動詞の上に付き、謙譲・丁寧の意を表す〕 **~申す。~ます。**

「出る」の謙／「行く」の丁／「まかり＋動詞」

「まかづ」と同じく高貴な方の所から「退出する」という謙譲の意が基本です。しかし、平安時代には、**1の謙譲表現は「まかづ」が受け持ち、「まかる」は多く2の丁寧語として用いられました。**

1 **憶良らは今はまからむ子泣くらむ** （万葉集）

訳 憶良め（＝私）はもう（宴席を）退出しよう。（家では）子どもが泣いているだろう。

＊この用法の対義語は「まゐる」です。

2 **「追ひてなむまかるべき」とをものせよ。** （蜻蛉日記）

訳 「（私も母の）後を追って参りますつもりだ」と言いなさい。

＊この用法の対義語は「まうで来」です。「を」は間投助詞。

3 **今井の四郎兼平生年三十三にまかりなる。** （平家物語）

訳 今井の四郎兼平は年齢は三十三になり申す。

・関連語・

対 **まうでく** 〔動カ変〕 **1** 参上する。**2** 参ります。

入試 ★★☆

都から地方へ「まかる」場合は「下る・下向する」と訳しましょう。この世から「まかる」＝「死ぬ」の意も問われます。

172 □□□ まかづ 【罷づ】 〔ダ行下二段〕

訳語

1 〔「出づ」の謙譲語〕

KEY

「出る」の謙／「行く」の丁

POINT

謙譲語「まかる」の連用形に、動詞「出づ」が付いた「まかりいづ」からできた語です。「まかる」と同じく**高貴な方の所から「退出する」の意の謙譲語が基本ですが、「行く」の丁寧語の用法も少なくありません。**

1 **藤壺の宮、なやみ給ふことありて、まかで給へり。** （源氏物語・若紫）

入試 ★☆☆

1の意味が大切です。天

退出する。おいとまする。

2〔「行く」の丁寧語〕
出かけます。参ります。

訳 藤壺の宮は、ご病気のことがあって、（宮中から）退出しなさった。

1 それより大殿にまかで給へり。（源氏物語・葵）

訳 そこから退出して大臣家に行きなさった。

＊この例文のように、「高貴な方の所から退出して」を前提として、「別の所に行く」意まで表す場合があります。

2 老いかがまりて室の外にもまかでず。（源氏物語・若紫）

訳 年老いて腰も屈みまして庵室の外にも出かけません。

皇后などが宮中を出て里（＝実家）に下がることも「まかづ」と言います。

173 □□□ つかはす 【遣はす】 ［サ行四段］

訳語

1〔「遣る」の尊敬語〕
（使者として）おやりになる。おつかわしになる。

2〔「与ふ」「贈る」の尊敬語〕
お与えになる。お贈りになる。

3〔敬意を含まない〕
贈る。行かせる。やる。

KEY **「やる」の尊／「与える」「贈る」の尊**

POINT 「遣はす」には、**尊敬語の用法と、敬意を含まないで「やる」の意を表す一般動詞の用法があります。** 尊敬語であるか否かは、身分の高い人が主語になっているか否か、から判断します。

入試 ★☆☆ 敬語であることをつい忘れます。出題者はそこを突いてきます。尊敬語です。

1 二千人の人を、竹取が家に**つかはす**。（竹取物語）

訳（天皇は）二千人の人を、竹取の翁の家におやりになる。

2 御身に馴れたるどもを**つかはす**。（源氏物語・明石）

訳（源氏は）着慣れた何着かの衣服を（明石の君に）お与えになる。

＊着慣れた衣服を贈るのは、親愛の情を伝える行為です。

3 藤袴を詠みて人に**つかはしける**（古今和歌集・詞書）

訳 ふじばかまの花を詠んで人に贈った（歌）

＊和歌の詞書のほか、会話文・手紙文で多く用いられます。

174 □□□

あそばす

【遊ばす】［サ行四段］

訳語

1 （音楽の）演奏をなさる。（詩歌を）**お詠みになる。**

2 〔身分の高い人の行為一般に敬意を表して〕～（を）なさる。

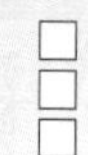

KEY

「詩歌管絃の遊びをする」の尊／「する」の尊

POINT

四段動詞「遊ぶ」の未然形に、奈良時代の尊敬の助動詞「す」が付いて一語化した語で、「**詩歌管絃の遊びをなさる**」**が基本の意です。**「す」の尊敬語として、身分の高い人が何かを「なさる」の意でも用いられます。

1 帝、箏の御琴をぞいみじう**あそばし**ける。（栄花物語）

訳 天皇は、十三絃のお琴をたいそう上手に演奏なさった。

1 （藤原良房ハ）和歌も**あそばし**けるにこそ。古今にも、あまた侍るめるは。（大鏡）

訳 藤原良房は和歌もよくお詠みになった。『古今和歌集』にも、たくさん入っているようですよ。

2 御硯召し寄せて、みづから御返事**あそばされ**けり。（平家物語）

訳 お硯を取り寄せなさって、ご自身でお返事をなさった。

入試 ★☆☆

1 の意味が大切です。古語の「あそぶ」の尊敬語です。「あそばす」の「す」を使役の意味と思って、つい「～させる」と訳します。しかし、「す」は尊敬の意味です。出題者はそこを突いてきます。

175 □□□

つかうまつる

【仕うまつる】［ラ行四段］

訳語

1 〔「仕ふ」の謙譲語〕

KEY

「仕える」の謙／「する」の謙／謙の補

POINT

「仕ふ」の謙譲語「仕へまつる」のウ音便で、1 が本来の意です。2 は「**ものす」の謙譲表現ととらえればよく、文脈から何をするかを補って**訳しますが、多くは「歌を詠む」「楽器を奏でる」「物を作る」の意です。

1 昔、二条の后に**仕うまつる**男ありけり。（伊勢物語）

訳 昔、二条の后にお仕え申し上げる男がいた。

・関連語・

同 つかまつる ［動四］

お仕え申し上げる。

2 〔「す」の謙譲語〕（高貴な方に何かを）し申し上げる。いたす。（＊例文のように文脈に応じて具体的に口語訳する。）

3 〔謙譲の補助動詞〕（お）～申し上げる。お～する。

2 **このはたおりをば聞くや。一首つかうまつれ。**（古今著聞集）

訳 このきりぎりすの声を聞いたか。一首詠み申し上げよ。

＊古語「きりぎりす」は今の「こおろぎ」のことです。

3 **はや、この皇子（みこ）にあひつかうまつり給（たま）へ。**（竹取物語）

訳 早く、この皇子に結婚し申し上げなさい。

同 **矢七つ八つ候（さうら）へば、しばらく防ぎ矢つかまつらん。**（平家物語）

訳 矢が七、八本ありますので、しばらく防ぎ矢をいたそう。

＊木曽義仲（きそのよしなか）に仕える今井四郎の言葉です。雑兵（ぞうひょう）に討たれるような不覚は武士として永久の不名誉になるからと、自分が防戦している間に自害するよう主君に促したのです。

入試 ★★★ 入試で問われるのは**2**の意味です。（実戦⑦12）「つかまつる」も「つかうまつる」と同程度の頻度で出題されています。

176 □□□ おほ（オ）とのごもる 〔ラ行四段〕

【大殿籠る】

KEY 「寝る」の**尊**

POINT **大殿（おおとの）は「御寝所（ごしんじょ）」の意で、身分の高い人がその中にお入りになることから、「おやすみになる」の意を表します。**やや長めの単語ですが、これで一語です。二語に分けないように注意しましょう。

訳語

1 〔「寝（ぬ）」「寝（い）ぬ」の尊敬語〕おやすみになる。

1 **親王（みこ）、大殿ごもらで明かしたまうてけり。**（伊勢物語）

訳 親王は、おやすみにならないで夜を明かしておしまいになった。

入試 ★★★ 入試で最もよく問われる敬語の一つです。

177 □□□ しろしめす ［サ行四段］

訳語

1 〔「知る」の尊敬語〕ご存じである。知っていらっしゃる。

2 〔「領(し)る」の尊敬語〕お治めになる。領有なさる。

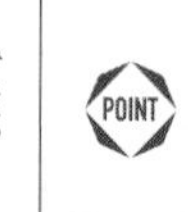

KEY **「知る」「治める」の尊**

POINT 「しる」の奈良時代の尊敬語「しらす」の連用形に、尊敬の補助動詞「めす」の付いた「しらしめす」が変化した語です。「しる」の二つの意「**理解する**」「**領有する**」に対応して、「しろしめす」にも**1**・**2**の意があります。

1 御心(みこころ)あきらかに、よく人を**しろしめせり**。（大鏡）

訳（文徳(もんとく)天皇は）ご聡明(そうめい)で、よく人をご存じであった（＝よく人を見る目がおありだった）。

2 天皇(すべらぎ)の、天(あめ)の下(した)**しろしめす**こと、四(よ)つの時、九返(ここのかへ)りになむなりぬる。（古今和歌集・仮名序）

訳（醍醐(だいご)）天皇が、天下をお治めになることは、四季が、九回（＝九年）になった。

関連語

1 181 **しる** ［動四］

入試★☆☆ 「しろしめす」は最高敬語です。地の文では天皇をはじめとする皇族が主語となります。（実戦⑦7）**2**の意味も問われます。

178 □□□ 行幸(ぎやうがう／ギョウコウ)・行啓(ぎやうけい／ギョウケイ)・御幸(ごかう／ゴコウ)

訳語

1 〔行幸〕天皇のお出かけ。

2 〔行啓〕皇后・皇太子などのお出かけ。

KEY **皇族の「外出」の尊**

POINT 天皇や皇族の**お出かけを和語ではまとめて「みゆき」**（＝「御行き」の意）と言いますが、漢語で表現する場合は三種類に分けます。それぞれ敬意の対象が絶対的に決まっていて常に一定なので絶対敬語と呼ばれます。

1 おほやけも**行幸**せしめたまふ。（大鏡）

訳 天皇もお出かけなさいます。

2 東宮**行啓**あり。（栄花物語）

訳 皇太子のお出かけがある。

関連語

類 **みゆき** ［名］（天皇や皇族の）お出かけ。おなり。

入試★★☆ 意味だけではなく行為の

3 〔御幸〕上皇・法皇・女院のお出かけ。

3 法皇夜を籠めて大原の奥へぞ御幸なる。（平家物語）

訳 法皇は夜が明けきらぬうちに大原の奥へお出かけなさる。

主体判定でも問われます。

179 □□□ そうす 【奏す】 〔サ行変格〕

訳語

1 〔「言ふ」の謙譲語〕（天皇・上皇に）申し上げる。奏上する。

天皇・上皇に「言う」の謙

天皇・上皇に申し上げる場合にのみ用いられる絶対敬語です。漢字「奏」は「差し上げる」の意で、言葉を差し上げるから「申し上げる」の意に、音楽を差し上げるから「演奏する」（敬意を含まない）の意が生じました。

1 かぐや姫をえ戦ひ止めずなりぬること、こまごまと奏す。（竹取物語）

訳 かぐや姫を（天人と）戦って止めることができなくなったことを、細かく（天皇に）申し上げる。

入試 ★★☆ 記述式の現代語訳では、「天皇に申し上げる」と訳しましょう。

180 □□□ けいす 【啓す】 〔サ行変格〕

訳語

1 〔「言ふ」の謙譲語〕（皇后・皇太子に）申し上げる。

天皇・上皇以外の皇族に「言う」の謙

皇后や皇太子に申し上げる場合にのみ用いられる絶対敬語です。現代でも手紙文の最初に「拝啓」と書きますが、「啓」はもともと「口を開いて申す」の意を表す漢字です。

1 よきに奏し給へ、啓し給へ。（枕草子）

訳 よろしく天皇に申し上げてください、（皇后にも）申し上げてください。

入試 ★★☆ 同じ絶対敬語の「そうす」と混同しないようにしましょう。

実戦問題 ⑦

問 傍線部の口語訳として適当なものを、後から選べ。

□1見れば、普賢菩薩、白象に乗りて、**やうやうおはして**、坊の前に立ち給へり。
①やっと現れて　②しずしずとおいでになって
③おもむろに進んで　④立派なお姿にて
⑤ゆっくりゆっくり来て　〈宇治拾遺物語・中京大〉P162

訳 見ると、普賢菩薩が、白象に乗って、②しずしずとおいでになって、僧坊の前にお立ちになった。

□2あて宮は、御年十二と申しける二月に、御裳**奉る**ほどもなく大人になりいで給ふ。
①お召しになる　②差し上げる　③お着せ申し上げる
④お受け取りになる　〈宇津保物語・龍谷大〉P167

訳 あて宮は、お歳が十二歳と申し上げた二月に、御裳を①お召しになるとすぐに大人びて成長なさったご様子である。

□3親しき限り五六人ばかり、狩衣にて**さぶらふ**。
①お供する　②さまよう　③ございます　④いらっしゃる
⑤お召しになる　〈源氏物語・國學院大〉P168

訳 側近の者だけ五、六人ほどが、狩衣姿で①お供する。

□4やんごとなき人に、今日**参るばかりの粟**をば奉らん。
①伺うための食料　②出かけるための食料
③めし上がるだけの食料　④さし上げるほどの食料
〈宇治拾遺物語・成城大〉P170

訳 高貴な方に、今日③めし上がるだけの食料をさし上げよう。

□5後の方を御まくらにて、**不覚におほとのごもりぬ**。
①不意にお隠れになった　②正体なくお眠りになった
③なかなか寝つけなかった　④気づかずにお帰りになった
⑤突然意識をお失いになった　〈大鏡・國學院大〉P175

訳 (車の)後ろの方をお枕にして、②正体なくお眠りになった。

問 傍線部を口語訳せよ。（※**太字**部分が本書の見出し語）

□6山中にて水**きこしめし**つるばかりなれば、
〈保元物語・甲南大〉P159

訳 山中で水を「召し上がっ」ただけなので、

□7女院も通盛の卿の**申す**とはかねてより**しろしめされ**たりければ、
〈平家物語・大阪大〉P160・176

訳 女院も通盛卿が(小宰相に)求愛「申し上げている」とは以前から「ご存じだっ」たので、

□8此の児臥しながら聞きて、民部卿に**聞こえ給ふ**。
〈発心集・三重大〉P161・164

訳 この子は横になったまま聞いて、民部卿に「申し上げ」「なさる」。

□9御念珠**たまはせ**て、「後の世にはたのむぞ」とのたまひければ、
〈発心集・熊本大〉P165

訳 お数珠を「お与えになっ」て、「(私の)来世のことは頼

むぞ」とおっしゃったので、

□**10これ、さらに賜はらじ。**〈古本説話集・東京大〉P166

訳これは、決して[いただく]つもりはない。

□**11つゆ恐ろしきともおぼえず侍りけり。**〈新花摘・千葉大〉P168

訳まったく恐ろしいとも思われ[ませ]んでした。

□**12「玉淵(たまぶち)はいとらうありて、歌などよくよみき。この鳥飼(とりかひ)といふ題をよくつかうまつりたらむにしたがひて、まことの子とはおもほさむ」とおほせたまひけり。**〈大和物語・立命館大〉P174

訳(天皇は)「玉淵は万事に心得があって、歌などを上手に詠んだ。この鳥飼という題で上手に[歌を詠み申し上げ]たなら、(おまえを玉淵の)本当の娘だと認めよう」とおっしゃった。

□**13中将姫は貴き御僧を招じ、称讃(しょうさん)浄土御経を受けさせ給ひ、毎日に六巻づつあそばし、母の後世菩提(ごせぼだい)を弔(とぶら)ひ給へば、**〈中将姫本地・広島大〉P174

訳中将姫は尊い高徳の僧を招き、称讃浄土御経の教えをお受けになり、毎日六巻ずつ[読経なさり]、母親の後世菩提(=極楽往生して悟りを得ること)を弔いなさるので、

問敬語に関する文法問題に答えよ。

□**14傍線部のA普通語、B敬語の種類をそれぞれ後から選べ。**

「せちに**聞えさす**べきことなむある」といひわたりければ、

A ①飲む ②受く ③知る ④思ふ ⑤言ふ

B ①尊敬語 ②心内語 ③丁寧語 ④待遇語 ⑤謙譲語

訳「ぜひ**申し上げ**(A⑤言ふ・B⑤謙譲語)たいことがあります」と言い続けたところ、〈大和物語・明治大〉P161

□**15後深草院の皇女が誕生した折の記述である。傍線部の敬語の種類を答えよ。また、誰に対する敬意かも記せ。**

この度(たび)は姫宮(ひめみや)にてはわたらせたまへども、法皇ことにもてなしまゐらせて、五夜(ごや)、七夜(しちや)などことにはべりしに、〈とはずがたり・熊本県立大〉P164・171

訳この度(お生まれになったの)は姫宮でいらっしゃいます(尊敬語・姫宮に対する敬意)が、法皇は特におかわいがり申し上げ(謙譲語・姫宮に対する敬意)て、五夜、七夜など格別なことでございましたが、

□**16傍線部の中から敬語の用法が他と異なるものを一つ選べ。**

①しばし待ちA給へ。

②まろが参る物にかかりB給へる母を持ち奉れり。

③かかる山の王棲(す)みC給ふとも知らで、近くと思うD給へて見侍りつるなり。むなしくなりなば親もいたづらになりE給ひなむ。〈宇津保物語・専修大〉P164

訳①しばらく待っAてください。②私が差し上げる食べ物に頼って生きBていらっしゃる母親をお持ちしている。③このような山の王者が住んCでいらっしゃるとも知らないで、近くに(母を住まわせたい)と思いDまし(正解=謙譲語)て(このほら穴を)見つけたのです。(私が)死んでしまったら、きっと母親もEお亡くなりになるだろう。

1 敬語の種類

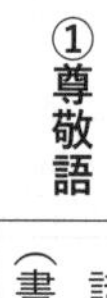

	敬意の主体（誰から）		敬意の対象（誰へ）	
①尊敬語	話し手（書き手）	から	話題の中の動作をする人	への敬意
②謙譲語	話し手（書き手）	から	話題の中の動作を受ける人	への敬意
③丁寧語	話し手（書き手）	から	聞き手（読み手）	への敬意

★敬語動詞――まずこれだけは覚えよう！

①尊敬語	一般動詞	②謙譲語	③丁寧語
おはす おはします（いらっしゃる）	あり をり	侍(はべ)り・候(さぶら)ふ（お仕えする）	侍り・候ふ（ございます）
おはす おはします（いらっしゃる）	行く 出づ	参る（参上する） まかづ（退出する）	
思(おぼ)す 思しめす（お思いになる）	思ふ		
のたまふ 仰(おほ)す（おっしゃる）	言ふ	申す 聞こゆ（申し上げる）	
聞こしめす（お聞きになる）	聞く	承る（お聞きする）	
聞こしめす（召し上がる） 召す・参る 奉(たてまつ)る（召し上がる）	食ふ 飲む		
たまふ・たぶ（くださる）	与ふ	参る・参らす 奉る（差し上げる）	
	受く	たまはる（いただく）	

2 敬語の補助動詞

次の三つの条件を満たすものが敬語の補助動詞です。

条件Ⅰ…敬語動詞が本来の意味を失い、
条件Ⅱ…他の動詞などの下に助動詞のように付いて、
条件Ⅲ…敬意のみを表すもの。

★敬語補助動詞——まずこれだけは覚えよう！

①尊敬語	たまふ（四段）・おはします
②謙譲語	たまふ（下二段）・きこゆ・たてまつる
③丁寧語	はべり・さぶらふ（さうらふ）

3 敬語の補助動詞の訳し方

①尊敬語	～なさる・お～になる
②謙譲語	（お）～申し上げる・～して差し上げる
③丁寧語	～です・～ます・～（で）ございます

4 二方面への敬語

一つの動作を表すのに謙譲語と尊敬語の両方を用いて、話題の中の動作を受ける人と動作をする人の両方に敬意を表す敬語法です。

謙譲語 ＋ 尊敬語

謙譲語 ← 話し手（書き手）から動作を受ける人への敬意

尊敬語 ← 話し手（書き手）から動作をする人への敬意

《働き》

（例）(1)謙譲の本動詞＋尊敬の補助動詞
→まかでたまふ・奏したまふ・（文〈ふみ〉）奉りたまふ
(2)謙譲の補助動詞＋尊敬の補助動詞
→（思ひ）きこえたまふ・（拝み）奉りたまふ

5 最高敬語

天皇や中宮など、特に身分の高い人に高い敬意を表すための敬語法です。

(1)**二重敬語**（尊敬の助動詞＋尊敬の補助動詞）

す・さす・しむ → せ・させ・しめ ＋ たまふ・おはします

(2)**敬語を重ねて一語化したもの**

おはします・思しめす・聞こしめす・たまはす・のたまはす、など。

6 セットで覚える敬語

(1)「行く」「来」の謙譲語

(2)「受け渡し」の敬語

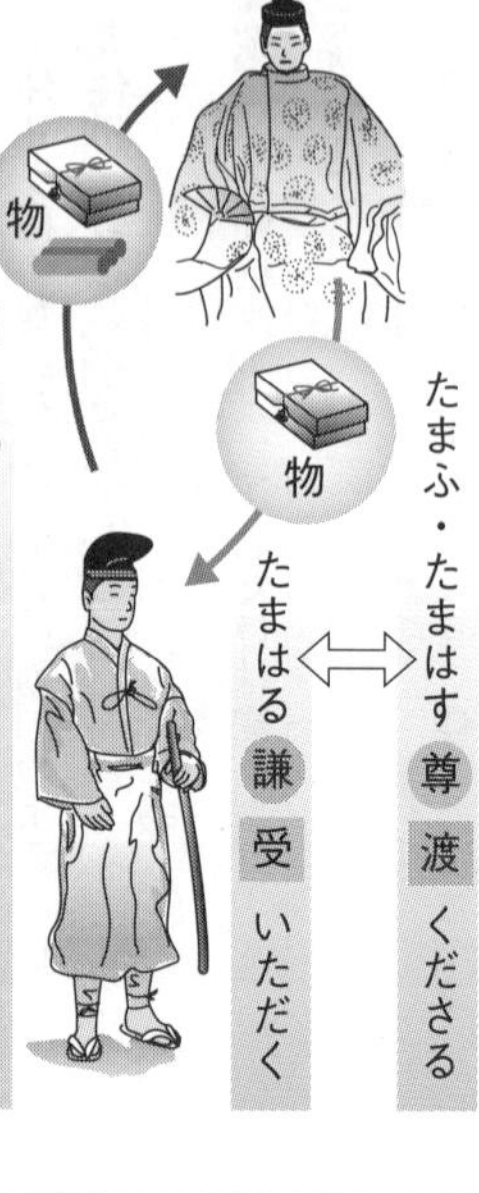

---

7 二種類の用法を持つ敬語の見分け方

(1)「給(たま)ふ」…尊敬語が多いが謙譲語もある。

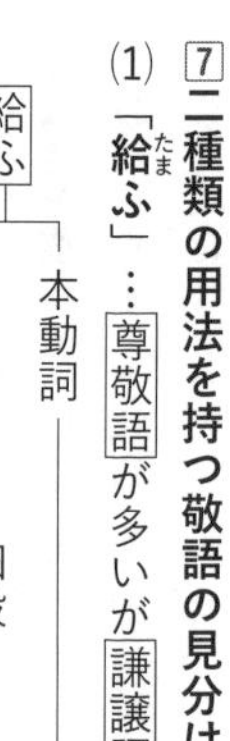

- 給ふ
  - 本動詞 —— 尊 くださる
  - 補助動詞
    - 四段 —— 尊 お…になる
    - 下二段 —— 謙 …ております

(2)「参る」「奉る」…謙譲語が多いが尊敬語もある。

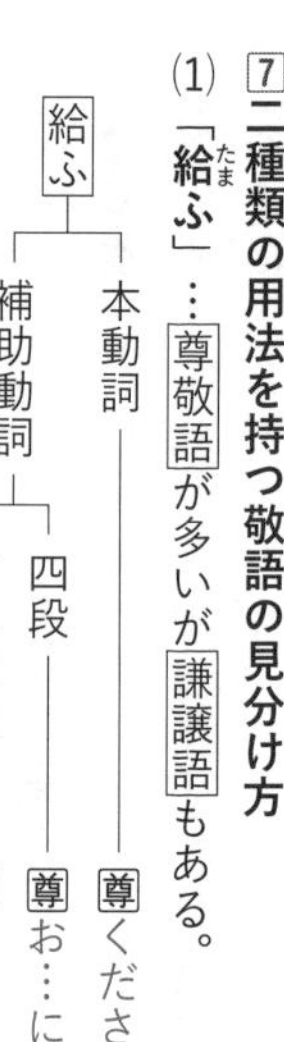

- 参る
  - 身分の高い人が「食ふ」「飲む」の意味の場合 —— 尊 召し上がる
  - 右以外の場合 —— 謙 参上する・差し上げる
- 奉る
  - 本動詞
    - 身分の高い人が「着る」「乗る」「食ふ」「飲む」 —— 尊
      - お召しになる
      - お乗りになる
      - 召し上がる
    - 右以外の場合 —— 謙 差し上げる
  - 補助動詞 —— 謙 (お)…申し上げる

(3)「侍(はべ)り」「候(さぶら)ふ」…丁寧語が多いが謙譲語もある。

- 侍り・候ふ
  - 本動詞
    - 身分の高い人に「仕ふ」身分の高い人のそばに「あり」「をり」の意味の場合 —— 謙 お仕えする
    - 右以外の場合 —— 丁 あります・ございます
  - 補助動詞 —— 丁 …です・ます

第4章

入試重要語100

＊第３章までの180語以外にも、入試で出題される単語はたくさんあります。この章には、入試での得点力を確実に高める100語を集めました。

＊この章までの280語を学習することで、共通テストをはじめ、標準的な入試問題に十分対応できる単語力が身につくはずです。

＊この章では、これまでの復習も行います。例文に……が付いている語が第１章・第２章の見出し語（数字は見出し語番号）です。

181

□□□

しる【領る】［ラ行四段］

訳語 **1** （土地を）領有する。（国を）治める。

「しる」には「領る」もある

知識を持っている意味の「知る」のほかに、**古語には土地を持っている・国を治めている意味の「領る」があります。**対象をしっかりと自分のものとしていることを「しる」と言ったのです。

1 昔、男、初冠して、平城の京、春日の里に、**しるよし**[122]して、狩りに往に[53]けり。（伊勢物語）

訳 昔、ある男が、元服して、奈良の都の、春日の里に、土地を領有する縁で、鷹狩りに行った。

入試 ★★☆
入試では**1**の意味でも「知る」と記されることがあります。

182

□□□

あくがる［ラ行下二段］

訳語 **1** さまよい出る。 **2** （魂が）宙にさまよう。 **3** （心が）うわの空になる。

ふらふらさまよい出る

POINT

体や魂がもともとの居場所からふらふらとさまよい出ることを言います。 **1**は体が本来いるべき場所から、さまよい出る意味です。**3**は、**2**の時の心の様子を言っています。

1 ある暮れ方に都を出でて、嵯峨の方へぞ**あくがれ**行く。（平家物語）

訳 （横笛は）ある夕暮れに都を出て、嵯峨の方へさまよい出て行く。

2 もの思ふ人の魂はげに[43]**あくがるる**ものになむありける。（源氏物語・葵）

訳 もの思いに沈む人の魂は本当に宙にさまようもので

・関連語・
類 **慕ふ**［動四］ **1**あとを追う。 **2**恋しく思う。

入試 ★☆☆
どの意味も大切です。仏道にあこがれて、つい俗世からさまよい出てしま

▼語源を図にすると右のようになります。

あく＝場所
＋
かる＝離れる（離る）
＝
本来の場所から離れる
▼
古 あくがる

あったのだ。

3 月の明きはしも、過ぎにし方、行末まで思ひ残さるることなく、心も**あくがれ**、めでたく[22]あはれ[26]なること、たぐひなくおぼゆ[4]。（枕草子）

訳 月の明るい夜は、過ぎ去ったこと、今後のことまで自然と思い残すこともなく、心もうわの空になり、すばらしくしみじみとすることは、比べるものがなく思われる。

う、つまり「出家する」意味で使われているときも、入試ではきかれます。

183 □□□ やすらふ（ロ ウ）

【休らふ】 ［ハ行四段］

訳語

1 立ち止まる。とどまる。

2 ためらう。躊躇（ちゅうちょ）する。

KEY ぐずぐずする

POINT **先に進まず、ぐずぐずと同じ所にいることを言います。** **1**は、体が同じ所にいるということです。休んでいるのではありません。**2**は、心がぐずぐずして決断しないことを言っています。

1 そのころ、宋朝（そうてう）よりすぐれたる名医わたつ[64]て、本朝に**やすらふ**ことあり。（平家物語）

訳 そのころ、宋の国からすぐれた名医がやって来て、日本にとどまることがある。

2 院宣宣旨（ゐんぜんせんじ）のなりたるに、しばしも**やすらふ**べからず。（平家物語）

訳 上皇の命令が下されたのだから、ちょっとの間もためらうべきでない。

・関連語・

関 **ひかふ** ［動下二］ 袖を引っ張る。引きとめる。

関202 **ためらふ** ［動四］

入試 ★★☆

1も**2**も大切です。（実戦⑧1）**2**の意味があることを忘れてはいけません。

184

□□□

うちいづ（ズ）【うち出づ】 ［ダ行下二段］

訳語

1 口に出して言う。

声や言葉を口に出す

「外に出る」こと、「外に出す」ことが意味の基本です。多くは文脈から正しく読解できますが、**「声や言葉を口に出す」意味はあらかじめ記憶しておく必要があります。**「うちいだす」とも言います。

1 何事を**かうちいづる**言の葉にせん。（徒然草）

訳（交際もせず仲人の仲介によって結婚した男女は）どんなことを口に出して言う言葉にするのだろうか。

＊右のような男女には、共通する話題もなく、話の糸口がつかめないのではないか、ということです。

・関連語・

関 **うそぶく**［動四］詩歌を口ずさむ。

同 **うちいだす**［動四］

入試 ★★☆

「詩歌を朗詠する」意味のときもあります。

185

□□□

やつす ［サ行四段］

訳語

1 地味な格好にする。目立たない様子をする。

地味で目立たない

高貴な人が自分の身分を隠すため人目に立たない格好をすることです。自動詞に「やつる」があります。現代語の「やつれる」意味ではないので注意しましょう。

1 御様をやつし、いやしき下臈のまねをして、日吉社に御参籠あつて、七日七夜が間、祈り申させ給ひけり。（平家物語）

訳（関白殿の奥様は）ご様子を地味な格好にし、身分の低い者のふりをして、日吉社に参籠なさって、七日七夜の間、お祈り申し上げなさった。

・関連語・

類 **やつる**［動下二］地味な格好になる。目立たない様子になる。

入試 ★★☆

類義語の「やつる」も入

▶牛車は、後方から乗り、男性は前方から、女性は後方から降りるきまりでした。

類 **網代車の昔おぼえて[4]やつれたるにて出で給ふ。**（源氏物語・若菜上）

訳（源氏は）網代車で昔が思い出される風に地味な格好になっている車で外出なさる。

＊「網代車」は殿上人が乗る車です。光源氏も昔は網代車に乗っていましたが、准太上天皇になっている今では、網代車は格下の車になります。

試では問われます。普段華やかな服装をしていた人が、出家して僧形になったり、人が死んで喪服姿になったりする意味の「やつす」「やつる」もよく問われます。

186 □□□

おとなふ（ノ・ウ）

【音なふ】

［ハ行四段］

訳語

1 音を立てる。声を立てる。

2 手紙を出す。訪れる。

▶「遣水」は、寝殿造りの邸宅の庭に流れる細い川を言います。

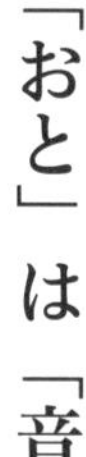

KEY

「おと」は「音」

POINT

漢字で記すと「音なふ」。「音」**を動詞にしたもので、「音を立てる」ことを言います。**同義語の「おとづる」も「音を立てる」意味が大切です。**2**は、来訪すると音を立てて知らせたところから生じた意味です。

1 **遣水心細く、音細くおとなひたり。**（十訓抄）

訳 遣水が心細く流れ、水の音がか細く音を立てている。

＊「遣水」とは庭を流れる小川のことです。

2 **むすめ多かりと聞きて、なま君達めく人々もおとなひ言ふ、[41]いと[42]あまたありけり。**（源氏物語・東屋）

訳（常陸の守には）娘が大勢いると聞いて、ちょっと貴族の子弟風の人々も手紙を出し言い寄ることが、とてもたくさんあった。

＊「なま君達」の「なま」は接頭語です。「若い・未熟」の意味を表します。

・関連語・

同 **おとづる**［動下二］

類 **たどる**［動四］**1**行き迷う。**2**思い迷う。

関 **かへさ**［名］帰り道。

入試★★☆ 入試で問われるのは主に**1**の意味です。

187 □□□ そばむ【側む】［マ行四段］

訳語 **1** 横を向く。

▶『住吉物語』と同じ「継子いじめの物語」に『落窪物語』があります。

KEY **横顔**

POINT 「側」の動詞形です。**「側」は古語では「横」の意味です。顔を横に向けていることを「そばむ」と言います。** すねたり、知らないふりをしているのではなく、相手にまともに顔を見られないようにしているのです。

1 やんごとなき[76]女房の、**うちそばみてゐ給[9]へるを見給へば、わが思ふ人なり。**（住吉物語）

訳 高貴な女性が、ちょっと横を向いて座っていらっしゃるのを（中将は）ご覧になると、自分の恋い慕う人である。

＊失踪した姫君の行方を知るため、長谷寺に参籠した中将が七日目の夜に見た夢の情景です。姫君は住吉にいることがわかりました。

・関連語・ 類 **あからめ**［名］**1**よそ見。わき見。**2**浮気。

入試 ★★☆ 入試では記述式の現代語訳で問われます。

188 □□□ かたらふ（ロウ）【語らふ】［ハ行四段］

訳語 **1** 交際する。親しくする。

KEY **男女が甘い言葉を「かたらふ」**

POINT 「語る」の未然形に奈良時代の反復・継続の助動詞「ふ」が付いて一語化したものです。「語る」は相手をうなずかせる話し方を言います。**男女間でそういう会話が重ねられることは、二人が恋仲であることを示します。**

1 その（＝弘徽殿の）御方に、うちふしといふ者の娘、左京といひて候ひけるを、源中将かたらひてなむと、人々笑ふ。（枕草子）

訳 弘徽殿のお所で、うちふしという者の娘で、左京と言ってお仕えしていた女と、源中将が交際して（いる）と、人々は笑う。

入試 ★★☆ 「かたらふ」には「語り合う」などの意味もありますが、入試で問われるのは**1**の意味です。（実戦⑧2）

189 すむ【住む】

□□□ ［マ行四段］

訳語

1 （男が女のもとに）**通う。**

KEY

夫が妻のもとに通う

POINT

「居住する」「同居する」の意味のほかに、**古語では、結婚後夫婦がまだ同居せず、夫が妻のもとに通って生活することも「すむ」**と言ったことを覚えましょう。

1 **すみける男、夜深く来ては、まだ暁に帰りなどす。**（平中物語）

訳 通っていた男は、（女のもとに）夜遅く来ては、まだ夜明け前に帰りなどする。

＊「暁」は逢っていた男女が別れる時です（↓P337）。

・関連語・

対 **うとし** ［形］ 疎遠だ。

対 **離る** ［動下二］ 訪れが途絶える。関係が疎遠になる。

入試 ★★☆

190 さはる（ワ）【障る】

□□□ ［ラ行四段］

訳語

1 **妨げられる。差し支える。**

KEY

邪魔！

POINT

「触る」ことではありません。「差し障り」の動詞形です。**支障や不都合があって、しようとすることが邪魔されることを言います。**漢字で記すと「障る」となります。

1 **十一月、十二月の降り凍り、六月の照りはたたくにも、さはらず来たり。**（竹取物語）

訳 （男たちは）陰暦十一月、十二月の雪が降ったり氷が張ったり、六月の日が照ったり雷が鳴ったりするときにも、妨げられず（かぐや姫の家に）やって来た。

・関連語・

1 **さはり** ［名］ 差し支え。

入試 ★☆☆ 意味を問うときは、当然平仮名で記されます。

191 あるじす

□□□

【饗す】 ［サ行変格］

1 客にごちそうする。客をもてなす。

▶「方違へ」は陰陽道に基づく風習です。

KEY

おもてなし

POINT

「あるじ」は「主」、「主人」の意味です。来客をもてなすのは主人の役目であったことから、「あるじす」で、**客にごちそうすること・客をもてなすことの意味が生じました。**

1 [93] すさまじきもの。…方違へに行きたるに、**あるじせ**ぬ所。 （枕草子）

訳 興ざめなもの。…方違えで（泊まりに）行ったのに、客にごちそうしない所。

＊「方違へ」とは、「方塞がり」（＝その日行ってはいけない方角）の所に行くために、前夜別の所に一泊し、方角を変えて目的地に行くことを言います。

同・関 藤原良近といふをなむ、**まらうとざね**にて、その日は**あるじまうけし**たりける。 （伊勢物語）

訳 藤原良近という者を、客の主たる人として、その日は客にごちそうした。

・関連語・

同 **あるじまうけす** ［動サ変］

関 **まらうと** ［名］客。客人。

関 **まらうとざね** ［名］客の主たる人。正客。

入試 ★★☆

下に「す」を伴わず、「あるじ」だけのときも、「客にごちそうすること・客をもてなすこと」の意味で使われているとよく問われます。

192 もてなす

□□□

［サ行四段］

訳語

KEY

わが身は振る舞い、ほかは扱う

POINT

何を「もてなす」かで訳語が変わります。 **1**は、わが身を「もてなす」ことです。**2**は、人や物事を「もてなす」ことです。**3**は、人や物事を大切に「もてなす」という意味です。

・関連語・

1 振る舞う。
2 取り扱う。取り計らう。
3 もてはやす。大切に扱う。

古	現
（人・物事を）もてなす	取り扱う 取り計らう
（人を）あるじす	もてなす 接待する

▼現代語の「もてなす」に対応する古語は「あるじす」です。

1 侮（あなづ）らはしげにもてなす（連中）は、めざましうて、なげのいらへをだにせさせ給はず。（源氏物語・椎本）

訳 見下すように振る舞う連中は、気に入らなくて、（八の宮は姫君たちに）かりそめの返事さえも書かせなさらない。

2 なほ[44]きこえ給へ。わざと懸想（けさう）だちてももてなさじ。（源氏物語・椎本）

訳 やはり（返事の手紙を）差し上げてください。特別に恋文らしくも取り扱うまい。

3 鎌倉（かまくら）の海に鰹（かつを）といふ魚（うを）は、かの境（さかひ）には双なきものにて、このごろもてなすものなり。（徒然草）

訳 鎌倉の海にいる鰹という魚は、あの辺りでは並ぶものがないもので、近年もてはやす魚である。

1 もてはやす［動四］ 1ほめ立てる。2ひき立てる。3とりわけ大切に扱う。

関 そそのかす［動四］ 催促する。

入試 ★★☆

1・2の意味が大切です。2で人を「もてなす」ときでも、接待しているのではありません。

193 きようず □□□

［サ行変格］

【興ず】

訳語

1 おもしろがる。

KEY

「興」に乗って楽しむ

POINT

漢語「興」にサ変動詞「す」が付いた語です。「興」は「興に乗る」の「興」。「おもしろく思うこと」です。「興ず」を「こうず」と読んで「復興する・興（おこ）す」意味だと勘違いしてはいけません。

1 よき人[16]は、ひとへに好けるさまにも見え[7]ず、興ずるさまもなほざりなり。（徒然草）

訳 身分が高く教養のある人は、ひたすら情趣を好むようにも見えず、おもしろがる様子もほどほどである。

・関連語・

1 興あり［連語］ おもしろい。

入試 ★☆☆

194

□□□

およすぐ

［ガ行下二段］

訳語

1 成長する。大人になる。

2 大人びる。ませる。

「およ」は「老(お)よ」

POINT

「およす気(げ)」が動詞化した語です。「およす」の「**およ**」［**oyo**］**は**「**老ゆ**」［**oyu**］**と同じです**。**年を取ることを言います**。「およずく」「およすく」とも言います。人物が「ふけて見える」ことを言うときもあります。

1 あこぎ、おとなになりね。いと[41]心**およすげ**ためり。（落窪物語）

訳 あこぎ、ぜひ一人前の女房になっておくれ。たいそう心が成長したようだ。

2 「何とまれ、言へかし」とのたまふを、人々も**およすげ**て見奉る。（増鏡）

訳（幼い天皇が）「何でもいいから、和歌を詠んでおくれよ」とおっしゃるのを、人々も大人びているとお見受けする。

関連語

類 **ねぶ** ［動上二］ **1** 年を取る。**2** 大人びる。

入試 ★★☆

1・**2** どちらの意味でも問われます。実際に年を取っているのか（**1**）、背伸びしているのか（**2**）で見分けます。

195

□□□

ときめく

【時めく】

［カ行四段］

訳語

1 寵愛(ちょうあい)を受ける。時流に

KEY

今を「ときめく」時代の寵児(ちょうじ)

POINT

心が「ときめく」ことではありません。**人の熱い支持を受けて、時流に乗ることを言います**。時流に乗るには、今は大勢の人の支持が必要ですが、昔は時の権力者に愛されればよかったのです。

1 いづれの御時(おほんとき)にか、女御(にょうご)、更衣(かうい)あまた[42]さぶらひ給(たま)ひける中に、いと[41]やむごと[76]なき際[109]にはあらぬが、すぐ

関連語

1 **時めかす** ［動四］ 寵愛

乗って栄える。

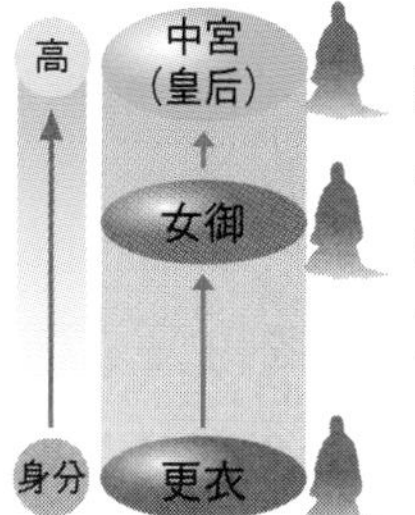

▶「女御」は中宮に次ぐ天皇の妃で、「更衣」よりも上位の女性です。

れて時めき給ふありけり。（源氏物語・桐壺）

訳 どの天皇の御世であったか、女御や、更衣が大勢お仕え申し上げなさっていた中に、それほど高貴な身分ではない方で、とりわけ（天皇の）寵愛を受けていらっしゃる方がいた。

＊『源氏物語』の冒頭文です。「女御」「更衣」は天皇の寝所に仕える女性の位を表します。

する。

2 **時に会ふ**［連語］時流に乗って栄える。

関 **世にあり**［連語］**1**生きている。**2**出世する。

入試 ★★★ 関連語の1もよく問われます。

196 さる【避る】［ラ行四段］ □□□

KEY

「さる」「避る」「避ける」

POINT

動詞「さる」には「去る」のほかに「避る」と漢字を当てる「さる」があります。**物事から身を避けるという意味です。**「さる」の表記を見て、「避る」かもしれないと考えてみることが大切です。

訳語

1 避ける。のがれる。

2 断る。辞退する。

去る

避る

▶「さる」には「去る」のほかに「避る」の意味があります。

1 道もさりあへず立つ折もあるぞかし。（大鏡）

訳（隆家殿の邸の門前には）道も避けきれないほど（車が）とまる時もあるのだよ。

2 かの左衛門督はえ[47]ならられじ。また、そこにさられば、こと人こそはなるべかなれ。（大鏡）

訳 あの左衛門督は（中納言に）おなりになることはできないだろう。また、あなたがお断りになるのならば、違う人がなるだろうということだ。

＊「べかなれ」は「べかるなれ」の撥音便「べかんなれ」の撥音を表記しない形で、「なれ」は伝聞の助動詞の已然形。

関連語

関 **去る**［動四］**1**（時が）来る。**2**離縁する。

入試 ★★☆ **1**も**2**も大切です。（実戦⑧4）入試では関連語の「去る」も**1・2**の意味のときはよく問われます。

197 □□□

こうず［サ行変格］

【困ず】

訳語 **1** **疲れる。疲労する。**

KEY **疲労困憊**（こんぱい）

POINT 漢字で記すと「困ず」。「**困**」は「**疲労困憊**」の「**困**」です。**体がくたびれてしまうことです**。心が弱りきること、つまり「困る」意味もありますが、古語で大切なのは体がひどく弱る意味です。

1 **知らぬわざ[113]してまろも困じにたり。そこも眠たげに思ほしためり。**（落窪物語）

訳 慣れないことをして私も疲れてしまった。あなたも眠たそうに思っていらっしゃるようだ。

＊落窪（おちくぼ）の姫君が継母に命じられた縫い物を恋人の少将が手伝っている場面です。貴公子である少将にとって縫い物は初めてのことです。

入試 ★☆☆ 入試では「極ず」と漢字を当てることもあります。

198 □□□

かきくらす［サ行四段］

【掻き暗す】

訳語 **1** 悲しみが心を暗くする。**涙が目の前を暗くする。**

KEY **真っ暗！**

POINT 漢字で記せば「掻き暗す」。雲や雨などが空や辺りを暗くすることが原義です。そこから、**悲しい思いが心を暗くすることも言うようになりました**。この**心の意味が大切です**。

1 **何とにかあらむ、かきくらして涙こぼるる。**（蜻蛉日記）

訳（手紙を書いていると）何ということであろうか、悲しみが心を暗くして涙がこぼれる。

・関連語・ 1 **かきくる**［動下二］悲しみで心が暗くなる。

入試 ★☆☆ 関連語も問われます。

199 うれふ
□□□

【憂ふ・愁ふ】［ハ行下二段］

1 訴える。**悲しみ嘆く。**

訴える

現代語の「憂える」の語源です。しかし、大切なのは良くない事態になりはしないかと心配することではありません。**古語「うれふ」は、嘆かわしい事態を口に出して人に訴えることを表します。**

1 乞食、路のほとりに多く、憂へ悲しむ声耳に満てり。（方丈記）

訳 物乞いをする人が、道ばたに多くいて、訴え悲しむ声が至る所で聞こえる。

関連語 1 **憂へ・愁へ**［名］訴え。嘆願。

入試 ★☆☆ 関連語も問われます。

200 かこつ
□□□

【託つ】［タ行四段］

訳語 **1** 不平を言う。**文句を言う。**

▶「舟あそび」は庭の池で屋形船に乗って行われます。

KEY

ぶつぶつ文句を言う

POINT **自分の思いに反することを相手のせいにして不平や不満をぶつぶつと述べることです。**相手に責任を負わせるところから「口実にする」という意味でも使われるときがあります。

1 舟の中にや老いをばかこつらむ。（紫式部日記）

訳（大蔵卿は）舟の中で今老いたわが身に不平を言っているだろうか。

＊藤原道長の邸の池で若い貴族たちが舟に乗ってはやり歌を歌っている場面です。その中に五十を過ぎた大蔵卿が年がいもなく同乗しています。大蔵卿は輪の中に入っていけません。例文はそれを見た紫式部の言葉です。

関連語 1 **かごと**［名］ 1 不平。文句。 2 口実。

入試 ★☆☆ 入試では現代語訳ばかりでなく、心情説明でも問われます。

201 □□□ いたはる（ワ） 【労る】 ［ラ行四段］

訳語

1 病気になる。疲労する。
2 骨を折る。苦労する。
3 世話をする。

いたはる（いたづく）→ 病気 ← なやむ・わづらふ
いたはる（いたづく）→ 疲労 ← こうず

▶「疲労」や「病気」を表す古語の動詞としては上の語があります。

KEY ぐったりする

POINT 身も心も疲れ果てたことを言います。1は身、つまりからだ、2は心のときの意味です。3は、身も心も尽くして相手を大切にするということです。「いたづく」とも言います。

1 折ふしいたはること候ひて下り候はず。（平家物語）
訳（宗清は）ちょうど病気になることがございまして（鎌倉へは）下向しておりません。

2 心ことに設けの物などいたはりてしたまへ。（宇津保物語）
訳 心も格別に引き出物などを骨を折って用意してください。

3 常の使ひよりは、この人よくいたはれ。（伊勢物語）
訳 いつもの使者以上に、この方を大切に世話しなさい。

関連語

同 いたづく［動四］

入試 ★★☆
同義語「いたづく」も問われます。どちらも1・2の意味が大切です。（実戦⑧15）

202 □□□ ためらふ（ロ）（ウ） ［ハ行四段］

訳語

KEY ぐっと抑える

POINT「躊躇（ちゅうちょ）する」ことではありません。古語「ためらふ」は、高まってくる熱（1）や、高ぶってくる気持ち（2）をぐっと抑えることを言い表します。「躊躇する」ことは、古語では「やすらふ」（→P185）と言います。

関連語

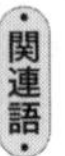

1 静養する。**病勢を抑える。**

2 気を静める。**感情を抑える。**

1 **なやましう侍り(はべ)つれば、しばし<u>ためらひ</u>て。**（落窪物語）

訳 気分が悪うございましたので、しばらく静養して。

＊継母に縫い物が仕上がっていないことを叱られたときの落窪(おちくぼ)の姫君の言葉です。継母は激怒し、「家から出て行け」という言葉とともに縫い物を姫君に投げつけます。

2 **やや<u>ためらひ</u>て仰せ言(ごと)伝へきこゆ。**（源氏物語・桐壺）

訳（命婦(みょうぶ)は）少し気を静めて（天皇の）お言葉をお伝え申し上げる。

関 183 **やすらふ** ［動四］ 入試★★☆

1も**2**も大切です。**2**は、動悸(どうき)や嗚咽(おえつ)を「ためらふ」意味でも使います。

203 □□□

おこたる【怠る】［ラ行四段］

訳語 **1** 病気がよくなる。**病気が快方に向かう。**

なやむ 病気

ためらふ 静養

おこたる 回復

▶「なやむ」→「ためらふ」→「おこたる」の順に覚えましょう。

病気回復

進行していたものが停滞・失速することです。「**病勢が衰えて症状が収まる**」**意味で使われているときが大切です。**現代語の「怠ける」意味でもよく使われます。まれに「怠慢からミスを犯す」意味のときもあります。

1 **日ごろ月ごろしるきことありてなやみわたる(64)が、<u>おこたりぬる</u>もうれし。**（枕草子）

訳 何日も何か月もはっきりした症状があってずっと病をわずらっていたのが、<u>病気がよくなった</u>のもうれしい。

＊例文に続いて「思ふ人の上は、わが身よりもまさりてうれし」とあります。「愛する人の場合は、自分の時よりもずっとうれしい」というのです。清少納言の心のやさしさがうかがわれます。

・関連語・

1 **おこたり** ［名］ **1**落ち度。過ち。**2**お詫(わ)び。謝罪。

対 240 **あつし** ［形］ 入試★★★

入試で問われるのは、病気が「おこたる」という**1**の意味のときです。（実戦⑧8）

204 なやむ

□□□

【悩む】［マ行四段］

訳語 **1** 病気で苦しむ。**気分がすぐれなくなる。**

KEY 病気になる

POINT 心が「悩む」だけではありません。**古語では身体も「悩み」ます。**つまり、身体的・精神的につらく苦しい状態になることです。今は精神的なことだけを言いますが、古語は身体がつらく苦しくなることも言います。

1 **身にやむごとなく[76]思ふ人のなやむを聞きて、いかにいかにとおぼつかなき[20]ことを嘆くに、おこたりたる由[122]、消息聞くもいと[41]うれし。**（枕草子）

訳 わが身にとって大切に思う人が病気で苦しむのを聞いて、どのようかどのようかと心配なことを嘆くときに、病気がよくなったということを、伝え聞くのもとてもうれしい。

・関連語・

1 **なやまし**［形］**1**病気である。**2**心を痛めている。

類 **例ならず**［連語］**1**いつものようでない。**2**病気である。

入試 ★★★

205 おくる

□□□

【後る・遅る】［ラ行下二段］

訳語 **1** 先立たれる。**先に死なれる。**

KEY 死に後れて取り残される

POINT 「**愛する人に先立たれてこの世に取り残される**」**意味を覚えましょう。**「取り残される」が原義ですが、昔は来世に行くことが魂の目的であったので、生き長らえることは死者に後れをとることでした。

1 **人におくれて、四十九日の仏事に、ある聖を請じ侍りしに、説法いみじく[14]して、皆人涙を流しけり。**（徒然草）

訳 人に先立たれて、四十九日目の法事に、ある僧を招き

入試 ★★★

「おくれ先立つ」という言葉も押さえましょう。「人に先立たれたり、人

ましたところ、説法がとてもありがたくて、誰もが涙を流した。

より先に死んだりする」ことです。

206

□□□

したたむ

【認む】

［マ行下二段］

訳語

1 処理する。整理する。
2 用意する。準備する。
3 取り締まる。治める。

したたむ
1 後始末 ← 本番 ← 準備 2
準備 ← まうく

▼2だけでなく、1の意味もあるのが、「まうく」との違いです。

KEY

ちゃんと、きちんと

POINT

あとでトラブルが生じないように物事をきちんと処置することを言います。 2は本番に備えて、3は社会的に、処置するという意味です。一筆認めるのも、あとで言った言わないの水掛け論を防ぐためです。

1 **果ての日は、いと情けなう、互ひに言ふこともなく、我かしこげに物ひきしたため、ちりぢりに行き別れぬ。**（徒然草）

訳（死後の供養の）最後の日は、実に人情味なく、互いに口をきくこともなく、われがちに物をてきぱき処理し、散り散りに離れ去ってしまう。

2 **これを思ふに、女なりともなほ寝所などはしたためてあるべきなり。**（今昔物語集）

訳これを思うと、女であってもやはり寝所などは（危険に備えて）用意しているべきである。

3 **いづ方にも、若き者ども酔ひすぎたち騒ぎたるほどのことは、えしたためあへず。**（源氏物語・葵）

訳どちらの方でも、若者たちが泥酔し騒いでいる間の振る舞いは、最後まで取り締まることができない。

入試★★☆

入試では1・2・3のどの意味も問われます。きかれている「したたむ」がどの意味なのかは文脈から判断します。（実戦⑧17）3がきかれて得点できると優位に立てます。

実戦問題 ⑧

問 傍線部の口語訳として適当なものを、後から選べ。

□1 この花のもとに**やすらふ**も、おなじ心にやとおぼえて、
①集まる　②足をとめる　③遊ぶ　④寝ている
⑤和歌をよむ　〈とはずがたり・京都女子大〉 P185
訳 この花のもとに②足をとめるのも、（私と）同じ気持ちなのであろうかと思われて、

□2 もとの妻も、心いとよく、今の妻もにくき心なく、いとよく**語らひてゐたりけり**。
①仲良く過ごしていた　②一緒に悪事を企んでいた
③同じ趣味を持っていた　④表面上は仲良くした
⑤言い争いが絶えなかった　〈大和物語・青山学院大〉 P188
訳 本妻も、気立てがとてもよく、新しい妻も嫌な心がなく、とても親しく①仲良く過ごしていた。

□3 一人は**時めく**諸大夫の娘、その腹に女君二人いでき給へり。
①心が浮き立つ　②陽気である　③羽振りの良い
④見目美しい　⑤今風である　〈住吉物語・清泉女子大〉 P192
訳（妻の）一人は③羽振りの良い諸大夫の娘で、その子どもとして女の子二人がお生まれになった。

□4 嵯峨の釈迦こそ、天竺へ帰り給はんずるとて、一京の人、**道もさりあへず**参り侍るめれ。
①道も通れないほど　②寄り道できないほど
③帰り道がわからないほど　④道に迷ってしまうほど
⑤道のりがわからないほど　〈宝物集・立教大〉 P193
訳 嵯峨（清涼寺）の釈迦（如来像）が、インドにお帰りになるだろうと言って、都中の人が、①道も通れないほど参詣するようです。

□5 やがて**こうじにたれば**、ふとん引きかうでとろとろと睡らんとするほどに、
①恋しくなったので　②くたびれたので
③上手にできたので　④できることならば
⑤充分論じたならば　⑥眠くなったならば
〈新花摘・明治学院大〉 P194
訳 そのうちに②くたびれたので、布団を引きかぶってとろとろと眠ろうとするときに、

□6 夜、かちより御堂に参りて、**愁へ**申し給ひしはとよ。
①苦心　②災難　③嘆願　④不安　〈大鏡・明治大〉 P195
訳 夜、徒歩で道長公の所に参上して、③嘆願申し上げなさったことだよ。

□7 何のわざをか**かこた**むとする。
①あきらめる　②ぐちをこぼす　③執着する
④頼りにする　〈方丈記・早稲田大〉 P195
訳 何のことに対して②ぐちをこぼすのだろうか。

□8 ただ今**おこたりたるやうに侍れば**、かへすがへすなんよろこびきこえさする。

①忘れているようなので　②病気も治っているようなので
③怠けているようなので　④油断しているようなので
⑤勘違いをしているようなので

訳 現在は②病気も治っているようなので、本当にお喜び申し上げます。　〈枕草子・関西大〉P197

□9 この入道、妻に**遅れ**て、三年になりけるが、
①妻に別居されて　②妻に死なれて
③妻に出家されて　④妻に先を越されて
⑤妻に離縁されて　〈沙石集・明治大〉P198

訳 この入道は、②妻に死なれて、三年になったが、

問 傍線部を口語訳せよ。（※太字部分が本書の見出し語）

□10 むかし、男、津の国、むばらの郡、蘆屋(あしや)の里に**しる**よしして、行きて住みけり。　〈伊勢物語・京都教育大〉P184

訳 昔、男が、津の国、むばらの郡、蘆屋の里に［土地を領有する］縁があって、行って住んだ。

□11 しをれこし袂(たもと)干すまも覚えで**あくがれ**行くに、門司の関にもなりぬ。　〈九州の道の記・山口大〉P184

訳（波と涙で）濡(ぬ)れてきた袂を乾かす間も思い当たらないで［さまよい］行くうちに、門司の関にも着いた。

□12 宮内卿(くないきやう)有賢(ありかた)と聞こえられし人のもとなりける女房に、しのびて夜々さまを**やつし**て通ひ給ひけるを、　〈今鏡・大阪公立大〉P186

訳 宮内卿有賢と呼ばれなさった人のもとにいた女房に、ひそかに毎晩姿を［目立たない格好にし］て通いなさったが、

□13 また、この男、親近江(あふみ)なる人にしのびて**すみ**けり。　〈平中物語・愛知県立大〉P189

訳 また、この男は、親が近江の守(かみ)である人のもとに密かに［通っ］た。

□14 南谷(みなみだに)の別院に舎(やど)して、憐愍(れんみん)の情こまやかに**あるじせ**らる。　〈奥の細道・島根大〉P190

訳（僧は私たちを）南谷の別院に泊まらせて、思いやりの心を込めて［もてなさ］れる。

□15 この程**労(いた)はる**ことありて、入り籠(こも)りたりしかば、会はで下りぬる嘆きをしつるに、いふべき言葉もおぼえず。　〈春の深山路・弘前大〉P196

訳（友人は）近ごろ［病気になる］ことがあって、（家に）引きこもっていたので、会うことなく（自分は鎌倉へ）下ってしまうのかと嘆いていたのに、（友人と会えて）言うべき言葉も浮かばない。

□16 **悩む**こともなかりしを、いつのまにかかりけむ〈※設問条件…「かかり」の内容を明らかにして〉　〈怪世談・成蹊大〉P198

訳［病気で苦しむ］こともなかったのに、いつのまに死んだのだろうか

□17 この女は包みなどに物入れ**したため**て、車とりにやりて、待つほどなり。　〈古本説話集・広島大〉P199

訳 この女は包みなどに物を入れて［整理し］て、車を持ってくるように人をやって、待っているところである。

207 □□□

あたらし【惜し】［シク活用］

訳語

1 もったいない。**惜しい。**

▶『源氏物語』などの作品は文字だけでなく、物語絵としても鑑賞されました。

惜しむべし

「新しい」ことではありません。**本来すぐれているものが、それにふさわしい扱いを受けていないことを惜しむ気持ちを表します。**連体詞の「あたら」＋名詞の形でもよく使われます。

1 **御かたち**[32] **いと**[41] **清げに、あまりあたらしきさまして、物より抜け出でたるやうにぞおはせし。**（大鏡）

訳（道頼殿は）ご容貌がとても美しく、（この世には）あまりにももったいない様子で、物語の絵から抜け出してきたようでいらっしゃった。

[1] **あたら夜の月と花とを同じくはあはれ知れらむ人に見せばや**（後撰和歌集）

訳 なんとももったいない夜の月と花とをどうせなら情趣を解しているような人に見せたいものだ。

関連語

[1] **あたら**［連体］もったいない。惜しむべき。

入試 ★★★

語や語句の解釈の問題ばかりではなく、内容説明・心情説明の問題でも問われてくる単語です。

208 □□□

かたじけなし［ク活用］

訳語

1 おそれ多い。もったいない。

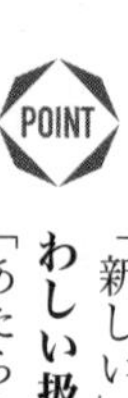

もったいない

上の立場の人が下の立場に降り立つことに対して、もったいないと恐縮する気持ちを表します。 **1**は、下の者が上の人を引きずり下ろしたとき、**2**は、上の人が自分で下に降りてきたときの意味です。

1 かくやうのこと（＝政界の裏話）は、人中にて、下臈の申すにいと[41]**かたじけなし。**（大鏡）

入試 ★★☆

「もったいない」と覚え

2 ありがたい。**もったいない。**

訳 こういう政界の裏話は、人中で、身分の低い者が申し上げるのには実におそれ多い。

2 **かたじけなくも御硯（おんすずり）召し寄せて、みづから御返事（おんへんじ）あそばされけり。**（平家物語）

訳 （女院は）ありがたくもお硯を取り寄せなさって、（女房の小宰相（こざいしょう）に代わって）ご自身でお返事をなさった。

ておけば、設問には対応できます。選択式のときは、この意味を押さえて文脈に合った訳を選びます。記述式のときは、「もったいない」と訳します。

209

をこがまし（オ）

□□□

【痴がまし】

［シク活用］

訳語

1 愚かしい。**みっともない。**

KEY

ばかっぽい

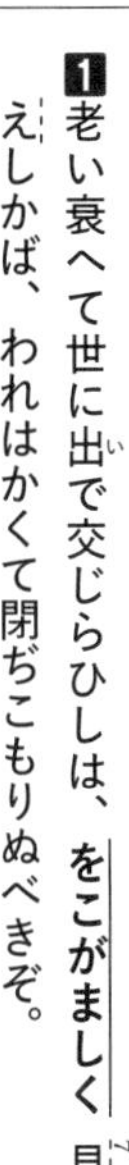

POINT

「をこ」は「ばか」ということです。「がまし」は、「晴れがましい」の「がましい」と同じで、形容詞を作る接尾語。「をこがまし」で、**ばかげていてみっともなく人の笑いものになるような様子を表します。**

1 **老い衰へて世に出（い）で交じらひしは、をこがましく見[7]えしかば、われはかくて閉ぢこもりぬべきぞ。**（更級日記）

訳 老い衰えて世間に出て宮仕えしていた人は、愚かしく見えたので、私はこのまま隠退してしまうつもりだ。

[1] **行きずりの人の宣（のたま）はむことをたのむ[58]こそをこなれ。**（今昔物語集）

訳 行きずりの人がおっしゃるようなことをあてにするのは愚かだ。

・関連語・

[1] **をこなり**［形動］愚かだ。ばかげている。

入試★★☆ 漢字で「尾籠」と当てることもあります。「びろう」と音読すると「無礼・無作法」の意味になります。これも問われることがあります。

210 □□□ こころにくし【心憎し】［ク活用］

訳語 **1** 奥ゆかしい。

KEY **奥が深い**

POINT **「憎し」は「憎悪」の意味ではありません。**現代語でもあまりにもみごとなことを「心憎い」と言いますが、古語の「心憎し」もほめ言葉です。ついねたましく思うほど奥の深いものをほめて言う言葉です。

1 **後の世のこと心に忘れず、仏の道うとからぬ、こころにくし。**（徒然草）

訳 来世のことを心に忘れることなく、仏道に無関心でない人は、奥ゆかしい。

入試 ★★☆ 現代語訳だけでなく、入試では内容説明でも問われます。

211 □□□ さかし【賢し】［シク活用］

訳語
1 かしこい。**賢明だ。**
2 気が利いている。**才気がある。**
3 気がしっかりしている。**気丈だ。**

KEY **判断力がある**

POINT **判断力がすぐれていること**（**1**・**2**）、**判断力を失わないこと**（**3**）**を言います。** **1**は正しい判断を下す力があること、**2**は頭の回転が速いことを言っています。**4**は**1**・**2**のことが鼻につくときの意味です。

1・**4** **下衆の家の女主人。痴れたる者。それしもさかしうて、まことにさかしき人を教へなどすかし。**（枕草子）

訳 身分の低い家の女主人。愚かな者。これがまたこざかしくて、本当にかしこい人にものを教えなどするのだよ。

2 **こと人々の（歌）もありけれど、さかしき（歌）もなかるべし。**（土佐日記）

訳 違う人々の歌もあったが、気が利いている歌もないだ

・関連語・
1 **さかしら**［名］おせっかい。さし出た振る舞い。

入試 ★☆☆ どの意味も大切です。入試で問われたら、まず、いい意味（**1**・**2**・**3**）で使われているのか、悪い

4 こざかしい。

かしこし ― 才能・人格が超人的 → すぐれている
さかし ― 知能・判断力がある → すぐれている

▶いずれも人をほめるのに使われますが、ニュアンスは違います。

ろう。

3 **雷の鳴り閃く様さらに[49]言はむ方なくて、落ちかかりぬとおぼゆる[4]に、ある限りさかしき人なし。**（源氏物語・明石）

訳 雷の鳴り閃く様はまったく言いようもなくて、落ちかかってしまうと思われるので、そこにいる誰一人として気がしっかりしている人はいない。

意味（4）で使われているのかを文脈から判断します。頭がいい（1・2）のか気が確か（3）なのかをやはり文脈から判断します。ここまで識別できると入試は大丈夫です。

212 □□□ すきずきし【好き好きし】［シク活用］

訳語

1 好色めいている。**色好みだ。**

2 風流だ。**物好きだ。**

KEY **好色・風流**

POINT 漢字で記すと「好き好きし」。**「好き」は恋の道や和歌の道に身を捧げていることを言います。**1が恋、2が和歌のときの意味です。すてきな恋にはすてきな和歌のやりとりが必要だったことも押さえましょう。

1 **なほ[44]しるべせよ。我はすきずきしき心などなき人ぞ。**（源氏物語・橋姫）

訳 やはり（姫君の部屋に）案内しておくれ。私は好色めいた心などない人間だ。

2 **すきずきしき方のみにあらず、土御門の御日記とて、世の中の鏡となむ承る。**（今鏡）

訳（源師房卿は）風流な方面だけでなく、『土御門の御日記』という名で、世の中の規範（を残した）とお聞きしている。

・関連語・

1 **すきごと**［名］恋の道のこと。

2 **すきびと・すきもの**［名］1好色な人。2風流人。

3 **好く**［動四］1恋の道を好む。2風流を好む。

入試★★★

213 なまめかし ［シク活用］

□□□

訳語 **1** 優美だ。みずみずしい。

KEY **エレガント**

POINT 現代語「なまめかしい」のように「色っぽい」ことではありません。「なま」は「生」。**熟(う)れた感じのしない、みずみずしい美しさを言い表します**。言い換えれば、フレッシュな感じのするエレガンスです。

1 **小(こ)少将の君は、そこはかとなくあてに[99] なまめかしう、二月ばかりのしだり柳のさましたり。**（紫式部日記）

訳 小少将の君は、どことなく上品で優美で、二月ごろの（芽ぶいたばかりの）しだれ柳のような風情をしている。

・関連語・ 1 **なまめく** ［動四］優美に見える。優美に振る舞う。

入試 ★★☆

214 いまめかし 【今めかし】 ［シク活用］

□□□

訳語 **1** 現代風だ。**当世風だ。** **2** 華やかだ。**目新しい。**

KEY **今風な感じ**

POINT 漢字で記すと「今めかし」。「**今」が感じられるものの様子を表します。**現代語の「古めかしい」の対義語と押さえることが学習のコツです。新しくてくすんでいないのです。

1 **なかなか[140]長きよりもこよなういまめかしきものかな。**（源氏物語・若紫）

訳（尼の短めの髪も）かえって長い髪よりも格段に現代風なものだなあ。

＊尼の短めの髪を「尼削(あまそ)ぎ」と言います（→P55・352）。普通の女性の髪の長さは身の丈ほどありました。

入試 ★☆☆
入試で問われるのは主に**1**の意味です。現代語訳ばかりではなく、内容説明でもきかれます。**2**も例文の用例のときは大切です。

▶葵祭という名は、参加者の冠や牛車を葵の葉で飾ったことに由来します。

2 祭のころは、**なべて**[130] **いまめかしう** 見ゆる[7]にやあらむ。（堤中納言物語・ほどほどの懸想）

訳 祭のころは、すべて華やかに見えるのであろうか。

＊古文で単に「祭」と言えば賀茂神社の「葵祭」を指します。「葵」は現代仮名遣いでは「あおい」ですが、歴史的仮名遣いでは「あふひ」です。そこから、和歌では「葵」に「逢ふ日」がよく掛けられます（→P333）。

は、時を一年のサイクルでとらえ、一年ぶりに「今の季節」が感じられると言っているのです。「新春」「新緑」の「新」の意味です。

215

しどけなし □□□

［ク活用］

訳語

1 無造作だ。**気楽な感じだ。**

2 乱れている。**だらしがない。**

+ **1** 無造作だ。気楽な感じだ。
しどけなし
− **2** 乱れている。だらしがない。

▶いい意味**1**でも悪い意味**2**でも使われます。

KEY

ラフな感じ

POINT

服装・髪型・性格・態度・規律など、**さまざまなものについてきちんと整っていない様子を表します。** 堅苦しくないことを好意的に述べているとき（**1**）もあるので、注意しましょう。

1 女のなつかしきさまにて**しどけなう**弾きたるこそをかしけれ[15]。（源氏物語・明石）

訳（琴は）女が好ましい様子で無造作に弾いているのが趣深い。

2 世もいまだ静まり候はねば、**しどけなき事**もぞ候ふとて、御迎へに参つて候ふ。（平家物語）

訳 世の中もまだ平穏になっていませんので、乱れた事があると困ると思って、お迎えに参上しました。

＊「もぞ〜連体形」で「〜すると困る」と訳します（→P311）。

・関連語・

類 **らうがはし**［形］1乱雑だ。2騒がしい。3無作法だ。

入試 ★☆☆

1も**2**も大切です。いい意味（**1**）で使われているのか、悪い意味（**2**）で使われているのかを文脈から判断します。**1**が問われて得点できると優位に立てます。

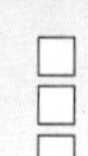

216

つきづきし

□□□

［シク活用］

訳語 **1** 似つかわしい。**ふさわしい。**

「つき」は「fit」

漢字で記すと「付き付きし」です。「**付き**」は「**ぴったり**」「**しっくり**」の意**味を表します。**「付き」＝「ぴったり」「しっくり」で、関連語の「こころづきなし」「つきなし」も一緒に覚えるのが、学習のコツです。

1 **冬はつとめて。**…**いと寒きに、火などいそぎおこして、炭もてわたるもいとつきづきし。**（枕草子）

訳 冬は早朝（がよい）。…とても寒い朝に、火などを急いでおこして、炭を持って行き来する姿も実に（冬の朝に）似つかわしい。

・関連語・

1 238 **こころづきなし**［形］

対 **つきなし**［形］似合わない。

対 **にげなし**［形］似つかわしくない。ふさわしくない。

入試 ★★☆

217

なつかし

□□□

［シク活用］

訳語 **1** 好ましい。**感じがよい。**

好感

昔が「なつかしい」ことだけではありません。動詞「なつく」（＝なれ親しむ）からできた語で、**今接しているものが好ましく感じられることも言います。**語感的には「感じいいなあ」「いい感じだなあ」という感じです。

1 **よろしき男を、下衆**げす**女などのほめて、「いみじうなつかしうおはします」など言へば、やがて思ひおとされぬべし。**（枕草子）

訳 それ相応の身分の男を、身分の低い女などがほめて、「とても好ましくいらっしゃる」などと言うと、すぐに（男は）見下されてしまうにちがいない。

入試 ★★☆

内容・心情説明でよく問われます。「昔を懐かしんでいる」のだとつい誤読しがちです。出題者はそこを突いてきます。

218 めやすし【目安し】［ク活用］

□□□

訳語 **1** 見苦しくない。**感じよい。**

見て感じがよい

漢字で記すと「目安し」。「安し」は心が安らかという意味です。つまり、「目安し」で**見て心が安らかでいられるものの様子を言い表します**。「見やすい」と、つい勘違いするので注意しましょう。

1 **命長ければ恥多し。長くとも四十(よそぢ)に足らぬほど[37]にて死なむこそ、めやすかるべけれ。**（徒然草）

訳 命が長いと恥が多い。たとえ長生きするとしても四十歳にならないうちに死ぬのが、見苦しくないだろう。

・関連語・ 対 **237 めざまし** ［形］

入試 ★★★ 問われたら、確実に得点したい語の一つです。

219 こころやすし【心安し】［ク活用］

□□□

訳語 **1** 安心だ。 **2** 気楽だ。**気安い。**

心に波が立っていない

漢字で記すと「心安し」。「安し」は「安泰」「安楽」の「安」の意味です。**心に心配事がないこと**（**1**）**や、気がねする必要がない**（**2**）**状態を表します。**

1 **今ぞ心やすく黄泉路(よみぢ)もまかるべき。**（大鏡）

訳 今は安心してあの世にも旅立てるだろう。

2 **この位去りて、ただ心やすくてあらむ。**（大鏡）

訳 この（皇太子の）位を譲って、ただ気楽な状態でいよう。

・関連語・ 対 **やすからず** ［連語］ 心穏やかでない。不愉快だ。

入試 ★☆☆ **1**も**2**も大切です。現代語訳だけでなく、心情説明でも問われます。

220 うしろめたし【後ろめたし】［ク活用］

訳語
1 心配だ。気がかりだ。

心配　　安心
うしろめたし ⟷ うしろやすし
＝　　≠
うしろめたなし

▼「なし」は、状態を表す接尾語で、「無し」ではありません。

KEY 気がかり

POINT 「やましくて気がとがめる」ことではありません。**人を後ろから見守って、その人の将来を心配する気持ちを言います。**「うしろめたなし」とも言います。「なし」に引かれて対義語と思ってはいけません。

1 **乳母(めのと)替へてむ。**いと[41]**うしろめたし。**（枕草子）
訳 乳母を替えてしまおう。とても心配だ。

同 **内裏(うち)に奉らむと思へど、われ亡からむ世など、うしろめたなし。**（落窪物語）
訳（娘は）天皇に差し上げようと思うが、自分が亡くなった時などが、心配だ。

・関連語・
同 **うしろめたなし**［形］
対 **うしろやすし**［形］安心だ。頼もしい。

入試 ★★★
現代語訳だけでなく、心情説明でも問われます。

221 こころぐるし【心苦し】［シク活用］

□□□

訳語
1 つらい。**心配だ。**
2 気の毒だ。**見ていてつらい。**

KEY 心が痛い

POINT 現代語の「相手にすまない」ことではありません。**漢字で記すと「心苦し」。文字どおり「心が苦しくつらい」という意味です。** 1は〈自分〉のことで心が痛い、2は〈人〉のことで心を痛める意味です。

1 **風の便りの言伝(ことづて)も絶えて久しくなりければ、何となりぬることやらむと、心苦しうぞ思はれける。**（平家物語）
訳（維盛卿(これもりきょう)の奥様は）風の便りの消息も絶えて久しくなっ

入試 ★★★
1も2も大切です。入試では、現代語訳だけでなく心情説明でも問われま

▼「気の毒だ」と訳せる形容詞には右の三つがあります。

いとほし
かたはらいたし
こころぐるし
見ていてつらい
▼
気の毒だ

たので、（夫は）どうなったことだろうかと、つらく思われた。

2 君は、思し怠る時の間もなく、心苦しくも恋しくも思し出づ。（源氏物語・帚木）

訳（源氏の）君は、お忘れになるわずかの時もなく、気の毒にも恋しくも（空蟬のことを）思い出しなさる。

す。**2**は**1**でも訳せるときがしばしばあります。人は、他人事でもまるでわが身の事のように思うときがあるからです。

222

まばゆし

□□□

［ク活用］

目を伏せたい

まともに見据えることのできないものの様子を表します。いい意味で使われているときもありますが、否定的な意味のときが大切です。**2**は、人の目を正視できない羞恥心を言い表しています。

訳語

1 見ていられない。**目をそむけたいほどだ。**

2 恥ずかしい。**照れくさい。**

上達部

太政大臣―左大臣・右大臣・内大臣―大納言・中納言・参議

▶「上達部」とは公卿（＝国政を担う職種）のことです。

1 上達部・上人などもあいなく[90]目をそばめつつ、いと[41]**まばゆき**人の御おぼえ[114]なり。（源氏物語・桐壺）

訳 公卿や殿上人なども苦々しく目をそらしては、とても見ていられないほどの（桐壺の更衣に対する天皇の）ご寵愛である。

2 はかなき[80]御いらへも心やすく聞こえむも**まばゆし**かし。（源氏物語・葵）

訳（普通の人は源氏に対する）ちょっとしたお返事も気軽に申し上げることも恥ずかしいよ。

関連語

類 **かはゆし**［形］ **1**気の毒だ。 **2**恥ずかしい。

入試 ★☆☆

1も**2**も大切です。入試では、現代語訳だけでなく内容・心情説明でも問われます。**1**は、つい「まぶしいほど美しい」と誤読しがちなので要注意です。

223 □□□

はづかし

【恥づかし】［シク活用］

訳語

1 （こちらが気後れするほど）立派だ。すぐれている。

相手が立派すぎる

相手が立派すぎてこちらが恥ずかしくなることを言います。ですから、恥ずかしい思いも気後れする気持ちです。これに対し、類義語の「かたはらいたし」はみっともないときに感じる羞恥心を言い表します。

1 はづかしき人の、歌の本末問ひたるに、ふとおぼえたる、我ながらうれし。（枕草子）

訳（こちらが気後れするほど）立派な人が、和歌の上の句・下の句を（私に）尋ねた際に、すっと思い出されたときは、われながらうれしい。

・関連語・

類 84 かたはらいたし［形］

入試 ★★☆

入試で問われたら 1 の意味です。（実戦⑨16）

224 □□□

つたなし

【拙し】［ク活用］

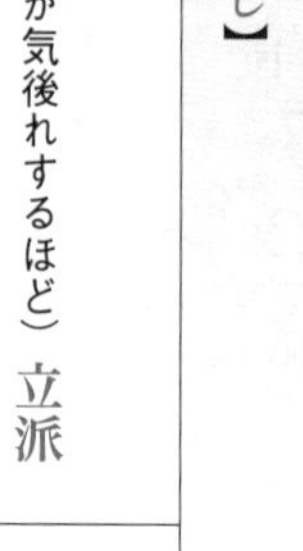

訳語

1 下手だ。拙劣だ。

2 劣っている。凡庸だ。

3 下品だ。見苦しい。

4 不運だ。運が悪い。

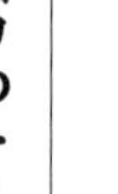

劣っている

現代語「拙い」の語源です。今は「拙い絵」「拙い文章」などと「技量が人よりも劣っている」ことを言いますが、古語は「技量」のほかに、「天分」「品性」「運」が人よりも劣っていることも表します。

1 つたなく弾きて、弾きおほせざれば、腹立ちて鳴らぬなり。（今昔物語集）

訳（玄象という名の琵琶は）下手に弾いて、十分に弾きこなせないと、腹を立てて音を立てないのである。

2 愚かにつたなき人も、家に生まれ、時にあへば、高き位にのぼり、奢りを極むるもあり。（徒然草）

入試 ★☆☆

入試では 1 ～ 4 のどの意味も問われます。四つも意味がありますが、「つたなし」＝「人よりも劣っている」と押さえておけば大丈夫です。選択式の

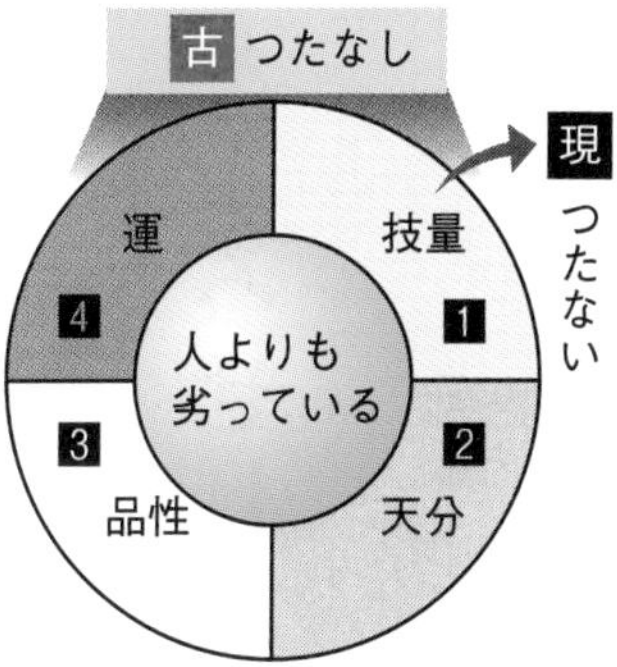

▼古語「つたなし」は現代語「つたない」よりも幅広い意味を表します。

訳 愚かで劣っている人も、良い家に生まれ、良い時にめぐり合うと、高い位にのぼり、贅沢を極めることもある。

3 **屏風・障子などの、絵も文字もかたくななる[104]筆様して書きたるが、見にくきよりも、宿の主のつたなくおぼゆるなり。**[4]（徒然草）

訳 屏風や障子などの、絵も文字もみっともない筆づかいで書いてあることが、見苦しいこと以上に、その家の主人が下品に思われるのである。

4 **ただこれ天にして、汝が性のつたなきを泣け。**（野ざらし紀行）

訳（捨て子よ、親に捨てられたのは）ただ天命であって、おまえの宿命が不運なことを泣きなさい。

ときは、何が「人よりも劣っている」のかを考えて、文脈に合う適切な訳語を選びます。記述式のときは、「人よりも劣っている」と訳しておけば大丈夫です。

225 □□□

こちたし ［ク活用］

訳語

1 仰々しい。**はなはだしい。**

KEY

おおげさ

POINT

「こといたし」が変化した語です。漢字で記すと、「こと」は「事」、「いたし」は「甚し」。**物事が度を越えてうるさく感じられるほどの様子を表します。**

1 **鶴は、いと[41]こちたきさまなれど、鳴く声、雲居まで聞こゆる、[60]いと[41]めでたし[22]。**（枕草子）

訳 鶴は、とても仰々しい姿であるけれども、鳴く声が、天上まで聞こえるのは、とてもすばらしい。

・関連語・

類 **ことごとし**［形］おおげさだ。仰々しい。

入試 ★★☆

226 □□□ さうなし（ソ）【左右無し】［ク活用］

訳語 1 ためらわない。無造作だ。

▼守(かみ)（＝受領(ずりょう)）は官位が五位・六位の者から選ばれ任国へ赴きました。

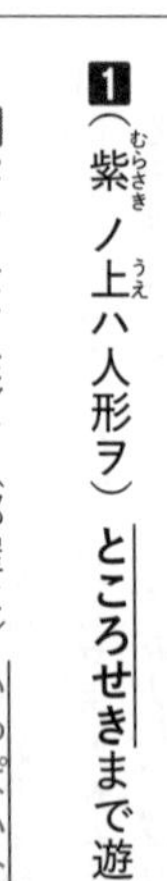

KEY ストレート

POINT 漢字で記すと「左右無し」。**右がよいか左がよいかと迷うことのない態度を表します。**「さうなし」は「双無し」のこともあるので要注意です。「左右無し」と「双無し」はもちろん別の単語です。

1 **古くよりこの地を占めたるものならば、さうなく掘り捨てられ難し。**（徒然草）

訳（蛇が）昔からここをすみかとしているのならば、無造作に土を掘って（蛇の塚を）お捨てになるのは難しい。

関 **城陸奥守泰盛(じやうのむつのかみやすもり)は、さうなき馬乗りなりけり。**（徒然草）

訳 秋田城介(あきたじょうのすけ)で陸奥守の安達(あだち)泰盛は、並ぶものがない乗馬の名手であった。

・関連語・

関 **双無し** ［形］ 並ぶものがない。比類なくすばらしい。

入試 ★★☆ 平仮名表記の場合、どちらの「さうなし」かは文脈から考えましょう。（実戦⑨8）

227 □□□ ところせし【所狭し】［ク活用］

訳語 1 いっぱいだ。あふれるくらいだ。

KEY 窮屈

POINT 漢字で記すと「所狭し」。**余地が少なくて自由に身動きしたり、面倒が多くて気軽に振る舞ったりできないことを言います。**窮屈に感じるほど高貴な身分を言っているときもあります。

1 **（紫(むらさき)ノ上(うえ)ハ人形ヲ）ところせきまで遊びひろげ給(たま)へり。**（源氏物語・紅葉賀）

訳 紫の上は人形を（部屋に）いっぱいなくらいまでひろ

・関連語・

類 **ものものし** ［形］ 重々しい。堂々としている。

2 窮屈だ。不自由だ。
3 おおげさだ。仰々しい。

古 ところせし

1 空間的な
2 心理的な } 窮屈さ ⇒ 3 おおげさなもの 仰々しいもの

▼2の心理的な窮屈さをもたらすものが3です。

げて遊んでいらっしゃる。

2 **ところせき**身こそわびしけれ[25]。軽らかなるほど[37]の殿上人などにてしばしあらばや。（源氏物語・浮舟）

訳 窮屈な身分はやりきれない。身軽な身分の殿上人などとしてしばらくいたい。

＊匂宮の言葉です。宮様は高貴すぎて気軽に行動することができないのです。

3 ただ近き所なれば、車は**ところせし**。（堤中納言物語・はいずみ）

訳（行き先は）ほんの近い所なので、牛車（で行くの）はおおげさだ。

入試 ★★★

入試では1〜3のどの意味も問われます。ただし、2の例文のように身分が高貴すぎて窮屈に感じることを言っている「ところせし」をきかれて得点できると優位に立てます。（実戦⑨17）

228 □□□ つつまし ［シク活用］

【慎まし】

訳語

1 気がひける。**気恥ずかしい。**

KEY **引っ込み思案**

「質素だ」という意味ではありません。動詞「つつむ」の形容詞形です。ひっそりと隠れていたい気持ちです。

POINT **自分を表に出すことを避けようとする心のあり方を表します。**

1 立ち聞き、かいまむ人のけはひして、いと[41]いみじく[14]もの**つつまし**。（更級日記）

訳（宮仕え先では個室にいても）立ち聞きをしたり、のぞき見をしたりする人の気配がして、とてもとても何かにつけて気がひける。

・関連語・

1 **つつむ** ［動四］ **1** 気がひける。遠慮する。**2** 隠す。

入試 ★★☆

現代語訳だけでなく心情説明でも問われます。

229

まさなし

［ク活用］

訳語

1 よくない。**不都合だ。**

2 見苦しい。**みっともない。**

KEY

はずれている

POINT

「まさ」は期待・予想されるさまの意味です。それが「なし（無し）」で打ち消されているのですから、「まさなし」で**期待や予想からはずれているものの様子を言い表します。**

1 **何をか奉らむ。まめまめしきものは**まさなかり**なむ。**[19]**ゆかしくし給ふなるものを奉らむ。**（更級日記）

訳 何を差し上げようか。実用的なものはきっと<u>よくない</u>だろう。（あなたが）読みたがっていらっしゃるという物語を差し上げよう。

＊文学少女であった菅原孝標女に、彼女のおばが物語の本をプレゼントするときの言葉です。

2 **いかに瀬尾殿、**まさなう**も敵に後ろをば見するものかな。**（平家物語）

訳 なんと瀬尾殿、<u>見苦しく</u>も敵に背を見せるものだなあ。

関連語

類 **本意なし**［形］残念だ。不本意だ。

入試 ★☆☆

1も**2**も大切です。ただ**1**でも**2**でも訳せるケースが多くあります。**1**なのか**2**なのかそれほどこだわることはありません。

230

ねたし

［ク活用］

【妬し】

訳語

KEY

癪

POINT

動詞「妬む」（「嫉む」）の形容詞形です。しかし、相手をうらやんで嫉妬する気持ちではありません。**瞬間的に感じるいまいましさを表します。「ちぇっ」と舌打ちしたくなる気持ちです。**

関連語

1 しゃくにさわる。**憎らしい。**

上達部（かんだちめ）（公卿（くぎょう））
昇殿可
殿上人
地下

▼貴族社会の階級は大きく三つに分かれます。

231

まだし

□□□

［シク活用］

訳語

1 まだ時期が早い。**時期尚（しょう）早（そう）だ。**

2 不十分だ。**未熟だ。**

卯の花

---

1 殿上人（てんじょうびと）、地下（ぢげ）なるも、陣に立ち添ひて見るも、いと[41]**ねたし**。（枕草子）

訳 殿上人や、地下である者も、陣に寄り添って（私たちを）見ているのも、とてもしゃくにさわる。

＊「地下」とは、天皇のいる清涼殿に昇ることを許されていない役人を言います（↓P342）。普通、六位以下の役人です。

KEY

まだ早い！　まだ足りない！

POINT

副詞「まだ」の形容詞形です。**まだ時間的に早いこと**（**1**）、**まだ物事が足りないこと**（**2**）**を言い表します。**「まだきに」（＝早くから）「まだきも」（＝早くも）の形で使われるときもあります。

1 紅葉（もみぢ）も**まだし**。花もみな失せ[72]にたり。枯れたる薄（すすき）ばかりぞ見えつる。（蜻蛉日記）

訳 紅葉もまだ時期が早い。花もみな散ってしまった。枯れた薄だけが見えた。

2 供なる男（をのこ）どもも、いみじう[14]笑ひつつ、「ここ**まだし**、ここ**まだし**」と差しあへり。（枕草子）

訳 供の男たちも、ひどく笑いながら、「ここが不十分だ、ここが不十分だ」と（車に卯（う）の花を）挿しあっている。

＊「卯の花」は初夏の代表的な風物です（↓P333）。

類 245 **あやにくなり**［形動］

入試 ★☆☆

「ねたし」の語幹に「げなり」がついた形容動詞「ねたげなり」も問われることがあります。

・関連語・

1 **まだき**［副］早く。もう。

入試 ★☆☆

1 の意味が大切です。入試では「まだきに」「まだきも」の形のときもよく問われます。

実戦問題⑨

問　傍線部の口語訳として適当なものを、後から選べ。

□**1**御前にさぶらふ人々も**をこがましく**思ふらむ。〈大鏡・福岡大〉P203
①不思議なことと　②みっともないことと
③でしゃばりなことと　④驚くべきことと
⑤男らしいことと
訳　御前にお控えしている人々も②みっともないことと思っているだろう。

□**2**何しに**さかしく**教ふる。〈沙石集・学習院大〉P204
①理づめに　②大人ぶって　③かしこぶって
④ずうずうしく
訳　どうして③かしこぶって教えるのだ。

□**3**折につけては**つきづきしく**聞こえしにや。〈たまきはる・青山学院大〉P208
①風情があって良い　②ぴったり貼りついている
③適切な感じがする　④かわいいと感じられる
⑤美しく立派である
訳　その場においては③適切な感じがすると思われたのであろうか。

□**4**何ごとにもいかでかくと**めやすくおはせしものを**、〈栄花物語・共通テスト〉P209
①すばらしい人柄だったのになあ
②すこやかに過ごしていらしたのになあ
③感じのよい人でいらっしゃったのになあ
④見た目のすぐれた人であったのになあ
⑤上手におできになったのになあ
訳　どんなことでもどうしてこのように（優れているのか）と③感じのよい人でいらっしゃったのになあ、

□**5**又いかなる人にか見え給はむと思ふなむ、**うしろめたき**。〈雁の草子・立教大〉P210
①気がかりだ　②冷淡だ　③じれったい　④くやしい
⑤見苦しい
訳　また（あなたは）どんな人と結婚なさるのだろうかと思うと、①気がかりだ。

□**6**この童（わらは）、「いかに、かかる所にはおはしまさむずる」と言ひて、いと**心苦し**と見ゐたり。〈堤中納言物語・青山学院大〉P210
①寂しい　②気の毒だ　③申し訳ない　④理解できない
⑤満ち足りない
訳　この少年は、「どうして、このような所にいらっしゃるのだろうか」と言って、とても②気の毒だとじっと見ている。

□**7**雪、夜よりも高く積もりて**こちたく降る**。〈讃岐典侍日記・青山学院大〉P213
①心地よいほど降る　②はなはだしく降る
③こちらへ向かって降る　④いつまでもいつまでも降る
⑤身体に当たって痛くなるほど降る
訳　雪は、夜よりも高く積もって②はなはだしく降る。

□**8**当国の内にては逃れ難かるべし。さればとて、**さうなく**自害せんも本意なし。

①ひそかに　②むだに　③見苦しく

④無理に　⑤簡単に　〈曽我物語・二松学舎大〉P214

訳この国の中では逃れ難いだろう。だからといって、⑤簡単に自害するのも不本意だ。

□9ありし女のがり行きたりけり。久しく行かざりければ、つつましくて立てりけり。

①落ちぶれて　②なつかしくて　③質素にして

④気が引けて　〈大和物語・学習院大〉P215

訳昔の女の所へ行った。長いこと行かなかったので、④気が引けて立っていた。

□10人の聞くに、まさなく一合二合なんど言はんも聞きにくし。

①はっきりと　②気まぐれに　③見苦しく　④不正確に

⑤厳密に　〈沙石集・白百合女子大〉P216

訳人が聞くときに、③見苦しく（米を）一合二合などと言うようなことも聞き苦しい。

□11簾（みす）をちと働かすやうに、ちと見えし、かへりて少将内侍打たれぬ。ねたき事限りなし。

①しゃくにさわる　②つらい　③滑稽な

④奥ゆかしい　⑤痛快な　〈弁内侍日記・中村学園大〉P216

訳（頭中将が）御簾（みす）を少し動かすように、少し見えたが、逆に少将内侍が打たれてしまった。①しゃくにさわることこの上ない。

問　傍線部を口語訳せよ。（※太字部分が本書の見出し語）

□12あたら御さまを。　〈堤中納言物語・岩手大〉P202

訳（なんとも）「もったいない」ご様子なのに。

□13名ある所はたづねまほしかりしを、かかる旅の空にすきずきしからんもうるさくて、過ぎ侍りし。

〈小島のくちずさみ・岡山大〉P205

訳（和歌で）名のある所は訪ねたかったが、このような旅の境遇で「風流な」のもわずらわしくて、通り過ぎました。

□14鹿の、縁のもとまで来て、うち鳴いたる、近うてはなつかしからぬものの声なり。　〈更級日記・中央大〉P208

訳鹿が、縁側の所まで来て、ちょっと鳴いたが、近すぎては「好ましく」ない鳴き声である。

□15月のくまなく明かからむも、はしたなくまばゆかりぬべかりけり。　〈更級日記・聖心女子大〉P211

訳月が暗い所がなく明るく照っていたら、（お互いに）きまりが悪く「照れくさかっ」たにちがいなかったことよ。

□16人ばえするもの。…しはぶき。はづかしき人にものいはんとするに、先に立つ。　〈枕草子・埼玉大〉P212

訳人前でしゃしゃり出るもの。…せき。「立派な」人に何か言おうとすると、真っ先に出る。

□17かかるありきもならひ給はず、ところせき御身にて、めづらしう思（おぼ）されけり。　〈源氏物語・静岡大〉P214

訳このような外出も慣れていらっしゃらず、「窮屈な」ご身分で、目新しくお思いになった。

□□□

はしたなし

［ク活用］

不調和

「はした」は「はした金」の「はした」と同じで、どっちつかずの浮いた状態のことです。「なし」は「無し」ではありません。形容詞を作る接尾語です。**調和の欠けた突出した様子とその時の気持ちを表します。**

訳語

1 不釣り合いだ。

2 無愛想だ。

3 はげしい。**強い。**

4 きまりが悪い。**体裁が悪い。**

▼野分が吹くことを「野分だつ」と言います。

1 **思ほえず、ふるさとにいと[41]はしたなくてありければ、心地[115]惑ひ[70]にけり。**（伊勢物語）

訳 思いがけず、古都に（優美な姉妹が）とても不釣り合いなさまでいたので、（男は）気持ちが乱れてしまった。

2 **え[47]はしたなうもさし放ちきこえず。**（源氏物語・紅葉賀）

訳（命婦（みょうぶ）は源氏を）無愛想にも突き放し申し上げることができない。

3 **ある夜、野分（のわき）はしたなう吹いて、紅葉みな吹き散らし、落葉すこぶる狼藉（らうぜき）なり。**（平家物語）

訳 ある夜、台風がはげしく吹いて、紅葉を全部吹き散らし、落葉がずいぶん散乱している。

＊「野分」とは「野の草を分けて吹く風」の意味で「台風・秋の暴風」のことです（→P334）。

4 **はしたなきもの。こと人を呼ぶに、われぞとさし出でたる。**（枕草子）

訳 きまりが悪いもの。違う人を呼んだのに、自分だと思ってすっと顔を出したとき。

入試★★★

入試では**1**～**4**のどの意味も問われます。どの意味で使われているかは文脈から判断します。（実戦⑩1）**4**のときは心情説明でもきかれます。周りから浮いてしまったときに感じる恥ずかしさです。鎌倉時代になって武士の世の中になると「ずぬけている」というい い意味で使われることもあります。周りから「突出」していることが「傑出」していると見なされるのです。

233

わりなし □□□

［ク活用］

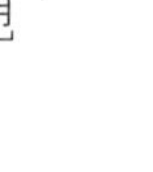

KEY 無茶苦茶

POINT

「わり」は「ことわり」（＝道理）の「わり」。「なし」は「無し」です。つまり、**道理にはずれていたり**（**1**）、**常識を超えていたり**（**2**）**するものの様子を表します。** **3**と**4**は、そういうときの気持ちの意味です。

訳語

1 道理に合わない。**無理だ。**

2 並々ではない。**はなはだしい。**

3 耐えがたい。**つらい。**

4 しかたがない。**やむをえない。**

道理

様子

1 はずれている　　2 超えている

心情

3 耐えがたい　　4 しかたがない

▼**1** **2**は様子、**3** **4**は心情を表す訳語です。

1 **人の上いふを腹立つ人こそ、いと[41] わりなけれ。**（枕草子）

訳 他人のことをうわさするのに腹を立てる人は、まったく道理に合わない。

2 **苦しげなるもの。…わりなくもの疑ひする男に、いみ[14]じう思はれたる女。**（枕草子）

訳 苦しそうなもの。…並々ではなく物を疑う男に、とても愛されている女。

3 **女君（をんなぎみ）は、わりなう苦しと思ひ臥（ふ）したまへり。**（落窪物語）

訳 女君は、耐えがたくつらいと思って横になっていらっしゃる。

4 **いみ[14]じう酔（ゑ）ひて、わりなく夜更けて泊まりたりとも、さら[49]に湯漬けをだに食はせじ。**（枕草子）

訳（男が）ひどく酔って、しかたなく夜が更けて泊まったとしても、（私は）決して湯漬けさえも食べさせるつもりはない。

・関連語・

対 **ことわりなり**［形動］当然だ。もっともだ。

（入試）★★★

入試では**1**〜**4**のどの意味でも問われます。現代語訳だけでなく、内容・心情説明でもきかれます。**2**は、鎌倉時代になると「（並々ではなく）すばらしい」といういい意味で使われるときがあります。常識を超えたさまを肯定的に評価するのです。これも入試ではきかれます。

234

□□□

ずちなし

【術無し】

［ク活用］

訳語

1 どうしようもない。しかたがない。

大宰府

筑前国

筑後国

▶大宰府は筑前国に設置された行政機関です。

お手上げ

漢字で記すと「術無し」。「術」は「手段・方法」の意味です。それが「無し」で打ち消されているのですから、**事に当たって何の手段も方法もないことを言います。**「術」は訓読みすると「すべ」。「すべなし」とも言います。

1 今日は**ずちなし**。右の大臣(おとど)に任せ申す。（大鏡）

訳 今日はどうしようもない。（閣議は）右大臣にお任せする。

＊左大臣藤原時平(ふじわらのときひら)がどうにも笑いが止まらなくなって、閣議の進行を右大臣菅原道真(すがわらのみちざね)に任せたのです。やがて道真は時平の策謀によって大宰府(だざいふ)に左遷され、その地で亡くなりました。

・関連語・

同 **すべなし** ［形］

同 **せむかたなし** ［形］

入試 ★★☆

入試で意味をきくときは平仮名で記されるのが普通です。

235

□□□

あへ(エ)なし

［ク活用］

訳語

1 あっけない。はりあいがない。（今さら）どうしようもない。

KEY

拍子抜け

POINT

漢字で記すと「敢へ無し」。「敢へ」は、もとは動詞の「敢(あ)ふ」です。物事に対して十分持ちこたえられるという意味です。それが「無し」なのですから、**拍子抜けするほど簡単に終わったものの様子を表します。**

1 伊成(これなり)進み寄りて、弘光(ひろみつ)が手を取りて前ざまへ強く引きたるに、うつ伏しに転(まろ)びぬ。**あへなき**ことかぎりなし。（古今著聞集）

訳 伊成が進み寄って、弘光の手を取って前方に強く引いた

・関連語・

1 330 **〜あへず** ［連語］

2 **〜あへなむ** ［連語］ 〜はよいだろう。〜はか

「相撲の節」には、諸国から力士が集められました。

ところ、(弘光は)うつ伏せに転んでしまった。あっけないことこの上もない。

＊「伊成」も「弘光」も相撲取りです。

2 小さきは**あへなむ**。（大鏡）

訳 幼い子どもは（父親（＝菅原道真）の流刑地へ一緒に行っても）かまわないだろう。

まわないだろう。

入試 90「あいなし」★★☆（筋違いだ・つまらない）とつい混同します。出題者はそこを突いてきます。

236 □□□ くまなし 【隈無し】 ［ク活用］

訳語

1 暗い所がない。**かげの部分がない。**

2 行き届かないところがない。**いたらないところがない。**

「くまなき月」とは「満月」のことです。

KEY **満月！**

「くま（隈）」は「光の届かない暗い所」という意味です。それが「なし（無し）」で打ち消されているのですから、**すみずみまで明るい様子を「くまなし」と言います。**月を言っているのならば、満月ということです。

POINT

1 花は盛りに月は**くまなき**をのみ見るものかは。（徒然草）

訳 桜の花は満開で月は暗い所のない満月だけを観賞するものなのか、いやちがう。

＊古文で単に「花」といえば「桜」のことです（→P332）。「かは」は反語の係助詞です（→P310）。

2 いと[41]**くまなき**御心のさがにて、推し量り給ふにやはべらむ。（源氏物語・椎本）

訳（匂宮は）まったく行き届かないところがないご性分で、推察なさるのでしょうか。

・関連語・

関 **さやかなり** ［形動］ はっきりしている。明るい。

入試 ★★☆

1 の意味が大切です。月の「くま」とは太陽の光が当たらない所を言います。「くまなき月」を表面に雲がかかっていない月と誤解してはいけません。「満月」のことです。

237 □□□ めざまし ［シク活用］

1 気にくわない。**不愉快だ。**

目がつり上がる

「めざましい」ことではありません。**見下していたものが予想外のあり方を示しているときのむかつく気持ちを表します。**漢字で記すと「目覚まし」。相手に対して目が覚めてやがて反感で目がつり上がるのです。

1 初めより我はと思ひ上がり給へる御方々、めざましきものにおとしめそねみ給ふ。（源氏物語・桐壺）

訳（宮仕えの）初めから自分こそは（天皇のご寵愛を受けるはずだ）と自負していらっしゃったお妃方は、（桐壺の更衣を）気にくわない者としてさげすみ憎みなさる。

・関連語・
対 218 **めやすし** ［形］

入試 ★★☆
現代語訳だけでなく、心情説明でも問われます。

238 □□□ こころづきなし 【心付きなし】 ［ク活用］

1 気に入らない。**気にくわない。**

心に「fit」しない

「つき」は「付き」で「fit」の意味です。つまり、**心にしっくりとしないものの様子を表します。**「つき」を「fit」の意味として、「つきなし」「つきづきし」（↓P208）と合わせて覚えることが学習のコツです。

1 **心づきなき**ことあらん折は、なかなか[140]その由[122]をも言ひてん。（徒然草）

訳 気に入らないことがあるようなときは、かえってそのことを言ってしまう方がよい。

＊長居する客人は不快であり、いやいや応対するよりは「心づきなき」ことを相手に言おうというのです。

・関連語・
1 216 **つきづきし** ［形］
類 **ものし** ［形］ 不快だ。

入試 ★★☆
現代語訳だけでなく、心情説明でも問われます。

239 ゆくりなし □□□

［ク活用］

訳語 **1** 突然だ。思いがけない。

KEY **いきなり**

POINT 「ゆく」は「ゆっくり」「ゆっくら」の「ゆく」と覚えましょう。それが「無し」なのですから、**物事が、「ゆっくり」「ゆっくら」でなく、いきなり生じたことを表します**。「ゆくりもなし」とも言います。

1 ほかにて酒などまゐり、酔(ゑ)ひて、夜いたく[88]更けて、**ゆくりもなく**ものし[67]給へり。（大和物語）

訳（泉の大将は）よそで酒などを召し上がり、酔って、夜がとても更けてから、（左大臣の邸(やしき)に）突然お越しになった。

・関連語・ 類250 **とみなり** ［形動］

入試 ★★★ 入試でよく問われる語の一つです。

240 あつし □□□

【篤し】［シク活用］

訳語 **1** 病状が重い。病弱である。

KEY **重い病状**

POINT 漢字で記すと「篤し」。「危篤」の「篤」の意味です。病状が重いことを言います。「**なやむ**」（＝**病気で苦しむ**）→「**あつし**」→「**おこたる**」（＝**病気がよくなる**）という具合に覚えることが学習のコツです。

1 中宮も御物(もの)の怪(け)に悩ませ給ひて、常は**あつしう**おはしますを、院もいとど[131]晴れ間なく思(おぼ)し嘆く。（増鏡）

訳 中宮も物の怪に苦しみなさって、ずっと病状が重くいらっしゃるのを、院もいよいよ心の晴れるときなくお嘆きになる。

＊「物の怪」とは人に取りつく悪霊です。取りつかれると重い病気になります。「生霊(いきりょう)」と「死霊」があります。

・関連語・ 関203 **おこたる** ［動四］ 関204 **なやむ** ［動四］

入試 ★☆☆ 入試の問題文には、「なやむ」→「あつし」→「うす」（＝死ぬ）という流れの本文もよくあります。

241 □□□ あながちなり【強ちなり】［ナリ活用］

訳語 **1** 無理やりだ。**強引だ。** **2** むやみだ。**はなはだしい。**

KEY **強引**

POINT 「あな」は「自己」、「がち」は「休み勝ち」などの「勝ち」で「〜の傾向がある」という意味です。つまり、**原義は自分勝手だということで、そこから、度を越したものも言うようになりました。**

1 **あながちなる**御言(こと)かな。**この中ににほへる[51]鼻もなかめり。**（源氏物語・末摘花）

訳（赤鼻の人がいたとは）無理やりなお言葉だなあ。私たちの中には赤くなっている鼻もないようだ。

＊赤鼻の持ち主は末摘花(すゑつむはな)という女性です。末摘花の鼻は高く長く、垂れた鼻先は赤いのです。

2 **あながちに丈(たけ)高き心地[115]ぞする。**（源氏物語・夕顔）

訳（女たちの立ち姿は）むやみに背丈が高い感じがする。

関連語 類314 **せめて**［副］

入試 ★★★

1も**2**も大切です。**1**は内容説明でもきかれます。「自分勝手」「自己本位」と押さえておけば大丈夫です。

242 □□□ なめげなり［ナリ活用］

訳語 **1** 無礼だ。**無作法だ。**

KEY **なめている感じ**

POINT ク活用形容詞「なめし」の語幹「なめ」に接尾語「げなり」が付いて形容動詞化した語です。**相手をなめて礼儀知らずに振る舞うさまを言います。**

1 受領(ずりやう)などの家にも、物の下部(しもべ)などの来て、**なめげに**言ひ、さりとて我をばいかがせん[148]、など思ひたる、いと[41]ねたげなり。（枕草子）

関連語 **1** **なめし**［形］無礼だ。無作法だ。

訳 受領などの家に、権力者の召使いなどが来て、無礼に口をきき、だからといって自分をどうにもできないだろう、などと思っているのは、とても憎たらしい。

＊「受領」とは国の守として地方に下る中流貴族のことです（→P343）。『枕草子』の作者清少納言は受領の娘でした。

類 **こちごちし・こちなし**［形］**1**無骨だ。無風流だ。**2**無礼だ。無作法だ。

（入試）★☆☆ 関連語もきかれます。

243 □□□

なのめなり

［ナリ活用］

KEY **適当**

POINT 「なのめ」は今の「ななめ（斜め）」です。日本人は縦でも横でもきちんとしたことを好む傾向があります。ですから、「なのめ」は**完璧でない、ちょっといい加減な、普通のありさまを言い表します。**

訳語

1 並一通りだ。**ありきたりだ。**

2 いい加減だ。**おろそかだ。**

藤原道長 ― 中宮彰子 ＝ 66一条天皇
　68後一条天皇
　69後朱雀天皇

▼彰子は二人の天皇の母となり、藤原氏は栄華を極めました。

1 **男にさへおはしましける喜び、いかがはなのめならむ。**（紫式部日記）

訳（無事出産し、生まれた子が）その上男の子でもいらっしゃった喜びは、どうして並一通りであろうか。

＊中宮彰子の出産の場面です。子どもの父親は一条天皇です。生まれた子どもは男の子なので、将来天皇になる可能性があるのです。

2 **文言葉なめき人こそ、いとにくけれ。世をなのめに書き流したる言葉のにくきこそ。**（枕草子）

訳 手紙の言葉が無礼な人は、とても憎らしい。世間をいい加減に（見て）書き流している言葉の憎たらしいこと。

・関連語・

対 **なのめならず・なべてならず**［連語］並々ではない。格別だ。

（入試）★★☆ **1**も**2**も大切です。現代語訳だけでなく、内容説明でも問われます。否定形の「なのめならず」（＝並々ではない）もよくきかれます。（実戦⑩6）

244 おぼろけなり

□□□

［ナリ活用］

訳語

1 並一通りだ。**ありきたりだ。**

2 並々ではない。**格別だ。**

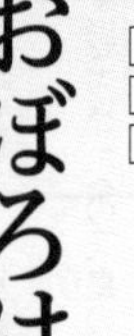

おぼろけなり
＋否定表現
↓
2 並々ではない
＝
おぼろけならず

▶「おぼろけなり」**2** も「おぼろけならず」も「並々ではない」という意味です。

KEY

「並」なのか「並じゃない」のか？

POINT

1 の「**並一通りだ**」**がもともとの意味です。**ところが、多く否定表現とともに使われるところから、この語そのものに否定のニュアンスが生じて「おぼろけならず」と同じ意味（**2**）でも使われるようになりました。

1 **おぼろけに**いそぐことなきは、**必ず参り給**[たま]**ふ。**（枕草子）

訳（中宮のもとへ）必ず参上なさる。（上達部[かんだちめ]も）並一通りで急ぐことがないときは、

2 **おぼろけ**のよすがならで、**人の言**[こと]**にうちなびき、この山里をあくがれ給ふな。**（源氏物語・椎本）

訳 並々ではない縁以外に、人の口車に乗せられて、この山里からさまよい出なさってはいけない。

・関連語・

1 **おぼろけならず**［連語］
並々ではない。格別だ。

入試 ★☆☆
関連語もよく問われます。「おぼろけなり」で「おぼろけならず」と同義のときがあります。入試ではこれもきかれます。
（実戦⑩10）

245 あやにくなり

□□□

［ナリ活用］

訳語

1 （思いに反して）ひどい。
（思いに反して）はなはだしい。

KEY

ああ憎い！

POINT

「あやにく」の「あや」は感動詞、「にく」は形容詞「憎し」の語幹です。「あやにく」で「ああなんと憎いこと」という意味です。**自分の思いに反してひどいこと・はなはだしいことを言います。**

1 **逢**[あ]**はじとしけれど、男はあやにくに心ざし深くなりゆく。**[12]（古本説話集）

入試 ★☆☆
「あいにくだ」の意味もありますが、設問にはなりません。

訳（女は男に）逢うまいとしたけれども、男はひどく愛情が深くなっていく。

りません。

まめやかなり □□□

［ナリ活用］

中身がある

「まめ」の意味を覚えましょう。「**まめ」とは、見かけに伴う中身や内容があることを言います。** **1**は人、**2**は事物、**3**は状態を述べているときの訳語です。見かけだけで中身や内容がないことは「あだ」と言います。

訳語

1 まじめだ。**本気だ。**

2 実生活向きだ。**実用的だ。**

3 本格的だ。**本式だ。**

	性格	事物
まめ	まじめ 誠実	実用的 本格的
あだ	不誠実 浮気	はかない 一時的

▼「まめ」と「あだ」は対比して覚えましょう。

1 ことなる顔かたちなき人は、物**まめやか**に習ひたるぞよき。（落窪物語）

訳格別な美貌の持ち主でない人は、物をまじめに習っているのがよい。

2 をかしきやうにも**まめやかなる**さまにも心寄せ仕うまつり給ふこと、三年ばかりになりぬ。（源氏物語・橋姫）

訳（薫が）風流の面でも実生活向きの面でも（八の宮に）好意を寄せお世話申し上げなさることが、三年ほどになった。

3 **まめやかに**降れば、笠もなき男ども、ただ引きに引き入れつ。（枕草子）

訳（雨が）本格的に降るので、笠もかぶらない供の男たちが、（牛車を邸内に）ただもう引き入れてしまう。

関連語

1 **まめなり**［形動］**1**まじめだ。本気だ。**2**実生活向きだ。実用的だ。

2 **まめまめし**［形］**1**まじめだ。本気だ。**2**実生活向きだ。実用的だ。

3 **まめごと**［名］実生活向きのこと。

4 **まめびと**［名］まじめな人。

対105 **あだなり**［形動］

入試 ★★★ **1**〜**3**のどの意味も大切です。関連語もよく問われます。

247 せちなり【切なり】［ナリ活用］□□□

訳語

1 切実だ。身にしみる。

2 大切だ。切迫している。

3 〔「せちに」の形で〕ひたすら。いちずに。

「せち」は「切」

漢字で記すと「切なり」。「切」は「切実」「痛切」「大切」「切迫」の「切」です。**切々と心に感じられるさま、ひしひしと身に迫ってくるさまを表します。**

1 **嘆き切なるときも、声をあげて泣くことなし。**（方丈記）

訳（権力者のそばに住む者は）嘆きが切実なときも、（遠慮して）声をあげて泣くことはない。

2 **大納言、宰相もろともに、忍びてものし給へ。せちなること聞こえむ。**（宇津保物語）

訳 大納言や、宰相も一緒に、人目を避けてお越しください。大切なことを申し上げたい。

3 **せちに「来」とあらば、行かむ。**（更級日記）

訳 ひたすら「来い」と言うのならば、行こう。

関連語

対 **おいらかなり**［形動］**1** おっとりしている。穏やかだ。**2** あっさりしている。

入試 ★★☆

文章中で最も多く使われるのが**3**の意味です。したがって、入試でよく問われるのも**3**です。

上達部

大政大臣

左大臣　右大臣　内大臣

大納言　中納言　参議

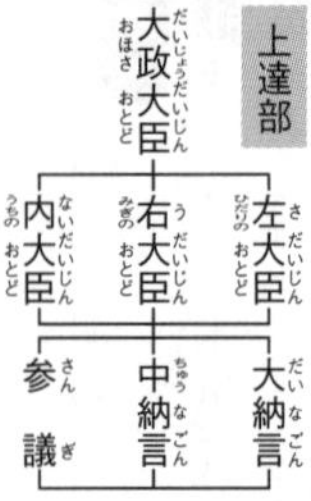

▶「大納言」は三位、「参議（＝宰相）」は三位・四位の者から選ばれます。

248 よそなり［ナリ活用］□□□

「よそ」は「outside」

「よそ」の対義語は「うち」です。「うち」は「inside」で、「よそ」は「outside」と理解しましょう。現代語「よそ」は多く「場所」のことに用いられますが、**古語は「関係」でもよく用いられます。「よそよそしい」の「よそ」です。**

関連語

1 無縁だ。**無関係だ。**

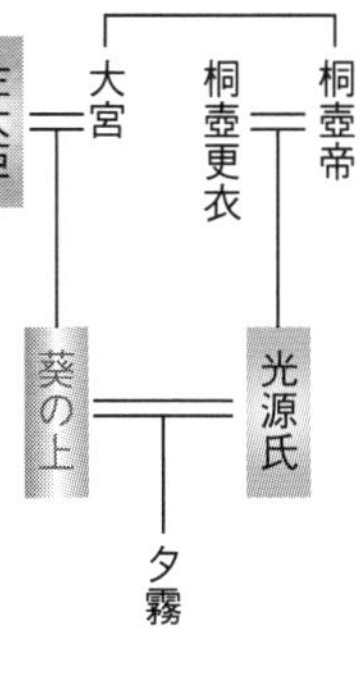

▼葵の上は光源氏の最初の正妻でした。

1 この大将の君（＝源氏）の、今は**よそになり**給（たま）はむなむ、飽か[11]ずいみじく[14]思ひたまへらるる。（源氏物語・葵）

訳 この大将の君が、これで最後と（この家と）無縁におなりになるようなことが、（私には）満ち足りずひどく悲しく思われるのです。

＊娘（＝葵（あおい）の上（うえ））の死によって、娘の夫であった光源氏（ひかるげんじ）が無縁な人となることを娘の父（＝左大臣）が嘆いている言葉です。「思ひたまへらるる」の「たまへ」は謙譲の補助動詞「たまふ」の未然形です。

類 **あらぬ** ［連体］ **1**ほかの。別の。**2**意外な。とんでもない。

入試 ★☆☆ 入試では現代語訳だけでなく、内容説明でも問われます。読解上の重要語でもあります。

249 □□□

うちつけなり ［ナリ活用］

ぶっつけ本番

「うちつけ」は、今の「ぶっつけ本番」の「ぶっつけ」です。つまり、物をぶっつけるように、**急に物が生じたり、いきなり事を行ったりするさまを言います。**だしぬけな行為は相手には **2** のように感じられます。

訳語
1 突然だ。**だしぬけだ。**
2 軽率だ。**無礼だ。**

1 **うちつけなる**御夢語りにぞはべるなる。（源氏物語・若紫）

訳 突然の夢で見たお話であるようですね。

＊平安時代の人々にとって、「夢」は未来の予兆でした。人の見た夢を占うことを「あはす」と言います。合わせ方次第でいい夢にも悪い夢にもなりました。夢を占う人を「夢解（と）き」と言います。

2 いと[41] **うちつけなる**心かな。（源氏物語・椎本）

訳 ひどく軽率な心だなあ。

・関連語・
類239 **ゆくりなし** ［形］
類250 **とみなり** ［形動］

入試 ★☆☆ **1**の意味で多く使われますが、入試では**2**の意味も問われます。

250 □□□

とみなり

【頓なり】

［ナリ活用］

1 急だ。

2 〔「とみに」の形で〕すぐに。

▶「内侍」は内侍司という役所で働く、天皇のそばに仕える女性です。

KEY **急！**

POINT 「とみなり」は漢字で記すと「頓なり」。「頓」は「頓知」「頓死（＝急死）」の「頓」と同じです。**「いきなり」であるさま、「すばやい」さま**を表します。

1 **うれしきもの。…とみにて求むる物、見出でたる。**（枕草子）

訳 うれしいもの。…急に（必要になって）探している物を、見つけ出したとき。

2 **御前の方にいみじくののしる。内侍起こせど、とみにも起きず。**（紫式部日記）

訳（大晦日の夜）中宮のお部屋の方でひどく大声がする。（私は）内侍を起こすけれども、すぐには起きない。

・関連語・
類239 **ゆくりなし**［形］
類249 **うちつけなり**［形動］

入試★★★
「とみのこと」で「急なこと」の意味となります。入試ではこれも問われます。

251 □□□

みそかなり

【密かなり】

［ナリ活用］

1 ひそかだ。

KEY **「みそか」は「ひそか」**

POINT 「みそか」は今の「ひそか」です。「み」が「ひ」に変わったのです。「さみしい」が「さびしい」とも言えるのと同じです。「三十日（晦日）」と勘違いしないようにしましょう。

1 **むすめを思ひかけて、みそかに通ひありきけり。**（堤中納言物語・はいずみ）

・関連語・
関5 **しのぶ**［動上二／四］
関 **しめやかなり**［形動］

訳（男は、友達の）娘を好きになって、ひそかに通い続けた。

入試 ★☆☆

もの静かだ。しんみりしている。

252 □□□

こまやかなり ［ナリ活用］

KEY 細やか・濃やか

POINT **こまやかさが感じられるものの様子を広く言います。** 1は心配りが行き届いているさま、2は色があせていずに鮮やかなさま、3は人の容姿が細部まで整っているさまを表しています。

訳語

1 心を込めている。丁寧だ。

2 色が濃い。

3 繊細で美しい。

波の間や小貝にまじる萩の塵

▼種の浜（色の浜）は、今の福井県敦賀市にある海岸です。そこで芭蕉が詠んだ句です。

1 **天屋の何某といふ者、破籠・小竹筒など こまやかにしたためさせ、僕[42]あまた舟に取り乗せて、追風時の間に吹き着きぬ。**（奥の細道）

訳 天屋の何某という者が、弁当や酒などを心を込めて用意させ、下僕を大勢舟に乗せて、追い風を受けわずかの時間で（種の浜に）吹き着いた。

2 **物の心知らせ給へる宮たちは、御衣の色なども いと[41]こまやかなるもあはれ[26]なり。**（栄花物語）

訳 物心のおつきになった宮様たちは、お召しの服（＝喪服）の色（＝黒）などもとても色が濃いのもいたわしい。

3 **こまやかにをかし[15]とはなけれど、なまめきたるさましてあて人と見え[7]たり。**（源氏物語・帚木）

訳（この子は）繊細で美しくかわいらしいというわけではないが、優美な様子をして良家の子弟風に見えた。

入試 ★☆☆

1・2・3のどの意味も大切です。ただし、古文の文章中で最も多く使われるのは1の意味です。したがって、入試でよく問われるのも1です。（実戦⑩8）2は内容説明でも問われます。2は濃い色ということではありません。淡い色であっても色落ちしていないということです。衣服ならば、真新しい服を言っています。

253 □□□

らうたげなり

［ナリ活用］

訳語

1 かわいらしい。**可憐**（かれん）**だ。**

▼訳語は同じでもニュアンスは異なります。

幼い子 → 守ってあげたいと思う　らうたし…主観的 ↔ 客観的…うつくし　見た目にかわいらしい

カワイイ

ク活用形容詞「らうたし」の語幹に接尾語「げなり」が付いて形容動詞化した語です。「らうたし」と同様に、**かよわくて守ってあげたい気になるものの様子を表します。**子どもや女性に対してよく用いられます。

1 **灯台に向かひて寝たる顔どももらうたげなり。**（枕草子）

訳 灯台に向かって寝ている（舞姫たちの）顔もかわいらしい。

1 **をかしげなる児**（ちご）**の、あからさま**[103]**に抱**（いだ）**きて遊ばしうつくしむほどに、かい付きて寝たる、いと**[41]**らうたし。**（枕草子）

訳 かわいらしい幼児が、ちょっとの間抱いて遊ばせかわいがっているうちに、抱きついて寝てしまったのは、とてもかわいい。

・関連語・

1 **らうたし** ［形］かわいい。

類 **12うつくし** ［形］

類 **をかしげなり** ［形動］

かわいらしい。美しい。

入試★★★

関連語もよく問われます。「らうたげなり」も関連語も「カワイイ」と押さえておけば大丈夫です。（実戦⑩15）

254 □□□

いうなり

（い＝ユ）

【優なり】

［ナリ活用］

訳語

エレガント

「言うなり」と勘違いしてはいけません。その意味ならば「いふなり」と書かれます。「いうなり」は、漢字で記すと「優なり」。**品性・品格が優れていることを言います。**

1 優美だ。優れている。

1 あら思はずや。東(あづま)にもこれほど優なる人のありけるよ。(平家物語)

訳 ああ思いがけないことよ。東国にもこれほど優美な人がいたことだよ。

類 99 あてなり [形動] 優美だ。上品だ。

類 えんなり [形動] 優美だ。

入試 ★★☆

Column

古語の世界へ――③

形容詞について

形容詞は事物の性質状態を表す語であることはよく知られていますが、その中に、自分の気持ちを言って相手の状態を示す形容詞があります。

たとえば、「らうたし」(253「**らうたげなり**」の関連語)は、こちらが弱い者をいたわってあげたいと思う気持ちからかわいいと感じることです。86「**いとほし**」もこちらが見ていてつらく目を背けたい気持ちが原義で、そこから気の毒だ、いじらしい、かわいい、などの意味が生じました。

このように、自分の気持ちで相手の状態を言う形容詞は少なくありませんが、一見対象をストレートに形容する語でありながら、もう一つこちらの気持ちで対象の状態を示すという用法を持った語があります。

221「**こころぐるし**」は、心が苦しくつらいという意味ですが、「心ぐるしき女君(をんなぎみ)」と言うと、女君が心苦しがっているのではなく、こちらの心が締めつけられるほど女君がいたわしい、気の毒だ、という意味になります。ストレートに対象を形容する用法とは別に、こちらの気持ちを言うことによって相手の状態を示すという用法もあるのです。

223「**はづかし**」も、自分が劣等意識を持つ意が基本ですから、自分の至らなさに気がひける、気恥ずかしく感じるという意になりますが、「はづかしき人」というように用いると、こちらが気後れするほど相手が美しい、立派だという意味になります。

また、227「**ところせし**」は「所狭し」で場所が狭い、窮屈だというのが原義で、転じて仰々しい、儀式ばっているなどとも訳しますが、これも高貴な人に対して「ところせき御方」のように用いた場合、こちらが窮屈を感じるほど立派なお方、こちらが恐縮するくらい高貴なお方、というふうに解してもよいでしょう。

(中野幸一)

◎いとほし ◎こころぐるし ◎はづかし ◎ところせし

実戦問題 ⑩

問 傍線部の口語訳として適当なものを、後から選べ。

□**1** わがさまのいといらなくなりにたるを思ひけるに、いと**はしたなくて**、葦(あし)も打ち捨てて逃げにけり。
〈大和物語・学習院大〉P220

①体裁が悪くて　②下品に思えて　③失礼に思えて
④無愛想にして

訳 自分の姿がひどくみじめになってしまっているのを考えたら、とても①体裁が悪くて、葦も捨てて逃げてしまった。

□**2** 寺はあばれたれば、風もたまらず、雪もさはらず、いと**わりなきに**、つくづくとふせり。
〈古本説話集・成蹊大〉P221

①とにかくみっともないので
②いっこうに満たされないので
③たいへん疲れているので
④どうしようもなくつらいので
⑤まったく理解できないので

訳 寺は荒れ果てていたので、風もとどめず、雪も防げず、とても④どうしようもなくつらいので、ただじっと横になっていた。

□**3** あまり責めしかば、のどはれて、湯水通ひしも**術なかりしかど**、かまへてうたひ出(い)だしにき。
〈梁塵秘抄口伝集・立教大〉P222

①上達する手段がみつからなかったけれど
②治療法がうまくさがせなかったけれど
③歌い方がわからなくなったけれど
④どうしようもなくつらかったけれど
⑤秘法が駆使できなかったけれど

訳 あまりにも責めたてたので、のどがはれて、湯水が（のどを）通ったときも④どうしようもなくつらかったけれど、心して歌い出したのだった。

□**4** かくいひて、眺めつつ来る間に、**ゆくりなく**風吹きて、
〈土佐日記・名城大〉P225

①思いがけず　②やっとのことで　③激しく
④予想どおり

訳 このように言って、海を眺めながらもの思いにふけって来る間に、①思いがけず風が吹いて、

□**5** 法師だてら、かく**あながちなる**わざをしたまへば、仏の憎みたまひてかかるめを見せたまふなり。
〈狭衣物語・学習院大〉P226

①挙動不審な　②自分勝手な　③意地の悪い
④やぶへびな

訳 法師の身分で、このように②自分勝手なことをなさるので、仏が憎らしくお思いになってこのような目に遭わせなさったのである。

□**6** 丹波少将は六波羅へおはしつきたれば、先(ま)づ宰相を始め奉りて、悦(よろこ)び給ふ事**なのめならず**。

①見たことがない　②とりとめもない
③言葉では表せない　④並み一通りでない

⑤誰も止められない　〈平家物語・白百合女子大〉P227

訳 丹波少将は六波羅へご到着になったので、まず宰相をはじめといたして、喜びなさることは④並み一通りでない。

□7 **うちつけに**、海は鏡の面(おもて)のごとなりぬれば、　〈土佐日記・名城大〉P231

①あきれたことに　②すっかり　③とたんに　④しだいに

訳 ③とたんに、海は鏡の面のように(平らに)なったので、

□8「今日か明日かの心地するを、対面の心にかなはぬこと」など、**こまやかに**書かせたまへり。　〈源氏物語・関西学院大〉P233

①ほそぼそと　②心細げに　③愛情深く　④真面目に　⑤口うるさく

訳「(命は)今日か明日かという思いがするのに、(あなたと)対面したいという願いがかなわないこと」などと、③愛情深くお書きになっている。

問 **傍線部を口語訳せよ。**(※**太字**部分が本書の見出し語)

□9 いとどしう**心づきなく**思ふことぞ、かぎりなきや。　〈蜻蛉日記・静岡大〉P224

訳 ますます「気に入らなく」思うことは、この上もないことよ。

□10 山林に交じる者は、世の中を**おぼろけに**思ひ離れて、身をなきものに思ひなしてするものなり。　〈宇津保物語・群馬県立女子大〉P228

訳 山林に入る者は、世の中を「並々ではない気持ちで」思い捨てて、我が身をないものと思い込んでするものだ。

□11 まことに**まめやか**の賢人にて、仁恵(じんけい)世に聞こゆべき。　〈沙石集・東北大〉P229

訳 (泰時は)本当に「まじめ」な賢人であって、その思いやりの心と恵みは世間に評判になるはずだ。

□12 暮れゆく秋の別れ、なほいと**せちに**やるかたなきほどなり。　〈浜松中納言物語・東京大〉P230

訳 暮れていく秋の別れが、やはりとても「切実で」心の晴らしようもない頃である。

□13 手づから馬の口をひきて門をたたくに、**とみに**も開けず。　〈中務内侍日記・福井大〉P232

訳 (土御門の少将は)自分の手で馬の口縄を取って門をたたくと、「すぐに」も開けない。

□14 北の方、「縫ふや」と見に**みそかに**いましにけり。　〈落窪物語・神戸大〉P232

訳 北の方は、「縫い物をしているか」と(様子を)見るために「ひそかに」いらっしゃったのだった。

□15 顔形をはじめ、おのづからうち紛るべき御さまならず、あてに**らうたげなる**ものから、　〈我身にたどる姫君・明治大〉P234

訳 容姿をはじめとして、おのずと人に紛れて目につかないようなご様子ではなく、優美で「かわいらしい」けれども、

□16 こころざま**優に**やさしき女なりけり。　〈新花摘・防衛大〉P234

訳 気立ては「優美で」思いやりのある女であった。

255 うち

□□□

【内裏】

訳語

1 宮中。**内裏。**

2 天皇。**帝。**

「うち」は「内裏」、「内裏」は「天皇」

「うち」は「内側」「中心」のことです。**国の一番の内側には「宮中」があり、「宮中」の一番の中心には「天皇」がいました。**この二つの意味が大切です。

1 **内裏に御遊び始まるを、ただいま参らせ給へ。**（堤中納言物語・逢坂越えぬ権中納言）

訳 宮中で管絃のお遊びが始まるので、すぐ参内ください。

2 **内裏にも聞こし召し嘆くこと限りなし。**（源氏物語・夕顔）

訳（源氏の病気を）天皇もお聞きになって嘆くことこの上もない。

＊「内裏にも」の「に」は「主格」を表しています。

・関連語・

類265 **くもゐ** ［名］

入試★★★ **1**も**2**も大切です。「内裏」は読みも問われます。きかれたら、「だいり」ではなく「うち」と読みましょう。

256 うへ（エ）

□□□

【上】

訳語

1 天皇。**帝。**

KEY

「ミセス」もある！

POINT

身分的に高い地位（上位）にいる人や、その人の居場所も古語では「うへ（上）」と言います。人を表しているとき、つい天皇（**1**）と限定しがちですが、**貴人の妻**（**2**）**を言っているときもあるので要注意です。**

1 **うへ、殿上に出でさせ給ひて、御あそびありけり。**（紫式部日記）

・関連語・

類108 **おほやけ** ［名］

2 **奥様。奥方。**
3 **御座所。貴人のいる所。**

▼**1** **2** **3** はいずれも古語特有の意味です。

訳 天皇が、殿上の間（ま）にお出ましになって、管絃（かんげん）のお遊びがあった。

2 **うへは、宮の失せ[72]たまひけるをり、さま変へたまひにけり。**（堤中納言物語・ほどほどの懸想）

訳 奥様は、（夫の）宮様がお亡くなりになったとき、出家なさってしまった。

3 **うへより下（お）るる途（みち）に、弁の宰相の君の戸口をさしのぞきたれば、昼寝したまへるほど[37]なりけり。**（紫式部日記）

訳 （私が）中宮様の御座所から（部屋に）下がる途中、弁の宰相の君の（部屋の）戸口をのぞいたところ、（彼女は）昼寝をしていらっしゃるときであった。

1 **ひとのうへ**［連語］他人の身の上。
1 **わがうへ**［連語］自分の身の上。

（入試）★★☆
読解上の重要語です。人を表す「うへ」には、**1** だけではなく **2** もあります。**2** を **1** と思って読むと大変な誤読をしてしまいます。

257 しな □□□
【品】

訳語
1 身分。家柄。

KEY
「品」は「家柄」次第

POINT
本来は、土地の勾配（こうばい）や階段などの高低差を表す語でした。そこから、人の高低を表すようになりました。**大切なのは、人の社会的序列（身分や家柄）を言っているときです。**

1 **御方しも、受領（ずりやう）の妻（め）にて品定まりておはしまさむよ。**（源氏物語・玉鬘）

訳 よりによってお嬢様が、受領の妻として身分が定まってしまわれるだろうよ。

＊「受領」とは地方官、国の守（かみ）のことです（↓P343）。

・関連語・
類109 **きは**［名］
（入試）★☆☆
多義語ですが入試で問われるのは **1** の意味です。

258

ふるさと【古里】

訳語

1 古都。**旧都。**
2 なじみのある土地。
3 実家。わが家。

▼一一八〇年、平清盛(たいらのきよもり)は今の神戸市兵庫区の辺りに一時都を移しました。この時、平安京は「ふるさと」となりました。

以前の暮らしの中心地

以前の暮らしの中心地を言います。 **1** は国の以前の中心地。**2** は以前そこを中心に生活が営まれていた所。**3** は宮仕えや結婚で家を出た者の生家や、旅先にいる者の自宅のことです。

1 帝よりはじめ奉りて、大臣公卿(くぎやう)みな悉(ことごと)く移ろひ給(たま)ひぬ。世に仕ふるほど[37]の人、たれか一人**ふるさと**に残りをらむ。（方丈記）

訳 天皇をはじめといたして、大臣公卿全員（福原京に）移りなさった。朝廷に仕える身分の人は、いったい誰が一人でも古都に残っていようか。

2 人はいさ心も知らず**ふるさと**は花ぞ昔の香ににほひ[51]ける（古今和歌集）

訳 人はさあその心もわからないものだ。しかし、このなじみのある土地は梅の花が昔どおりの香りで咲きほこっていることだなあ。

＊紀貫之(きのつらゆき)がしばらく行かなかったある家を訪ねたとき、家の主人が言った皮肉を貫之が切り返した歌です。

3 この**ふるさと**の女の前にてだに、つつみはべるものを、さる所（＝宮中）にて才さかし出で(い)[125]はべらむよ。（紫式部日記）

訳（私は）自分の実家の侍女の前でさえも、（漢学の素養を）隠していますのに、（われ知らず）宮中で漢学の素養を

・関連語・

[1] **さと**［名］実家。
関 **ひな**［名］田舎(いなか)。

入試 ★★☆

1～**3** のどの意味も大切です。とりわけ **2** と **3** は現代語訳だけでなく、内容説明でも問われます。**2** はそこに住んでいなくてもかまいません。学校も卒業すると「ふるさと」と言えるのです。**3** は女房にとっての「実家」の意味が大切です。女房は働きに出ると宮仕え先で暮らします。ですから「実家」は「ふるさと」になるのです。高貴な人に仕える女房は都生まれの都育ちの者ですか

ひけらかしているのでしょうよ（そんなばかなことはありません）。

＊紫式部が宮仕え先で「日本紀の御局（にほんぎのみつぼね）」とあだ名を付けられたことに対して怒っている言葉です。「日本紀」は漢文で書かれた歴史書です。

ら、「実家」と言っても都の中にあります。

259 □□□ こころばへ（エ）【心延へ】

訳語

1 心遣い。**配慮。**
2 性格。**性質。**
3 趣。**風情。**

心ばへ（性格）がいい
＋
かたち（見た目）がいい
＋
ざえ（教養）がある
＝
立派な人物

▼右の三つを兼ね備えた人物は、貴族社会において高く評価されました。

心の動き

漢字で記すと「心延へ」。**心がすっと動くことを言います（1）**。**2**は心の動きの特徴ということです。物事の趣（**3**）も表します。「かたち」（→P54）、「ざえ」（→P132）と並んで人物評価のポイントとなります。

1 **そのほど[37]（＝私ノ妊娠中）の心ばへはしも、ねんごろ[28]なるやうなりけり。**（蜻蛉日記）

訳 私の妊娠中の（夫の）心遣いは、心がこもっているようだった。

2 **あまた[42]あらむ中にも、こころばへ見てぞ率（ゐ）てありがたし[10]まほしき。**（枕草子）

訳（お供の者は）たくさんいるような従者の中でも、性格を見て連れて回りたいものだ。

3 **岩に生ひたる松の根ざしも心ばへあるさまなり。**（源氏物語・明石）

訳 岩に生えている松の根も趣がある様子である。

・関連語・

1 **こころばせ**［名］ 1心遣い。配慮。 2性格。性質。 3教養。風流心。

入試 ★★☆

1〜**3**のどの意味も大切です。入試では**1**・**2**の意味がよく問われます。

（実戦⑪11）

260 ひま □□□

【隙】

訳語

1 すき間。
2 絶え間。
3 すき。機会。

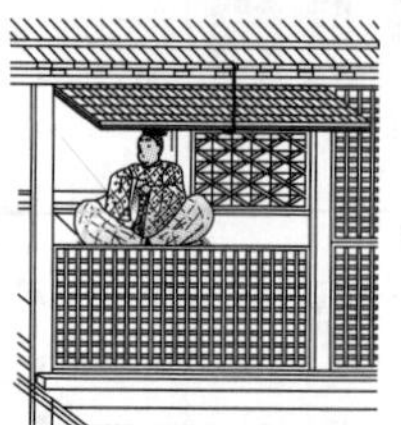

▶蔀は格子の桟の裏側に板を張った建具で，上下の下の一枚を固定したものを半蔀と言います。

KEY **空白**

POINT 今の「暇(ひま)」の意味ではありません。古語の「ひま」は、**続いている物事の切れ間を広く言い表します**。物と物の切れ目(**1**)、状態の絶え間(**2**)が大切な意味です。**3**は相手の警戒の絶え間ということです。

1 **半蔀(はじとみ)は下ろしてけり。ひまひまより見ゆる灯(ひ)の光、蛍よりけにほのかにあはれ[26]なり。**（源氏物語・夕顔）

訳 半蔀は下ろしてしまっていた。すき間すき間から（もれて）見える灯火の光は、蛍（の光）よりいっそうかすかでしみじみとした趣がある。

＊「半蔀」とは戸の一種です。

2 **雪すこし隙あり。**（源氏物語・真木柱）

訳 降雪が少し絶え間がある。

＊外出を催促する言葉です。

3 **御文(ふみ)[36]奉らむ。よき[16] ひまなり。**（落窪物語）

訳 (少将の)お手紙を(姫君に)差し上げよう。絶好の機会だ。

関連語

1 **ひまなし** [形] 1すき間がない。2絶え間がない。

関 **いとま申す** [連語] 1休暇の願いを申し出る。2別れの言葉を申し上げる。

入試 ★★☆

1～**3**のどの意味も大切です。**3**が問われて得点できると優位に立てます。

261 ひがこと □□□

【僻事】

訳語

KEY **「ひが」は「間違い」**

POINT 「ひが」は「**間違い**」**と覚えましょう**。「こと」は「事」あるいは「言」の意。「ひが目」「ひが耳」「ひが心」「ひが覚え」も一緒に覚えるのが学習のコツです。今の「ひがむ」も心得違いを言う言葉です。

関連語

1 間違い。過ち。

1 鶴の大臣殿は、童名たづ君なり。鶴を飼ひ給ひける故にと申すは、**僻事**なり。（徒然草）

訳 鶴の大臣殿は、幼名はたづ君である。鶴をお飼いになっていたからと申すのは、間違いである。

関 かつ[142]あらはるるをも顧みず、口にまかせて言ひ散らすは、[45]やがて**うきたる**ことときこゆ[60]。（徒然草）

訳 一方ではばれることも顧みず、口からでまかせに好き放題言うのは、すぐに根拠のないこととわかる。

1 **ひが目**［名］見間違い。
2 **ひが耳**［名］聞き違い。
3 **ひが心**［名］思い違い。
4 **ひが覚え**［名］記憶違い。
関 **うきたる**［連語］根拠がない。

入試 ★★★

262

とが
【咎・科】

□□□

訳語
1 欠点。短所。
2 罪。過ち。

おとがめ

今の「とがめる」の「とが」です。**人からとがめられるような欠点や振る舞いを言います。**直しようや償いようのないものを言っているときもあります。

1 [123]よろづの**とが**あらじと思はば、何事にもまことありて、人を分かず、うやうやしく、言葉少なからんにはしかじ。（徒然草）

訳 すべての欠点をなくしたいと思うのならば、何事にも誠意があって、人を分け隔てず、礼儀正しく、口数が少ないようなのにまさるものはない。

2 世治まらずして、凍餒（＝寒さと飢え）の苦しみあらば、**とが**の者絶ゆべからず。（徒然草）

訳 世の中が治まらなくて、寒さや飢えの苦しみがあるならば、罪を犯す者がなくなるはずがない。

・関連語・
1 **とがむ**［動下二］1気にとめる。2不審に思う。

入試 ★☆☆
1も2も大切です。関連語「とがむ」も問われます。

263

そらごと

【空言・虚言】

訳語

1 嘘（うそ）。偽（いつわ）り。

空っぽな言葉

「そら」＋「ごと」です。「ごと」は「言（言葉）」、「そら」は「からっぽ」という意味で、合わせて「嘘（うそ）」「偽（いつわ）り」を言います。「大空」「夜空」の「空」も空間的にからっぽだから「そら」と言うのです。

1 世に語り伝ふること、まことはあいなきにや、多くはみな**そらごと**なり。（徒然草）

訳 世間で語り伝えていることは、真実はつまらないのであろうか、多くはみな嘘である。

＊「まことはあいなきにや」は挿入句です。

・関連語・

1 **そらなり**［形動］**1** 落ち着かない。**2** 根拠がない。**3**〔「そらに」の形で〕暗記して。

入試 ★★☆

264

□□□

せうそこ

ショウ

【消息】

訳語

1 手紙。伝言。

2 訪問。来意を告げること。

連絡

POINT

漢字で記すと「消息」。しかし、今の「消息（しょうそく）」の意味（＝動静。様子）ではありません。**古語の意味は、人にコンタクト（連絡）を取ることです。** **1** は間接的、**2** は直接的なコンタクトの取り方です。

1 こはいかに。御**消息**奉りつるは、御覧ぜざりつるか。（大鏡）

訳 これはどうしたことだ。お手紙を差し上げたのは、ご覧にならなかったのか。

2 門（かど）さしつ。死ぬるなりけり。**消息**いひ入（い）るれど、なにのかひなし。（大和物語）

・関連語・

関 36 **ふみ**［名］

関 **とふ**［動四］訪ねる。見舞う。（＊「こととふ」とも。）

入試 ★☆☆

訳（季縄の少将の家は）門を閉じていたのだった。（季縄は）死んだ。（公忠は）訪問（して来意）を告げたけれども、なんの意味もない。

1も2も大切です。「消息」は読みも問われます。

265 くもゐ【雲居】

□□□

訳語

1 宮中。都。
2 天上。空。
3 遠く離れた所。はるか遠い所。

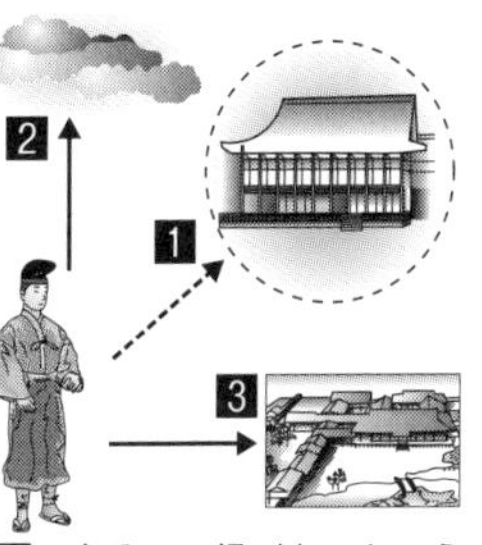

▶1は自分には縁がないという心理的な距離感を比喩的に表した意味です。

KEY **雲よ。遠い雲よ。**

漢字で記すと「雲居」。「居」は動詞「居る」の名詞形で、じっと動かずにいることを表しています。つまり、**雲がじっと動かずに見えるほど遠い所が「雲居」**です。1は、宮中や都を天上界に見立てた意味です。

1 **かからむ世には、雲居に跡をとどめても何かはし候ふべき。**（平家物語）
訳 このような世の中では、宮中にとどまってもどうしようもありません。

2 **越路をさして帰る雁の、雲居におとづれ行くも、（上皇ハ）をりふしあはれにきこしめす。**（平家物語）
訳 北陸を目指して帰る雁が、天上で鳴いて飛んで行くのも、上皇は折も折しみじみとお聞きになる。

3 **長き夜をひとり明かし、遠き雲居を思ひやり、浅茅が宿に昔を偲ぶこそ、色好むとは言はめ。**（徒然草）
訳（恋に破れて）長い夜をひとりで明かし、はるか遠く離れた所を想像し、茅の茂る荒れ果てた家で昔を懐かしむことこそ、恋の情趣を解すると言えよう。

関連語

1 **くものうへ**［名］宮中。
2 **くものうへびと**［名］殿上人。

類255 **うち**［名］

入試 ★★★
1〜3のどの意味も大切です。和歌の中で1と2が掛けられていることがあります。3は多く「くもゐのよそ」の形で現れます。

266

□□□

かしこまり

【畏まり】

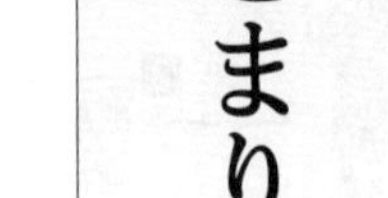

訳語

1 お礼。
2 お詫び。
3 謹慎。

感謝と謝罪

動詞「かしこまる」の名詞形です。古語の「かしこまる」は「つつしんで正座する」意味です。「かしこまり」は、**そのポーズから自然と出て来る言葉を言います。** 3は、身をもって示した謝罪です。

POINT

1 限りなく喜びかしこまり申す。（源氏物語・明石）

訳（明石の入道は）この上もなく喜び（源氏に）お礼を申し上げる。

2 え参らぬ[47] 由[122]のかしこまり申し給へり。（源氏物語・椎本）

訳（大臣は宮のもとに）参上できないことのお詫びを申し上げなさった。

3 頭の弁うれへ申されたりければ、その折にぞ、御かしこまりにて、しばし籠り居給へりし。（今鏡）

訳（成通の不正を上皇に）頭の弁が訴え申し上げなさったので、その折に、ご謹慎として、（成通は）しばらく家に籠もっていらっしゃった。

・関連語・

1 **かしこまる**【動】 1つつしんで正座する。2お礼を言う。3お詫びを言う。4謹慎する。

入試 ★☆☆

1～3のどの意味も大切です。3は「勅勘」（＝天皇のおとがめ）を受けて家に籠もることです。これが問われて得点できると優位に立てます。

267

□□□

よ・よのなか

【世・世の中】

訳語

KEY

人生は男女関係

現代語の語義のほかに、**古語には「男女の仲・夫婦の仲」の意味があります。** 一生の多くの時間を家で送る当時の高貴な女性にとって、恋人や夫との関係が人生そのものだったのです。

POINT

1 男女の仲。**夫婦の仲。**

1 **心憂きものは世なりけり。**
訳 恨めしいものは男女の仲であったのだ。（堤中納言物語・はいずみ）

1 **昔、男ありけり。歌は詠まざりけれど、世の中を思ひ知りたりけり。**（伊勢物語）
訳 昔、男がいた。歌は詠まなかったが、男女の仲をわきまえていた。

入試 ★★★
多義語ですが入試できかれるのは **1** の意味です。

---

268 □□□

かぎり

【限り】

訳語

1 （人生の）最期。**最後。**
2 すべて。**全部。**
3 だけ。**ばかり。**

KEY

これっきり

漢字で記すと「限り」。「もうこれで終わり」の意味です。多義語ですが、一番大切なのは「**もうこれっきり会えない人の別れ**」**の意味です。**「〜のかぎり」の形で **2** や **3** の意味を表しているときも大切です。

1 [80]**はかなき御なやみと見ゆれ**[7]**ども、かぎりのたびにもおはしますらむ。**（源氏物語・椎本）
訳 ちょっとしたご病気と見えるが、最期の時でもいらっしゃるのだろう。

2 **罪のかぎり果てぬれば、かく迎ふる**[132]**を、翁は泣き嘆く。**（竹取物語）
訳 （かぐや姫の）罪のすべてが償われたので、こうして（月から）迎えに来たのを、翁は泣いて嘆く。

3 **門のかぎりを高う造る人もありけるは。**（枕草子）
訳 （家の）門だけを高く造る人もいたそうだよ。

・関連語・

1 **いまはかぎり**［連語］
（人生の）最期。最後。（＊「いまは」とも。）

2 **かぎりあるみち**［連語］
死出の旅路。

入試 ★★★
入試では **1** の意味がきかれます。現代語訳だけでなく、内容説明でもきかれます。（実戦⑪14）

269 □□□

ここら・そこら

訳語

1 たくさん。

（副詞）あまた／ここら／そこら ＋ の ＋ 人（名詞） ＝ たくさんの人々

▼程度・状態の副詞は、助詞「の」を伴って名詞を修飾します。

KEY

「あまた」と同じ

POINT

「この辺」「その辺」の意味ではありません。数量が多いことを表す副詞です。同義の基本古語に「あまた」（↓P62）があります。**「ここら」「そこら」「あまた」と、三語一緒に覚えることが学習のコツです。**

1 **さが尻(しり)をかき出(い)でて、ここらの朝廷人(おほやけびと)に見せて、恥を見せむ。**（竹取物語）

訳 そいつの尻をまくり出して、たくさんの役人に見せて、恥をかかせてやろう。

1 **それ（＝竜の首）が玉を取らむとて、そこらの人々の害せられむとしけり。**（竹取物語）

訳 竜の首の宝石を取ろうとして、たくさんの人々が殺されようとした。

・関連語・

同 **42あまた** [副]

入試 ★★★

問題文中に現れると、よく問われる重要語の一つです。

270 □□□

かたみに

【互に】

訳語

1 たがいに。

KEY

「かたみ」は「片身」

POINT

「かたみ」は漢字で記すと「片身」です。「形見(かたみ)」（＝思い出の品）と間違わないように注意しましょう。**一つのことを二人の人が対になって行うことを言います。**

1 **かたみに思ひあふことかぎりなし。**（宇治拾遺物語）

訳（男と女は）たがいに愛し合うことこの上もない。

・関連語・

関 **おのがじし** [副] めいめい。それぞれ。

＊古語の「おもふ」は、男が女を「おもふ」・女が男を「おもふ」のときは「愛する」意味になります。

関 **形見** 〔名〕思い出の品。

入試 ★★★ 関連語も問われます。

271

わざと

□□□

訳語

1 わざわざ。

2 特別に。**とりわけ。**

3 〔「わざとの」の形で〕本格的な。本式の。

古 わざと

意識的に何かをする

＋

悪意・故意のニュアンス

⇩

現 わざと

▼悪意や自分の利益を図るといったニュアンスは、古語「わざと」にはありません。

「わざ」は「わざ」「わざ」

「故意に」という意味ではありません。**物事を特別に意識して行ったりするさま（1）や、特別な物事の様子（2・3）を言います。**「わざとならず」（＝わざとらしくない）の形でも使われます。

1 **わざとかねて外**(ほか)**の**（桜ノ花ビラ）**をも散らして、庭に敷かれたりけるにや。**（今鏡）

訳 わざわざ前もって外の桜の花びらをも散らして、庭に敷かれたのであろうか。

2 **わざとめでたき**[22]**草子ども、硯**(すずり)**の箱の蓋**(ふた)**に入れておこせたり。**[61]（更級日記）

訳 （親戚(しんせき)の人が）特別にすばらしい何冊もの本を、硯の箱の蓋に入れてよこした。

＊当時「硯の箱の蓋」は、人に物を贈るときお盆の代わりに使われました。

3 **わざとの僧膳**(そうぜん)**はせさせ給**(たま)**はで、湯漬けばかり給ふ。**（大鏡）

訳 （道長殿は僧たちに）本格的な食膳は用意なさらずに、湯漬けのご飯だけを振る舞いなさる。

・関連語・

1 **わざとならず** 〔連語〕わざとらしくない。自然な感じだ。

入試 ★★★

1～3のどの意味も大切です。現代語訳だけでなく、内容説明でも問われます。

272

□□□

うたて

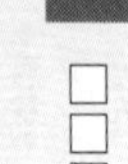

訳語

1 いやなことに。**不快に。**

嫌！

事態のひどさを嘆く気持ちを表します。「うたてし」「うたてあり」「うたての」の形でも用いられますが、「嫌！」という基本的な意味は同じです。

1 **うたて、**なにしに、**さ申しつらむ。**（枕草子）

訳 いやなことに、どうして、（私は）あんな風に申し上げてしまったのだろうか。

＊清少納言の後悔の言葉です。中宮定子の兄伊周（これちか）が一条天皇に深夜まで漢文の講義をしているとき、清少納言は「夜が明けてしまいそうだ」とつい口にしたのです。

・関連語・

1 **うたてし**［形］いやだ。不快だ。

2 **うたてあり**［連語］いやだ。不快だ。

入試 ★★☆

273

□□□

かねて

【予ねて】

訳語

1 前もって。**前から。**

2［日数を示す語の下に付いて］～前から。

かねてから

「かねて」だけで「かねてから」という意味を表します。また、日数を示す語の下に付いて、助詞のように使われる場合もあります。漢字で記すと「予ねて」。「兼ねて」の意味と間違わないようにしましょう。

1 **死期（しご）はついでを待たず。死は前よりしも来（きた）らず。かねて後ろに迫れり。**（徒然草）

訳（人の）死ぬ時期は順序を待たない。死は必ずしも前からやって来ない。前もって背後に迫っている。

入試 ★☆☆

1も**2**も大切です。入試で問われるときは、平仮名表記になるのが普通です。選択式のときは「か

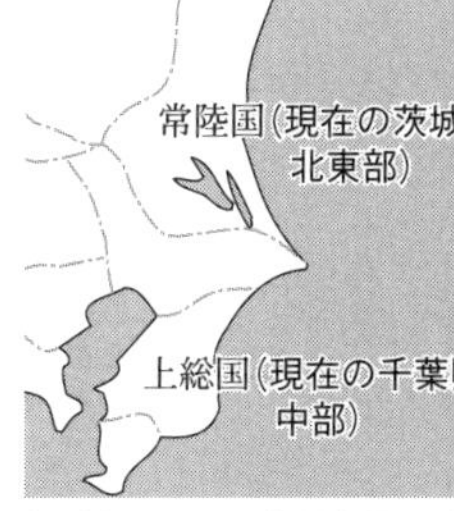

▶受領であった菅原孝標は「上総国」「常陸国」などに赴任しました。

2 **五日かねては、見むもなかなかなべければ、内にも入らず。**（更級日記）

訳 （父は出発の）五日前からは、対面するのもかえってつらいにちがいないので、（私の部屋の）中にも入って来ない。

＊作者の父菅原孝標（すがわらのたかすえ）が常陸介（ひたちのすけ）として任国へ下る場面です。少女のころ作者は父とともに上総国（かずさのくに）に下りましたが、成人した今は都に残ります。

「かねて」は「予ねて」と決めていいのですが（実戦⑪4）、記述式の文の現代語訳の場合は、「予ねて」なのか「兼ねて」（あわせて。それと同時に）なのかは文脈から判断します。

274

やをら（オ）

□□□

訳語

1 そっと。**静かに。**

▶髪の長い女性は、寝るとき、後ろに髪を投げ出すのが普通でした。

KEY

そっと、すうっと

POINT

「やおら席を立つ」などと今でも言わないわけではありません。もっとも、言うのは年配の人です。**物音を立てないように、静かに動作する様子を表します。**「やはら」とも言います。

1 **人の臥（ふ）したるを、奥の方（かた）よりやをらのぞいたるも、い[41]とをかし[15]。**（枕草子）

訳 人が寝ているのを、奥の方からそっとのぞいているのも、とてもおもしろい。

＊清少納言にはそっと物をのぞいたり、ひそひそ話に耳をそばだてたり、人の破り捨てた手紙をつなぎ合わせて読んだり、少し悪趣味なところがあります。しかし、当時はプライバシーなどないのでした。この清少納言の好奇心が観察力鋭い『枕草子』を成り立たせているのです。

・関連語・

同 **やはら**［副］

入試 ★★★

入試でよく問われる語です。きかれたら、確実に得点しましょう。「やはら」もよく問われます。

275

□□□

よもすがら

【夜もすがら】

訳語

1 一晩中。夜通し。

オールナイト

漢字で記すと「夜もすがら」。「すがら」は「道すがら」の「すがら」と同じで、「～の間・～の間中」という意味です。「夜もすがら」で「夜の間・夜の間中」という意味を表します。

1 二十八日、よもすがら雨やまず。今朝も。（土佐日記）

訳 二十八日、一晩中雨がやまない。今朝も（降っている）。

＊『土佐日記』には、国の守（かみ）としての任期を終えた紀貫之（きのつらゆき）が任国土佐から都へ帰るまでの旅が記されています。旅は船旅です。前日から悪天候のため船は停泊したままです。この日もまた船を出すことはできません。

・関連語・

同 夜一夜（よひとよ）［副］朝から晩まで。

関 日一日（ひひとひ）［副］一日中。朝から晩まで。

関 ひねもす［副］一日中。朝から晩まで。

入試 ★☆☆

276

□□□

ゆめ・ゆめゆめ ～打消・禁止

訳語

1 まったく～ない。少しも～ない。

2 決して～(し)てはいけない。

「否定」と「禁止」

下に打消や禁止の語を伴って、全部否定（1）や強い禁止（2）を表します。「ゆめゆめ」は「ゆめ」を強めた言い方ですが、「ゆめ」と同じ訳語でかまいません。

1 115 御よろこびなど言ひおこする人も、かへりては弄（ろう）ずる心地して、ゆめうれしからず。（蜻蛉日記）

訳（夫の大納言昇進の）お祝いなど言って寄こす人も、逆にからかっている感じがして、（私は）まったくうれしくない。

・関連語・

類 あなかしこ～禁止［副］決して～(し)てはいけない。断じて～(し)てはいけない。

断じて〜（し）てはいけない。

な〜そ	ゆめ ゆめゆめ 〜禁止
訳 〜してくれるな	決して〜してはいけない
語感 やわらかい禁止	強い禁止

▼同じ禁止でも、二つの表現にはニュアンスの違いがあります。

2 関白をば次第のままにせさせ給へ。ゆめゆめ違へさせ給ふな。（大鏡）

訳 関白職は（兄弟の）順序に従って任命してください。決して違反なさってはいけない。

類 この事、あなかしこ人に披露すな。（平家物語）

訳 この事は、決して人に言いふらしてはいけない。

入試 ★★★
1も2も大切です。とりわけ2は、入試でよく問われます。（実戦⑪6）関連語「あなかしこ」もよくきかれます。

277 □□□

をさをさ〜打消

訳語

1 ほとんど〜ない。めったに〜ない。

KEY

全部ではない

POINT

呼応の副詞です。「**をさをさ〜打消語**」の形で「**ほとんど〜ない**」という意味になります。全部否定ではないので「まったく〜ない・少しも〜ない」と訳さないように注意しましょう。

1 冬枯れのけしきこそ、秋にはをさをさ劣るまじけれ。（徒然草）

訳 冬枯れの様子は、秋にはほとんど劣らないだろう。

＊呼応している打消語は「まじけれ」で、打消推量の助動詞「まじ」の已然形です。例文の後で兼好法師は「冬枯れのけしき」を具体的に書いています。それは池の水際の草に散った紅葉がとどまって、霜が真っ白に降りた朝、遣水（↓P187・344）から水蒸気が立っている様子です。

入試 ★☆☆
現代語訳だけでなく、内容説明でも問われます。「まったく・少しも」とつい訳しがちですが、全部否定ではありません。出題者はそこを突いてきます。

278 あなかま

□□□

訳語 **1** しっ、静かに。ああ、うるさい。

ああやかましい！

人の声や話を制止するときに言う言葉です。「あな」は、もとは「ああ」の意味の感動詞。「かま」は現代語で言うと「やかましい」の「かま」で「うるさい」という意味です。

1 **あなかま、人に聞かすな。いと[41]をかしげなる猫なり。飼はむ。**（更級日記）

訳 しっ、静かに、人に聞かせてはいけない。とてもかわいらしい猫だ。飼おう。

＊作者の姉の言葉です。しばらくして姉は病気になります。するとこの猫が姉の夢に現れてこう言うのです。「自分は侍従の大納言の姫君の生まれ変わりだ」と。姫君は去年の桜の花の散るころに亡くなりました。

関連語

類 **かしかまし**［形］やかましい。うるさい。

入試 ★★★ 問題文中に現れると、よく問われる重要語です。「あなかしこ」（＝ああ、おそれ多い）と混同しがちなので注意しましょう。

279 かちより

□□□

【徒歩より】

訳語 **1** 歩いて。徒歩で。

KEY

「かち」は「徒歩」

POINT

「かち」は漢字で記すと「徒」「徒歩」。「徒歩(とほ)」の意味です。「**より**」は**格助詞で「手段・方法」を表しています。**「かちぢ（徒路）」（歩いて行くこと）「かちびと（徒人）」（歩いて行く人）も合わせて覚えましょう。

1 仁和寺(にんなじ)にある法師、年寄るまで石清水(いはしみづ)を拝まざりければ、心憂(う)くおぼえ[4]て、ある時思ひ立ちて、ただひとり

関連語

1 **徒人**(かちびと)［名］歩いて行く人。

▼「仁和寺」と「石清水八幡宮」それぞれの位置を確認してみましょう。

仁和寺 平安京 京都御所 石清水八幡宮

徒歩より詣でけり。（徒然草）

訳 仁和寺にいる法師が、年を取るまで石清水八幡宮（はちまんぐう）に参拝したことがなかったので、恨めしく思われて、ある時決心して、ただひとりで歩いて参詣（さんけい）した。

＊法師は八幡宮が山上にあるのを知らず、ふもとの寺だけお参りして帰ってしまいました。作者兼好法師は「ちょっとしたことでも、その道の先輩はいてほしいものだ」と言っています。

入試 ★★☆

入試で問われるのは意味だけではありません。「徒」「徒歩」は漢字の読みがきかれます。

280

けしからず

□□□

KEY

「異しからず」は「異し」と同じ

POINT

形容詞「異し」を助動詞「ず」で打ち消しているのに、意味は「異し」と同じです。 ちょうど現代語で「とんだ事」と「とんでもない事」が同義であるのと同じです。「異し」も「異しからず」も「異様だ」という意味です。

訳語

1 異様だ。変だ。

けし（異様だ）
➖ 打消 → けしうはあらず（悪くはない）➕
➖ 強める → けしからず（異様だ）➖
けしうはあらず ↔ けしからず

▼「けしからず」と「けしうはあらず」は似た形ですが、意味は異なります。

1 **木霊（こたま）などいふ、けしからぬかたちも現るるものなり。**（徒然草）

訳（主人のいない家には）木霊などという、異様な物も現れるものである。

1 **けしかる法師のかくしれがましきよ。**（今物語）

訳 変な法師がこうばかげた様子でいることよ。

2 **昔、若き男、けしうはあらぬ女を思ひけり。**（伊勢物語）

訳 昔、若い男が、悪くはない女を好きになった。

＊「けしう」は形容詞「異し」の連用形「異しく」のウ音便です。

・関連語・

1 **けし**［形］（「けしかる」の形で）異様な。変な。

2 **けしうはあらず**［連語］悪くはない。

入試 ★★☆

「けしからず」＝「けし」、対義語ではありません。出題者はそこを突いてきます。関連語「けしうはあらず」もよく問われます。

実戦問題 ⑪

問 傍線部の口語訳として適当なものを、後から選べ。

□1 かの頼もし人に、**消息言ひたるに**、呼び入れて、「月見よ」など言ひて、呼び出だしたり。

①「よき事」が必ずありますよと言ったところ
②月はどんな様子ですかと声を掛けたところ
③取り次ぎの依頼をしたところ
④安否を尋ねる手紙をしたためて差し出したところ
⑤手紙をいただきたいと申し入れたところ

〈平中物語・関西学院大〉P244

訳（男は）例の頼りになる人に、③取り次ぎの依頼をしたところ、（その人は男を）呼び入れて、（女には）「月を見てください」などと言って、呼び出した。

□2 **そこら見つる舞姫の花の顔も**、ただ土のごとくになりぬ。

①思わせぶりに流し目を送った舞姫たちの妖艶な笑顔も
②周囲を見回すと目に入る舞姫の華麗な立ち居振舞いも
③たくさん目にした舞姫たちの花のように美しい容貌も
④花を手に持ってあたりを舞い踊る舞姫の端正な容姿も

〈松浦宮物語・早稲田大〉P248

訳③たくさん目にした舞姫たちの花のように美しい容貌も、ただ土くれのようになってしまった。

□3 御調度などばかりなむ、**わざと**うるはしくて多かりける。

①特に目立っているさま　②意図的であるさま
③几帳面であるさま　④嫌みな感じがするさま
⑤よく気がつくさま

〈源氏物語・立教大〉P249

訳ご調度類などだけが、①特に目立ってきちんとして多くあった。

□4 **かねて**思ひしことなれど、宮は心弱く流し添へたまふ。

①ともに　②加えて　③さらに　④以前から　⑤なお

〈松浦宮物語・南山大〉P250

訳④以前から思っていたことであるが、宮は気弱にますます（涙を）お流しになる。

□5 御前の大殿油を、**やをら**掻い消たせ給ふ。

①素早く　②そっと　③堂々と　④やっと　⑤律儀に
⑥いきなり

〈大鏡・國學院大〉P251

訳御前の明かりを、②そっとお消しになる。

□6 まがまがしく、尼にならむとのたまふなる、まことか。**ゆめゆめ**、しかなおぼしそ。

①ひょっとしたら　②気の迷いで　③決して
④ぼうっとして

〈多武峰少将物語・中央大〉P252

訳縁起でもなく、尼になろうとおっしゃっているというのは、本当か。③決して、そんなことはお思いになってはいけない。

□7 中納言は、内裏にも**をさをさ**参りたまはず。

①決して　②ほとんど　③急に　④忙しく　⑤ゆっくり

訳 中納言は、宮中にも②ほとんど参上なさらない。〈宇津保物語・成蹊大〉P253

□8 須崎の堤のもとにさし寄せつつ、上がり給ひて、**かちより**歩ませ給ふ。〈墨水遊覧記・青山学院大〉P254

①馬で ②輿で ③徒歩で ④駕籠で ⑤裸足で

訳 須崎の堤のもとに（舟を）さし寄せて、（舟から）上がりなさって、③徒歩でお歩きになる。

問 傍線部を口語訳せよ。（※太字部分が本書の見出し語）

□9 「**うち**の方ふたがりけり」〈蜻蛉日記・九州大〉P238

訳 「［宮中］の方角が方塞がりだった」

□10 **上**にありける左中弁藤原の良近といふをなむ、まらうどざねにて、そのひはあるじまうけしたりける。〈伊勢物語・弘前大〉P238

訳 ［殿上］にいた左中弁藤原の良近という者を、正客として、その日はごちそうをしたのだった。

□11 **心ばへ**は知らず、かたちはきよげなり。〈宇治拾遺物語・佐賀大〉P241

訳 ［性格］はわからないが、容貌は美しい。

□12 関白をば、御いとこの頼忠のおとどに譲りたまひしこそ、世人いみじき**僻事**と謗り申ししか。〈大鏡・大阪公立大〉P242

訳 関白を、いとこの頼忠殿にお譲りになったことを、世間の人はひどい［間違い］と非難申し上げた。

□13 恋の歌は、利口、**そらごと**多かれど、**わざと**も苦しからず。〈夜の鶴・九州大〉P244・249

訳 恋の歌は、巧みな表現、［偽り］が多いけれども、［特別に］不都合でもない。

□14 はかなき御なやみと見ゆれど、**限り**のたびにもおはしますらむ。〈源氏物語・東京大〉P247

訳 ちょっとしたご病気と見えるが、［最期］の時でもいらっしゃるのだろう。

□15 文やりて、返り事**かたみに**見て、劣りまさり定めむ。〈十訓抄・東北大〉P248

訳 （それぞれ自分の恋人に）手紙を送って、（その）返事を［たがいに］見て、（手紙の）下手・上手を定めよう。

□16 「神など、空にめでつべき容貌かな。**うたてゆゆし**」〈源氏物語・和歌山大〉P250

訳 「神などが、空にいて賞賛してしまいそうな容貌だなあ。［いやなことに］不吉なほど美しい」

□17 また、主あさましくめづらかにおぼえて、**夜もすがら**寝ず。〈発心集・福岡女子大〉P252

訳 また、主人は（聖の質問が）驚きあきれるほど風変わりに思われて、［一晩中］寝ない。

□18 「**あなかま、あなかま**」とて長くうれへなきやうにはからひつ。〈増鏡・岩手大〉P254

訳 「［しっ、静かに、しっ、静かに］」と言って末長く嘆き訴えることのないように取り計らった。

入試古文実戦講義③

●重要語のチェックが第一

今回は説明問題について講義します。説明問題は、大きく「内容説明」「心情説明」「理由説明」の三つに分けることができますが、うち「内容説明」と「心情説明」は、傍線部の広い意味での解釈問題と見ることができます。つまり、傍線部を含むその前後の文の解釈問題ということです。「傍線部を含む」わけですから、まず傍線部が各選択肢でどう扱われているかチェックすることが大切です。次の例は、共通テストの問題、出典は『増鏡』です。リード文に、本文は後深草院が斎宮に恋慕する場面を描いたものであると記されています。

なにがし(注)の大納言の女、御身近く召し使ふ人、かの斎宮にも、さるべきゆかりありて睦ましく参りなるるを召し寄せて、

「なれなれしきまでは思ひ寄らず。ただ少しけ近き程にて、思ふ心の片端を聞こえむ。かく折よき事もいと難かるべし」

とせちにまめだちてのたまへば、

(注) なにがしの大納言の女——二条を指す。

問 傍線部「せちにまめだちてのたまへば」とあるが、このときの院の言動についての説明として最も適当なものを、次の①～⑤のうちから一つ選べ。

① 二条と斎宮を親しくさせてでも、斎宮を手に入れようと企んでいるところに、院の**必死さ**が表れている。

② 恋心を手紙で伝えることをはばかる言葉に、斎宮の身分と立場を気遣う院の思慮深さが表れている。

③ 自分の気持ちを斎宮に伝えてほしいだけだという言葉に、斎宮に対する院の**誠実さ**が表れている。

④ この機会を逃してはなるまいと、一気に事を進めようとしているところに、院の**性急さ**が表れている。

⑤ 自分と親密な関係になることが斎宮の利益にもなるのだと力説するところに、院の傲慢さが表れている。

傍線部は「ひたすら本気を装っておっしゃるので」という意味です。これを正しく解釈しているのは①と③と④です。次に傍線部の前の文に注目します。①と③はこの文を誤解していることが分かります。正解は④です。

第5章

入試攻略語50

＊古文単語の学習もいよいよ最後の章になりました。この章に収録したのは、国公立大二次試験や難関私大入試で高得点を取るための50語です。

＊第４章までの280語と比べると、入試に登場する頻度では劣りますが、問われたときに得点できると差をつけることができる単語です。

＊この章でも、復習を行います。例文に……が付いている語が第１章・第２章・第４章の見出し語（数字は見出し語番号）です。

281 □□□

おもひ(イ)やる【思ひ遣る】［ラ行四段］

訳語

1 想像する。思いをはせる。

想像

あるものに「思ひ」を「遣(や)る（＝はせる）」ことです。現代語は相手の身になって思いをはせることを言いますが、**古語は必ずしも相手の身になる必要はありません。純粋に「想像する」ことだと考えましょう。**

1 **今日は都のみぞ思ひやらるる。**（土佐日記）

訳 今日は都のことばかりが自然と想像される。

入試 ★★☆

入試では1の意味のとき問われます。

282 □□□

おきつ【掟つ】［タ行下二段］

訳語

1 あらかじめ決める。決めておく。

2 指図(さしず)する。命令する。

「掟(おきて)」を定める

「おきて（掟）」の動詞形です。**あらかじめすることを決めておくことを言います（1）**。また、その決めたことを人に伝えることも言います（2）。「おもひおきつ」の形でもよく使われます。

1 **さは、三条院の、御末(すゑ)は絶えねとおぼしめし、おきてさせ給(たま)ふか。**（大鏡）

訳 それでは、三条院が、ご自身の皇統は絶えてしまえとお思いになり、あらかじめ決めなさったのか。

2 **汝等(なむぢら)は古い者どもなり。いくさのやうをもおきてよ。**（平家物語）

訳 おまえたちは老練な武士たちである。いくさのやり方を指図せよ。

・関連語・

1 **思ひおきつ**［動下二］あらかじめ心に決める。心の中で決めておく。

入試 ★★☆

入試できくときは平仮名で記されます。「置きつ」「起きつ」などと勘違いしてはいけません。（実戦⑫1）

283

□□□

すまふ（モ）（ウ） 〔ハ行四段〕

【争ふ・辞ふ】

訳語
1 抵抗する。**断る。**

KEY

No!

POINT

相手の働きかけに対して、「ノー」と言うことです。言葉で抵抗するだけでなく、身をもって拒（こば）む場合にも用います。名詞形は「すまひ」で、漢字を当てると「相撲」。お相撲の語源なのです。

1 **女もいやしければ、すまふ力なし。**（伊勢物語）

訳 女も（下女で）身分が低いので、（男の親に）抵抗する力はない。

＊男は自分の家で働いている女を好きになりました。しかし、男は、まだ親に養われている身なので、親の邪魔立てに抵抗できません。

・関連語・

類 **いなぶ** 〔動上二／四〕・**いなむ** 〔動上二〕 断る。

入試 ★☆☆

類義語「いなぶ」もきかれます。

284

□□□

さす 〔サ行四段〕

【鎖す】

訳語
1 閉める。**鍵（かぎ）をかける。**
2 〔動詞の連用形に付いて〕途中で～（する）のをやめる。

KEY

戸締まり

POINT

現代語の「閉ざす」の「さす」です。「閉ざす」は、もともとは「戸鎖す」。つまり、**「鎖す」は扉を「閉めて、鍵（かぎ）をかける」ことを言います。**動詞の連用形に付いて、その動作を途中でやめることも言い表します。

1 門（かど）**強くさせ。**（枕草子）

訳 門をしっかり閉めろ。

2 **など**[143]**、あたら夜（よ）を御覧じさしつる。**（源氏物語・手習）

訳 どうして、もったいない月夜を途中でご覧になるのをやめたのか。

入試 ★★★

1も**2**も大切です。**2**は現代語訳だけでなく、内容説明でも問われます。

285 □□□ しほ(オ)たる

【潮垂る】 [ラ行下二段]

訳語

1 涙で袖(そで)が濡(ぬ)れる。**涙を流す。**

涙ポロポロ

POINT

漢字で記すと「潮垂る」。潮水で濡(ぬ)れた袖(そで)からしずくが垂れる意味が原義です。泣くとき袖で顔をおおい、袖が涙で濡れることから、**涙が袖から垂れ落ちるほど泣くことを言うようになりました。**

1 あかぬ別れの涙には、袖(そで)**しほたれ**てほしあへず。（平家物語）

訳 名残惜しい別れの涙には、袖が涙で濡れて乾かしきれない。

＊古文では袖を濡らすのは涙です。涙抜きで袖が濡れることはないと押さえましょう。

入試 ★★★

「藻塩(もしお)垂る」という語があります。「藻塩」は海藻からとる塩のことです。和歌ではこれに「しほたる」が掛けられます。

286 □□□ たばかる

【謀る】 [ラ行四段]

訳語

1 工夫する。**一計を案じる。**

2 だます。**ごまかす。**

謀(はか)る

「た＋ばかる」です。「た」は接頭語。「たやすい」の「た」と同じです。「ばかる」は「はかる」。「はかりごと」の「はかる」です。**策を練って事に当たることを「たばかる」と言います。**

1 さりぬべき折見て、対面すべく**たばかれ**。（源氏物語・空蝉）

訳 適当な折を見て、（あの方と）対面できるように工夫しろ。

2 佐々木に**たばから**れけり。浅かりけるぞや。渡せや渡せ。（平家物語）

訳 佐々木にだまされた。（川は）浅かったことだよ。（馬を）

・関連語・

類 **すかす** [動四] 1だます。2機嫌をとる。

類 **はかる** [動四] だます。

入試 ★☆☆

渡せ、渡せ。

類 日ごろよく「御弟子にて候はむ」と契りて、**すかし**申し給ひけむが恐ろしさよ。（大鏡）

訳 つね日ごろよく「御弟子としてお仕えしよう」と約束して、だまし申し上げなさったとかいうことの恐ろしさよ。

1も**2**も大切です。入試では現代語訳だけでなく、内容説明でも問われます。

287 □□□

まつりごつ

【政ごつ】［タ行四段］

「まつりごと（政治）」をする

POINT

名詞「まつりごと」の動詞形です。「**まつりごと**」は「**政治**」の意味。**その動詞ですから「政治を行う」ことを言います**。「〜ごつ」は「〜ごと」の動詞形です。「ひとりごと」の動詞を「ひとりごつ」と言います。

訳語

1 政治を行う。

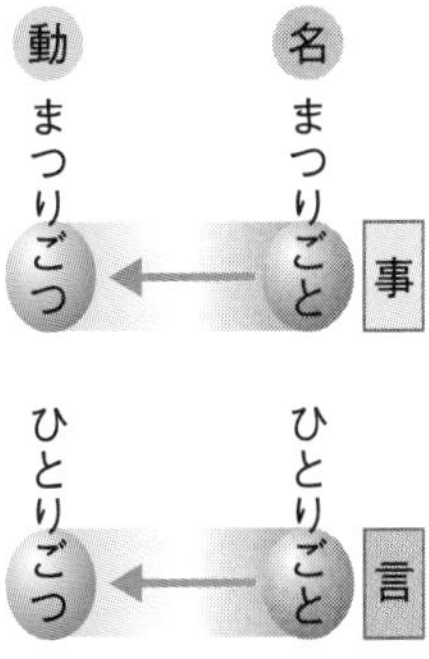

▼「ごつ」は名詞「ごと（事・言）」をタ行四段に活用させた形です。

1 それにこそ、菅原の大臣、御心のままに**まつりごち**給ひけれ。（大鏡）

訳 そのために、菅原の大臣（＝道真）は、お思いのままに政治を行いなさった。

1 帝をわがままに、おぼしきさまの**まつりごと**せむものぞ。（蜻蛉日記）

訳 天皇を意のままに（して）、思いどおりの政治を行うようになるにちがいない。

関 かへすがへす**独りごち**て臥し給へり。（源氏物語・須磨）

訳 （源氏は）何度もひとりごとを言って臥せっていらっしゃった。

・関連語・

1 **まつりごと** ［名］政治。

関 **ひとりごつ** ［動四］ひとりごとを言う。

入試 ★★☆

関連語もよく問われます。「ひとりごつ」は「ひとりごと」の動詞形ですが、名詞「ひとりごと」は「ひとり琴」の意味もあります。「一人で弾く琴」のことです。

288 □□□ らうらうじ【労労じ】［シク活用］

訳語

1 もの慣れている。才たけている。

2 気品がある。洗練されている。

洗練
労 労 じ

▶貴族らしさとは苦労して身につけるものでもあったのです。

KEY 洗練

POINT 漢字で記すと「労労じ」。「労」は「苦労」の意味ですが、「社交上の苦労」を言っています。つまり**経験や教養を積むことで洗練された品のよさを言います。**

1 いと**らうらうじく**、歌詠み給（たま）ふことも、おとうとたち、御息所（みやすどころ）よりもまさりてなむいますかりける。（大和物語）

訳（故御息所の姉は）とてももの慣れていて、歌をお詠みになることも、妹たちや、御息所よりもすぐれていらっしゃった。

＊「御息所」とは、天皇や皇太子などの妃（きさき）を言います。

2 姫君は、**らうらうじく**、深く重りかに見え給ふ。（源氏物語・橋姫）

訳 姫君は、気品があり、思慮深く重々しくお見えになる。

関連語

同 **らうあり**［連語］

対 **うひうひし**［形］ 1もの慣れていない。2気恥ずかしい。気後れする。

入試 **1**も**2**も大切です。★★☆

289 □□□ むくつけし［ク活用］

訳語

KEY ぞっとする

POINT **得体の知れないものがむくむくとうごめいているような、ぞっとするほど気味の悪いものの様子を言います。**「むくつけし」の「むく」と「むくむくと」の「むく」は同じ言葉です。

関連語

1 不気味だ。**気味が悪い。**

1 しばし見る**も**む**くつけけれ**ば、往ぬ[53]。（堤中納言物語・はいずみ）

訳（男は女の顔を）ちょっとでも見るのも不気味であるので、立ち去った。

＊男の突然の来訪にあわてた女が、白粉（おしろい）と間違えて「はい墨」を顔に塗って男を迎えたのです。はい墨とは、菜種油やごま油を燃やして出したすすを集めたもので、まゆ墨や薬として使われていました。

類 **けうとし**［形］1不気味だ。2うとましい。
対 **けぢかし**［形］1身近だ。2親しみやすい。
類 **けどほし**［形］1疎遠だ。2近寄りがたい。

入試 ★★☆
入試では現代語訳だけでなく、心情説明でも問われます。

290
□□□

おほ（オ）けなし
［ク活用］

思い上がり

身分や立場がつりあわないのに、**下の者が上の者に対して、まるで対等であるかのように図々しく振る舞うことを言います。**分際（ぶんざい）をわきまえない、思い上がった態度です。

訳語

1 身の程知らずだ。**分不相応だ。**

▶赤い囲みは平氏都落ち（1183年）時の頼朝支配地。

1 昔のよしみを忘れぬことはあはれなれ[26]ども、思ひ立つこそ**おほけなけれ**。三日平氏（みっかへいじ）とはこれなり。（平家物語）

訳（伊賀・伊勢の者たちが平家の）昔の恩義を忘れないことは心を打つけれども、（源氏との戦いを）決心するとは身の程知らずだ。三日平氏とはこれである。

＊伊賀・伊勢の国の人々は先祖代々平家の家来でした。天下はすでに源氏のものでしたが、両国の住人は源氏の領地に攻め入ってあっけなく負けてしまったのです。

入試 ★★☆
古文は身分を重んじる世界を描いています。身分にかかわる語はいずれも大切ですが、「おほけなし」もその一つです。入試では現代語訳だけでなく、内容説明でも問われます。

291 いぶせし ［ク活用］

□□□

訳語

1 気が晴れない。**気になる。**

すっきりしない

心がもやもやして、すっきりしないことを言います。ちょうど心の中が鬱々（うつうつ）とした思いの煙で燻（いぶ）されているような感じです。関連語「いぶかし」はそれをすっきりさせたいという気持ちです。

1 見し夢を、心一つに思ひあはせて、**また語る人もなき**が、いみじう[14]**いぶせく**もあるかな。（源氏物語・柏木）

訳 かつて見た夢を、自分一人の心の中で解き明かして、ほかに打ち明ける人もいないことの、ひどく気が晴れなくもあることだよ。

・関連語・

1 **いぶかし** ［形］ **1** 知りたい。気になる。**2** 不審だ。疑わしい。

入試 ★★★

入試では現代語訳だけでなく、心情説明でも問われます。

292 しるし 【著し】 ［ク活用］

□□□

訳語

1 明白だ。**明瞭（めいりょう）だ。**

2 ［「〜もしるく」の形で］ 〜もそのとおりに。

見てはっきりとわかる

漢字で記すと「著し」。現代語の「著しい」の語源です。現代語は、ほかと比べて際だって目立つものの様子を言いますが、**古語「しるし」は、見てはっきりとわかるものの様子を言います。**

1 **ことさらにやつれたるけはひしるく見ゆる車**[7]**二つあり。**（源氏物語・葵）

訳 わざと質素に装っている様子が明白に見える車が二台ある。

2 （源氏ハ）**のたまひしもしるく、十六夜（いさよひ）の月を**[15]**かしき**

・関連語・

1 110 **しるし** ［名］

入試 ★★★

1 も **2** も大切です。とりわけ **2** はよく問われます。

〜もてきめんに。

ほどにおはしたり。[37]

訳 源氏はおっしゃったこともそのとおりに、陰暦十六日の夜の月が美しい時にお越しになった。（源氏物語・末摘花）

（実戦⑫9）終止形は名詞「しるし」と同形になりますが、混同してはいけません。

293 こよなし □□□ ［ク活用］

KEY 段違い

POINT 「この上もない」という意味ではありません。ほかと比べたとき、格段の差があることを表す言葉です。**すぐれているとき（1）だけでなく、劣っているとき（2）にも用いるので要注意です。**

訳語

1 格段である。**格段の差がある。**

2 格段に劣っている。

▼1も2も、古語なら「こよなき点」であると言えます。

1 **ひとり、灯火のもとに文を広げて、見ぬ世の人を友とするぞ、こよなう慰むわざなる。**（徒然草）

訳 ただ一人、明かりのもとで書物を広げて、（それを書いた）見知らぬ昔の世の人を友とすることは、格段に心が慰められることである。

＊兼好法師が具体的に挙げている書名を並べると『文選』『白氏文集』『老子』『荘子』。いずれも中国の古典です。日本のものも昔の漢籍がよいと言っています。

2 **織物は、紫。白き。紅梅もよけれど、見ざめこよなし。**（枕草子）

訳 織物は、紫。白いもの。紅梅もよいけれども、見飽きる点で格段に劣っている。

・関連語・

類 **になし**［形］またとない。たぐいない。

入試 ★★★ 1も2も大切です。とりわけ2は問題文中に現れると内容説明でよく問われます。2の用法をつい忘れるからです。出題者はそこを突いてきます。これをきかれて得点できると優位に立てます。

294

□□□

くやし【悔し】

［シク活用］

訳語

1 悔やまれる。**後悔される。**

後悔

「くやしい」ことではありません。動詞「悔ゆ」の形容詞形です。**物事をし終えたあとで後悔する気持ちを表します。**すればよかった、しなければよかったと悔やんでいるだけなのです。

POINT

1 **涙にくれてゆく先も見えねば、なかなかなりける見参かなと、今はくやしうぞ思はれける。**（平家物語）

訳（三位中将重衡卿は）涙に目がかすんで前方も見えないので、（妻との最後の対面は）かえってしなければよかった対面だなあと、今は悔やまれると思いなさった。

・関連語・

類 **23 くちをし**［形］

入試 ★★☆

入試では現代語訳だけでなく、心情説明でも問われます。

295

□□□

たのし【楽し】

［シク活用］

訳語

1 裕福だ。**豊かだ。**

KEY

経済的に楽々

心や物が満ち足りていることを言います。現代語「たのしい」はもっぱら心のレベルで用いますが、**古語は物質的に満ち足りた状態も言い表します。**衣食住の心配がなくて、初めて人生を楽しめるというわけです。

POINT

1 **堀川相国は、美男のたのしき人にて、そのこととなく過差を好み給ひけり。**（徒然草）

訳 堀川太政大臣は、美男子で裕福な人で、何事につけても贅沢を好みなさった。

＊「相国」とは「大臣」のことです。「大納言」は「亜相」、「中納言」は「黄門」とも言います。

・関連語・

関 **得・徳**［名］お金。財産。

関 **徳人**［名］金持ち。

入試 ★★☆

入試では現代語訳だけでなく、内容説明でも問われます。

296 □□□ おもはずなり【思はずなり】［ナリ活用］

1 思いがけない。**意外だ。**

「意外」にも一語

これで一語の形容動詞であることを覚えましょう。「おもは」＋「ず」＋「なり」と切ってはいけません。**予想もしていなかったものの様子を言い表します。**

1 女、いと[41]**思はずに**、似たる声かなとまで、あさまし[87]うおぼゆ[4]。（堤中納言物語・はいずみ）

訳 女は、実に思いがけなく、（夫の声と）そっくりな声だなあとまで、驚きあきれるばかりに思われる。

・関連語・

類 **おぼえず**［副］思いもよらず。

入試 ★☆☆
入試では文法問題でも問われます。「おもはずなり」で一語です。

297 □□□ ことなり【異なり】［ナリ活用］

訳語

1 別である。**ほかと違う。**

2 ［「こと＋名詞」の形で］違う〜。**異なる〜。**

「こと」は「異」

漢字で記すと「異なり」。普通と違っていること、**別物であることを言い表します。**語幹の「こと」＋名詞の形でもよく使われ、「こと」はこれで「異なる」の意味を表します。

1 内裏[255]わたりはなほ[44]けはひ**ことなりけり**。（紫式部日記）

訳 宮中辺りはやはり雰囲気が別であるなあ。

2 同じ人ながらも、心ざし[121]ある折とかはりたる折は、まことに**こと人**とぞおぼゆる[4]。（枕草子）

訳 同じ人でも、愛情がある時と心変わりした時とは、本当に違う人のように思われる。

・関連語・

1 **ことに**［副］とりわけ。格別に。

入試 ★★☆
入試では **2** が問われます。（実戦⑫5）

298 いろ【色】 □□□

訳語

1 情趣。**風情。**
2 恋愛。**異性。**

KEY **色を添える／色を好む**

POINT 「色彩」の意味が原義です。そこから「顔色（かおいろ）」「容色（ようしょく）」「禁色（きんじき）」などさまざまな語義が生じましたが、単調な人の世に彩りを添える**「情趣」と「恋愛」の意味をしっかりと覚えましょう。**

1 **むげに[107] いろなく、いかにのり給（たま）ひけるぞ。**（今物語）
訳 まったく情趣もなく、どのようにののしりなさったのだ。

2 **万に[123] いみじく[14]とも、色好まざらん男は、いと[41] さうざ[97]うしく、玉の卮（さかづき）の底なき心地[115]ぞすべき。**（徒然草）
訳 万事にすぐれていても、恋愛を好まないような男は、実に物足りなく、玉の盃（さかずき）でも底のない盃の感じがするだろう。

関連語
1 **いろごのみ**［名］恋愛や物の情趣を好む者。
2 **いろに出（い）づ**［連語］心の中の思いが顔や態度に表れる。
3 **いろを失ふ**［連語］顔色を変える。青ざめる。

入試 ★★☆

299 こころ【心】 □□□

訳語

1 情趣を解する心。**風流心。**

KEY **貴族的な心＝風流心**

POINT 今の「心」とほぼ同義です。ただし、**古文では、「物の情趣を解する心」の意味で用いられるときがあります。**衣食住が満ち足りて人は初めて物の情趣へ目を向ける点で、これはきわめて貴族的な心と言えます。

1 **こころなき身にもあはれは知られけり鴫（しぎ）立つ沢の秋の夕暮れ**（新古今和歌集）
訳 情趣を解する心がない私の身にも、しみじみとした情趣が自然と感じられることだなあ。鴫が飛び立つ沢辺の

関連語
類 **38 なさけ**［名］

入試 ★★☆

「心」も「なさけ」も **1**

秋の夕暮れであることよ。

＊西行（さいぎょう）の歌です。「三夕（さんせき）の歌」（＝秋の夕暮れの情趣を詠んだ三首の名歌）の一つとして有名な歌です。

の意味が大切です。

300 □□□

ゆゑ（エ）【故】

1 理由。**わけ。**
2 品格。**由緒。**
3 風情。**趣。**

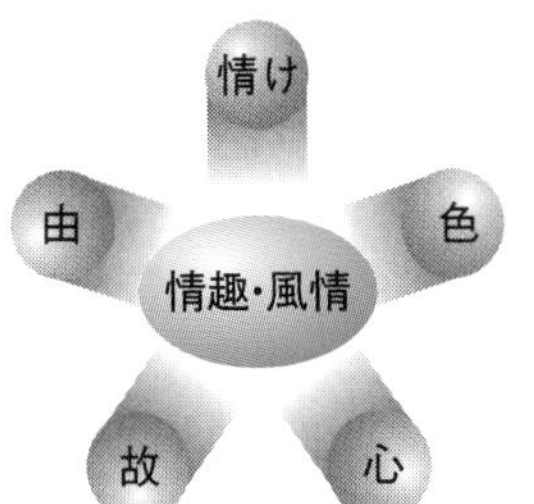

▶情趣や風情は貴族が重視するもので、それを表す古語も多様です。

根っこ

物事が根ざしているもの（1）という意味が原義です。そこから、血筋の正しい人の風格（2）や事物の伝統的な味わい（3）も言い表します。

POINT **2**は一流の人、**3**は一級品を言っています。

1 **この獅子（しし）の立ちやう、いと[41]めづらし。深きゆゑあらん。**（徒然草）
訳 この（社（やしろ）の）獅子の立ち方は、実に珍しい。深い理由があるのだろう。

2 **すべて（女ノ）人はおいらかに、少し心掟（おきて）[122]ののどやかに、落ち居ぬるをもととしてこそ、ゆゑもよしもをかし[15]く、心やすけれ[219]。**（紫式部日記）
訳 だいたい女性はおっとりとして、少し心構えものんびりと、落ち着いているのを基本としてこそ、品格も風情も趣深く、親しみがもてる。

3 **ゆゑある木かげに立ちやすらひ[183]給へる院の御かたち[32]、いと[41]清らに[100]めでたし[22]。**（増鏡）
訳 風情のある木かげにたたずんでいらっしゃる上皇のご容貌は、とても美しくすばらしい。

・関連語・
1 **ゆゑゆゑし**［形］**1**品格がある。**2**風情がある。
関 **すゑ**［名］**1**（和歌の）下の句。**2**子孫。晩年。
関 **料（れう）**［名］ため。ためのもの。
類 122 **よし**［名］
（入試）★★☆
入試では**2**と**3**の意味が問われます。関連語の「よし」も「よしあり」の形で「由緒がある・風情がある」の意味になり、これもよくきかれます。

301 あない【案内】 □□□

訳語

1 内情。

インフォメーション

「道案内」の「案内」ではありません。**こちらの内の事情を伝えたり、相手の内の事情を尋ねたりすることを言います。**「あないす」とサ変動詞の形でもよく使われます。

1 （帯刀ハ）「（邸ニハ）誰々かとまり給へる」とさりげなく**て**あない問ふ。（落窪物語）

訳 帯刀は「邸には誰と誰とが残っていらっしゃるのか」とそれとなく内情を尋ねる。

・関連語・

1 **あないす**［動サ変］1 こちらの事情を伝える。2 そちらの事情を尋ねる。

入試 ★☆☆

302 さた【沙汰】 □□□

訳語

1 評議。評定。

2 指図（さしず）。命令。

3 処置。始末。

取り沙汰

もとは、水ですすいで沙（すな）を淘汰（とうた）し、米や砂金を手にすることです。そこから、**ああだこうだと論じたり、ああしろこうしろと命じたりすることを言います。** 3 は 1 ・ 2 を受けて行動することの意味です。

1 鎌倉にてよくよくこの川の御（ご）沙汰は候（さうら）ひしぞかし。（平家物語）

訳 鎌倉で十分この川（＝宇治川）に関するご評議はありましたことだよ。

2 世静まり候（さうら）ひなば、勅撰（ちょくせん）の御（ご）沙汰候はんずらん。（平家物語）

・関連語・

関 L282 **おきつ**［動下二］

関 **子細（しさい）に及ばず**［連語］あれこれ言う必要がない。

入試 ★★☆

1 ・ 2 ・ 3 のどの意味も大切です。

訳 世の中が静まりましたならば、勅撰和歌集編集の（天皇の）ご指図があるでしょう。

3 若狭（わかさ）の国に沙汰すべきことありて行くなりけり。（今昔物語集）

訳 若狭の国で処置しなければならないことがあって行くのであった。

303 □□□ やう（ヨ）【様】

訳語

1 わけ。事情。

2 手段。方法。

3 こと。様子。

○たいへんな喜びようだ。→ 3 様子

○何とも慰めようがない。→ 2 方法

▼ 2 3 の意味は現代語の「よう（様）」にも生きています。

KEY **わけあり**

「**やう**」**は漢字で記すと**「**様**」、「**用事**」**の**「**用**」**ではありません。** 1 は、多く「やうあり」とラ変動詞とともに用いられます。「用がある」とつい誤解するので注意しましょう。 2 は今の「仕様が無い」の「様」の意味です。

POINT

1 **さればよ。あるやうあらむ。**（源氏物語・葵）

訳 思ったとおりだ。なにかわけがあるのだろう。

2 **その山、見るに、さらに[49]登るべきやうなし。**（竹取物語）

訳 その山は、見ると、まったく登ることができる手段がない。

3 （遊女ハ）**人の召しに従うてこそ参れ。左右なう[226]推参するやうやある。**（平家物語）

訳 遊女は人の招きによって参るものだ。ためらわず押しかけることがあるか。

入試 ★★☆ 入試では 1 ・ 2 の意味が問われます。とりわけ 1 はよくきかれます。 1 はPOINTで言うように「用」と混同しがちです。出題者はそこを突いてくるのです。

304

あらまし

訳語 1 計画。予定。願い。

KEY

こんな風に「有らまし」

「あらすじ」の意味ではありません。動詞「有り」の未然形に推量の助動詞「まし」がついて名詞化したものと思われ、**あらかじめ心の中でこうありたいと考えていることを表します。**

POINT

1 **かねて**[273]**のあらまし、皆違**（たが）**ひゆくかと思ふに、おのづか**[126]**ら違**（たが）**はぬこともあれば、いよいよ物は定めがたし。**（徒然草）

訳 前もっての計画が、すべてはずれていくかと思うと、偶然にはずれないこともあるので、いよいよ物事は定めがたい。

入試 ★★☆
現代語の意味でつい訳してしまいます。入試はそこを突いてくるのです。

305

いそぎ

【急ぎ】

訳語 1 準備。用意。

KEY

いそいそ準備

動詞「いそぐ」の名詞形です。「いそぐ」はせっせと事に当たることを言いますが、**大切なのは本番に向けていそいそと事にいそしんでいる時の意味です。**

POINT

1 **公事**（くじ）**どもしげく、春のいそぎにとり重ねて催し行はるるさまぞ、いみじきや。**[14]（徒然草）

訳（十二月は）朝廷の諸行事が頻繁で、新春の準備と重ねて執り行われる様子は、実によいものだよ。

・関連語・
1 **いそぐ**［動四］準備する。用意する。

入試 ★★☆
動詞「いそぐ」も大切です。

306 □□□

つま【端】

訳語

1 先。**端。**
2 きっかけ。**糸口。**

KEY

「つま先」の「つま」

POINT

物の「先」や「端」を言います。身体の先端にある「爪(つめ)」は「つま」音の変化したものです。「あま（天）」が「あめ」に変化したのと同じ現象です。2は事柄の端緒という意味です。

1 宰相の君と二人、物語[35]してゐ[9]たるに、殿の三位(さんみ)の君、簾(すだれ)のつま引き開けて居給(たま)[9]ふ。（紫式部日記）

訳 宰相の君と二人で、おしゃべりをしていると、殿の三位の君が、簾の先を引き開けてお座りになる。

2 夕べの露のしげきも涙を催すつまなるべし。（今鏡）

訳 夕べの露が多いのも涙を誘うきっかけであるにちがいない。

入試 ★☆☆

1も2も大切です。1は家の軒(のき)を言っているときがあります。その時は「軒先・軒端(のきば)」と訳します。

307 □□□

はらから【同胞】

訳語

1 兄弟姉妹。

KEY

同腹

POINT

「はら」は漢字で記すと「腹」。お母さんのお腹(なか)の意味です。「から」は「同族」の意味を表し、**「はらから」で母親の同じ兄弟姉妹を言います。**腹違いの兄弟姉妹を「異腹(ことはら)」と言います。

1 小松の帝の御母、この大臣(おとど)の御母、はらからにおはします。（大鏡）

訳 小松の帝の母上は、この大臣の母上と、姉妹でいらっしゃる。

・関連語・

類 **このかみ**［名］兄。姉。年上。

類 **せうと**［名］兄。弟。

入試 ★★☆

308 けぢめ

□□□

訳語 1 区別。違い。

ただの区切り

今の「けぢめ」の意味ではありません。現代語は、社会のルールに基づいて行動・態度に区切りをつけることを言いますが、**古語の「けぢめ」は単に物事を区切ってできた違いを言います。**

1 世の中の例として、思ふをば思ひ、思はぬをば思はぬものを、この人は、思ふをも、思はぬをも、**けぢめ**見せぬ心なむありける。（伊勢物語）

訳 世の中の例として、好きな人を愛し、好きではない人は愛さないものなのに、この人は、好きな人も、好きではない人も、区別を見せない心があった。

入試 ★☆☆ 現代語の意味でつい訳してしまいます。出題者はそこを突いてくるのです。

309 そのかみ【其の上】

□□□

訳語 1 その時。 2 その昔。

KEY 話題の時点

POINT **話題にしている出来事が起こっている時点、つまり物語上の現在（1）を言い表します。**また、その時点からみてさらに遡った過去の時点（2）も表します。

1 伊勢の君の、弘徽殿の壁に書き付けたうべりし歌こそは、**そのかみに**、あはれなることと人の申ししか。（大鏡）

訳 伊勢の君が、弘徽殿の壁に書き付けなさった歌は、その時には、しみじみすることだと人は申し上げたのだった。

・関連語・

類 **当時**［名］ 1今。現在。 2その時。

関 **中ごろ**［名］それほど遠くはない昔。（＊「中

2 そのかみのことなど思ひ出(い)づるに、めでたき[22]喜びの涙ならんかし。（増鏡）

訳（天皇がまだ皇子だった）その昔のことを思い出したので、（定房(さだふさ)の涙は）すばらしいうれし涙であるだろうよ。

「昔(むかし)」とも。）

入試 ★★☆

1も**2**も大切です。入試では現代語訳だけでなく、内容説明でも問われます。関連語も大切です。

310 □□□ ただびと【徒人・直人】

訳語

1 臣下。

2 普通の貴族。

高 ⇔ 身分 ⇔ 低

天皇 ↑ 臣下

摂政関白 ↑ 普通の貴族

ただ人

庶民

▼「ただ人」といっても社会全体の中では身分が低いわけではありません。

KEY

天皇VS臣下／一流の貴族VS普通の貴族

POINT

誰に対して「ただびと」なのかを考えましょう。現代語は「特別な人」に対して「普通の人」を「ただの人」と言いますが、**古語は「天皇」や「一流の貴族」に対して「ただびと」と言っているときがあります。**

1 **皇胤(くわういん)なれど、姓(しやう)たまはりて、ただ人にて仕へて、位につきたる例[112]やある。**（大鏡）

訳 天皇の子であっても、名字をいただいて、臣下として仕えて、（天皇の）位についた先例はあるか。

＊日本の皇族には「姓」がありません。したがって、皇室を離れて臣下になるとき「姓」が必要となります。与えられた「姓」で最も多かったのが「源」です。

2 **一の人の御有様はさらなり[101]、ただ人も、舎人(とねり)など賜はるきは[109]は、ゆゆし[77]と見ゆ。**（徒然草）

訳 摂政関白のご様子は言うまでもなく、普通の貴族も、護衛の者を（朝廷から）いただく身分の人は、すばらしいと思われる。

入試 ★☆☆

古語の「ただびと」にも「普通の人」の意味はあります。しかし、入試で問われるのは**1**・**2**の意味で使われているときです。とりわけ**1**はよくきかれます。

実戦問題⑫

問 傍線部の口語訳として適当なものを、後から選べ。

□**1** さしも**君のおきて聞こえし事**をそむきて身を捨て給はん事、

①あなたが私に言い伝えてくれた事
②あなたのいる場所で聞かされた事
③主君があなたに指図して言いつけた事
④主君を置きざりにしたと聞こえてきた事

〈兼好諸国物語・早稲田大〉P260

訳 それほど③主君があなたに指図して言いつけた事に背いて命を捨てなさるようなことは、

□**2** まことや、今日は人打つ日ぞかし。**いかがしてたばかるべき**。

①どうして嘘(うそ)をつけようか。
②いかに知らぬふりをしようか。
③どのようにうち捕えたらよいか。
④どうやって不意をついたらよいか。

〈弁内侍日記・早稲田大〉P262

訳 そういえば、今日は（杖(つえ)で）人（のお尻を）打つ日だよ。④どうやって不意をついたらよいか。

□**3** 保元(ほうげん)に一門兄弟失ひはてて、ただ一身になりて候へば、平家も**いぶせく**存じ候ふ。

①たのもしく　②いまひとつに　③愉快に　④いとわしく　⑤無力に

〈平治物語・関西大〉P266

訳 保元の戦いで一門兄弟をすっかり失って、ただ一人になっておりますので、平家も④いとわしく存じます。

□**4** いと別にきらきらしからねど、**いとたのしき法師**になりてぞありける。

①とても面白い法師　②とても豊かな法師
③とても幸せな法師　④とても親切な法師
⑤とても尊い法師

〈宇治拾遺物語・聖心女子大〉P268

訳 それほど特別に際だってはいないが、②とても豊かな法師になって暮らした。

□**5** こと木に**すぐれたれば**なりけり。

①異国の木に比べ枝ぶりがよいから
②雑木に比べ生命力があるから
③片側の木に比べ美しいから
④他の木に比べまさっているから
⑤銘木に比べ見劣りしないから

〈藤簍冊子・昭和女子大〉P269

訳 ④他の木に比べまさっているからであった。

□**6** **河より海になるけぢめ**、波荒く立ち、遥(はる)かなる沖に漕ぐ舟は、絵に描(か)きたらんやうなり。

①河から海へと移り変わる景色
②河から海になるその境目

③河むこうの海に夕日が沈む瞬間
④河というより海と言っていい景色
⑤河寄りの海の、ほかとは違った景色
〈中務内侍日記・駒澤大〉P276

訳 ②河から海になるその境目は、波が荒く立ち、遥か遠くの沖で漕ぐ舟は、絵に描いたようである。

問 傍線部を口語訳せよ。（※太字部分が本書の見出し語）

□7 汝(なむぢ)らが**しほたれ**ていふところ、いたはしく思ふなり。
〈猫の草子・関西学院大〉P262

訳 おまえたちが「涙を流し」て言うことは、気の毒に思うのである。

□8 ひたすら**むくつけき**ものならば、いかがはせん、
〈山路の露・宮崎大〉P264

訳 ただもう「不気味な」ものであるならば、どうしようもない、

□9 思ひつるも**しるく**、大殿籠らぬ御けしきにて、琴(きん)の御琴弾きすさませ給へる、
〈我が身にたどる姫君・岡山大〉P266

訳（嵯峨院は）思ったこと「もそのとおりに」、お休みにならないご様子で、七絃のお琴を気の向くままに弾いていらっしゃって、

□10 限りなくめでたく見えし君たち、このいま見ゆるにあはすれば、**こよなく**見ゆ。
〈宇津保物語・東京大〉P267

訳 この上なくすばらしく見えた女君たちは、この今見える九の君に比べると、「格段に劣って」見える。

□11「この野は道ちまたにて、暗き夜には迷ふこと、すでにありき。ここにしばらく休みたまへ。**あない**見てこむ」
〈春雨物語・東京大〉P272

訳「この野は道が分かれていて、暗い夜には迷うことが、すでにあった。ここでしばらく休んでください。（道の）「内情」を見てこよう」

□12 君、聞こしめして、笑はせ給ひて、ことなる**沙汰**なくてやみにけり。
〈十訓抄・愛知教育大〉P272

訳 天皇は、お聞きになって、お笑いになって、これといった「処罰」もなくて終わってしまった。

□13 里の煙も絶えぬれば、宿借らばやの**あらまし**だにも今はなし。
〈平治物語・岐阜大〉P274

訳 里の炊煙も絶えてしまったので、（一夜の）宿を借りたいという「願い」さえも今はない。

□14 うれしくもこよひの友の数にいりてしのばれしのぶ**つま**となるべき
〈建礼門院右京大夫集・東京学芸大〉P275

訳 うれしいことにも（自分は）今夜の（風流な催しの）仲間に入って、（人から）なつかしく思われたり、（人を）なつかしく思ったりする「きっかけ」となるだろう。

□15 言談して子細を聞くに、壮年の**そのかみ**あひ語らふ所の半者(はしたもの)なり。
〈袋草紙・富山大〉P276

訳 話をして詳しい事情を聞くと、（橘太(きった)が）壮年であった「その当時」親しくしていた所の召使いの女である。

311

をりふし（オ）

【折節】

訳語

1 ちょうどその時。**折も折。**

2〔名詞として〕その時その時。折々。季節。

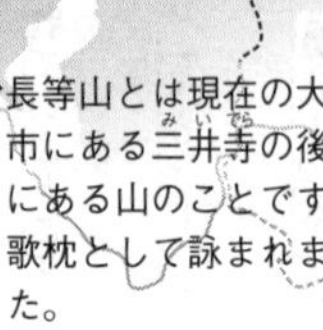

▶長等山とは現在の大津市にある三井寺(みいでら)の後ろにある山のことです。歌枕として詠まれました。

「ふし」も「折」。折も折。

「をり」も「ふし」も**「その時」という意味です。**「をりふし」で「その時その時」という意味です。そこから「その時もその時」、つまり「ちょうどその時」という副詞の意味が生じました。

1 **ころは正月(むつき)二十日あまりのことなれば、比良(ひら)の高嶺(たかね)、志賀の山、昔ながらの雪も消え、谷々の氷うち解けて、水はをりふし増さりたり。**（平家物語）

訳 時節は陰暦一月二十日すぎのことなので、比良の高嶺、志賀の山、昔のままの長等(ながら)山の雪も消え、谷々の氷も解けて、（宇治川の）水かさはちょうどその時増していた。

＊「昔ながら」の「ながら」に「長等（山）」が掛けられています。

2 **折節の移り変はるこそ、ものごとにあはれなれ。**[26]（徒然草）

訳 季節が移り変わる様子は、何事につけても趣深く感じる。

関連語

1 **をりしもあれ**［連語］ほかに折もあろうに、ちょうどその時。折も折。

2 **をりから**［副］ちょうどその時。折が折なので。

入試 ★☆☆

1も**2**も大切です。**1**は現代語訳だけでなく、内容説明でも問われます。

312

はやく

【早く】

訳語

今よりも早い時に

形容詞「早し」の連用形が副詞化した語です。 **1**は今の「早くから」の「早く」、**2**は今の「早くも」の「早く」の意味です。詠嘆の助動詞「けり」を下に伴うと**3**の意味になります。

関連語

1 以前。昔。
2 すでに。とっくに。
3 ［「はやく～けり」の形で］なんとまあ。実は。

1 わが知る人にてある人の、**はやう**見し女のことほめ言ひ出で（い）などするも、ほど[37]経たることなれど、なほ[44]にくし。（枕草子）
訳 私の知る人である男が、以前付き合った女のことをほめたりなどするのも、時を経たことであっても、やはり憎らしい。

2 **はやう**御髪（みぐし）おろし給（たま）うてき。（大和物語）
訳（女の人は）すでに出家なさってしまった。

3 いかなる船なるといふことを知らざるに、**はやく**、賊船なりけり。（今昔物語集）
訳 どういう船であるかということもわからずいると、なんとまあ、海賊船であるよ。

類 128 とく［副］
類 129 いつしか［副］
入試 ★★☆
1～3のどの意味も大切です。とりわけ3が問われて得点できると優位に立てます。（実戦⑬7）

313
つくづくと

□□□

訳語
1 しんみりと。しみじみと。

KEY
心静かに

POINT
漢字で記すと「尽く尽くと」で、**アクティブな力が尽きて、心が内側を向いているさまを言い表します。**今の「つくづく（と）」は「思う・考える・嫌になる」ことだけを修飾しますが、古語はもっと広く使われます。

1 曇りたる空を、**つくづくと**ながめ[6]暮らしたるは、いみじう[14]こそあはれ[26]なれ。（枕草子）
訳（梅雨のころ）曇っている空を、しんみりともの思いに沈んで眺め過ごしているのは、とてもしみじみしたものがある。

・関連語・
関 **こころづくし**［名］もの思いに心を使い果たすこと。
入試 ★★☆

314

せめて

□□□

訳語

1 無理やり。しいて。

2 非常に。きわめて。

ぐいぐい迫って

POINT

動詞「迫む」（＝迫る）の連用形に助詞「て」が付いて一語化した副詞です。**ぐいぐいとつめ寄るものの様子（1）や程度のすごさ（2）を言い表します。**願望文の中で用いられると、現代語の意味になります。

1 **いと[41]しもおぼえ[4]ぬ人の、おし起こして、せめてもの言ふこそ、いみじう[14]すさまじけれ[93]。**（枕草子）

訳 それほど親しく思われない人が、（眠そうにしている人を）揺り起こして、無理やり話しかけるのは、とても興ざめだ。

2 **せめて恐ろしきもの。夜鳴る神。近き隣に盗人の入りたる。**（枕草子）

訳 非常に恐ろしいもの。夜鳴る雷。近隣に泥棒が入ったとき。

関連語

関 **よに**［副］ 1実に。非常に。2決して。断じて。

類241 **あながちなり**［形動］

入試 ★★☆

1も2も大切です。1なのか2なのかは、「せめて」をそれぞれの意味で訳してみると、容易にわかります。

315

さりとも

□□□

訳語

1 いくらなんでも。**それにし**

KEY

いくらなんでも「副詞」です

もとは、ラ変動詞「然り」の終止形に逆接の仮定条件を表す接続助詞「とも」が付いたもので、**「たとえそうであるとしても」が原義です。**それが熟して副詞となりました。副詞の意味が大切です。

1 **さりとも、この北陸道にて、羽黒の讃岐阿闍梨見知らぬ者やあるべき。**（義経記）

関連語

1 **さり（然り）**［動ラ変］ そ

ても。

訳 いくらなんでも、この北陸道で、羽黒の讃岐阿闍梨のことを見知らぬ者がいるだろうか、いやいるはずがない。

＊「阿闍梨」は「あざり」または「あじゃり」と読みます。師範格の僧のことです。

のようだ。

2 **さりとて** [接] そうかといって。

入試 ★★☆ 現代語訳だけでなく、内容説明でも問われます。

316 さて □□□

訳語

1 そのまま。**そのような状態で。**

2 [「さての」の形で] そのほかの。**それ以外の。**

同じ状態のままで

「さて」には接続詞もありますが、副詞の「さて」が大切です。**物事がそのままの状態にあることを言います。**「さての」の形で使われることもあります。接続詞の「さて」は現代語と同じです。

1 すべて、何も皆、事のととのほりたるは、悪(あ)しきことなり。し残したるを**さて**打ち置きたるは、おもしろく[74]、生き延ぶるわざ[113]なり。（徒然草）

訳 総じて、何でも皆、事がすべてそろっているのは、悪いことである。やり残したものを**そのまま**放(ほう)って置いているのは、おもしろく、寿命が延びる（気持ちがする）行いである。

2 **さての**人々は皆臆(おく)しがちに鼻白(はなじろ)める多かり。（源氏物語・花宴）

訳 **そのほかの**人々は皆気後れしがちでとまどっている者が多い。

・関連語・

1 **さてありぬべし** [連語] そのままで通用するだろう。

2 **さてしもあるべきことならねば** [連語] いつまでもそのままではいられないので。

入試 ★★☆ **1**も**2**も大切です。関連語も問われます。とりわけ関連語の2はよくきかれます。

317 □□□ おほ(オ)かた～打消

訳語
1 まったく～ない。**少しも～ない。**

KEY **全部否定**

「だいたい～ない」という意味ではなく、「おほかた～打消」で全部否定を表します。**「さらに～打消」「つゆ～打消」など他の全部否定表現と合わせて覚えることが学習のコツです。肯定文中では今と同じ意味です。**

1 **この殿は、おほかた歌のありさま知りたまはぬにこそ。**（宇治拾遺物語）
訳 この殿は、まったく和歌の有様をご存じでないことである。
＊『後拾遺和歌集』の撰者(せんじゃ)である藤原通俊(ふじわらのみちとし)に対して秦兼久(はたのかねひさ)という歌人が言った悪口です。

・関連語・
同 **49さらに～打消**［副］
同 138**つゆ～打消**［副］
入試 ★☆☆
「おほかた」は現代語にはない全部否定のときが大切です。（実戦⑬1）

318 □□□ かまへ(エ)て

訳語
1 注意して。**気をつけて。**
2 ぜひとも。
3 決して。

KEY **十分に心を配って**

POINT 動詞「構ふ」に助詞の「て」が付いて副詞となった語です。**「心構えをして」というところから、十分に心を働かせて事に当たることを言うようになりました。** **2**は意志や願望の文の中、**3**は禁止文中の意味です。

1 **かまへてよくよく宮仕へ、御心(おんこころ)に違(たが)ふな。**（平家物語）
訳 注意してしっかりと奉公し、（成親卿(なりちかきょう)の）お心に背くな。

2 （コノ馬ヲ）**かまへて盗まむ。**（今昔物語集）
訳 この馬をぜひとも盗もう。

3 （狐(きつね)ハ）**かまへて調(てう)ずまじきなり。**（宇治拾遺物語）

・関連語・
1 **かまふ**［動下二］**1**準備する。**2**計画する。
関 **さだめて**［副］きっと。必ず。
入試 ★★☆

訳 狐は決して懲らしめてはいけないのである。

1～3のどの意味も大切です。とりわけ2・3はよくきかれます。

319 させる ［連体詞］

□□□

訳語 1 たいした。これといった。

KEY ドンマイ！「させる」ことない

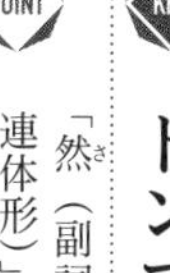

POINT 「然（副詞）＋せ（サ変動詞「す」の未然形）＋る（完了の助動詞「り」の連体形）」（＝「そうした」）と分けて読んではいけません。**これで一語の連体詞です。下に打消の語を伴って使われます。**

1 **夢もうつつも、「これはよきこと」と人申せど、させることなくてやむやう侍り。**（大鏡）

訳 夢も現実も、「これはよいこと（の前ぶれだ）」と人は申しても、たいしたこともなくて終わることがあります。

・関連語・
類321 **いとしもなし** ［連語］

入試 ★★☆
文法問題でも問われます。一語の連体詞です。

320 さは(ワ)れ ［感動詞］

□□□

訳語 1 どうにでもなれ。ままよ。

KEY 成り行きのままよ

POINT 「さはあれ」が変化した語です。「さ（然）」は副詞、「あれ」は動詞「あり」の命令形で、放任の意味（～してもかまわない）を表しています。**直訳すると「そうあってもかまわない」。どうなってもいいということです。**

1 **「さはれ、このついでにも死なばや」とおぼす。**（源氏物語・柏木）

訳（女三の宮は）「どうにでもなれ、この機会にも死にたい」とお思いになる。

入試 ★★☆
「ままよ」は古風な表現ですが、選択肢ではしばしば用いられる訳語です。

321 いとしも　なし

□□□

訳語

1 たいしたことはない。

それほど・でも・ない

副詞「いと」＋助詞「しも」＋形容詞「なし」です。「いと」は、**打消表現と呼応すると、「とても」の意ではなく、「それほど・たいして」の意味になることを押さえましょう。**

1 才[125]はきはめてめでたけれど、みめは**いとしもなし**。（古本説話集）

訳（大江匡衡は）漢学の素養は非常にすばらしいけれども、外見はたいしたことはない。

＊匡衡の妻は赤染衛門です。赤染は夫が嫌いでしたが、匡衡が尾張の守になると一緒に任国へ下ります。

・関連語・

類 **そのこととなし**［連語］

1 これということもない。**2** 何事につけても。

入試 ★★☆

現代語訳だけでなく、内容説明でも問われます。

322 かずならず

□□□

【数ならず】

訳語

1 取るに足りない。**物の数ではない。**

カウントに値しない

「かず（数）」は「数えあげる価値のあるもの」という意味です。それが「ならず」と打ち消されているのですから、「**数えあげるだけの価値がない**」＝「**取るに足りない**」**という意味になります。**

1 おのれが身**かずならず**して権門の傍らに居る者は、深く喜ぶことあれども、大きに楽しむに能はず。（方丈記）

訳自分の身分が取るに足りなくて権勢のある家の隣に暮らしている者は、心から喜ぶことがあっても、盛大に楽しむことができない。

入試 ★★☆

訳語の「物の数ではない」は古風な表現ですが、選択肢ではしばしば用いられます。

323 いかにぞや

□□□

【如何にぞや】

訳語

1 あまり感心しない。どんなものか。

KEY

いかがなものか

POINT

物事に対して「どんなものか」という疑問の気持ちを表します。そこから、それに対する不審の念が強まり、**あまり感心しない気持ちを婉曲的に表すようになりました。**

1 **男（をのこ）だに才（ざえ）がりぬる人は、いかにぞや、はなやかならずのみはべるめるよ。**（紫式部日記）

訳 男でさえも漢学の素養をひけらかしてしまう人は、あまり感心しません、ただもう華やかでなくあるように思われますよ。

入試 ★☆☆

入試では内容説明でよく問われます。「あまり感心しない」と解釈して説明します。

324 さればよ さればこそ

□□□

訳語

1 思ったとおりだ。**案の定。**

KEY

予想的中！

POINT

「然（さ）れば思ひつることよ」（＝だから予想したことよ）、「然ればこそ思ひつれ」（＝だから予想したのだ）の傍線部分が省略された言葉です。**予想が的中したときに言います。**

1 **さればよ。思（おぼ）し疑ふことこそありけれ。**（落窪物語）

訳 思ったとおりだ。（わたしを）お疑いになることがあったのだ。

1 **さればこそ。異物（こともの）の皮なりけり。**（竹取物語）

訳 案の定。違う物の皮であったよ。

入試 ★★★

現代語訳だけでなく、入試では内容・心情説明でも問われます。

325

よのつねなり

【世の常なり】

□□□

訳語

1 ありきたりだ。**普通だ。**

2 月並みな表現だ。

月並み

「この世にありがちなこと」ではありません。**古語「よのつね」はありきたりで月並みなものの様子を表します。** **2** は、表現が陳腐で十分に言い尽くせていないという意味です。

1 歌など詠むは**世の常なり**。かく折にあひたること（＝漢詩句）なん言ひがたき。（枕草子）

訳（こんな時に）歌などを詠むのはありきたりだ。このようにその時の状況に合った漢詩句は口にしがたいことだ。

2 めでたしなどは言ふも**世の常なり**。（大鏡）

訳すばらしいなどという言葉は口にするのも月並みな表現だ。

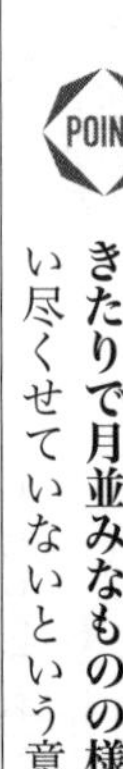

関連語

類 243 **なのめなり**［形動］

入試 ★★☆

1 も **2** も大切です。とりわけ **2** はよく問われます。

（実戦⑬10）

326

ただならず

□□□

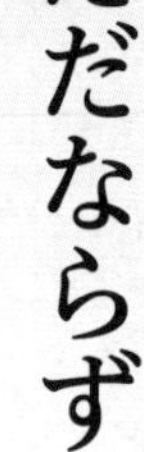

訳語

1 様子が普通ではない。

何かある

「ただなり」は「特別なことが何もない」という意味です。それが打消の助動詞「ず」で打ち消されているのですから、「**特別なことが何もない**」、**つまり「特別なことが何かある」ということです。**

1「これ、結ばばや」と言へば、実方（さねかた）の中将、寄りてつくろふに、**ただならず**。（枕草子）

訳（女房が）「これ（＝解けたひも）を、結びたい」と言っ

関連語

類 **ことやうなり**［形動］変わっている。普通とは

2 心が平静ではない。

3 〔「ただならずなる」の形で〕妊娠する。**懐妊する。**

たところ、実方の中将が、近寄って結び直すのだが、様子が普通ではない。

2 かくて閉ぢめてむと思ふものから、**ただならず**ながめがちなり。（源氏物語・空蟬）

訳（女は源氏との交際を）このまま終わらせてしまおうと思うけれども、心が平静ではなくもの思いに沈みがちである。

3 男夜な夜な通ふほどに、年月も重なるほどに、（女ノ）身も**ただならずなりぬ**。（平家物語）

訳 男が毎晩通ううちに、年月も重なったので、女の身も妊娠してしまった。

違っている。

入試 ★★★

1〜**3**のどの意味も大切です。とりわけ**3**はよく問われます。（実戦⑬5）現代語訳だけでなく、内容説明でもきかれます。

327 □□□

ものもおぼえず

【物も覚えず】

訳語

1 呆然（ぼうぜん）としている。**われを失っている。**

2 道理をわきまえない。

KEY **頭真っ白！**

POINT 直訳すると「何も考えられない」。**正気を失い、心に何も映っていない状態**（**1**）や、**分別（ふんべつ）を失っている状態**（**2**）を表します。パニック状態というよりも、思考の停止、理性の喪失ということです。

1 人の泣き騒ぐ音の聞こゆるに、いといゆゆしく、**ものもおぼえず**。（紫式部日記）

訳 人の泣き騒ぐ声が聞こえるので、（私は）とても怖くて、呆然としている。

2 **ものもおぼえぬ**官人どもが申しやうかな。（平家物語）

訳 道理をわきまえない役人たちの言い草だなあ。

・関連語・

対 **ものおぼゆ**［動下二］ **1** 正気である。**2** 道理をわきまえている。

入試 ★★☆

入試では**1**の意味がよく問われます。（実戦⑬11）

328 ひとやりならず □□□

【人遣りならず】

訳語

1 他のせいではなく、自分の心からする。

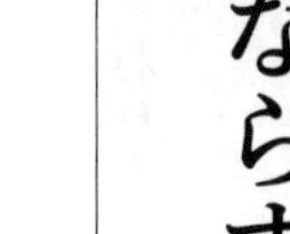

KEY

自分のせい

POINT

「ひとやり」は漢字で記すと「人遣り」。「人から遣らせられる」ことを言います。それが「ならず」と打ち消されているので、**「他からの強制ではなく、自分の意志でする」ことを言います。**

1 **ひとやりならぬ**道なれば、行き憂し[24]とてとどまるべきにもあらで、何となく急ぎ立ちぬ。（十六夜日記）

訳 他のせいではなく、自分の心からする旅なので、行くのがいやだと言って（都に）とどまることができるわけでもないので、これということもなく急ぎ出発した。

＊『十六夜（いざよい）日記』には、遺産相続をめぐる訴訟のため、京から鎌倉へ下る旅が記されています。作者は阿仏尼（あぶつに）です。

・関連語・

類 **心と（して）**［連語］自分の心から。自分から進んで。

対 **心ならず**［連語］**1** 自分の心からではなく。**2** 思わず。

入試 ★★☆

329 またのひ □□□

【又の日】

訳語

1 翌日。次の日。

KEY

「また」＝「next」

POINT

「後日（ごじつ）」という意味ではありません。「あくる日・次の日」という意味です。「またの日」だけでなく、「またの年」の形でもよく用いられます。いずれも**「またの」は「次の」の意味です。**

1 野分（のわき）の**またの日**こそ、いみじう[14] あはれに[26] をかしけれ[15]。（枕草子）

訳 台風の翌日は、とてもしみじみとした風情がある。

・関連語・

1 **またの年**［連語］翌年。

2 **またの朝（あした）**［連語］翌朝。

入試 ★☆☆

330 □□□

〜あへ(エ)ず

訳語

1 最後まで〜しきれない。

頑張りきれない

下二段動詞「敢(あ)ふ」の未然形に打消の助動詞「ず」が付いたものです。「敢ふ」は「物事に対して十分もちこたえる」意味です。その打消ですから、**相手の力に最後まで抗しきれなかったことを表します。**

1 正月(むつき)一日、言忌(ことい)みもし<u>あへず</u>。（紫式部日記）

訳 陰暦正月一日、言忌みも<u>最後までしきれない</u>。

＊「言忌み」とは、不吉な言葉を口にするのを慎むことを言います（↓P350）。

・関連語・

対 たふ［動下二］ **1** 堪える。もちこたえる。 **2** 十分に能力がある。

入試 ★★☆

実戦問題 ⑬

第5章 入試攻略語50 副詞・連体詞・感動詞・連語［P280〜291］

問 **傍線部の口語訳として適当なものを、後から選べ。**

□ **1** 具したりける弟子ども、<u>**おほかた心得がたくて**</u>、〈今物語・上智大〉 P284

① 全員が理解できなくて ② 理解できなかった人が多くて

③ あまりよく理解できなくて

④ 全く理解できなくて

訳 つき従っていた弟子たちは、<u>④全く理解できなくて</u>、

□ **2** われ<u>**させる**</u>勤めなし。〈今昔物語集・同志社大〉 P285

① 強いられた ② ものにした ③ やり残した

④ まかされた ⑤ これといった

訳 私は<u>⑤これといった</u>仏道の修行はしていない。

□ **3**「よろしくはべり。ただし、『泣かれぬる』といふ詞(ことば)こそ、あまりこけ過ぎて、<u>**いかにぞや聞こえはべれ**</u>」〈無名抄・広島修道大〉 P287

① どんな大声なのだろうと滑稽(こっけい)に思われます

② どう直せばよいのか迷ってしまいます

③ どんなものだろうかと不満に思われます

④ 他の歌人たちがどう思うか心配になります

⑤ どうか違う表現に直してほしいと希望します

訳「（歌全体は）悪くなくございます。ただし、（歌の中の）『泣かれてしまう』という言葉は、あまりにも深みがなさすぎて、<u>③どんなものだろうかと不満に思われます</u>」

□4 かくて**つくづくと**おはせむよりは、田舎の住まひも見つつ慰みたまへかし。

①むりに明るく努めて　②うっとりと夢見がちに
③あくせくと忙しくして　④しんみりと物思いに沈んで
⑤やけになり当たり散らして

〈うたたね・駒澤大〉P281

訳 このようにして④しんみりと物思いに沈んでいらっしゃるよりは、田舎の暮らしでも見ながら心を慰めなさいよ。

□5 播磨内侍とて、心だても優に神妙なれば、人々も良き者に思ひつつあり経るほどに、内の御心にも合ひて候ひける。いつしか、**ただならぬさま**に悩みけり。

①気持ちが荒れている　②何か訳ありげである
③何か心配している　④ふさぎこんでいる
⑤懐妊している　⑥他者よりすぐれている

〈新蔵人物語・高崎経済大〉P288

訳 播磨内侍といって、性格も優れていていけなげであるので、人々もいい人だと思いながら年月が過ぎるうちに、天皇もお気に召したことです。早くも、⑤懐妊しているようで気分がすぐれなかった。

□6 静（しづか）**聞きもあへず**、衣の袖（そで）を顔にあてて泣くよりほかのことぞなき。

①許そうともせず　②従うようにみえて
③聞き終わらぬうちに　④調べることも許されず
⑤訪ねて会えるわけでもなく

〈義経記・東洋大〉P291

訳 静は③聞き終わらぬうちに、衣の袖を顔にあてて泣く以外のことはない。

問 傍線部を口語訳せよ。（※**太字**部分が本書の見出し語）

□7 早う、童にはあらで、太刀抜きたる者に**こそありけれ**と思ひて、

〈今昔物語集・名城大〉P280

訳「なんとまあ」、童髪の者ではなくて、太刀を抜いている者であったのだなあと思って、

□8 逃げ入りて、局（つぼね）なる人々呼び上げなどせむも見ぐるし。**さはれ**、ただ折からこそ。

〈更級日記・立教大〉P285

訳（奥に）逃げ込んで、部屋にいる人々を呼び寄せなどするのもみっともない。「どうにでもなれ」、ただ折に応じて（振る舞おう）。

□9 親聞きて、「**さればよ**」と思ひけり。

〈伊勢集・白百合女子大〉P287

訳 親は聞いて、「思ったとおりだ」と思った。

□10 帝に仕うまつりて生みたりし御子は、五といひし年、失せ（う）たまひにければ、悲し、いみじとは**世の常なり**。

〈伊勢集・奈良女子大〉P288

訳 天皇にお仕えして生んだお子は、五つといった年に、お亡くなりになったので、悲しい、とてもつらいという言葉では「月並みな表現である」。

□11 さらに**ものもおぼえねば**、かへりごともせず。

〈伊勢集・奈良女子大〉P289

訳 まったく「われを失っている」ので、返事もしない。

付録

合格への＋α

＊古文を正しく読み取り、入試の設問に答えるためには、単語以外にもさまざまな知識が必要です。ここでは、五つのジャンルについて、重要な知識を整理します。

＊古文に関する知識は膨大で、どれだけ覚えてもきりがないものです。しかし、入試の問題文を読む・設問を解くという目的に限定すれば、思いきって絞り込むことが可能です。

1 まとめて覚える慣用表現

ここでは、古文でよく用いられる慣用的な表現を、意味や用法別にグループ分けしてみました。どれも覚えておくと、意味を取りやすくなる表現です。上に数字の付いているものは既出の語で、見出し語番号を示します。□はここで初めて取り上げる語です。

1 否定表現

① 「少しも・まったく〜ない」―全部否定

49 さらに〜打消

酒飲み、ののしりて、**さらに**返し**たまは**ず。（大和物語）

訳 酒を飲み、大騒ぎして、まったくお帰しにならない。

入試

御涙**更に**せきあへず。〈太平記・奈良女子大〉

訳 お涙を［まったく］止めきれ［ない］。

138 つゆ〜打消

つゆ嘆かせたまは**ざり**けり。（大鏡）

訳 少しもお嘆きにならなかった。

276 ゆめ・ゆめゆめ〜打消

ゆめゆめ偽りにてはは**べらず**。（住吉物語）

訳 まったく嘘（うそ）ではございません。

＊「ゆめ〜禁止」なら、「決して〜してはいけない」の意です（↓p296）。

317 おほかた〜打消

人を遣（や）りて見するに、**おほかた**逢（あ）へる者**なし**。（徒然草）

訳 人をやって見させるが、まったく（噂（うわさ）の鬼に）出逢った人はいない。

□ あへて〜打消

あへて勅勘（ちょくかん）**なかり**けり。（平家物語）

訳 少しも天皇のおとがめはなかった。

□ かけて（も）〜打消

御息所（みやすどころ）も**かけて**知りたまは**ず**。（源氏物語・夕霧）

訳 御息所も少しもご存じない。

□ すべて〜打消

すべて音もせ**で**五六日になりぬ。（大和物語）

訳 まったく音沙汰もなくて五、六日になってしまった。

＊「音」は「音沙汰・便り」の意です。

□ **たえて～打消**

今は**たえて**知れる人**なし**。（徒然草）

訳 今はまったく知っている人がいない。

□ **つやつや～打消**

木の葉をかきのけたれど、**つやつや**物も見え**ず**。（徒然草）

訳 木の葉を払いのけたけれども、まったく何も見えない。

②「ほとんど・めったに～ない」―全部否定との混同に注意

277 **をさをさ～打消**

この宮、**をさをさ**とひたまは**ざり**けり。（大和物語）

訳 この宮は、ほとんど（女を）お訪ねにならなかった。

③「たいして・それほど～ない」―打消表現を伴うか否かで訳が変わる点に注意

41 **いと～打消**

唐めきたる名の聞きにくく、花も見なれぬなど、**いと**なつかしから**ず**。（徒然草）

訳 中国風の名の聞き取りにくく、花も見慣れないものなどは、それほど好ましくない。

88 **いたく（いたう）～打消**

いたう暮れ**ぬ**ほどぞよからむ。（堤中納言物語・逢坂越えぬ権中納言）

訳 あまり日が暮れないうちがよいだろう。

---

④「まさか～ないだろう」

139 **よも～じ**

よも起きさせたまは**じ**。（枕草子）

訳 まさかお起きにならないだろう。

⑤「～できない」―不可能

47 **え～打消**

神鳴るさわぎに、**え**聞か**ざり**けり。（伊勢物語）

訳 雷の鳴る騒がしさで、聞くことができなかった。

入試

さりとて、かくのみは**え**参り来**まじき**を。〈和泉式部日記・神奈川大〉

①お訪ねするべきではないのに
②お訪ねしたいわけでもないのに
③お訪ねしないつもりでいるのに
④お訪ねすることもできそうもないのに

訳 そうかといって、このように④お訪ねすることもできそうもないのに。

47 **えさらず**

避けられない。
やむをえない。

その御事によりこそ**えさらず**思ひたつべくはべれ。（とりかへばや物語）

訳 そのご事情によって避けられず決心せねばなりません。

47 **えならず**　何とも言えないほどすばらしい。

匂ひたる香、**えならず**。（宇津保物語）

訳 においを放った香は、何とも言えないほどすばらしい。

47 **えもいはず**　何とも言いようがない。

頭も**えもいはず**恐ろしげなる者どもなり。（宇治拾遺物語）

訳 頭も何とも言いようがなく恐ろしそうな者らである。

⑥「さあ～わからない」

□ **いさ～知らず**

人は**いさ**心も**しらず**（古今和歌集）

訳 人はさあその心はわからない。

2 禁止表現

①「～するな・してくれるな」

48 **な～そ**

命惜しくは、**な**泣き**そ**。（平治物語）

訳 命が惜しかったら、（声を立てて）泣くな。

入試 「さりけり、さりけり。**ものな言ひそ**」とぞ言はれける。〈宇治拾遺物語・愛知教育大〉

訳 「そうだった、そうだった。何も言う［な］」と言われた。

②「決して・断じて～してはいけない」―強い禁止

276 **ゆめ・ゆめゆめ～禁止**

ゆめこの雪落とす**な**。（大和物語）

訳 決してこの雪を落としてはいけない。

276 **あなかしこ～禁止**

あなかしこ、おびえ騒がせたまふ**な**。（更級日記）

訳 決して、おびえ騒いだりなさってはいけない。

318 **（あひ）かまへて～禁止**

あひかまへて、念仏おこたり給（たま）ふ**な**。（平家物語）

訳 決して、念仏を怠りなさるな。

3 願望表現

①「どうにかして～たい・てほしい・よう」

50 **いかで・いかでか・いかでかは～願望・意志**

いかでとく京へ**もがな**。（土佐日記）

訳 どうにかして早く京へ帰りたいものだ。

②「なんとかして～たい」

50 **いかにして～願望・意志**

「**いかにして**このこと、言ひさまたげ**ん**」（住吉物語）

訳「なんとかしてこのことを、言い妨げたい」

③「早く〜したい・してほしい」

129 いつしか〜願望・意志

いつしかその日にならなむ。〈枕草子〉

訳早くその日になってほしい。

4 疑問・反語表現

①「どうして〜か」「どうして〜か、いや〜ない」

50 いかで・いかでか・いかでかは

いかでかくは思し召し仰せらるるぞ。〈大鏡〉

訳どうしてそのようにお考えになっておっしゃるのか。

入試

末代のなりゆかんやう、凡夫の身としていかでか知るべきなれば、〈曽我物語・清泉女子大〉

①わかるはずもないので
②どうであるか知りたいので
③どうにかしてわかるならば
④知りえるはずもないならば
⑤どうしたってわかるはずなので

訳遠い先の将来の成り行くようなさまが、（神や仏でもない）凡人の身で①わかるはずもないので、

143 など・などか・などて・などてか・なに・なにか・なにかは

「などてかくなくぞ」といへど、いらへもせず。〈大和物語〉

訳「どうしてこのように泣くのか」と言っても、返事もしない。

144 なでふ・なんでふ・なじかは

なんでふかかる文か見せたまふ。〈宇津保物語〉

訳どうしてこのような手紙をお見せなさるのか。

□ なぞ・なんぞ

所願なんぞ成就せざらん。〈平家物語〉

訳願いがどうして成就しないだろうか、いや成就しないことはない。

②「どのように〜か」「どうして〜か、いや〜ない」

50 いかが

我をば人はいかが言ふ。〈大鏡〉

訳私のことを人はどのように評しているか。

③「どのように・どうして〜か」―疑問のみ

50 いかに

いかにかくてはおはするぞ。〈平治物語〉

訳どうしてこのようにしていらっしゃるのか。

④「どのようにして～か」―疑問のみ

50 いかにして

いかにして過ぐすらんと見たまふ。（源氏物語・宿木）

訳 どのようにして暮らしているのだろうかとご覧になる。

5 出家する

①髪を剃ったり、衣を変えたりして僧の姿になる

32 かたち(を)かふ

かたちをも変へてんとしたまひしぞかし。（源氏物語・宿木）

訳 出家してしまおうとなさったのだよ。

□ **かたち〔さま〕をやつす**

かたちをやつしたれど、ものやゆかしかりけむ、賀茂の祭見に出でたりけるを、男、歌よみてやる。（伊勢物語）

訳 出家していたけれど、見物したかったのだろうか、賀茂の祭を見に出かけていたところ、男が、歌を詠んで贈る。

□ **さま(を)かふ**

かやうに**様をかへ**て参りたれば、日ごろの科をばゆるし給へ。（平家物語）

訳 このように髪を切って尼の姿になって参上したので、日頃の罪を許してください。

入試 横笛これを伝へ聞いて、「われをこそすてめ、さまをさへかへけんことのうらめしさよ…」〈平家物語・大阪大〉

訳 横笛はこのことを伝え聞いて、「私を捨てるのはよいが、［出家までし］たということが恨めしいことよ…」

②髪を剃って出家する

□ **かしら〔かざり・御髪〕おろす**

思ひのほかに、**御髪おろし**たまうてけり。（伊勢物語）

訳 思いがけなく、髪を剃って出家なさってしまった。

③俗世間を離れる・遁世する

□ **世を捨つ〔背く・遁る・離る〕**

五十の春を迎へて、家を出で、**世を背けり**。（方丈記）

訳 五十歳の春を迎えて、出家し、遁世した。

6 死ぬ・亡くなる

「死」を婉曲（遠回し）に表現する連語です。

30 いたづらになる

そこに**いたづらになり**にけり。（伊勢物語）

訳（女は）そこで死んでしまった。

30 むなしくなる

待ちわびし君は**むなしくなり**ぞしにける（大和物語）

訳（お帰りを）待ちわびていたあなたは死んでしまっていたのだった。

72 失す（隠る・消ゆ・身まかる）

かくて年をかさぬるほどに、親は**身まかり**ぬ。（浮世物語）

訳こうして年が経つうちに、親は死んでしまった。

入試

御忌みだに過ぎぬほどに、競ひ隠れ給ひにしに、〈風に紅葉・九州産業大〉

①大急ぎで姿をお隠しになって
②敵対する相手からお隠しになって
③争いがもとで行方不明になられて
④先を争うようにお亡くなりになって
⑤後を追うように出家なさって

訳（先に亡くなられた方の）御忌みさえも過ぎないうちに、④先を争うようにお亡くなりになって、

80 はかなくなる

三条宮に侍りし小侍従**はかなくなり**はべりにけるとほの聞きはべりし。（源氏物語・橋姫）

訳三条宮にお仕えしていた小侍従は亡くなってしまいましたとちらと耳にしました。

94 いふかひなくなる

「かの君は、**いふかひなくなり**たまひぬるものを」と聞こゆ。（宇津保物語）

訳「あの君は、お亡くなりになったのに」と申し上げる。

□ あさましくなる

三月二十日、つひにいと**あさましくなら**せ給ひぬ。（増鏡）

訳（東宮は）三月二十日、ついに本当にお亡くなりになった。

＊「あさましくなる」の本来の意は「思いがけないことになる」です。

□ いかにもなる

いかにもならんまで念仏申して、極楽へ参れよ。（平家物語）

訳亡くなるようなときまで念仏を申して、極楽に参りなさいよ。

＊漢字で書けば、「如何にも成る」です。

□ ともかくもなる

一矢射て、敵の一人も討ち取つて、**ともかくもなり**候はばや。（曽我物語）

訳一矢報いて、敵の一人も討ち取って、死にたくございます。

7 並一通りでない

27 **おろかならず**

神の助け**おろかならざりけり**。（源氏物語・明石）

訳 神様のお助けは並一通りでなかったのだ。

243 **なべてならず**

姿、用意など**なべてならず**見ゆ。（源氏物語・絵合）

訳 姿や、心用意などが並一通りでなく見える。

243 **なのめならず**

姫君の嘆きたまふこと**なのめならず**。（住吉物語）

訳 姫君がお嘆きになることは並一通りでない。

□ **ひとかたならず**

ひとかたならずまどひて、月日は多く過ぎぬ。（松浦宮物語）

訳 並一通りでなく心が乱れて、月日は多く過ぎた。

8 言葉では言い尽くせない

27 **いふも〔いへば・とは〕おろかなり**

御湯殿(ゆどの)の儀式**言へばおろかに**めでたし。（栄花物語）

訳 御湯殿の儀式は言葉では言い尽くせずすばらしい。

母北の方、泣く**とはおろかなり**。（落窪物語）

訳 母北の方は、泣くと言ったのでは十分ではない（ほど激しく泣く）。

325 **～とは〔～とも・～といふも・～といへば〕よのつねなり**

「かなしうし給(たま)ふ」**とは世の常なりや**。（落窪物語）

訳 「かわいがりなさる」というのは月並みな表現だよ。

入試 むなしき煙と立ちのぼり給ひぬ。**悲しとも、世の常なり**。〈あさぎり・東京大〉

訳 はかない煙となって（空へ）高く昇って行かれた。悲しい［という言葉では言い尽くせない］。

□ **いふばかりなし**

面白くいかめしきこと、**いふばかりなし**。（宇津保物語）

訳 趣深く（かつ）厳粛なことは、言葉では言い尽くせない。

9 いまさら言うまでもない

101 **いふも〔いへば〕さらなり**

軸、表紙、箱のさまなど**いへばさらなり**かし。（源氏物語・鈴虫）

訳 軸や、表紙、経箱の（立派な）ありさまなど（いまさら）言うまでもないよ。

101 いふべきにもあらず

冬も、氷したるあしたなどはいふべきにもあらず。（枕草子）

訳冬も、凍っている朝など（の池の風情）は（いまさら）言うまでもない。

□ さらにもあらず〔いはず〕

女はさらにもいはず思ひ沈みたり。（源氏物語・明石）

訳女は言うまでもなく（悲しみに）思い沈んでいる。

10 どうしようもない

94 いふかひなし

女、くやしと思へど、制すべきやうもなくていふかひなし。（大和物語）

訳女は、悔やまれると思うけれども、止めることができる方法もなくてどうしようもない。

148 いかがせむ・いかがはせむ

思ふとも離れなむ人をいかがせむ（古今和歌集）

訳（私が）恋しく思っても離れて行ってしまうような人をどうしようもない。

234 ずちなし・すべなし

清水の観音を念じたてまつりても、すべなく思ひまどふ。（源氏物語・夕顔）

訳清水の観音をお祈り申し上げるが、どうしようもなく途方に暮れる。

＊「術」（＝手段・方法）は漢語＝「ずち」、和語＝「すべ」。

234 せむかたなし

せむかたなくて泣き居たり。（堤中納言物語・思はぬ方に泊りする少将）

訳どうしようもなくて泣いていた。

＊サ変動詞「す」未然形＋推量（婉曲）の助動詞「む」連体形＋名詞「方」（＝手段・方法）＋形容詞「無し」。

入試

風の吹くにあはれもせむかたなし。〈土御門院女房日記・明治大〉

訳風が吹くにつけても悲しみも［どうしようもない］。

□ やるかたなし・やらむかたなし

御臨終の御時、別路にまよひしも、やるかたなくぞおぼえける。（平家物語）

訳ご臨終の御時、別れの悲しみに取り乱したが、どうしようもなく（＝悲しみは晴らしようもなく）思われた。

＊建礼門院死去に際し、その侍女が抱いた感慨です。「やる」は「心を晴らす」の意で、全体を逐語訳すると「心を晴らすすべがない」となります。

11 呆然自失している

327 ものもおぼえず

うちも臥されず、**ものもおぼえず**起きゐたり。（源氏物語・若紫）

訳 横にもなれず、呆然としてずっと起きていた。

□ **われ（あれ）かひとか（にもあらず）**

おとど心まどひて、**我か人かにもあらで**のたまふ。（宇津保物語）

訳 大臣は心が乱れ迷って、呆然自失しておっしゃる。

＊「あれ」＝「われ」は、自称「わたし」。

□ **われ（あれ・あれか）にもあらず**

皇子は、**我にもあらぬ**気色にて、肝消えゐたまへり。（竹取物語）

訳 （くらもちの）皇子は、呆然自失している様子で、肝をつぶして座っていらっしゃる。

入試

立ち出づるほどの心地、**あれかにもあらず**、うつつともおぼえで、暁にはまかでぬ。〈更級日記・東洋大〉

①自他の区別もつかず
②想像していた通りではなく
③期待通りではなく
④立っていられない
⑤気持ちが悪く

訳 （宮仕えに）出る時の心地は、①自他の区別もつかず、現実のこととも思われないで、明け方には退出した。

□ **われかのけしき**

汗もしとどになりて、**我かの気色**なり。（源氏物語・夕顔）

訳 汗もびっしょりになって、呆然自失した様子だ。

12 「心」に関する表現

□ **こころあり** 1 思慮分別がある。 2 思いやりがある。 3 情趣を解する。

心あらん友もがなと、都恋しう覚ゆれ。（徒然草）

訳 情趣を解するような友がいればなあと、（友のいる）都が恋しく思われる。

□ **こころう** 1 理解する。 2 気を付ける。 3 嗜みがある。

いかなることにかあらむと**心得**がたう思ふ。（源氏物語・若紫）

訳 どういうことであろうかと理解しがたく思う。

□ **こころおとりす** 期待はずれに思う。予想より劣って感じられる。

めでたしと見る人の、**心劣りせらるる**本性見えんこそ、口をしかるべけれ。（徒然草）

訳 立派だと思っている人が、期待はずれに思われる本来の性質を表すようなのは、残念なことだろう。

入試

西行、**心おとりして**帰りぬ。〈古今著聞集・東京女子大〉

①気持ちが浮き立って　②気後れして
③恥ずかしくなって　④腹が立って
⑤期待はずれに思って

訳 西行は、⑤期待はずれに思って帰った。

□ こころにいる

1（自動詞）気に入る。心にしみる。
2（他動詞）熱心である。関心を持つ。

それになん引かれて心に入れて教へける。（宇治拾遺物語）

訳 それに引かれて熱心に教えた。

□ こころにかなふ

1 思いどおりになる。
2 気に入る。

命さへ心にかなはずと、厭（いと）はしういみじう思す。（源氏物語・夕霧）

訳 命まで思いどおりにならないと、わずらわしく情けなくお思いになる。

＊わが身の不運が悲しいうえに、母君のあとを追って死にたいと思っても、それまでもが思うようにならないとの嘆きです。

□ こころのやみ

1 心の迷い。
2 子を思うあまりに迷う親の心。

思ひむせべる心の闇も晴るるやうなり。（源氏物語・松風）

訳 悩みつかえていた（子を思う）心の迷いも晴れるようだ。

□ こころ(を)やる

1 心を慰める。気晴らしをする。
2 自分の思うままにする。得意がる。

かれも、さこそ、心をやりて遊ぶと見ゆれど、身はいと苦しかんなりと、思ひよそへらる。（紫式部日記）

訳 あれ（＝水鳥）も、あのように、自分の思うままに（楽しく）遊んでいると見えるが、その身になってみるときっととても苦しいのだろうと、（我が身に）思い比べられる。

□ こころゆく

満足する。
心が満たされる。

心ゆかぬなめりといとほしく思（おぼ）しめす。（源氏物語・紅葉賀）

訳 満足しないようだとかわいそうにお思いになる。

入試

いと雅（みやび）やかなるものから、**をかしう心ゆきたる様なり。**〈松陰日記・明治大〉

訳（柳沢吉保（よしやす）様のご別邸は）たいそう風雅であるので、趣があって［満足し］ている様子である。

13 他の語に付いて意味を添える表現

①接頭語・接尾語

53 ～がり・～のがり

～の所へ。
～のもとへ。

そこの法師のがり、間（ま）どもなく人やる。（平中物語）

訳 そこの法師の所へ、ひっきりなしに使いの人を送る。

□ **うち～**　1 ちょっと～。 2 すっかり～。 3 ふと～。 4 勢いよく～。

時のまの烟(けぶり)**ともなりなんとぞ、うち見るより思はるる。**（徒然草）

訳 たちまち焼け失せて煙になってしまうだろうと、ちょっと見るとすぐに思われる。

□ **もの～**　なんとなく～。

水際(みぎは)**の氷を踏みならす馬の足音さへ、心細くもの悲し。**（源氏物語・浮舟）

訳 水際の氷を踏み鳴らす馬の足音までが、心細くなんとなく悲しく感じられる。

②補助動詞

10 **～ありく**　～してまわる。～し続ける。

（蚊ガ）顔のほどに飛びありく。（枕草子）

訳 蚊が顔の辺りで飛びまわるの（がにくらしい）。

25・69 **～わぶ・～わづらふ**　～するのに困る。～しかねる。

かくてはいかでか過ぐしたまはむと慰めわびて、乳母(めのと)**も泣きあへり。**（源氏物語・若紫）

訳 このままではどうやってお過ごしになるのだろうかと慰めかねて、乳母も一緒に泣いている。

呼びわづらひて、笛をいとをかしく吹きすまして、過ぎぬなり。（更級日記）

訳（車の主は呼んでも返事がないので）呼びかねて、笛をたいそう趣深く上手に吹いて、通り過ぎてしまうようだ。

64 **～わたる**　1 ずっと～する。 2 一面に～する。

なほ絶えずなやみわたりたまふ。（源氏物語・若菜下）

訳 やはり絶えずご病気でずっと苦しみなさる。

あてやかに住みなしたまへるけはひ見えわたる。（源氏物語・初音）

訳 上品にお暮らしになっている様子が一面にうかがえる。

入試

音に聞きわたりし初瀬川、げにいとおどろおどろしく岩切り落ちつつ、麓を巡れる。〈竹むきが記・昭和女子大〉

①川音が昔と変わることがない
②川音がたえず響きわたっている
③神々しい気配が漂っている
④名前だけは聞き覚えていた
⑤話にはつねに聞いていた

訳 ⑤話にはつねに聞いていた初瀬川が、本当にとても不気味な様子で岩を切るようにたぎり落ちては、麓を巡っている。

64 **～はつ**　最後まで～する。すっかり～する。

夜の明け**はて**ぬさきに御舟に奉れ。（源氏物語・明石）

訳 夜がすっかり明けない前にお舟にお乗りください。

70 **～まどふ**　ひどく～する。

濡れ**まどふ**人多かり。（蜻蛉日記）

訳 ひどく濡れる（＝ずぶ濡れになる）供人が大勢いる。

284 **～さす**　途中で～（する）のをやめる。

人々聞きつけてものせしかば、弾き**さし**てき。（宇津保物語）

訳 人々が聞きつけて来たので、途中で弾くのをやめた。

入試 うつくしきに、聞きあまりて、行ひ**さし**てわたりたまひたれば、弾きやみたまひぬるを、〈夜の寝覚・東京大〉

訳（箏の音色の）見事さに、じっと聞いていられなくて、［途中で］勤行する［のをやめ］て（女君の所へ）おいでになったところ、弾くのをやめなさったので、

330 **～あへず・～やらず**　最後まで～しきれない。

涙にくれつつ、何事も聞こえ**あへず**。（松浦宮物語）

訳 涙に目がくらんで、何事も最後まで申し上げきれない。

「こはいかなることぞ」とも言ひ**やらず**笑ふ。（落窪物語）

訳「これはどうしたことだ」とも最後まで言いきれず笑う。

□ **～すさぶ**　気の向くままに～する。興に乗って～する。

箏の琴を忍びやかに弾き**すさび**たまふなり。（とりかへばや物語）

訳 箏の琴をひっそりと気の向くままに弾きなさるようだ。

□ **～すます**　1 一心に～する。2 上手に～する。

あはれにうらやましくも行ひ**すま**させたまふかな。（夜の寝覚）

訳 しみじみとうらやましいほど一心に勤行なさるなあ。

心もおよばず舞ひ**すまし**たりければ、入道相国舞にめで給ひて、仏に心をうつされけり。（平家物語）

訳 思いも及ばないほど上手に舞ったので、入道相国は舞に感心なさって、仏御前に心を移された。

□ **～そむ**　～しはじめる。

むつかしきこともし**そめ**てけるかな。（源氏物語・手習）

訳 面倒なこともしはじめてしまったことよ。

□ **～なす**　ことさらに～する。

夢見騒がしかりつと言ひ**なす**なりけり。（源氏物語・浮舟）

訳 夢見が悪かったとことさらに言うのだった。

□ **～なる**　自然と～なる。

責められわびて、さしてむと思ひ**なり**ぬ。（大和物語）

訳 責め立てられて困って、そのようにしてしまおうと自然と思うようになった。

14 助動詞・助詞の複合表現

①文中、文末の特徴的な表現

□ **こそあらめ** ❶〔文中〕～はよいだろうが…。（逆接で接続）
❷〔文末〕～のがよいだろう。

朝夕なくてかなはざらん物**こそあらめ**、その外は何も持たでぞあらまほしき。（徒然草）

訳 日常なくてはならない物はよいだろうが、それ以外は何も持たないでいたい。

□ **ぞかし** 〔文末〕～よ。～ね。（念押し）

にぎはひ豊かなれば、人には頼まるる**ぞかし**。（徒然草）

訳 富み栄え裕福であるので、人には頼りにされるよ。

□ **とかや** ❶〔文中〕～とかいう。
❷〔文末〕～とかいうことだ。

此（この）程聞けば、有木（ありき）の別所**とかや**におはすなり。（平家物語）

訳 最近聞くと、有木の別所とかいう所にいらっしゃるそうだ。

□ **にや・にやあらむ（にやありけむ）** 〔文中・文末〕～だろうか。（～だったのだろうか。）

国の習ひ**にや**、またかかる人もありけり。（松浦宮物語）

訳 この国の習俗だろうか、また（このような山里に）このような人もいたのだ。

＊いずれも挿入句によく用いられます。「にやあらむ」が変化してできた「やらん」（～であろうか。〔疑問〕、～というようだ。〔婉曲〕）も要注意です。

入試

たてて好ませたまへばにや、二なく描かせたまふ。〈源氏物語・絵合・日本女子大〉

訳 特にお好みになるから［だろうか］、またとなく上手にお描きになる。

□ **ならでは** 〔文中〕～以外には。～でなくては。

わざと来たる人**ならでは**、通ふ人もなし。（住吉物語）

訳 わざわざやって来る人以外には、行き来する人もいない。

□ **なば** 〔文中〕～てしまったら。

かくて果て**なば**、いと口惜しかるべし。（蜻蛉日記）

訳 このまま死んでしまったら、とても心残りだろう。

＊「な」は完了の助動詞「ぬ」未然形なので、仮定条件を表します。

②推量・推定を用いた頻出表現

□ **てむや** ❶～てくれないか。
❷～だろうか、いや～ない。

我も死に、聖（ひじり）も失（う）せなば、尋ね聞き**てんや**。（徒然草）

訳 自分も死に、聖も死んでしまったら、聞きただせるだろうか、いや聞きただせない。

＊反語を表す文末表現として「めや」も重要です。

入試

ぬしに消息聞えば申してむや。〈大和物語・熊本大〉

訳 ご主人に伝言を申し上げるなら申し伝え［てくれないか］。

□ **なめり**　～（の）であるようだ。

うるはしき皮**なめり**。（竹取物語）

訳 立派な皮であるようだ。

□ **べかめり**　～しそうなようだ。～にちがいないようだ。

かへりては罪得**べかめり**。（蜻蛉日記）

訳 かえって罰が当たるにちがいないようだ。

□ **べからず**　1～てはならない。（禁止）　2～ことができない。（不可能）

羽なければ、空をも飛ぶ**べからず**。（方丈記）

訳 羽がないので、空を飛ぶことができない。

□ **むずらむ**　～（ことになる）だろう。

恥や見**むずらむ**。（宇津保物語）

訳 恥を見ることになるだろうか。

＊推量「むず」＋現在推量「らむ」。「んずらん」とも。

③強調の意味が加わる表現

□ **てむ**　1きっと～だろう。　2～てしまおう。　3～てしまうのがよい。

とまれかうまれ、とく破り**てむ**。（土佐日記）

訳 とにもかくにも、早く破ってしまおう。

＊強意の助動詞「つ」「ぬ」の未然形「て」「な」の下に続く推量の助動詞は「む」「むず」「まし」です。

□ **なまし**　1きっと～だろうに。　2～てしまおうかしら。

なほかくてや過ぎ**なまし**。（和泉式部日記）

訳 やはりこうして（出家せずに）世を過ごしてしまおうかしら。

＊1は「～（ましか）ば～なまし」などの形を、2は「～や～なまし」などの形をとります。

□ **ぬべし**　きっと～にちがいない。

我はこの皇子に負け**ぬべし**。（竹取物語）

訳 私はこの皇子にきっと負けるにちがいない。

＊強意の助動詞「つ」「ぬ」の終止形の下に続く推量の助動詞は「べし」「らむ」です。

入試

三日といふに京に着きぬべけれど、いたう暮れぬとて、〈蜻蛉日記・関西学院大〉

①京に着いたらいいのだけれど
②京に着くことができたけれど
③京に着くはずであったけれど
④京には着かないようだけれど
⑤京には着かなかっただろうが

訳 三日目に③京に着くはずであったけれど、すっかり日が暮れてしまったというので、

2 表現別文法

ここでは、入試でよく問われる表現にかかわる助動詞・助詞の学習をします。取り上げるのは、**「願望」「反語」「反実仮想」「係り結び」**の四つです。これらの表現が入試でよく問われるのには理由があります。それは、いずれも作者や登場人物の「強い気持ち」とかかわる表現だからです。したがって、その表現を含む箇所が問題文の急所となることが多く、設問化される確率も高くなるのです。

1 願望表現

だに(副助詞)

「最小限の希望(限定)」を表します。譲りに譲ってもうこれ以上譲れないという願望です。**「せめて～だけでも」**と訳します。ほかに「類推」(～さえも)の意味も表します。

例 **散りぬとも香(か)をだに残せ梅の花恋しき時の思ひ出にせむ**(古今和歌集)

訳 (散らないでいてほしいのだが)たとえ散ったとしても**せめて香りだけでも**残しておくれ。梅の花よ。恋しい時の思い出にしたい。

＊波線部は本来の希望です。

まほし(助動詞)

活用語の未然形に付いて、みずからの願望を表します。「～たい」と訳します。形容詞型に変化します。

例 **世の人飢ゑず、寒からぬやう世をば行はまほしきなり。**(徒然草)

訳 世の中の人が飢えることなく、寒い思いをしないように政治は行い**たい**ものである。

ばや(終助詞)

活用語の未然形に付いて、みずからの願望を表します。「～たい」と訳します。

解説と演習

▼「だに」が「最小限の希望(限定)」を示す場合は、下に希望・命令の表現を伴うことが多いことも覚えておきましょう。上の例では「残せ」が命令形になっています。

▼「ばや」が文末ではなく文中に来る場合は、終助詞ではなく、接続助詞「ば」＋係助詞「や」です。

問1 「**着かばや**」の意味として適

例この人を妻(め)にせばや。(宇治拾遺物語)
訳このひとを妻にしたい。

てしがな・にしがな(終助詞)

活用語の連用形に付いて、みずからの願望を表します。「〜たい」「〜たいものだ」と訳します。

例いかでこのかぐや姫を得てしがな、見てしがな。(竹取物語)
訳どうにかしてこのかぐや姫を手に入れたい、妻としたい。
例命惜しむと人に見えずもありにしがな。(蜻蛉日記)
訳命を惜しんでいると人に見られなくありたい。

もがな(終助詞)

さまざまな語に付いて、簡単には実現できないことへの願望を表します。「〜があればなあ」「〜たいものだ」などと訳しますが、文脈に合わせて適切に訳さなければいけないときもあります。

例あはれ紅葉(もみぢ)を焚(た)かん人もがな。(徒然草)
訳ああ紅葉を焚くような人がいればなあ。
例いかでとく京へもがな。(土佐日記)
訳どうにかして早く都へ帰りたいなあ。
＊文脈に合わせて適切な願望表現で訳しています。

なむ(終助詞)

活用語の未然形に付いて、他に対する願望を表します。「〜てほしい」と訳します。

例いつしか梅咲かなむ。(更級日記)
訳早く梅が咲いてほしい。

当なものを、次の中から選べ。
①着いてもよい
②着きたいものだ
③着くだろう
④着くはずだ
⑤着けるかもしれない 〈神戸学院大〉

▼副詞「いかで」には、疑問・反語・願望の意がありますが、「まほし」「ばや」「てしがな」「にしがな」「もがな」など願望の表現と呼応している場合は、願望の意になります。→P68・296

問2 「ただ今死ぬるものにもがな」を現代語訳せよ。 〈神戸大〉

▼「なむ」が活用語の連用形に付いている場合は、強意(完了)の助動詞「ぬ」の未然形＋推量の助動詞「む」で、「きっと〜だろう」と訳します。

問3 「いつしか夜も明けなむ」を現代語訳せよ。 〈関西学院大〉

解答 問1 ② 問2 今すぐ死にたいものだなあ 問3 早く夜も明けてほしい

2 反語表現

かは・やは

係助詞「か」「や」は文の途中や文末で用いられて、「疑問」や「反語」を表します。ところが、この助詞に「は」が付いて、「かは」「やは」になるとほとんどの場合「反語」です。「～か、いや～ない」と訳します。

例 **世にありてもなににかはせん。出家せん。**（宇治拾遺物語）

訳 世の中にいてもなんになろうか、いやなんにもならない。出家しよう。

例 **そもそもその女房あやまちせんからに、出家すべきやうやはある。**（宇治拾遺物語）

訳 そもそもその女房が過ちをしたからといって、（私が）出家しなければならないわけがあるか、いやそんなことはない。

例 **ひがひがしからん人の仰せらるること、聞き入るべきかは。**（徒然草）

訳 まともでない方がおっしゃることを、聞き入れられようか、いや聞き入れられない。

例 **いとをかしきことかな。詠みてむやは。詠みつべくは、はや言へかし。**（土佐日記）

訳 実に面白いことだなあ。ちゃんと詠めるのか、いや詠めないだろう。もしちゃんと詠めるのならば、早く詠んでごらんよ。

3 反実仮想表現

ましかば～まし

事実に反することを想定して「かりにそうならば、こうだろう」と述べる表現です。「せば～まし」という形もよく目にします。「…ならば、～だろう」「…だったならば、～だっただろうに」などと訳します。事実に反していることを述べているので、では事実はどうであるのかを考えることも大切です。

例 **鏡には色・かたちなきゆゑに、よろづの影来たりて映る。鏡に色・かたちあらましかば、映らざらまし。**（徒然草）

訳 鏡（の表面）には色も形もないので、さまざまな姿が来て映る。もし鏡（の表面）に

▼入試の選択肢では、反語表現を上記のように訳さない場合もあります。上の最初の例なら、「世の中にいてもなんにもならない。出家しよう」となります。

▼第1章・第2章、P297で学習した次の語も重要な反語表現です。関連語も含めて確認しておきましょう。

50 いかで・いかでか
143 など・などか
144 なでふ・なんでふ
148 いかがせむ・いかがはせむ

▼「ましかば」は推量の助動詞「まし」の未然形「ましか」＋順接の仮定条件を表す接続助詞「ば」です。

問4 「**迷はまし教へざりせば**」について、(1)「まし」の品詞名と意味を答えよ。(2)「迷はまし教へざりせば」の解釈として適当なものを、次の中から選べ。

①教えて下さらなかったら、私は迷うことでしょう

色や形があるならば、（物の影は）映らないだろう。

事実 鏡の表面には色や形がないからすべての影がやどってうつる。

例 **世の中にたえて桜のなかりせば春の心はのどけからまし**（古今和歌集）

訳 この世の中にまったく桜がなかったならば、春をすごす人の心はのどかなものだったろうに。

事実 世の中には桜があるので、春をすごす人の心は桜の散ることを思ってのどかでいられない。

4 係り結びの重要表現

こそ〜已然形、……。

「こそ〜已然形」が文の途中にあるときは、逆接の意味で下の文に続いていきます。已然形の語を訳してから、「**けれども・のに**」を添えて下の文を訳します。

例 **品（しな）・かたちこそ生れつきたらめ、心はなどか賢きより賢きに移さば移らざらん。**（徒然草）

訳 家柄や容貌（ようぼう）は生まれついているのだろうけれども、心はどうして優れている上にも優れている方へ高めたならば、高まらないことがあるだろうか、いや高まるだろう。

もぞ〜連体形・もこそ〜已然形

係助詞「ぞ」「こそ」の上に係助詞「も」が付いて、「もぞ」「もこそ」になると「そうなると困る」という気持ちを表します。文全体を訳してから、最後に「**〜と困る**」を加えます。

例 **ただ一度にいらへんも、待ちけるかともぞ思ふ。**（宇治拾遺物語）

訳 たった一度（の呼びかけ）で返事をするようなことも、（呼ばれるのを）待っていたのかと思う**と困る**。

例 **烏（からす）などもこそ見つくれ。**（源氏物語・若紫）

訳（雀（すずめ）の子を）烏などが見つける**と困る**。

---

②教えて下さらなかったので、私は迷ってしまいます
③教えて下さらなかったのに、私は迷いを解くことができました
④教えて下さったのに、私の迷いはまだ解けません
⑤教えて下さったから、迷いを払い澄み切った心境になれました

〈名古屋女子大〉

▼「**せば**」は過去の助動詞「き」の未然形「せ」＋順接の仮定条件を表す接続助詞「ば」です。

▼「**こそ**」の結びの「め」は、推量の助動詞「む」の已然形です。

▼「心はなどか」の「などか」は反語を表しています。

問5 「**またおそくもぞ縫ふ**」を現代語訳しなさい。〈神戸大〉

解答 問4 (1) 助動詞・反実仮想　(2) ①　問5 また遅く縫うと困る

枕詞（まくらことば）

ある語を導くための五音節（平仮名で書くと五文字）の言葉です。「あをによし奈良」「たらちねの母」とあれば、「あをによし」「たらちねの」がそれぞれ「奈良」「母」を導く「枕詞」です。それなりの働きはあるのですが、意味はなく、訳す必要はありません。「枕詞」は新しく作ることはできません。また、導く語を勝手に変えることもできません。ですから**学習法は暗記です。**

◆暗記したい「枕詞」◆

- □あしひきの→山
- □くさまくら→旅
- □たらちねの→母
- □あらたまの→年・月
- □くれたけの→よ・ふし
- □ちはやぶる→神
- □あをによし→奈良
- □しきしまの→大和
- □とりがなく→あづま
- □いそのかみ→ふる
- □たまづさの→使ひ
- □ぬばたまの→黒・髪・夜
- □うつせみの→世・命
- □たまほこの→道・里
- □ひさかたの→あめ・光

序詞（じょことば）

働きは「枕詞」と同じです。ただし、**七音節以上（平仮名で書くと七文字以上）が基本です。**「枕詞」とは違って、歌人が自由に創作できます。つまり、ある語を導くため歌人は自由に「序詞」を作るのです。したがって**暗記は無理です。学習法は「序詞」を正しく理解することです。**

「序詞」は、次の三つの方法で作られます。

1 「〜ように」と訳す助詞「の」を用いて作る。
2 同じ音を繰り返すことで作る。
3 「掛詞（かけことば）」を用いて作る。

1 あしひきの山鳥の尾のしだり尾のながながし夜をひとりかも寝む（拾遺和歌集）

解説と演習

▼「枕詞」は、次のように空所補充の形で、「暗記」しているかどうか問われることがあります。

問1 空白部 I には、枕詞が入ります。最も適当なものを一つ選びなさい。

『あしひきのやま』『 I とし』などいふやうに、…

①あらたまの　②ひさかたの
③うつせみの　④あかねさす

〈龍谷大〉

▼「あしひきの山鳥の尾のしだり尾**の**」が「ながながし」を導く「序詞」です。

訳 山鳥の尾、あの垂れ下がった尾のように長い長い夜を私はひとり寂しく寝るのだろうか。

＊「あしひきの」は「山（鳥）」の「枕詞」です。

2 みかの原わきて流るるいづみ川いつ見きとてか恋しかるらむ（新古今和歌集）

▼「みかの原わきて流るるいづみ川」が「いつ見」を導く「序詞」です。「いづみ」「いつみ」と**同じ音を繰り返しています**。なお、和歌の技法では清音・濁音の違いは問題になりません。

訳 みかの原に湧いて、みかの原を二つに分けて流れるいづみ川のいづみではないが、いつ見たというので、あの人がこんなにも恋しいのだろうか。

＊序詞部分の「わきて」が「湧きて」と「分きて」の「掛詞」になっています。

3 難波江の蘆のかりねのひとよゆゑみをつくしてや恋ひわたるべき（千載和歌集）

▼「難波江の蘆の」が「かりねのひとよ」を導く「序詞」です。「かりねのひとよ」が「刈り根の一節」と「仮寝の一夜」の「掛詞」になっています。

訳 難波江に生えている蘆の刈り根の一節のように、かりそめの一夜の契りを結んだことで、難波江の澪標ではないが、私はわが身を尽くしてあなたのことを恋し続けるのだろうか。

＊「節」は、蘆や竹などの茎の節と節の間の部分を言います。

＊「みをつくし」に「澪標」（＝船に水路を示す杭）と「身を尽くし」の意味が掛けられています。

＊「蘆」「刈り根」「一節」や「難波江」「澪標」「わたる」の語を「縁語」と言います。

▼**3**の歌の「難波」のように、和歌の中で詠まれる名所を「**歌枕**」と言い、その名を読み込むだけで歌が絵画化される働きがあります。「歌枕」はそれだけで十分な働きがあるため、地名であっても「掛詞」にする必要はありません。しかし、多くの「歌枕」はやはり「掛詞」にもなります。以下、よく用いられる「歌枕」の例を挙げておきます。

・白河関→福島。秋風が詠まれる。

・更科→長野。姨捨山がある。月の名所。

・鳴海→愛知。千鳥が詠まれる。「鳴」に「成る」を掛ける。

・逢坂関→滋賀。「逢」に「逢ふ」を掛ける。

・飛鳥川→奈良。淵瀬の定まらない川。無常の象徴。

・明石→兵庫。月の名所。「明かし」を掛ける。

・須磨→兵庫。月の名所。

しかし、「序詞」を用いた和歌の創作は入試で課せられることはありません。入試では「序詞」の発見・指摘が求められるのです。もう一度前ページの和歌を見てみましょう。

「あしひきの山鳥の尾のしだり尾の」（1）、「みかの原わきて流るいづみ川」（2）、「難波江の蘆の」（3）の「序詞」の部分は「**叙景**」です。

そして、実際相手に伝えたかった部分、「ながながし夜をひとりかも寝む」（1）、「いつ見きとてか恋しかるらむ」（2）、「かりねのひとよゆゑみをつくしてや恋ひわたるべき」（3）は「**叙情**」です。

つまり、「序詞」は叙情歌に現れる技法なのです。**叙情歌の叙景部分、それが「序詞」です。** 3の歌は「難波江の蘆の刈り根の一節」まで叙景部分と言えますが、「掛詞」を用いて作られた「序詞」は「掛詞」の前までと見なします。

掛詞（かけことば）

一つの言葉、あるいは言葉の一部に二つの意味を持たせる技法です。 和歌の修辞の中で、入試で最も出題されるのは、この「掛詞」です。

1 秋の野に人まつ虫の声すなり我（われ）かと行きていざとぶらはむ（古今和歌集）

▼「まつ」に「待つ」と「松」の意味が掛けてあります。

訳 秋の野に人を待つ松虫の声が聞こえる。私を待っているのかと出かけて行って、さあやさしい言葉をかけよう。

2 人知れぬ思ひをつねにするがなる富士の山こそわが身なりけれ（古今和歌集）

▼「思ひ」の「ひ」に「火」、「する」に「駿河（するが）」の「駿」の意味が掛けてあります。

訳 人に知られない思いをいつもする、火をいつも燃やす駿河にある富士の山こそわが身であったのだ。

▼「叙景」とは、景色を目に映ったとおりに書き記すこと、「叙情（抒（じょ）情（じょう））」とは、自分の感情を書き記すことです。

▼次のような基本的な「掛詞」も入試で問われることがあります。

問2 次の傍線部「ふみ」は掛詞である。どのような意味が掛けられているか、それぞれ漢字一字で答えよ。

雲のかけはし途絶えがちにて、ふみつたふばかりの道だになければ、〈明治大〉

◎**和歌の言葉遊び1**

ある人のいはく「かきつばた、といふ五文字を句のかみにすゑて、旅の心をよめ」といひければ、よめる。

から衣（ころも）　きつつなれしに
つましあれば　はるばるきぬる
たびをしぞ思ふ

（伊勢物語）

学習の基本は、主な「掛詞」を暗記することです。

◆暗記したい「掛詞」◆

□あかし→「明石」と「明かし」
□あき→「秋」と「飽き」
□あふ→「逢坂（あふさか）」と「逢ふ」
□あふみ→「近江（あふみ）」と「逢ふ身」
□あふひ→「葵（あふひ）」と「逢ふ日」
□うき→「浮き」と「憂き」
□かりね→「刈り根」と「仮寝」
□かれ→「枯れ」と「離（か）れ」
□きく→「菊」と「聞く」
□くちなし→「梔子（くちなし）」と「口無し」
□すみよし→「住吉（すみよし）」と「住み良し」

□たび→「旅」と「度」
□ながめ→「長雨」と「眺め」
□ながれ→「流れ」と「泣かれ」
□ひ→「火」と「思ひ」
□ふし→「節」と「臥（ふ）し」
□ふみ→「踏み」と「文（ふみ）」
□ふる→「降る」と「経る」「古る」
□まつ→「松」と「待つ」
□みるめ→「海松布（みるめ）（＝海藻）」と「見る目」
□みをつくし→「澪標（みをつくし）」と「身を尽くし」
□よ→「節（よ）」と「夜」

しかし、**暗記した「掛詞」だけが入試で問われるわけではありません。**そのときは次のことを知っておくと有利です。

◆「掛詞」の発見法◆

掛詞の多くは、自然に関する意味（この意味には「地名」も含む）と「人事」に関する意味とが掛けられています。そこで、

○まず、一首の中から「**自然**」を表す語を抜き出します。「地名」は必ず抜き出します。
○次に、抜き出した語の中から「**人事**」の意味も読み取れる語を選びます。
○最後に、その語がほかの語と連携して一つのメッセージを作れるかどうかをチェックします。

以上の三つのハードルを越えられたものが「掛詞」です。

「折句（おりく）」とよばれる和歌の言葉遊びです。

問 傍線部について、「薫物を参らせ」たのは、広幡の御息所が、歌の返事としてである。なぜ、それが返事となるのか。歌の技巧を考えて説明せよ。〈名古屋大〉

内よりかくなん、
逢坂（あふさか）もはては往来（ゆきき）の関（せき）もゐず
　尋ねて訪ひこ来なば帰さじ
（中略）広幡の御息所は、薫物（たきもの）をぞ参らせ給ひける。（栄花物語）

和歌の各句の最初と最後の一字を拾ってみましょう。

あふさかも　はてはゆききの
せきもゐず　たづねてとひこ
きなばかへさじ

そしてまず最初の五文字を並べ次の最後の五文字を並べると「あはせたきものすこし」（合はせ薫物少し）となります。こういう歌を「沓冠（くつかぶり）」の歌と言います。

縁語（えんご）

前項で解説した「掛詞」と関連づけながら説明します。「掛詞」には二つの種類があります。

1 同じメッセージの中で意味が掛けられているもの。

2 二つのメッセージの中で意味が掛けられているもの。

1山里は冬ぞ寂しさまさりける人目も草もかれぬと思へば（古今和歌集）

訳 山里は四季の中で冬が一番寂しいことよ。人の訪れも絶え、草も枯れてしまうと思うと。

2来ぬ人をまつほの浦の夕なぎに焼くや藻塩（もしほ）の身もこがれつつ（新勅撰和歌集）

訳 来ない人を待つ、松帆の浦の夕なぎのころに焼く藻塩草が焦げていくように、わが身も恋い焦がれて時を過ごしています。

「縁語」は2のように、二つのメッセージの中で意味が掛けられているものの中で生じます。2の歌を細かく見ていきましょう。まず、

A 松帆の浦の夕なぎのころに焼く藻塩草が焦げていく

という意味を発しています。次に、

B 来ない人を待つわが身は恋い焦がれて時を過ごしている。

という意味も発しています。この歌の作者が本当に言いたかったのは、**B**の意味です。「縁語」は、**B**ではなく、**A**のいわば飾りの方で生じます。

来ぬ人をまつほの浦の夕なぎに焼くや藻塩の身もこがれつつ

赤字のところが**A**のメッセージを発しています。この歌では、「松帆の浦」「夕なぎ」

▼よく用いられる「縁語」には次のようなものがあります。

□葦（あし）—節（ふし）—節（よ）
□糸—縒る（よる）—繰る—張る—乱る—綻（ほころ）ぶ
□笠（かさ）—雨—さす
□衣—着る—褻（な）る—張る
□鈴—振る—鳴る
□袖—裁つ—結ぶ—解く
□竹—節（ふし）—節（よ）
□露—結ぶ—置く—消ゆ
□波—寄る—返る
□弓—張る—射る

問3 次の和歌の表現について述べた後の文の、空欄甲・乙に入るべき最も適当な語を、それぞれ漢字で記せ。

住みわびてたち別れぬる故里（ふるさと）もきてはくやしき旅衣かな

「きて」の「き」は、「来」と「着」の　甲　であり、その後者の「着」は「裁ち」とともに「　乙　」の縁語である。〈成蹊大〉

「藻塩」と「藻塩」「焼く」「焦がれ」が「縁語」です。**「縁語」の「縁」はまさに「言葉の縁」です。つまり、その語を耳にするとつい連想してしまう一連の語です。**つい連想する一連の語には二つあります。一つは「松帆の浦」「夕なぎ」「藻塩」のように仲間と思える語、もう一つは「藻塩」「焼く」「焦がれ」のように表現上のパートナーです。

「縁語」を発見するには、まず「掛詞」を発見することです。その「掛詞」が**2**の「掛詞」かをチェックします。あとは、その語を軸に、つい連想する語を拾えばいいのです。

句切れ

散文だったら句点（。）を打つ箇所です。和歌は「5・7・5・7・7」と五つの句に分けられます。最初の「5」で句点なら「初句切れ」と言います。出だしの「5・7」で句点なら「二句切れ」と言います。以下「三句切れ」「四句切れ」と言います。最後の「7」で句点なら「五句切れ」ではなく「句切れなし」と言います。複数の箇所で切れることもあります。最初の「5・7」でまず「。」を打ち、次の「5・7」でまた「。」を打つような歌は「二句と四句で切れている歌」と言います。

1 思ひつつ[1] 寝(ぬ)ればや人の[2] 見えつらむ[3]。夢と知りせば[4] 覚めざらましを[5] （古今和歌集）

▼三句切れの歌です。

訳 あの人のことを思いながら寝たのであの人が夢に現れたのだろうか。夢だと知っていたならば目を覚まさなかったのに。

2 月やあらぬ[1]。春や昔の[2] 春ならぬ[3]。わが身ひとつは[4] もとの身にして[5] （古今和歌集）

▼初句と三句で切れています。

訳 月は（昔の月では）ないというのか。春は昔の春ではないというのか。わが身だけがもとの身のままで。（月も春ももとのままだが、私にはすべてが変わってしまったように思われる。）

◎和歌の言葉遊び2

問 傍線部はどういうことをいっているのか説明せよ。

胡椒(こせう)といふことを詠みいれて、物に書いつけてあたへける。

からうじて得つる唐(から)の木間使(まづかひ)にこせうゑませとただにまうさむ （三野(みの)日記）

（注）間使にこせ＝使いの者をよこしてください。

京都大で出題された問題です。「間使にこせうゑませ」のところに「胡椒」が隠されています。「**隠し題**」とか「**物名**(もののな)」とよばれる言葉遊びです。ある言葉を和歌の中に気づかれないように詠み込む遊びです。では、次の歌に何が隠されているかわかりますか。ある植物の名です。

今幾日(いくか)春しなければうぐひすも ものはながめて思ふべらなり （古今和歌集）

（答えは「うぐひすもものはながめて」、「すももの花」です。）

和歌の解釈

前ページまでで学習した「修辞」の知識に加えて、次のような考え方を理解しておくと、和歌の「解釈」問題に強くなります。

見ずもあらず見もせぬ人の恋しくはあやなく今日やながめ暮らさむ（古今和歌集）

この歌を解釈しようとすると、「見ずもあらず見もせぬ人」のところが少しはっきりしません。実は、この歌の前に「右近の馬場の引折の日、向ひに立てたりける車の下簾より女の顔のほのかに見えければ、詠むで遣はしける」という文が記されています。**歌が作られた場所・時・事情を述べたもので、「詞書」と言います。**これを読むと、「見ずもあらず見もせぬ人」とは「牛車の下簾のすきまからほのかに顔が見えた女の人」のことで、その女の顔の見え具合が「ほのかに」であったことを「見ずもあらず見もせぬ」と言い表したのだとわかります。**この歌は「詞書」なしでは正しく理解することはできません。**そして、この「詞書」が長文化し、物語化して「散文文学」が生まれたのです。**物語や日記などに和歌が出て来る場合、その和歌の前に記されている文章が「詞書」に当たります。**この「詞書」を読まなければ和歌の正しい解釈は得られません。

まだちらぬ花しありともけふみずはあすはなごりもなつのこのもと（松蔭日記）

問 傍線部の和歌を、掛詞が使われていることに留意して、現代語訳せよ。〈京都大〉

この歌の前に「日かずもすぎぬ。おまへの桜、やうやううつろひゆくに、かぞふれば春のかぎりにもなりにけり。…大かたのこずゑは、さいへど、やうやううつろひがちにて、ともすればつらきかぜの、こころにまかせてちり行くめるを、…」という文があります。**この文に注目して初めて「なごりもなつのこのもと」に「名残も無（し）」と「夏の木の本」が掛けられていることがわかり、**「まだ散らない桜の花があるとしても、春の最後の日である今日見なければ、明日は花の名残もない夏の桜の木の下であることよ」と解釈できるのです。**文章中にある和歌を和歌だけで解釈しない**ことが正解への道です。

▼上の例のように和歌一首を丸ごと解釈させる問題は、国公立二次試験では珍しくありません。

▼最後に、総合的な問題で和歌の修辞全体を確認しておきましょう。

問4 傍線部A～Cの語によって用いられた、和歌の修辞的技巧の名称として正しいものを、それぞれ後から一つずつ選べ。

A **ぬばたまの**黒髪山の山草に小雨降りしきしくしく思ほゆ（万葉集）

B **路のべのいちしの花の**いちしろく人みな知りぬわが恋妻を（万葉集）

花の色はうつりにけりないたづらにわが身よにふるC**ながめ**せしまに（古今和歌集）

①序詞　②対句　③詞書
④縁語　⑤掛詞　⑥枕詞
⑦歌枕
〈獨協大〉

4 文学史

教科書等の文学史年表には、膨大な数の作品（作者）が挙げられていますが、それらをすべて覚える必要はありません。入試の文学史問題には、いくつかの決まった出題パターンがあります。ここでは、そのポイントを、簡潔な年表を用いて時代ごとに解説します。

▼年表中の略号

勅勅撰集　漢漢詩集・漢詩文集
私私家集　謡歌謡集　連連歌集
俳俳諧集　歌歌物語　作作り物語
軍軍記物語　歴歴史物語　説説話
仮仮名草子　浮浮世草子　浄浄瑠璃
伎歌舞伎　読読本　滑滑稽本
人人情本　随随筆　日日記　紀紀行
評評論　注注釈書

1 奈良時代（上代（じょうだい））

奈良時代の文学史は、下の5作品を押さえましょう。

8世紀	
西暦	701　750
詩歌	懐風藻（かいふうそう）漢 751 万葉集
散文（物語・説話・史書など）	古事記 712 風土記（ふどき） 日本書紀 720

柿本人麻呂など『万葉集』の代表的歌人の名前は覚えておきましょう。

奈良時代＝8世紀であることも問われます。

主要作品解説（奈良時代）

古事記　現存する**日本最古の書物**です。稗田阿礼（ひえだのあれ）が記憶した歴史を太安万侶（おおのやすまろ）が記しました。有名な注釈書に、江戸時代の本居宣長（もとおりのりなが）が著した『古事記伝』があります。

風土記　それぞれの国の地理・産物・伝承を記す地誌の編纂（へんさん）が諸国に命じられました。

日本書紀　日本最初の勅撰（ちょくせん）の歴史書です。「勅撰」とは天皇（上皇）の命令によって書物を編纂することです。

懐風藻　現存する**日本最古の漢詩集**です。

万葉集　現存する**日本最古の和歌集**です。代表的な歌人に、額田王（ぬかたのおおきみ）・柿本人麻呂（かきのもとのひとまろ）・高市黒人（たけちのくろひと）・山上憶良（やまのうえのおくら）・大伴旅人（おおとものたびと）・山部赤人（やまべのあかひと）・大伴家持（やかもち）などがいます。平安時代になって「**梨壺（なしつぼ）の五人**」（→P321）『後撰和歌集』）がこの歌集の研究をしています。なお、『万葉集』は勅撰集ではありません。日本最初の勅撰集は平安時代の『古今和歌集』（→P321）です。

解答 問4 A⑥ B① C⑤

平安時代の文学史は、『源氏物語』を中心に、以前の作品／以後の作品と分けて押さえるのが学習のコツです。

		9世紀	10世紀	11世紀
西暦		801	901 950	1001 1050
詩歌			古今和歌集[勅]（紀貫之ら撰）905？ 後撰和歌集[勅]（源順ら撰）	拾遺和歌集[勅]（花山院撰？）1005？ 和漢朗詠集[謡]（藤原公任） 本朝文粋[漢]（藤原明衡） 成尋阿闍梨母集[私]（成尋阿闍梨母） 後拾遺和歌集[勅]（藤原通俊撰）1086
散文	物語・説話など	日本霊異記[説]（景戒）	竹取物語[作] 伊勢物語[歌] 大和物語[歌] 宇津保物語[作] 平中物語[歌] 落窪物語[作]	源氏物語（紫式部）1008？ 浜松中納言物語（菅原孝標女） 堤中納言物語 夜の寝覚（菅原孝標女？） 狭衣物語 とりかへばや物語 栄花物語[歴]（赤染衛門ら）
散文	随筆・日記・評論など		土佐日記（紀貫之） 蜻蛉日記（藤原道綱母）	枕草子[随]（清少納言）1001？ 和泉式部日記（和泉式部） 紫式部日記（紫式部） 更級日記（菅原孝標女）

『源氏物語』を中心にして、物語作品の成立順を押さえましょう。

『源氏物語』と同時期（11世紀初め）に成立した作品はまとめて覚えましょう。

12 世紀

1101 金葉和歌集 勅 （源俊頼撰）
詞花和歌集 勅 （藤原顕輔撰）
1150 梁塵秘抄 謡 （後白河院撰）
千載和歌集 勅 （藤原俊成撰）
山家集 私 （西行）
1187

今昔物語集 説
大鏡 歴
古本説話集 説
今鏡 歴
水鏡 （鎌倉）
増鏡 （室町）

讃岐典侍日記 （藤原長子）
俊頼髄脳 評 （源俊頼）

「鏡物」の成立順は、「大」「今」「水」「増」と覚えましょう。

主要作品解説（平安時代）

古今和歌集　日本最初の勅撰和歌集で、紀貫之らによって作られました。貫之が書いた「仮名序」は歌論の初めとして注目されます。この序文ですぐれた歌人とされている在原業平・小野小町など六人の歌人を「六歌仙」と言います。

後撰和歌集　二番目の勅撰和歌集で、源順・清原元輔ら「梨壺の五人」と呼ばれる人が作りました。彼らは『万葉集』の研究もしています。清原元輔は『枕草子』の作者清少納言の父親です。

和漢朗詠集　朗詠に適した漢詩句や和歌を集めた詩歌集です。

梁塵秘抄　「今様」と呼ばれる歌謡が集められています。

竹取物語　かぐや姫の話です。「物語の祖」と言われています。「作り物語」とは作り話の物語を言います。ただし、『源氏物語』以後の作品はそう呼びません。

伊勢物語　在原業平をモデルにした短編物語集です。『大和物語』『平中物語』とともに「歌物語」と呼ばれます。「歌物語」とは、和歌を中心に据え、その和歌が詠まれるまでのいきさつを語った短編を集めた作品のことです。

源氏物語　光源氏を主人公とする**全五十四帖の長編物語**ですが、終わりの巻々は光源氏死後の物語で、特に最後の十巻は「**宇治十帖**」と称されます。作者紫式部が仕えた人は、藤原道長の娘で、一条天皇の后である**中宮彰子**です。一条天皇の時代に数々の名作が著されました。清少納言・藤原公任・和泉式部はこの時代を生きた人です。なお、これらの人が活躍した時の勅撰和歌集は『拾遺和歌集』です。

枕草子　作者清少納言が仕えた人は、藤原道隆の娘で、一条天皇の后である**中宮定子**です。『枕草子』は機知に富む作品であることから「をかし」の文学と言われます。

大鏡　大宅世継・夏山繁樹という二人の老人と若侍の対話という形で、**藤原道長の栄華**を中心に歴史が語られています。この作品を初めとして「今鏡」「水鏡」「増鏡」という順で「鏡物」（「四鏡」とも）と呼ばれる歴史物語が著されました。同じく道長の栄華を描いた歴史物語に、『栄花物語』があります。

鎌倉・室町時代の文学史は、説話と軍記、二つのジャンルの主要作品を成立順に押さえましょう。

西暦	12世紀	13世紀
		1201 … 1250

詩歌

13世紀

- 1201
- 新古今和歌集 勅 1205?
- 金槐和歌集 私（源実朝）
- 建礼門院右京大夫集 私
- 小倉百人一首（藤原定家撰）1235?
- 1250

> 八代集の成立順は、「古今・後撰・拾遺・後拾遺・金葉・詞花・千載・新古今」と語呂合わせで覚えましょう。

散文

物語・説話など

12世紀

- 水鏡 歴
- 松浦宮物語

13世紀

- 平安（今昔物語集　古本説話集）
- 発心集 説（鴨長明）
- 古事談 説
- 保元物語 軍
- 平治物語 軍
- 宇治拾遺物語 説
- 閑居友 説
- 住吉物語
- 今物語 説
- 平家物語 軍
- 十訓抄 説 1252
- 撰集抄 説
- 古今著聞集 説（橘成季撰）
- 源平盛衰記 軍
- 沙石集 説（無住）

> 『落窪物語』と同じ主題の作品であることが問われます。

> 説話文学は、平安時代の作品なのか鎌倉時代の作品なのかを区別して覚えることが学習のコツです。

随筆・日記・評論など

13世紀

- 古来風躰抄 評（藤原俊成）
- 無名草子 評
- 近代秀歌 評（藤原定家）1209
- 無名抄 評（鴨長明）
- 方丈記 随（鴨長明）1212
- 毎月抄 評（藤原定家）
- 海道記 紀
- 明月記 日（藤原定家）
- 後鳥羽院御口伝 評（後鳥羽院）
- 東関紀行
- 弁内侍日記
- 十六夜日記（阿仏尼）

徒然草は十四世紀（鎌倉時代末期）の作品です。同じ十四世紀の作品に『太平記』『増鏡』があることを押さえておきましょう。

	14 世紀	15 世紀	16 世紀
	1301　1350	1401　1450	1501
	菟玖波（つくばしゅう）集 連（二条良基（よしもと）ら）1356	新撰（しんせん）菟玖波集 連（飯尾宗祇（いいおそうぎ）ら）1495	閑吟集（かんぎんしゅう） 謡 1518 犬筑波集（いぬつくばしゅう） 連（山崎宗鑑）
	太平記 軍 1375？ 増鏡 歴	義経記 軍 曽我（そが）物語 軍 ※御伽草子（おとぎぞうし）の流行	
	とはずがたり 日（後深草院二条） 徒然草（つれづれぐさ） 随（吉田兼好）1331？	風姿花伝（ふうしかでん） 評（世阿弥（ぜあみ）） 申楽談儀（さるがく） 評（世阿弥） 正徹（しょうてつ）物語 評（正徹）	

鎌倉時代 →　← 室町時代

主要作品解説（鎌倉・室町時代）

新古今和歌集　後鳥羽上皇の命令で編纂された八番目の勅撰和歌集です。最初の勅撰和歌集『古今和歌集』からこの『新古今和歌集』までの勅撰和歌集を「八代集（はちだいしゅう）」と言います。撰者の一人藤原定家の父親は七番目の勅撰和歌集『千載和歌集』の撰者藤原俊成です。

金槐和歌集　作者の源実朝は鎌倉幕府の三代将軍です。右大臣でもあります。書名の「金槐」は「金」は「鎌」の偏の「金」、「槐」は「大臣」という意味です。「鎌倉右大臣和歌集」という書名の私家集です。

無名草子　物語評論の初めです。老女と若い女房の対話という形で記されています。鴨長明の歌論『無名抄』と混同しないように注意しましょう。

発心集　随筆『方丈記』・歌論『無名抄』を著した鴨長明の仏教説話集です。

松浦宮物語　平安時代の「作り物語」をまねて作った鎌倉・室町時代の貴族の恋愛物語を「擬古物語」と言います。

住吉物語　平安時代の作品『落窪物語』と同じ継子（まま こ）いじめをテーマとした話です。

平家物語　平家の栄華と没落を仏教的無常観を基調に和漢混交文で描いています。琵琶（び わ）法師が、平曲という語りで諸国に広めました。

十六夜日記　作者が遺産相続の訴訟のため、京から鎌倉へ下る旅日記です。阿仏尼の夫は藤原定家の息子です。

徒然草　鎌倉時代末期の作品です。『枕草子』『方丈記』とともに、我が国の三大随筆と呼ばれます。随筆というジャンルで、『枕草子』→『方丈記』→『徒然草』の成立順も問われます。

江戸時代の文学史は、17 世紀／ 18 世紀／ 19 世紀に分けて覚えるのが学習のコツです。

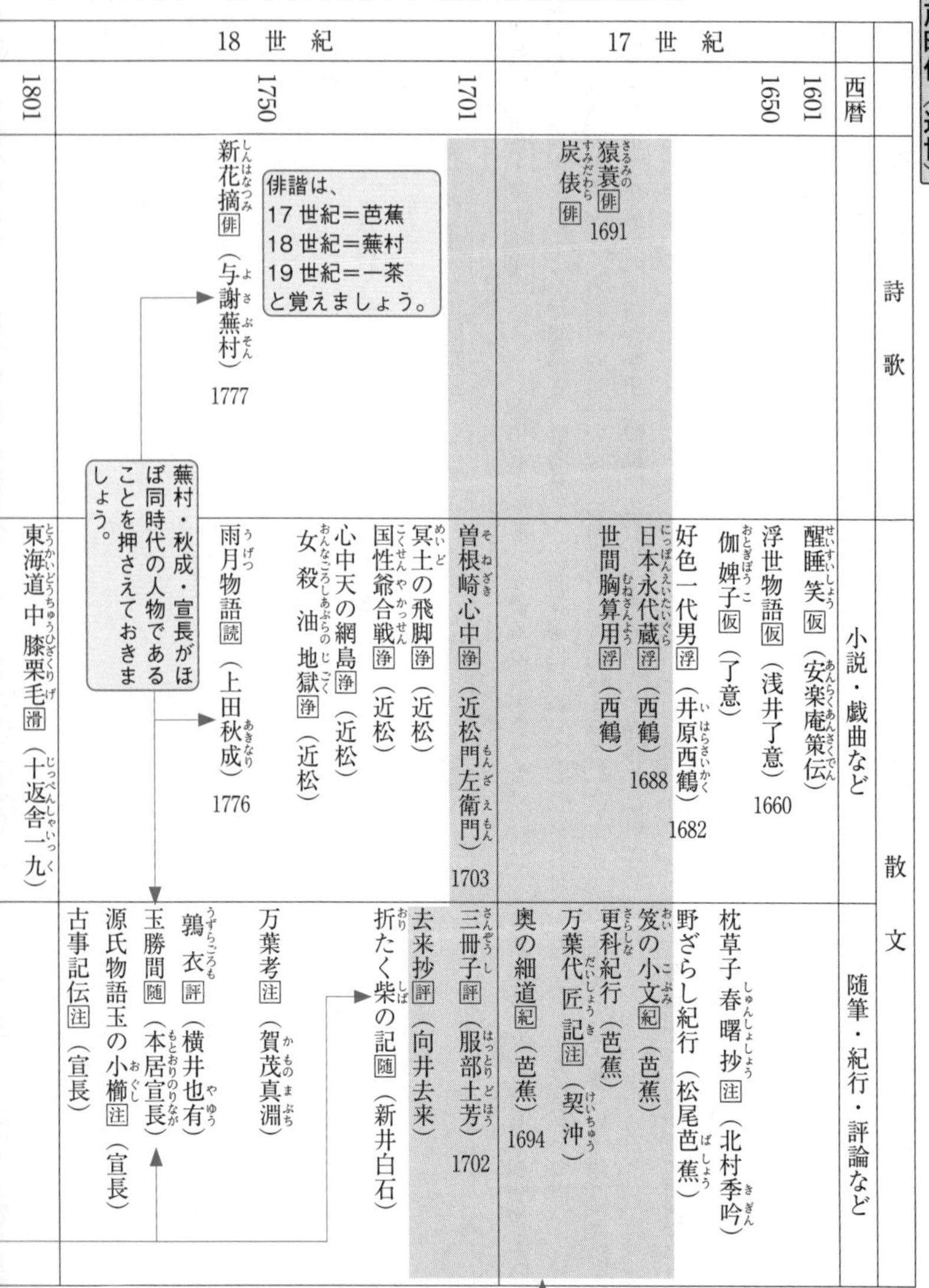

元禄年間（1688 ～ 1704）の文化を「元禄文化」と言います。西鶴・芭蕉・近松の代表作が著されています。

19 世紀
琴後集（村田春海） おらが春［俳］（小林一茶） 1819
椿説弓張月［読］（曲亭馬琴） 春雨物語［読］（秋成） 浮世風呂［滑］（式亭三馬） 南総里見八犬伝［読］（馬琴） 東海道四谷怪談［伎］（鶴屋南北） 春色梅児誉美［人］（為永春水） 1825
花月草紙［随］（松平定信） 1818 この三作品は「随筆」というジャンルが問われます。

主要作品解説（江戸時代）

◆十七世紀

醒睡笑　笑話集です。笑話集のことを「咄本」と言います。

浮世物語　浮世房と名乗る男の一代記の形式で、江戸時代初期の風俗を描いています。

伽婢子　中国明代の怪異小説を翻案した短編集です。

好色一代男　井原西鶴以前の近世小説を「仮名草子」というのに対して、西鶴の小説は「浮世草子」と言います。

日本永代蔵　お金をめぐる人間の姿がリアルに描かれています。

世間胸算用　大晦日の町人の生活が描かれています。

猿蓑　「蕉風」を代表する俳諧集の一つです。「蕉風」とは松尾芭蕉とその一門の俳風のことです。なお、芭蕉一門のことを「蕉門」と言います。「蕉門」では俳諧を「風雅」と呼びます。

炭俵　「蕉風」を代表する俳諧集の一つです。

奥の細道　東北・北陸地方を旅した紀行文です。今でも読みつがれている名作です。

万葉代匠記　契沖や賀茂真淵・本居宣長らによってなされた学問を「国学」と言います。日本の古典を研究することで日本固有の文化や精神を明らかにしようとした学問です。

◆十八世紀

曽根崎心中　この作品のように、町人の世界に題材をとり、義理と人情との葛藤を描いた浄瑠璃を「世話物」と言います。「冥土の飛脚」「国性爺合戦」「心中天の網島」「女殺油地獄」も世話物です。

雨月物語　上田秋成の小説を「読本」と言います。歴史や伝説を題材とした怪異小説です。

源氏物語玉の小櫛　『源氏物語』の本質を「もののあはれ」にあるとしました。

◆十九世紀

東海道中膝栗毛　江戸の町人の伊勢から京・大坂に至る滑稽な道中を記した小説です。「滑稽本」の初めです。

浮世風呂　銭湯を舞台にした滑稽小説です。

南総里見八犬伝　「曲亭馬琴」は「滝沢馬琴」とも言います。馬琴の小説も「読本」です。この作品は里見家再興の話ですが、「勧善懲悪（善をすすめ、悪をこらしめること）」の観点から描かれています。

春色梅児誉美　町人社会の恋愛を描いた小説です。「人情本」と言われます。

5 ジャンルによるまとめ

▼入試では、時代を超えて、同ジャンルの作品が問われたり、同ジャンルの中での成立順が問われたりすることがあります。ここでは、ジャンルごとに作品を整理します。

①勅撰和歌集

平安
- 古今和歌集（紀貫之ら撰）
- 後撰和歌集（梨壺の五人撰）
- 拾遺和歌集
- 後拾遺和歌集
- 金葉和歌集
- 詞花和歌集
- 千載和歌集（藤原俊成撰）

鎌倉
- 新古今和歌集（藤原定家ら撰）

八代集。成立順、主な撰者を押さえます。

②その他の和歌集・漢詩集など

奈良
- 懐風藻
- 万葉集 ← 勅撰集ではないことを押さえます。

平安
- 和漢朗詠集
- 山家集

鎌倉
- 金槐和歌集

山家集・金槐和歌集 ← 私家集（個人歌集）です。

③物語

平安
- 竹取物語
- 伊勢物語
- 大和物語
- 宇津保物語
- 平中物語
- 落窪物語
- 源氏物語
- 浜松中納言物語
- 堤中納言物語
- 夜の寝覚
- 狭衣物語
- とりかへばや物語

鎌倉
- 住吉物語

伊勢物語・大和物語・平中物語 ← この三つが歌物語です。

→解説と演習 問3

『源氏物語』を中心として、『源氏』以前の作品なのか、以後の作品なのかを押さえます。

住吉物語 ← 継子いじめがテーマです。

④歴史物語

平安
- 栄花物語
- 大鏡
- 今鏡

鎌倉
- 水鏡

室町
- 増鏡

『栄花物語』は編年体（年代を追って記述）で、『大鏡』は紀伝体（個人の伝記を記述）で書かれた作品です。

→解説と演習 問9

大鏡・今鏡・水鏡・増鏡 ← 鏡物（四鏡）と総称されます。

⑤軍記物語

時代	作品
鎌倉	保元物語 平治物語 平家物語 源平盛衰記
室町	太平記 義経記 曽我物語

どれも、③や④の物語とは異なる、「軍記」物語であることを押さえます。→解説と演習 問11

太平記 → 南北朝の動乱を記した作品です。

⑥説話

時代	作品
平安	日本霊異記 今昔物語集 古本説話集
鎌倉	発心集 古事談 宇治拾遺物語 今物語 十訓抄 撰集抄 古今著聞集 沙石集

日本霊異記 → 最古の説話です。

◀▶ 成立が平安か鎌倉か、区別します。→解説と演習 問10

ワンポイント
□仏教説話の主要四作品
『**日本霊異記**』『**発心集**』『**撰集抄**』『**沙石集**』

⑦随筆

時代	作品
平安	枕草子
鎌倉	方丈記 徒然草
江戸	折たく柴の記 玉勝間 花月草紙

枕草子・方丈記・徒然草 → 三大随筆です。成立順を押さえます。→解説と演習 問12

⑧日記

時代	作品
平安	土佐日記 蜻蛉日記 和泉式部日記 紫式部日記 更級日記 讃岐典侍日記
鎌倉	明月記 弁内侍日記 十六夜日記 とはずがたり

土佐日記 → 平仮名で記された最初の日記です。

ワンポイント
□同時期に活躍した人物
和泉式部（和泉式部日記）
紫式部（源氏物語・紫式部日記）
赤染衛門（栄花物語）
――以上三人：彰子に仕える
清少納言（枕草子）――定子に仕える
藤原公任（和漢朗詠集）

解説と演習

1 奈良時代（上代） P319

▼奈良時代の主要五作品は確実に押さえておきましょう。『万葉集』については、主要な歌人名も問われます。

問1 『**日本霊異記**』より前に成立した作品を次の中から二つ選べ。
①大鏡　②懐風藻　③今昔物語集
④将門記　⑤古今和歌集　⑥日本書紀
〈早稲田大〉

問2 『**万葉集**』の歌人を次の中から一人選べ。
①凡河内躬恒　②高市黒人　③大伴黒主　④藤原定家
〈龍谷大〉

2 平安時代（中古） P320～321

▼平安時代の文学史は「物語」と「日記」が中心になります。主要作品を成立時期とともに押さえましょう。『源氏物語』が書かれた十一世紀初頭も出題のポイントになります。

問3 『**大和物語**』と同じ「歌物語」に属する作品を次の中から一つ選べ。
①源氏物語　②宇津保物語　③狭衣物語　④伊勢物語
⑤竹取物語
〈聖心女子大〉

問4 『**落窪物語**』は十世紀後半の成立と言われているが、これ以前に成立していた作品を次の中から一つ選べ。
①和泉式部日記　②更級日記　③土佐日記　④枕草子
⑤紫式部日記
〈西南学院大〉

問5 『**源氏物語**』と同時期に成立した勅撰和歌集は何か。漢字で記入せよ。
〈西南学院大〉

問6 『**枕草子**』と同じ時代の作品を次の中から一つ選べ。
①和漢朗詠集　②風姿花伝　③懐風藻　④宇治拾遺物語
⑤とはずがたり
〈法政大〉

問7 『**俊頼髄脳**』の作者が撰者となった勅撰集を、次の中から一つ選べ。
①後拾遺和歌集　②詞花和歌集　③金葉和歌集
④千載和歌集　⑤新古今和歌集
〈二松学舎大〉

問8 次の日記文学作品のうち、『**讃岐典侍日記**』と成立した時代が異なるものを一つ選べ。
①更級日記　②蜻蛉日記　③十六夜日記　④和泉式部日記
〈龍谷大〉

問9 『**大鏡**』と同じジャンルの作品を、次の中から一つ選べ。
①栄花物語　②源氏物語　③平家物語　④今昔物語集

問11 ③・⑤　問12 ②→③→①→④　問13 ④　問14 ④　問15 ①　問16 ②　問17 ①

3 鎌倉・室町時代（中世）

〈國學院大〉

▼鎌倉・室町時代の文学史は「説話」と「軍記」が中心になります。室町時代は「世紀」に対する意識も大切です。 P322〜323

問10 『**今物語**』は鎌倉時代に成立した説話集である。同じ時代に成立した同じジャンルの作品を次の中から一つ選べ。

①徒然草　②今昔物語集　③雨月物語　④古今著聞集
⑤大和物語　⑥醒睡笑 〈上智大〉

問11 『**曽我物語**』と同じジャンルに属する作品を次の中から二つ選べ。

①日本霊異記　②増鏡　③平家物語
④栄花物語　⑤太平記　⑥宇治拾遺物語
⑦とはずがたり 〈富山大〉

問12 次の随筆作品を成立の古い順序に並べて番号で答えよ。

①徒然草　②枕草子　③方丈記　④玉勝間 〈福井大〉

問13 十五世紀以降に成立した作品を次の中から一つ選べ。

①無名草子　②堤中納言物語　③徒然草
④中楽談儀　⑤増鏡 〈明治大〉

4 江戸時代（近世）

▼江戸時代の文学史は「世紀」でとらえることが大切です。次の問14・15・16はそれぞれ十七・十八・十九世紀に対応しています。芭蕉・西鶴・宣長の主要作品名もよく問われます。 P324〜325

問14 『**わらんべ草**』は、万治三年（一六六〇）に成立している。この作品に最も成立年代の近い作品を次の中から一つ選べ。

①雨月物語　②徒然草　③風姿花伝　④好色一代男
⑤梁塵秘抄 〈東京女子大〉

問15 **上田秋成**と同じ時代に活躍した人物を一人選べ。

①与謝蕪村　②藤原定家　③阿仏尼　④和泉式部
⑤尾崎紅葉 〈聖心女子大〉

問16 『**花月草紙**』と同じ時代の作品を次の中から一つ選べ。

①日本書紀　②南総里見八犬伝　③十六夜日記
④邪宗門　⑤新古今和歌集 〈専修大〉

問17 **芭蕉**の作品ではないものを次の中から一つ選べ。

①海道記　②野ざらし紀行　③更科紀行　④奥の細道
⑤笈の小文 〈関西学院大〉

解答 問1 ②・⑥　問2 ②　問3 ④　問4 ③　問5 拾遺和歌集　問6 ①　問7 ③　問8 ③　問9 ①　問10 ④

1 一日と一月

江戸時代以前の日本では、時刻と方角を「十二支」を用いて表していました。次の図で覚えておきましょう。

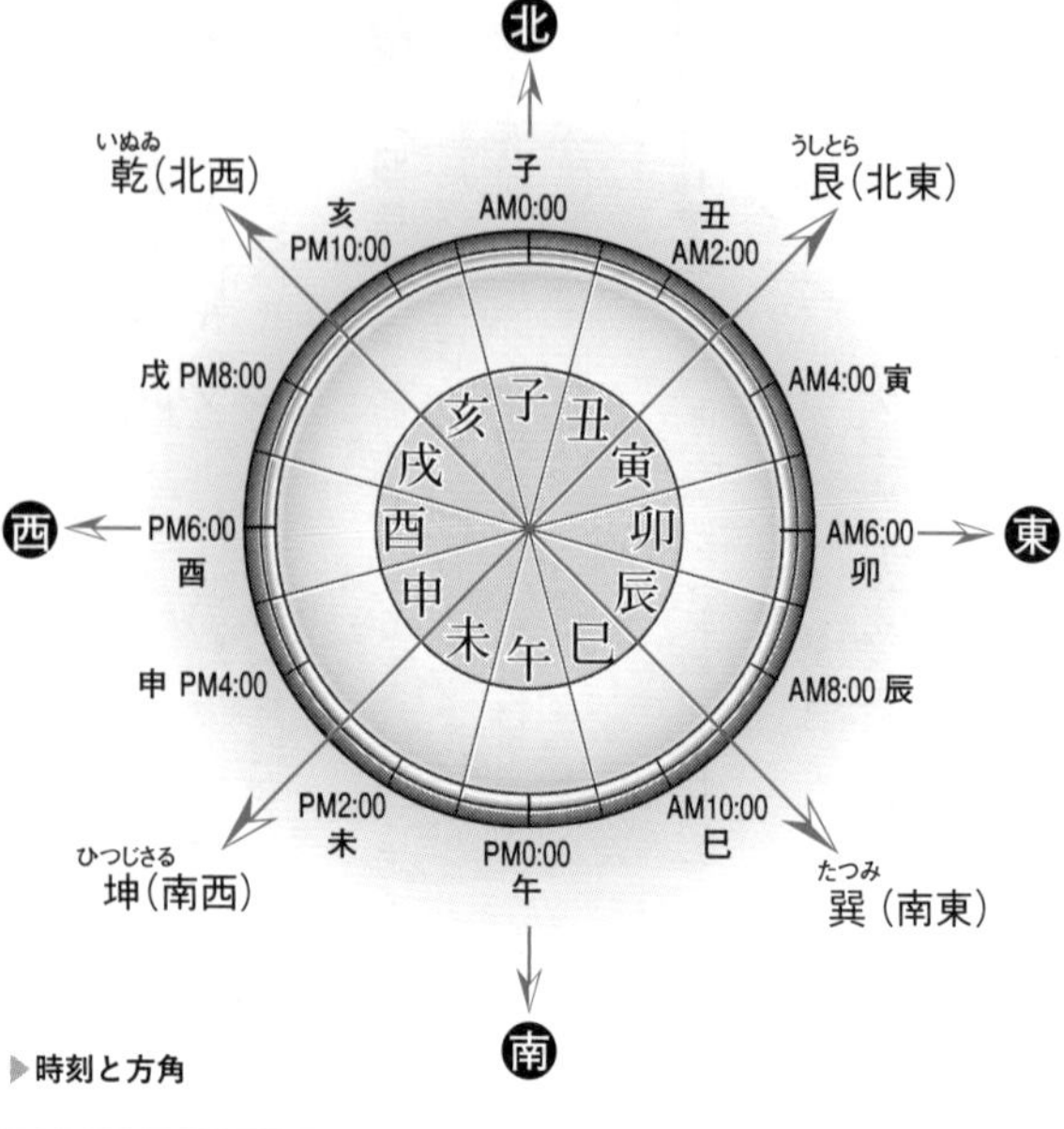

▶時刻と方角

▼**丑の時** 今は午前0時を過ぎると日付が変わりますが、昔は違います。夜明け近くの**丑の時**を過ぎると「明日」になります。

▼**時刻法** 宮中では季節や昼夜を問わず一日を等分して定めた時刻法(**定時法**)、つまり今と同じ時刻法が用いられていましたが、民間では昼と夜とを六等分した時刻法(**不定時法**)が用いられていました。したがって、**季節によって昼夜の長さが違う**ので、昼と夜の一時の長さも違います。

▼**暁** 一番鶏の鳴く時刻です。未明の、辺りがまだ暗い時分です。古文では、デートをしていた男女の別れ、あるいは遠くに旅立つときの時刻です(↓P337)。

▼**手洗ひ** 一日の初めに、今日の平安を神仏に祈るため朝起きるとまず手を洗って身を清めます。

▼**日記** 男性貴族は仕事に行く前に昨日の出来事を漢文で日記に記します。昨日のうちに記さないのは、一晩寝て冷静になってから、記す事柄を取捨しようと思うからです。

▼**艮** 北東の方角です。「**陰陽道**」(↓P350)では「**鬼門**」と言って、不吉な方角と見なします。鬼が出入りする方角なのです。

旧暦（陰暦）では、朔日（月初め）から次第に月が満ちていき、十五日ごろに満月となり、その後しだいに出が遅くなって晦日（月末）ごろにすっかり欠けてしまいます。

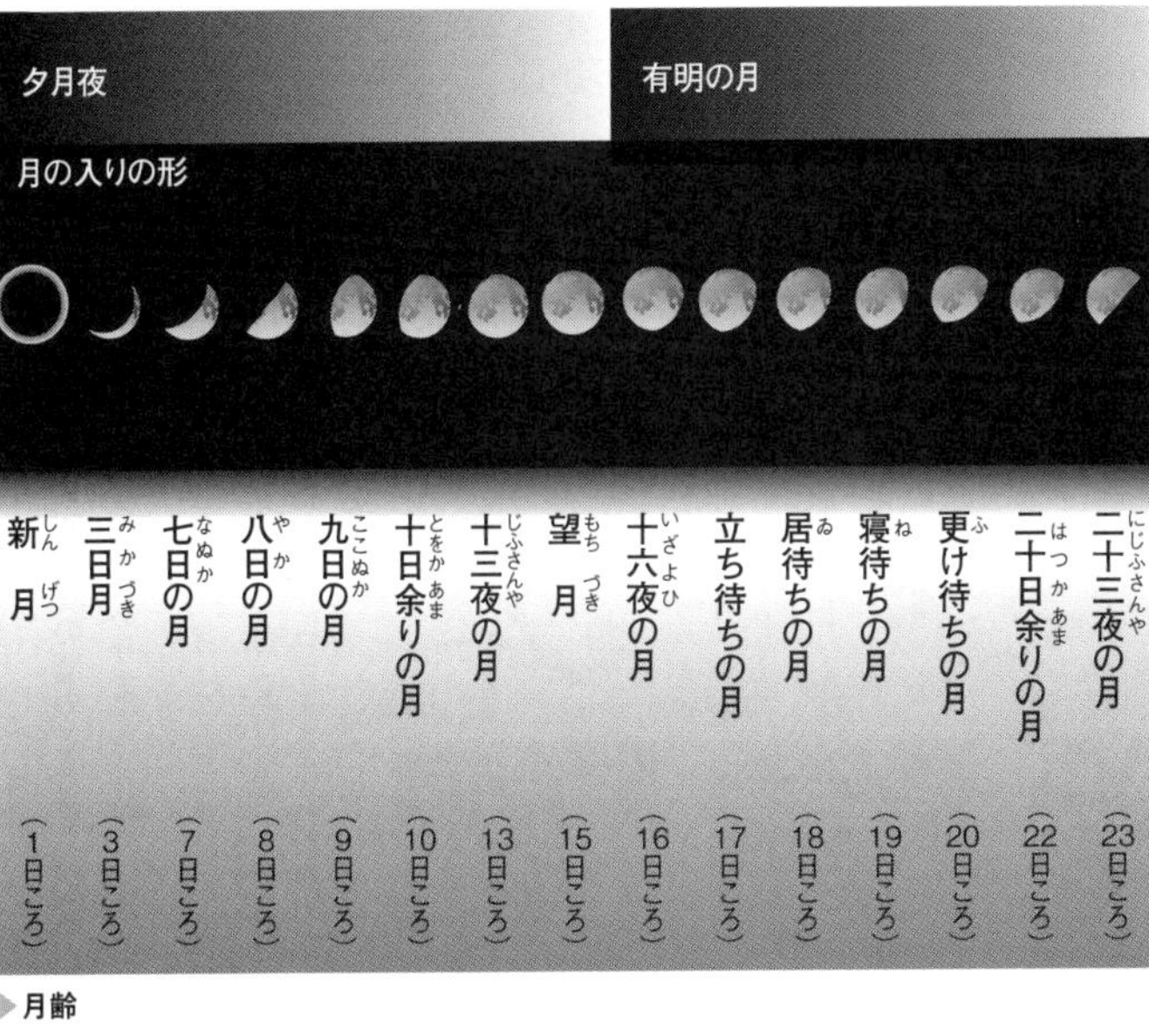

▶月齢

▼**閏月**　「月」は天体の月のことではありません。暦の月のことです。昔の一月は29日か30日で、31日はありません。一年354（5）日です。そのため同じ月を繰り返すことがあります。二度目の月を「**閏月**」と言います。

▼**夕月夜**　夕方にはすでに出ている月のことです。

▼**望月**　十五日ころの月で、満月です。「**望月**」の中で最も美しいと見なされる「**八月十五夜の月**」を「**中秋の名月**」と言います（↓P334）。

▼**有明の月**　夜が明けても空に残っている月のことです。陰暦で十六日以後、特に二十日過ぎについて言います（↓P336）。

▼**入相の鐘**　「入相」とは「夕暮れ時」のことです。この時刻になると寺では鐘をつきます。人々は日没が間近なことを知ります。

ワンポイント

□時刻については、「**『巳の時』の意味として最も適当なものを選べ**」といった形で出題されます。

□方角については、「**艮**（**北東**）」「**巽**（**南東**）」「**未申**（**南西**）」「**乾**（**北西**）」がよく問われます。意味も読みも問われます。

□入試では、本文が一月のうちのいつごろのことを記しているのか問われることがあります。**明け方に月がまだ空にかかっていたら「二十日あまりの出来事」**ということです。

2 景物と行事

昔の暦は今の暦と異なります。昔の暦のことを「旧暦（陰暦）」と言いますが、今の暦と比べて一月あまりのズレがあります。

春

睦月（一月）
如月（二月）
弥生（三月）

旧暦の一月は今の二月に相当します。まだ寒さは残っていますが、春のいぶきも感じられます。昔の暦の元日はまさに「新春」なのです。

●景物

▼**霞** 春とともに「立つ」（かかる）景物です。「霧」は秋の景物です（→P334）。

▼**柳** 「糸」に見立てられます。

▼**梅** 香りを楽しみます。白梅の花は「雪」や「白波」に見立てられます。鶯の宿です。

▼**桜** 単に「花」と言えば「桜」のことです。満開から散るまでの様子を楽しみます。「雪」や「白雲」に見立てられます。

▼**藤** 晩春から初夏にかけての景物です。花房が風に揺れる様子は「波」に見立てられます。和歌では「淵」を掛けて詠みます。

▼**蓬** 蓬は手入れをしないと生い茂ります。「蓬生」と言います。荒廃した家の様子です。物語では、男の訪れの絶えた女の家を表します。

▼**山吹** 晩春の景物です。水辺に咲くことから、水に映った花の影を楽しみます。花の色が梔子色（＝黄色）であるところから、和歌では「梔子」に「口無し」を掛けて詠みます。

●行事

▼**節会** 天皇が臣下を集めて催す宴のことです。正月にかぎらず宮中ではさまざまな「節会」が催されましたが、新春には「元日の節会」や「白馬の節会」が催されました。

読み重要語

▼**除目** 大臣以外の役人の任命式です。春の地方官の任命式を「**春の県召の除目**」、秋の中央官の任命式を「**秋の司召の除目**」と呼びます。

読み重要語

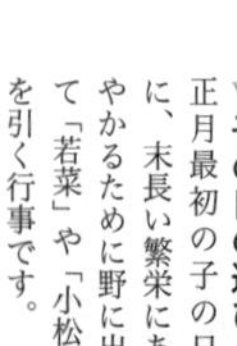

▼**子の日の遊び** 正月最初の子の日に、末長い繁栄にあやかるために野に出て「若菜」や「小松」を引く行事です。

夏

卯月（四月）
皐月（五月）
水無月（六月）

梅雨は旧暦では五月に降ったので「五月雨」ですが、今は六月に降る雨です。

●景物

▼**撫子**　送り仮名を添えると「撫でし子」。そこから和歌では「幼いいとしい子」の意味を掛けて詠みます。

▼**卯の花**　卯月の景物です。花の色が白であるところから、他の「白いもの」に見立てられます。郭公の宿です。

▼**橘**　香りを楽しみ、昔をなつかしみます。郭公の宿です。

▼**菖蒲**　今の「菖蒲」です。五月五日（端午の節句）、香りで邪気を払うため、いたるところに飾られます。菖蒲の根の長さを競う「根合はせ」が催されます。和歌では「文目（＝物の道理）」を掛けて詠みます。

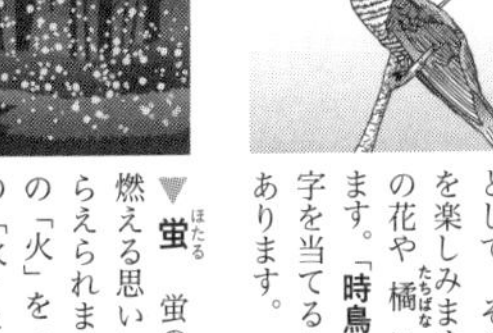

▼**郭公**　夏の鳥として、その初音を楽しみます。卯の花や橘に訪れます。「**時鳥**」と漢字を当てることもあります。

▼**蛍**　蛍の光は、燃える思いになぞらえられます。蛍の「火」を「思ひ」の「火」と見るのです。

▼**五月雨**　今の「梅雨」です。和歌では「長雨」に「眺め（＝もの思いに沈むこと）」を掛けて詠みます。

読み重要語

▼**短夜**　あっというまに明けてしまう夏の短い夜のことを言います。恋する男女は夜に逢って夜明け前には別れました。夏は早く夜が明けてしまうので、まだ逢っていたいのに別れなければなりません。

●行事

▼**賀茂の祭**　四月中酉の日に行われる上賀茂・下鴨両社の祭りです。「**葵祭**」とも言います。「葵」は昔は「あふひ」と言ったため、都中が葵で飾られます。和歌では「逢ふ日」を掛けて詠みます。単に「祭」と言えばこの祭りのことです。

▼**更衣**　旧暦四月一日と十月一日に季節に合わせて衣替えをしました。衣替えのときは、衣服ばかりでなく、室内の調度も改めます。

秋

文月（七月）
葉月（八月）
長月（九月）

秋と春は、情趣を比較されることがよくあります。秋の歌には、はかなさやしみじみとした感慨が多く詠み込まれました。

●景物

▼**名月** 八月十五夜の月のことです。「**中秋の名月**」と言われます。九月十三夜の月も賞美されます。

▼**霧** 秋の景物です。春の「霞」と区別されます。

▼**雁** 月や霧と取り合わせられます。鳴き声（「雁が音」）に耳をすまします。手紙を運ぶ鳥とも見なされます。

▼**鹿** 牡鹿の鳴き声を、妻を求めて泣く声と聞きます。

▼**露** 「はかない命」や「涙」の比喩になります。「**袖の露**」とは袖を濡らす涙のことです。

▼**荻** 「**尾花**（＝薄）」とともに風に揺れるさまが手招きしているように見えるところから、人の訪れを待つ姿に見立てられます。「をぎ」は「招き」にも通じます。

▼**女郎花** 秋の七草の一つです。「をみな（女）」からの連想で、和歌では女性にたとえられます。

▼**萩** 秋の七草の一つです。「露」のおりる場所です。萩の露ははかなさの象徴です。露が「おりる」ことを古語では「置く」と言います。

●行事

▼**七夕** 七月七日の夜、牽牛と織女が天の川のほとりで年に一度のデートをします。そこから、この日は男女の間で恋文がやりとりされます。牽牛・織女にちなんで逢おうというわけです。

▼**野分** 野の草を分けて吹く秋の強い風です。今の台風に当たります（→P220）。

▼**菊** 菊の花の露は飲むと長生きするとされ、九月九日「**重陽の節句**」に菊の花を浮かべた酒を飲みます。この日以降も「残菊」として枯れるまで花の色の移ろいを楽しみます。菊はその年最後に咲く花だからです。

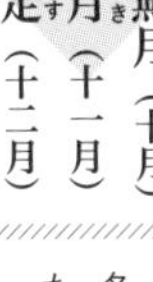

冬

神無月（十月）
霜月（十一月）
師走（十二月）

冬と言えば、雪の降る季節です。人々は一面に降り積もった雪の美しさを愛でました。

ワンポイント

□「如月」「卯月」など、旧暦の月の異名は必ず覚えておきましょう。入試では読みと意味のいずれも問われます。

●景物

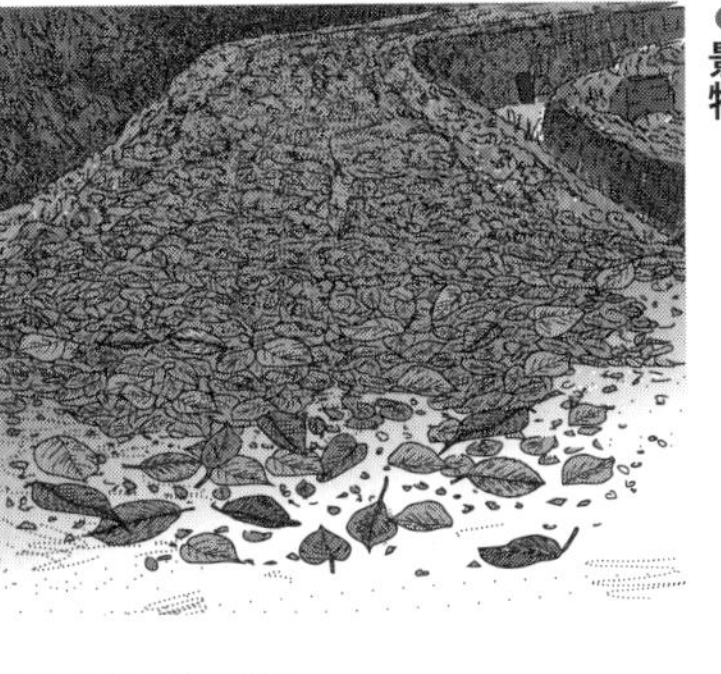

▼**時雨** 晩秋から初冬にかけて降る雨です。一雨ごとに紅葉が深まり、落葉を促します。雨の音を楽しみます。

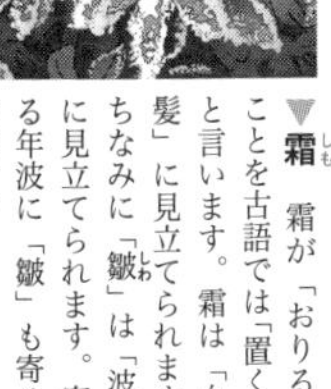

▼**霜** 霜が「おりる」ことを古語では「置く」と言います。霜は「白髪」に見立てられます。ちなみに「皺」は「波」に見立てられます。寄る年波に「皺」も寄るのです。

▼**松** 常緑樹であるところから長寿の象徴と見なされます。新春の賀の景物でもあります。池の中島（→P344「寝殿造り」図）などに植えられます。

▼**雪** 「梅の花」や「桜の花」に見立てられます。辺り一面に降った「雪」を降り注ぐ「月の光」に、降り注ぐ「月の光」をむらなく積もった「雪」に見立てることもあります。

●行事

▼**五節の舞** 毎年、旧暦十一月に行われる宮中の祭礼で催される舞です。舞姫には貴族の未婚の子女が五人選ばれます。美しい少女は、天皇をはじめ高貴な男の目にとまります。

▼**追儺** 大晦日の夜、宮中で行われた悪鬼を追い払う行事です。鬼に扮した男を桃の弓と葦の矢で追い払います。これがのちに民間にも伝わり、節分の豆まきの行事になりました。

3 恋愛と結婚

古文の場合、「恋愛」と「結婚」は多くの作品で中心的な話題となります。物語では、男が女を「垣間見る」ところから恋のかけひきが始まります。

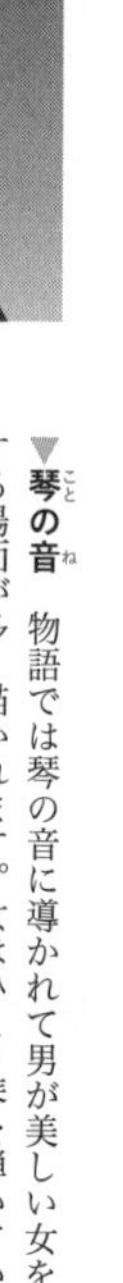

▼**有明の月** 夜が明けても空に残っている月のことです。陰暦で十六日以後、特に二十日過ぎについて言います。

▼**琴の音** 物語では琴の音に導かれて男が美しい女を発見する場面が多く描かれます。女はひとり琴を弾いています。「ひとり琴」と言います。

読み重要語

▼**透垣** 透き間のある垣根です。

▼**垣間見** 男が女をのぞき見ることです。

▼**薄様** 薄く漉いた紙です。二枚重ねで用います。配色に心を配ります。「**懸想文**（＝恋文）」に使われます。

▼**結び文** 紙を細く巻いて蝶ネクタイのように結んだ手紙です。恋文の多くはこの形です。季節の植物を添えて贈ることもあります。正式の手紙は**立て文**として送られます。

▼**よばふ** 漢字で記すと「呼ばふ」。「夜這ふ」ではありません。男が女に求愛することです。和歌の詠まれた求愛の手紙を贈ります（→8あふ関）。

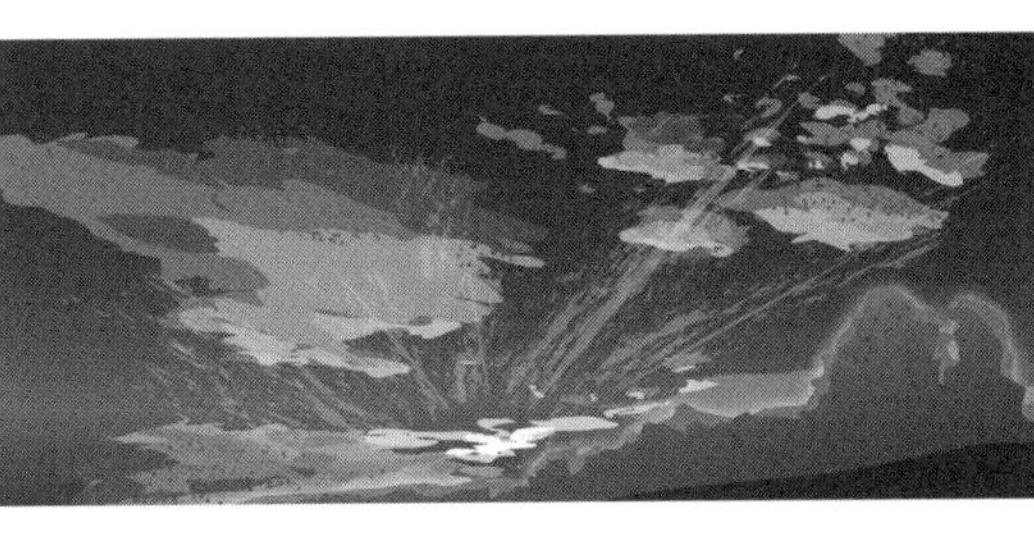

▼**暁**（あかつき）　夜明け前です。逢（あ）っていた男女が別れる時です。一番鶏の鳴き声がその時の到来を知らせます。男は、まだ暗い中、未練を残しながら帰っていくのです。

▼**後朝**（きぬぎぬ）　「**衣衣**（きぬぎぬ）」とも記します。一つに重ねられていた男女の衣（ころも）が「衣衣」つまり二つの衣に分かれることです。そこから、男女が共寝をした翌朝に別れること、またその朝を言います。別れる際、お互いの衣の一つを交換することもありました。

▼**後朝の文**（きぬぎぬのふみ）　「後朝の別れ」のあとで男から女に贈る手紙のことです。早く贈るのが礼儀です。女は「後朝の文」を待ち望みます。来なければ女にとって大変な恥です。

▼**三日の夜**（みかのよ）　男は女と初めて契（ちぎ）りを結んだあと、相手のもとに三日続けて通うのが礼儀です。その最後の三日目の夜のことを言います。男の誠意が明かされたことになり、女の家で結婚の祝儀が行われます。

▼**所顕し**（ところあらはし）　今の結婚披露宴です。二人が結ばれたことを親族・知人に公表するのです。

▼**婿**（むこ）　結婚してしばらくすると男は生まれ育った実家を出て、妻の家に住み込みます。妻の両親はわが家の婿殿として手厚く男の面倒を見ます。こういう結婚のあり方を「婿取り婚（婿入り婚）」と言います。

▼**入内**（じゅだい）　皇后・中宮・女御（にょうご）（↓P343）になる人が正式に内裏に入ることを言います。

4 誕生・成長・老い・死

今でも七五三や成人式、還暦など、ある年齢に達するとお祝いをしますが、古文の世界でも同じです。平均寿命が今よりも短かった時代、細かい節目で成長や長寿を祝う儀式を行いました。

▼**産養** 子どもが生まれてから、三、五、七、九日目の夜に催す祝宴です。

▼**五十日の祝ひ** 子どもが生まれてから、五十日目を祝う儀式です。同様の儀式は生後百日目にも行われました。「**百日の祝ひ**」と言います。

▼**出だし衣** 「**打ち出での衣**」とも言います。御簾や几帳、牛車の簾の下から女房の衣の一部を出すことです。装飾のためにするのですが、財力の誇示にもなります。

▼**高坏** 食べ物を盛る、長い脚の付いた台です。当時の貴族は一日二食でした。

丸高坏　角高坏

▼**袴着** 幼児が初めて袴をつけて成長を祝う儀式です。三歳から七歳ころまでに行われます。

▼**振り分け髪** 子どもは男女とも同じ髪形です。「振り分け髪」と言い、髪を真ん中で分けて肩の辺りで切りそろえました。成人すると男性は髪を頭上で束ねて糸で結います。「髻」と言います。

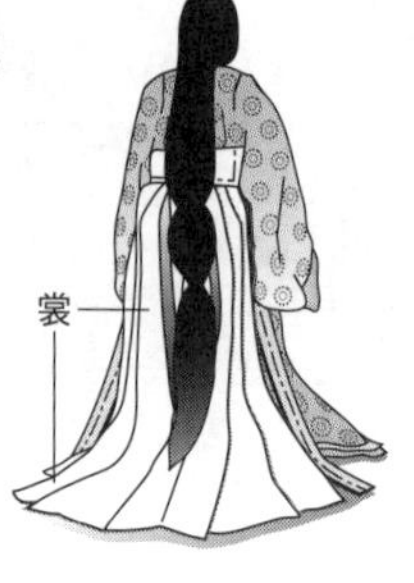

▼**裳着** 女子の成人式で、初めて裳をつける儀式です。十二、三歳ころに行われます。

▼**乳母** 貴人の子どもを養育する係の女性です。乳母の実子を「**乳母子**」と言います。乳母子は貴人の子どもと兄弟のように育ち、成人後は腹心の部下として仕えます。

読み重要語

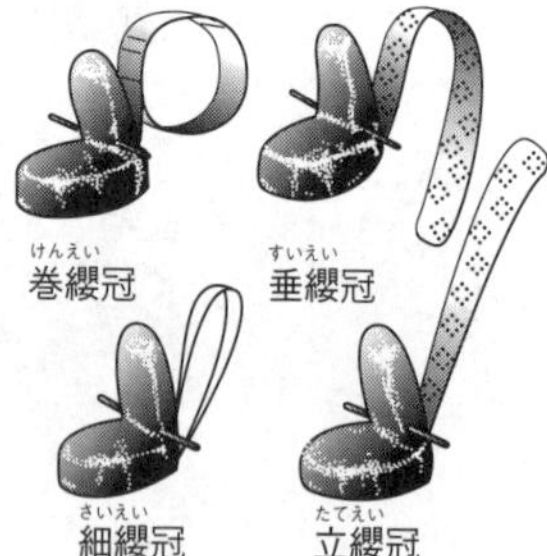

▼**初冠** 男子の成人式で、初めて冠をつける儀式です。十二歳を過ぎたころに行われます。成人後、男子は人前に出る時は**冠**や**烏帽子**をかぶります。頭のてっぺんを人に見せることは失礼であり、また恥ずかしいことでもありました。

▼**算賀** 長寿の祝いのことです。四十歳＝四十を皮切りに、五十・六十・七十・八十・九十と十年ごとに行います。六十歳（還暦）・七十歳（古希）・七十七歳（喜寿）・八十八歳（米寿）・九十九歳（白寿）と祝うようになったのは室町時代の終わりごろからです。

▼**無常の風** 「無常」は「死」の意味です。花を散らし、草木の露を吹き飛ばす風を、人の命を奪う「死」にたとえた言葉です。

ワンポイント

□年齢の呼称

六十歳――還暦
七十歳――古希
七十七歳――喜寿
八十八歳――米寿
九十九歳――白寿

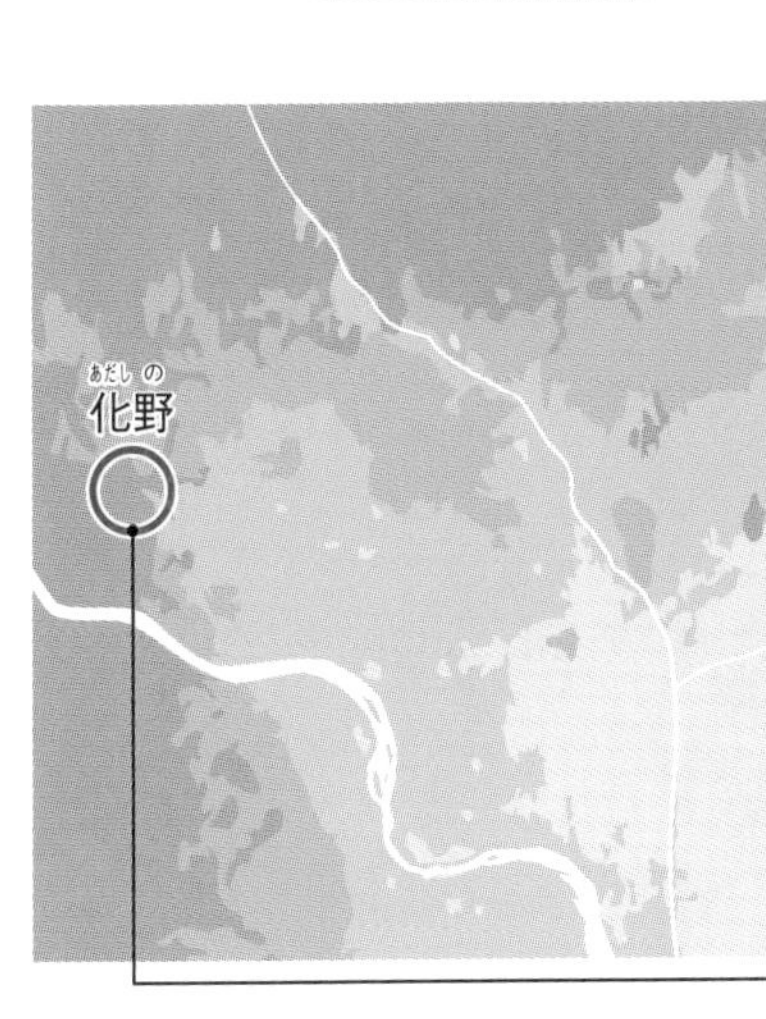

▼**野辺送り** 遺体を埋葬したり火葬したりすることです。貴族は普通火葬され、その煙が歌に詠まれます。「煙」を「霊魂」と見て故人を偲ぶのです。葬送の地は特に「**鳥辺野**（**鳥辺山**）」「**化野**」が有名です。（→P340）

▼**服喪** 喪に服することです。灰色に染めた「**墨染めの衣**」を着ます。服喪のときは衣だけでなく、御簾などの調度品も灰色のものを使いました。

▼**中陰** 人が死んだあとの四十九日間のことで、この間に次にどこへ生まれ変わるかが決まります。「**中有**」「**七七日**」とも言います。「七七日」は「七×七＝四十九」のことです。この間に行う仏事を「**のちのわざ**（**こと**）」と言います。

5 平安京と内裏

古文で描かれている舞台の多くは平安京です。また、天皇の居所である内裏は、政治の場、女房たちの活躍の場でもありました。

▼**里内裏** 「**今内裏**」とも言います。内裏の外に設けられた天皇の臨時の御所で、内裏が火事で焼けたときなどに移り住みます。多くの場合、摂政関白の邸があてられました。今の**京都御所**も里内裏の一つでした。

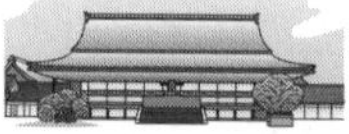

▼**山** 古文で山と言えば「**比叡山**」のことです。比叡山にある「**延暦寺**」のことを言うときもあります。

▼**上賀茂神社・下鴨神社** 賀茂氏の氏神を祀る京都最古の神社です。**賀茂の祭**（→P333）で有名です。

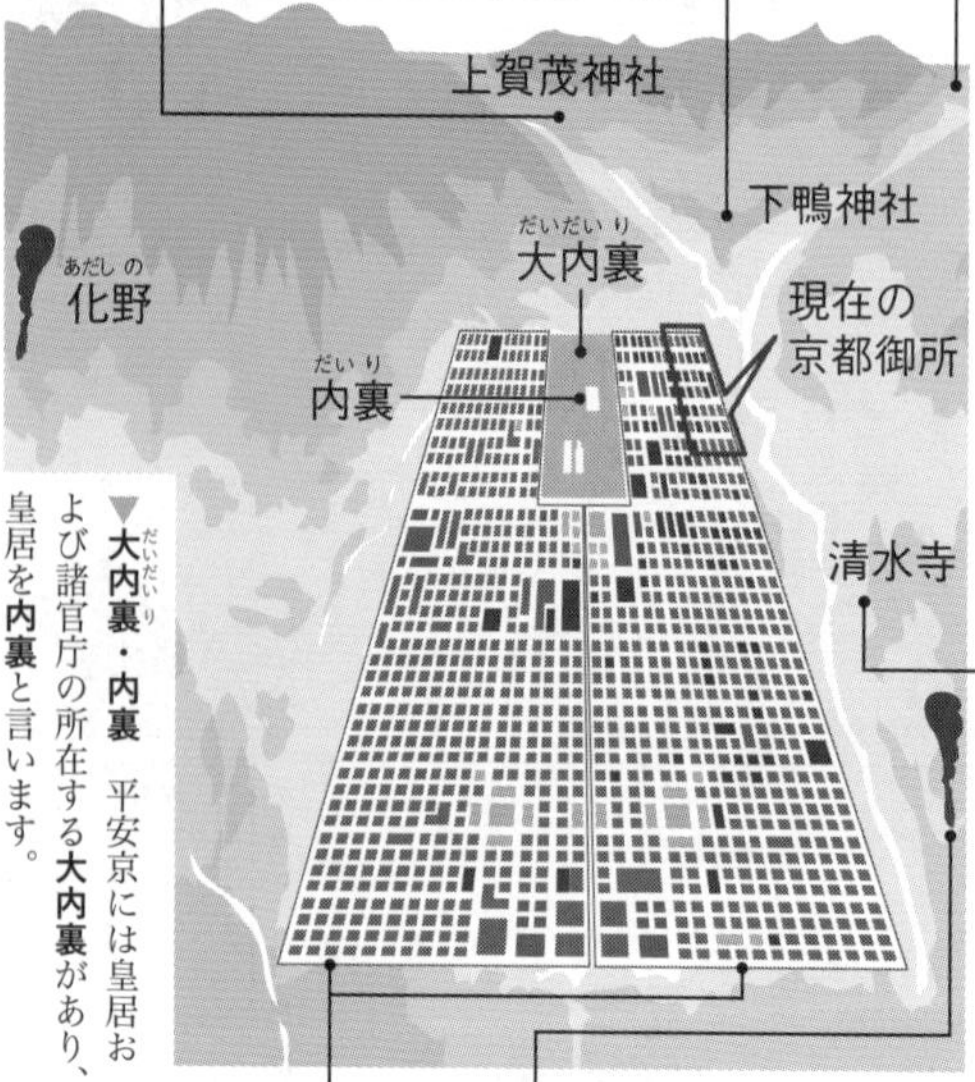

▼**一条天皇** 一条天皇は内裏だけでなく里内裏にも長く住みました。後に里内裏が日常の御所になりました。天皇が代わると、天皇のいる御所も代わります。

▼**清水寺** 本尊は観世音菩薩（観音）です。観音は現世利益の仏なので、この世の願い事をかなえてもらうために多くの人が参詣します。

▼**大内裏・内裏** 平安京には皇居および諸官庁の所在する**大内裏**があり、皇居を**内裏**と言います。

▼**あずま** 今の関東地方です。鎌倉幕府のことを指すときもあります。鎌倉皇居のある都の方が幕府のある鎌倉や江戸よりも上なので、京から鎌倉・江戸に行くことは「**下る**」、そこから京に行くことを「**上る**」と言います。荒々しい関東の武士を「**えびす**」と言います。

▼**鳥辺野** 平安時代から火葬場がありました。図の左上にある**化野**にも火葬場・墓地がありました（→P339）。

▼**左京・右京** 天皇が**内裏**にいて南を向くと、東が左、西が右に当たるところから、京の東半分を「**左京**」、西半分を「**右京**」と言います。右京よりも左京の方が栄え、高級住宅も多くは左京にありました。

●内裏内部

▼**後宮**　内裏の北側に広がる、天皇の妻たちなどが住む所です。「**弘徽殿**（❻）」など「**殿**」と呼ばれるものが七、「**飛香舎**（❺）」など「**舎**」と呼ばれるものが五、あわせて十二の**殿舎**がありました。ただし、天皇に常時十二人の妻がいたわけではありません。「弘徽殿」や「飛香舎」は「**上の御局**」に近い所にあり、中宮や女御など、有力な妻が暮らします。

▼**藤壺・桐壺**　「**飛香舎**（❺）」は壺（＝中庭）に藤があることから「**藤壺**」、「**淑景舎**（❼）」は壺に桐があることから「**桐壺**」とも言われます。「**弘徽殿**（❻）」や「**飛香舎**（❺）」に住む妻は、天皇に召されてもほかの妻たちに知られることはありませんが、「**上の御局**」から最も遠い所にある「**淑景舎**（❼）」に住む妻は知られてしまいます。『源氏物語』の光源氏の母は「**桐壺**」に住む「**更衣**」（↓P343）でした。ですから、ほかの妻たちの嫉妬を買ってしまったのです。

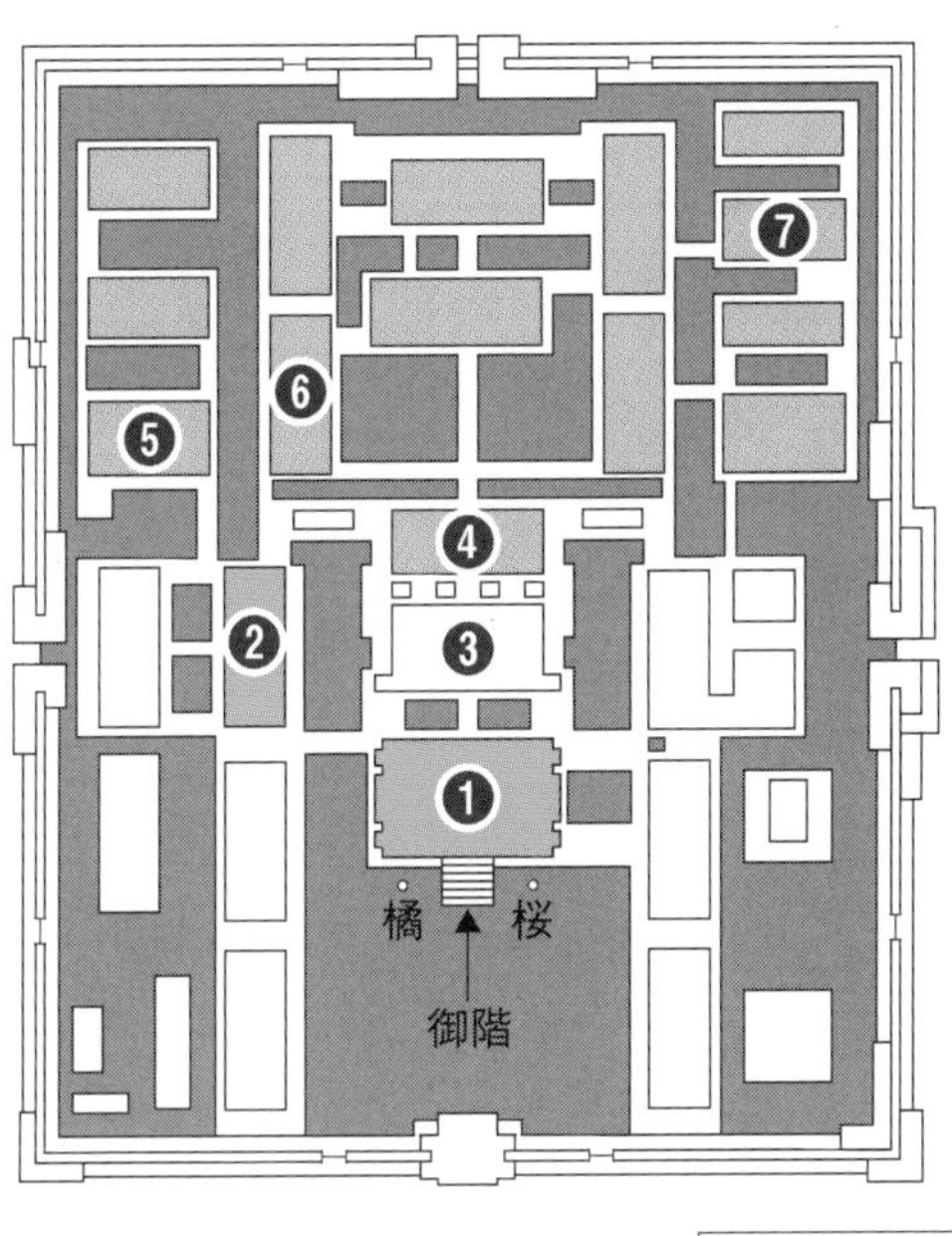

❶**紫宸殿**
❷**清涼殿**
❸**仁寿殿**
❹**承香殿**
❺**飛香舎**
❻**弘徽殿**
❼**淑景舎**
▒**は後宮**

▼**清涼殿**（❷）　内裏にある、天皇が日常住む所です。清涼殿の南側にある「**上達部**」や「**殿上人**」（↓P342）の控えの間を「**殿上の間**」と言い、会議も行われました。「**蔵人**」（↓P342）はここで働きます。

▼**上の御局**　**清涼殿**（❷）の北側にある部屋を「**上の御局**」と言います。「**後宮**」にある部屋とは別に、后たちに与えられた部屋で、誰の部屋というわけではありません。天皇は妻と会うときはこの部屋で会い、妻は、天皇のお召しを受けると、後宮にある自分の部屋からここに赴きます。

▼**近衛府**　天皇の側近の武官の役所です。大将・中将は**上達部**（＝大臣、大納言、中納言、参議および三位以上の上流貴族↓P342）が兼務します。

▼**検非違使**　京の治安維持や訴訟・裁判を担当する役所です。警察と裁判所が一緒になったようなものです。

▼**紫宸殿**（❶）「**南殿**」とも言います。内裏の正殿で、天皇の即位式などの重要な儀式が行われます。「**御階**」（正面の中央にある階段）の東側には桜が、西側には橘が植えられており、「**左近の桜・右近の橘**」と言います。

　天皇は、正式に臣下と対面するときは、南を向いて会います。天皇が南に面すると、東が左、西が右に当たります。儀式のあるときは、左近衛府の役人は左近の桜から、右近衛府の役人は右近の橘から、南に向かって並びました。

▼**局**　主人から与えられた**女房**の私室です。女房は宮仕え先に住み込みます。局から主人のもとに行くことを「**上る**」、主人のもとから局に下がることを「**下る**」と言います。

読み重要語

6 天皇家と官位

貴族は基本的に国の役人で、官位の序列が重んじられていました。より高い官位を求め、時には兄弟の間でも競い合いました。

▼**一の人** 臣下の中で一番権力を持っている人のことを言います。多くは**摂政・関白**で、「**左大臣**」のときもあります。

▼**摂政・関白** 幼い天皇に代わって政治を行う人を「**摂政**」、天皇の政務全般を補佐する人を「**関白**」と言います。貴族たちは、娘を入内（→P337）させ、天皇との間に生まれた皇子を帝位につけて摂関になろうとします。

天皇家の人々

▼**天皇** 「**帝**」とも言います。天皇は、その位を譲ることができます。譲位後は、宮中から別の御所に移り住み、「**上皇**」と呼ばれます。出家すると「**法皇**」です。上皇や法皇のことを「**院**」とも言います。

▼**春宮** 「**東宮**」つまり皇太子のことです。「東」を「春」と記すのは、方角を四季に見立てると、北＝冬、東＝春、南＝夏、西＝秋だからです。 読み重要語

▼**親王** 天皇の兄弟・皇子のことです。天皇の姉妹・皇女は「**内親王**」と言います。

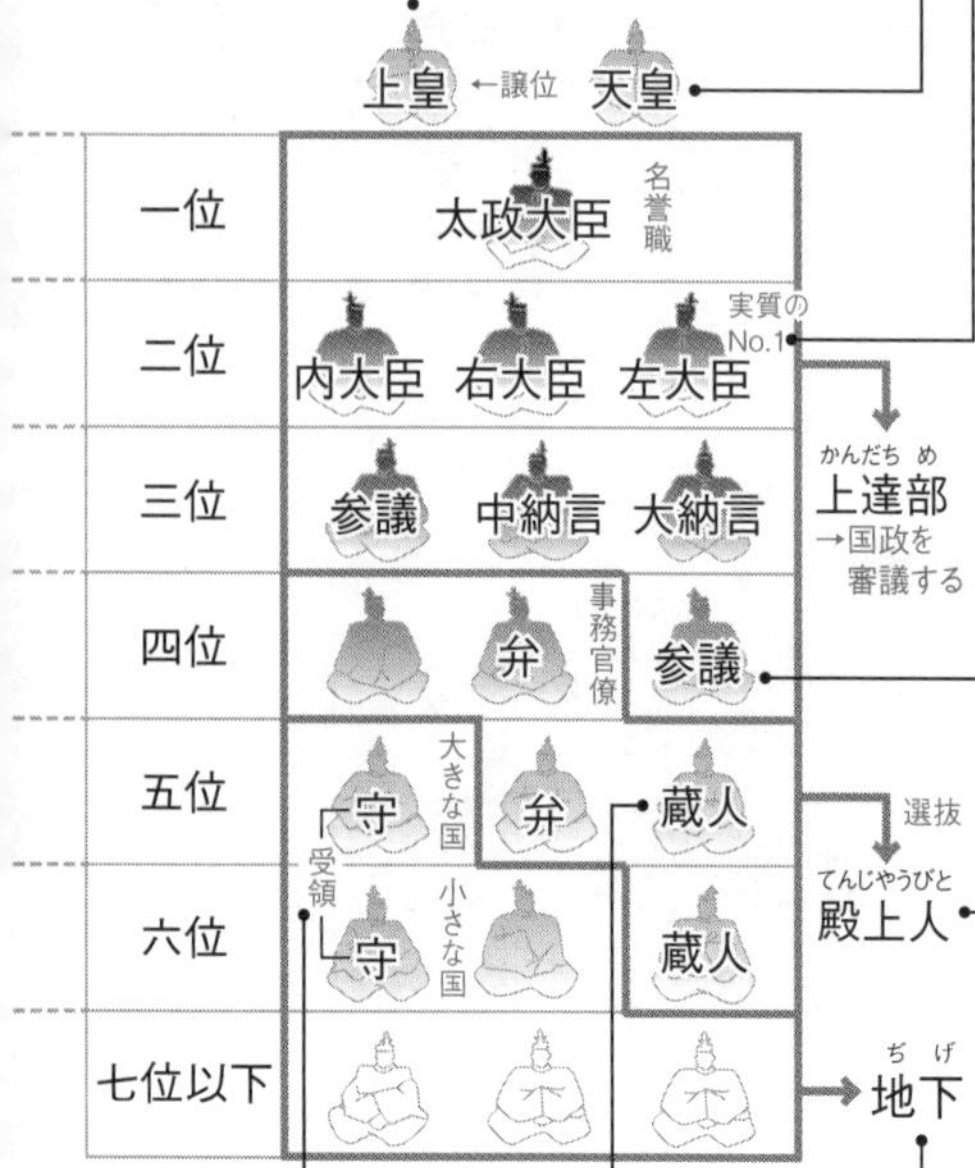

上皇 ←譲位 天皇

位	官職			
一位	太政大臣（名誉職）			
二位	内大臣	右大臣	左大臣（実質のNo.1）	上達部 →国政を審議する
三位	参議	中納言	大納言	
四位		弁（事務官僚）	参議	
五位	守（大きな国）受領	弁	蔵人	選抜→ 殿上人
六位	守（小さな国）受領		蔵人	
七位以下				→ 地下

▼**参議** 「**宰相**」とも言います。大納言・中納言に次いで国政を審議する重職です。三位・四位の者の中から選ばれます。やがて国の重鎮となるはずの有望な人物です。

▼**官位** 「**官職**」と「**位階**」のことです。「官職」は職務、「位階」は「一位、二位、…」という貴族社会における地位のことです。給与は位階に応じて支払われ、職に就いていると臨時の収入がありました。

▼**殿上人** 「**雲の上人**」「**雲客**」とも言います。清涼殿の殿上の間に昇るのを許された人のことです。四位と五位の人の一部、六位の蔵人がそれに当たります。殿上人は一代限りです。天皇が代わると選抜し直されます。 読み重要語

▼**地下** 清涼殿の殿上の間に昇るのを許されていない人のことです。主に蔵人を除く六位以下の官人です。 読み重要語

▼**蔵人** 天皇の側近です。したがって蔵人は六位でも殿上の間に昇ることが許されました。蔵人は天皇の信任を得た男がなり、エリートコースを歩む者のスタート地点とも言えます。 読み重要語

▼**頭** 「**蔵人頭**」、つまり蔵人所の長官の略称です。原則二名で、弁官と近衛中将から一人ずつ任命され、前者を「**頭の弁**」、後者を「**頭の中将**」と言います。

▼**中宮**　「**皇后**」の別称です。天皇の正妻は「**后**」「**皇后**」「**中宮**」と呼ばれます。天皇には、ほかに「**女御**」「**更衣**」と呼ばれる妻がいます。「**更衣**」は「**女御**」の下の位です。

▼**女御**　「にょご」とも言います。天皇の寝所にはべる婦人のことで中宮の次に位しました。

▼**更衣**　天皇の寝所に奉仕する女官で、**女御**に次ぐ位。元は天皇の着替えの役目を持つ女官の職名でした。天皇の子を産んだ后妃を「**御息所**」ということがあります。

▼**内侍**　天皇のそば近くに仕える女性です。**蔵人**を天皇の私設秘書とするならば、**内侍**は内侍司という役所で働く国家公務員です。内侍司にも「**尚侍**」「**典侍**」「**掌侍**」という序列がありました。

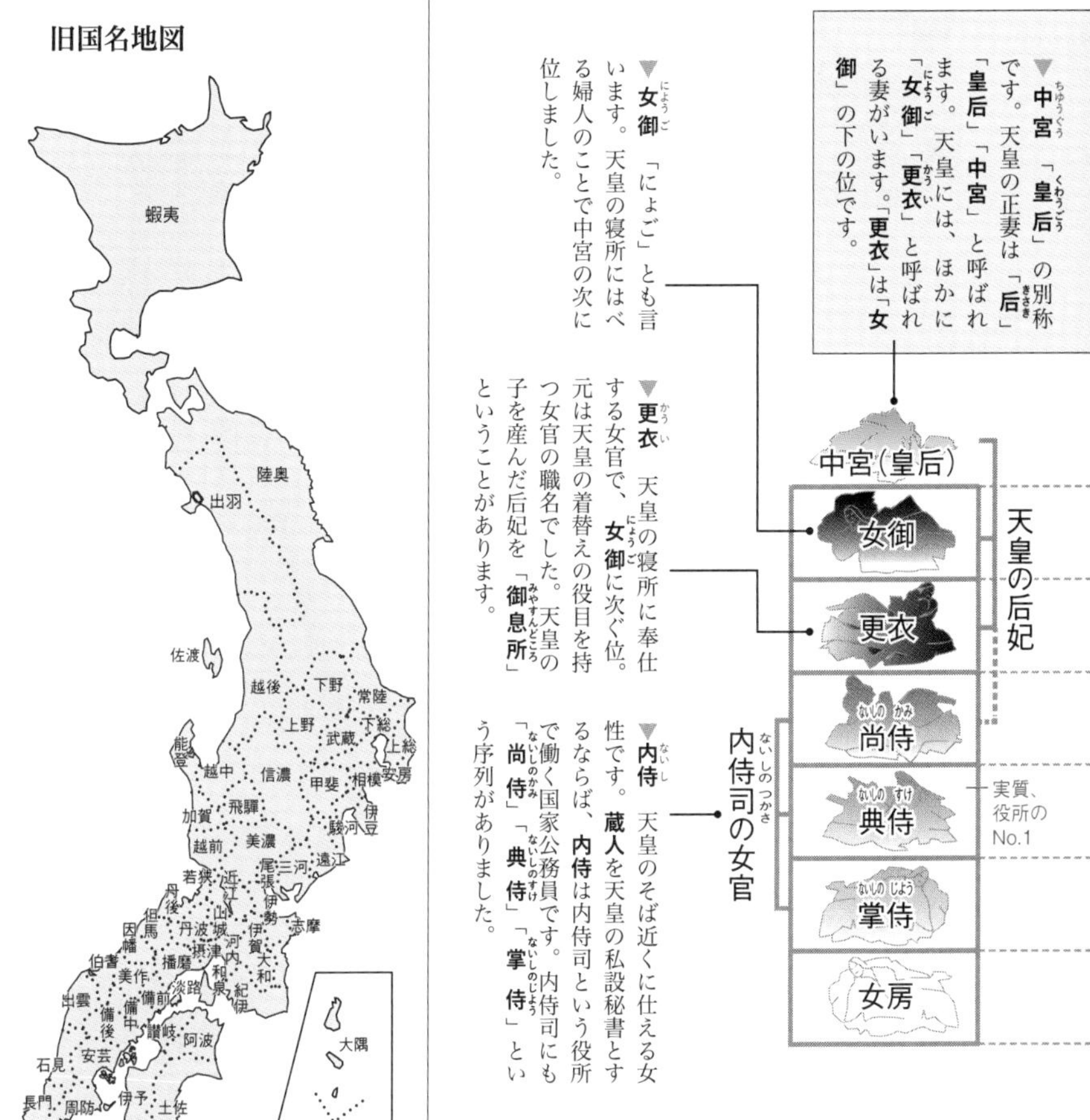

▼**受領**　受領階級の家からは、平安時代の文学を担った女たちが多く現れました。多感な少女時代に都とは違う「**人の国**」の自然や人間に触れたことが彼女たちの世界を広げ、やがて文学として結実したのです。

▼**任官**　受領階級は誰もが任官しているわけではありません。除目の日は期待と不安で胸が一杯です。

▼**女房**　宮中や院の御所、貴人の邸で働く、地位の高い女性を言います。多くは「**受領**」の娘です。職場では、本名ではなく縁のある男性の官職名や任国名で呼ばれます。

▼**人の国**　「地方」のことを言います。「**県召の除目**」（→P332）で任命された者は、任国へ下ります。任期はふつう四年です。長官（「**守**」）を「**受領**」と言います。

7 住居

貴族の邸宅の造りを寝殿造りと言います。邸宅の庭の手前では、舞や蹴鞠などが行われ、男は簀子から、女は室内から御簾越しに見て楽しみました。四季の移ろいを楽しむためにさまざまな植物も植えられていました。

▼**対の屋**　寝殿造りの邸には、「**寝殿**」と呼ばれる邸の主人たちが住む正殿の左右（東西）や後ろ（北）に離れの建物が付属しています。これを「**対の屋**」と言います。主に、成人した娘や、婿として夫を迎えた娘夫婦が暮らします。

▼**渡殿**　寝殿造りの二つの建物をつなぐ屋根付きの廊下のことを言います。

▼**寝殿**　邸宅において、中央部に設けられた施設のことを言います。

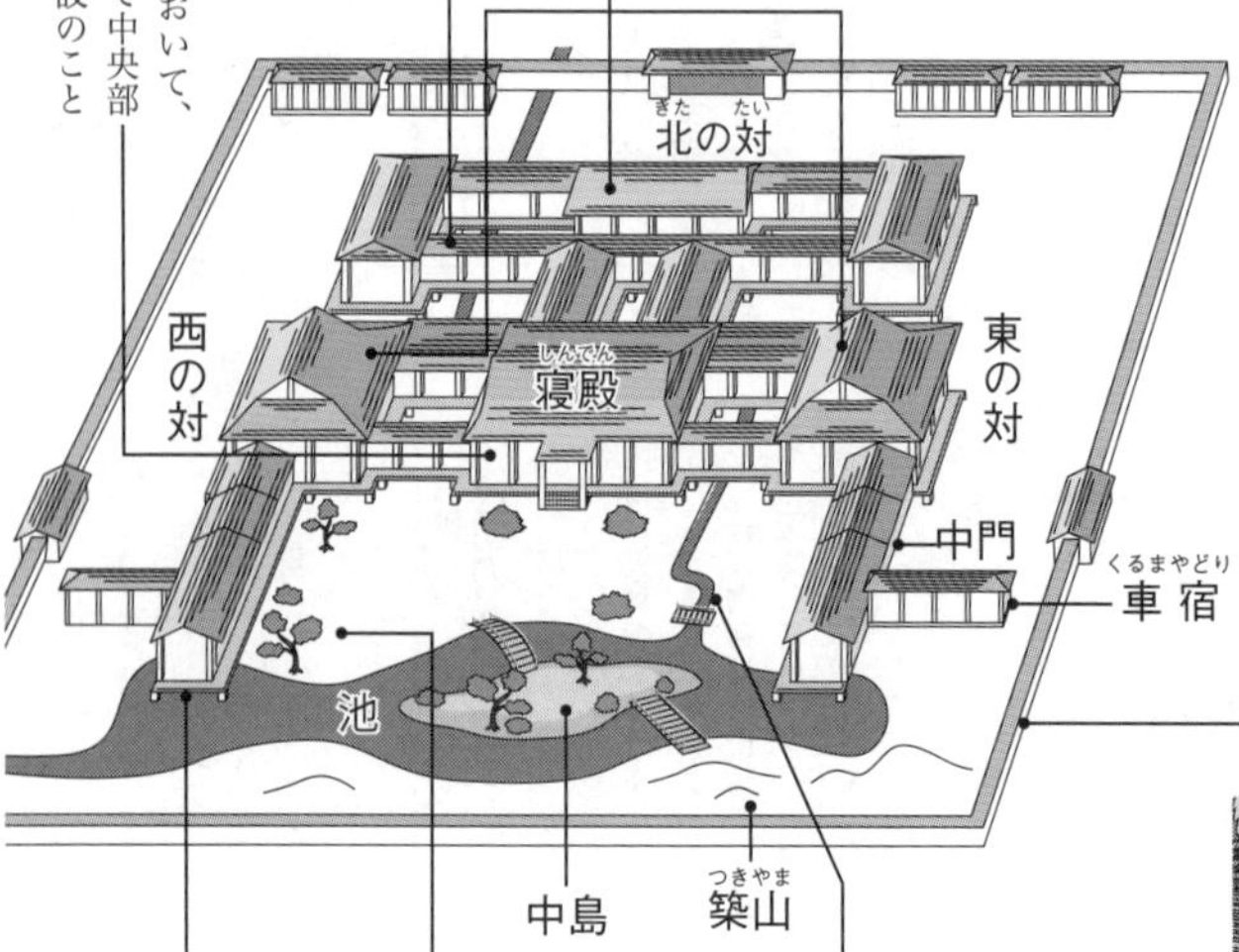

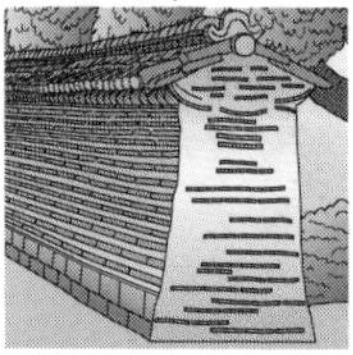

北の対
西の対
寝殿
東の対
中門
車宿
池
中島
築山

▼**築地**　「ついひぢ」とも言います。土で築いた塀です。土でできているため、崩れたり、草が生えたりします。手入れもせず、そのままにしている邸には、経済的に余裕のない人が暮らしていたりします。

読み重要語

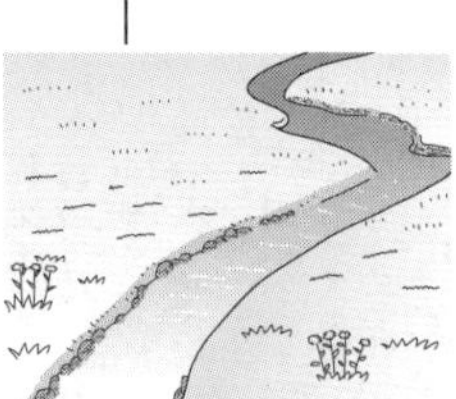

▼**遣水**　寝殿前の庭に流れている小川のことを言います。

読み重要語

▼**前栽**　四季の移ろいを楽しむために庭に植えられたさまざまな植物のことを言います。

読み重要語

▼**釣殿**　池に臨んで建てられた建物です。夏の納涼のほか、花見・月見・雪見などをする所です。管絃の遊び（→P 348）が行われることもあります。

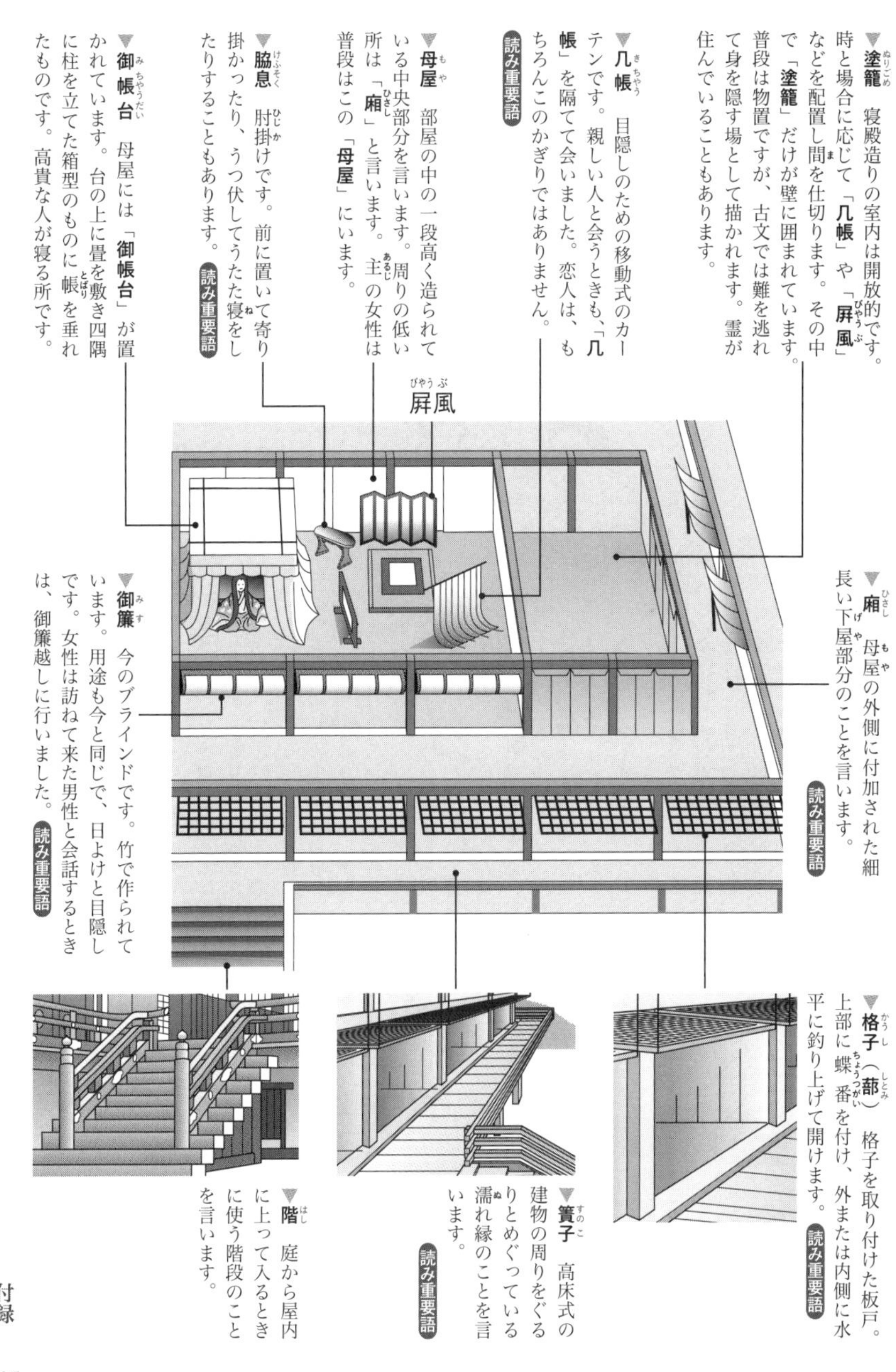

塗籠(ぬりごめ)　寝殿造りの室内は開放的です。時と場合に応じて「**几帳**」や「**屏風**(びやうぶ)」などを配置し間(ま)を仕切ります。その中で「**塗籠**」だけが壁に囲まれています。普段は物置ですが、古文では難を逃れて身を隠す場として描かれます。霊が住んでいることもあります。

几帳(きちやう)　目隠しのための移動式のカーテンです。親しい人と会うときも、「**几帳**」を隔てて会いました。恋人は、もちろんこのかぎりではありません。

読み重要語

母屋(もや)　部屋の中の一段高く造られている中央部分を言います。周りの低い所は「**廂**(ひさし)」と言います。主(あるじ)の女性は普段はこの「**母屋**」にいます。

脇息(けふそく)　肘掛(ひじか)けです。前に置いて寄り掛かったり、うつ伏してうたた寝(ね)をしたりすることもあります。

読み重要語

御帳台(みちやうだい)　母屋には「**御帳台**」が置かれています。台の上に畳を敷き四隅に柱を立てた箱型のものに帳(とばり)を垂れたものです。高貴な人が寝る所です。

廂(ひさし)　母屋(もや)の外側に付加された細長い下屋(げや)部分のことを言います。

読み重要語

御簾(みす)　今のブラインドです。竹で作られています。用途も今と同じで、日よけと目隠しです。女性は訪ねて来た男性と会話するときは、御簾越しに行いました。

読み重要語

格子(かうし)(**蔀**(しとみ))　格子を取り付けた板戸。上部に蝶番(ちやうつがい)を付け、外または内側に水平に釣り上げて開けます。

読み重要語

簀子(すのこ)　高床式の建物の周りをぐるりとめぐっている濡(ぬ)れ縁のことを言います。

読み重要語

階(はし)　庭から屋内に上って入るときに使う階段のことを言います。

8 日常（衣服・乗り物）

女性は官人である男性に比べてある程度自由に服を装うことができます。女性にとって衣装は個性の主張です。そこで、美しく装った女性のさまが古文ではよく描かれます。また、貴族は外出の際は、輿（こし）や車、馬などを用いました。歩くのはまれです。

▼**髪**（かみ）　女性は髪を長く伸ばして背中に垂らします。額の髪は左右に分けて肩の下辺りで切りそろえます。「**額髪**（ひたひがみ）」とか「**下がり端**（ば）」と言います。女性の髪は美しさの条件の一つでした。
洗髪は、女性の場合、その髪の長さから気軽にはできません。米のとぎ汁で髪を濡（ぬ）らし、櫛（くし）ですくのが普通でした。

▼**眉墨**（まゆずみ）　女性は毛抜きで眉毛を全部抜いて、「**眉墨**」で眉をかくのが普通でした。今でも見かける化粧法です。ただし、当時は実際の眉の位置よりも上の辺りにぼかしながら太くかきます。

▼**お歯黒**（はぐろ）　鉄を酸化させた液である「**鉄漿**（かね）」で歯を黒く染めることです。女性ばかりではなく、男性も黒く染めました。

▼**薫物**（たきもの）　香りのよいお香をたくことです。その香りから人柄がはかられました。自分が着る着物などにもたきしめ、その香りを知っている人は、姿を見なくても誰がいるのかわかります。そういうお香を持ち寄って、香りの優劣を競う遊びを「**薫物合**（たきものあはせ）」と言います。

▼**扇**（あふぎ）　あおいで風を起こす以外にもいろいろと使います。男性の場合、音を立てて人の注意を引いたり、音楽の拍子をとったりするときにも使います。女性の場合、顔を隠すときにも使います。ほかにも、メモ用紙として使うこともあります。

▼**襲**（かさね）　重ね着のことです。衣装に制約の多い男性に比べて女性は自由に着こなすことができます。どんな色目（いろめ）の物を何枚重ねて着るのかは自由です。女性にとって衣装は自己主張の一つでした。配色に気を配り、美的センスを競い合います。

▼**袿姿**（うちきすがた）　晴れの装束である「**唐衣**（からぎぬ）」「**裳**（も）」を身に着けない、普段着「**小袿**（こうちき）」の姿です。

▼**束帯**（そくたい）　平安時代以降の朝廷の男子の正服です。文官は下着に小袖、大口の袴を着け、単（ひとえ）、衵（あこめ）、表袴（うえのはかま）を重ね、さらに下襲を加え裾を引き、表衣の袍（ほう）を着て石帯、冠を着けます。

▼**直衣**（なほし）　貴族の平常の服装です。束帯の袍と同じ形ですが、位による色目・文様の制限がありません。通常、**烏帽子**（えぼし）と**指貫**（さしぬき）の袴を用います。

読み重要語

▼牛車 出かけるときは牛車に乗ります。男性は、後ろから乗って前から降ります。女性は、乗るときも降りるときも後ろからです。乗り降りする所には簾が二重に垂れています。

▼警蹕 「けいひち」とも言います。高貴な人が外出するときなどに、先導の者が「オオ」「シシ」「オシオシ」という声を発することです。**殿上人**のものは短く、**上達部**のものは音を長くのばして発します。ですから、家の中にいてもどういう身分の人が通っているのかがわかります。

▼牛飼童 牛車の牛を扱う者のことです。「童」と言っても子どもではなく、子どもの格好をした大人です。

▼女車 女性が外出するときに乗る牛車を「**女車**」と言います。女性専用の車があるわけではなく、牛車の簾の下から女性の衣の一部を出します（出だし衣→P338）。風流を好む男が、これを見かけると、和歌を詠みかけます。女車は、優先して通ることができ、中をあらためられたりすることもないので、身分を隠したい男が悪用することもあります。

▼輿 身分の上下によって、鳳輦・葱花輦・四方輿・網代輿・板輿などの種類があります。

▼随身 貴人が外出するときに警備のためにお供する人です。私的なボディーガードではなく、近衛府（→P341）の役人です。

読み重要語

9 教養と遊び

平安時代の女性にとって「和歌」「音楽」「手習い」の三つは身に付けるべき重要な教養でした。男性の場合は「漢学」と「音楽」です。この二つの素養を「才」（→**125**ざえ）**と言います。**

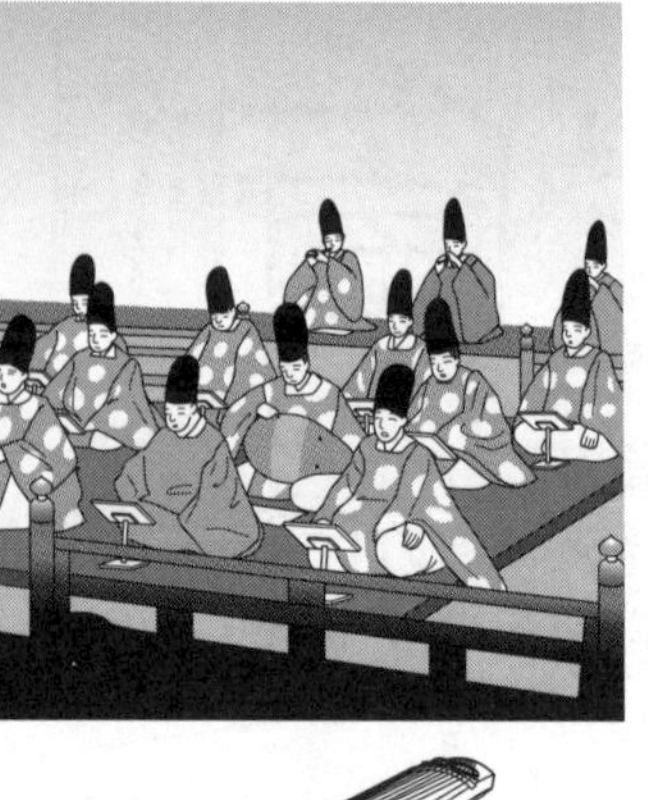

▼**催馬楽** 歌謡の一種です。宴席や儀式などの場で、楽器を伴奏として歌います。「**篳篥**」「**笙**」「**横笛**」は管楽器の一種です。**篳篥**は縦笛、**笙**は立てて吹く楽器です。

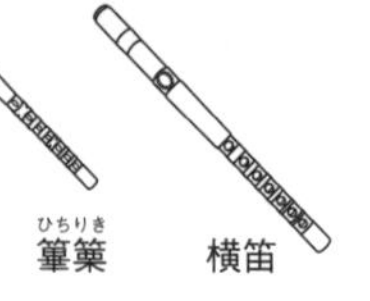

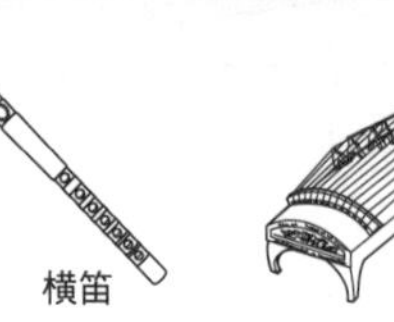

笙　篳篥　横笛　琴（箏の琴）

琵琶

▼**管絃** 「**管**」は「**笛**」、「**絃**」は「**琴**」と「**琵琶**」です。男性は「管」も「絃」も演奏できますが、女性は「絃」だけです。管絃の道は、文の道（漢学）と並んで、男性貴族の必修科目です。合奏により、和の尊さを学ぶためです。

日本の音楽は開放的な場所で演奏されます。室内に限りません。風の音、水の音が聞こえてきます。その自然の音色に合わせて管絃は奏でられます。

▼**手習ひ** 「**手**」は「**文字**」「**筆跡**」の意味です（→**124**て）。「**手習ひ**」は文字を書く練習、習字のことです。和歌を思い浮かぶまま書くことを言うともあります。

安 あ	以 い	宇 う	衣 え	於 お
加 か	幾 き	久 く	計 け	己 こ
左 さ	之 し	寸 す	世 せ	曽 そ
太 た	知 ち	川 つ	天 て	止 と
奈 な	仁 に	奴 ぬ	祢 ね	乃 の
波 は	比 ひ	不 ふ	部 へ	保 ほ
末 ま	美 み	武 む	女 め	毛 も
也 や		由 ゆ		与 よ
良 ら	利 り	留 る	礼 れ	呂 ろ
和 わ	為 ゐ		恵 ゑ	遠 を
无 ん				

▼**真名** 「漢字」のことです。「**男手**」「**男文字**」とも言います。

▼**女手** 「平仮名」のことです。「**女文字**」とも言います。仮名にはほかに「片仮名」があります。片仮名は漢文の世界で使われた文字です。

▼**文章博士** 大学教授です。中国の詩文や歴史を学び、漢詩文を作る学科「**文章道**」の教授です。文章博士は菅原家や大江家から任命されました。

▼**変体仮名** 今の平仮名とは形が違います。「小野小町 はなの色は うつりにけりな いたづらに」。

▼**歌合**(うたあはせ)　複数の歌人を「左」「右」の組に分けて和歌の優劣を競い合う遊びです。勝負の数を「**番**(ばん)」と言います。

▼**連歌**(れんが)　一首の和歌を二人で作る遊びです。相談せず、一人が「五・七・五」を詠んだら、もう一人がそれに「七・七」と句を付けます。先に「七・七」が詠まれることもあります。一首の形で終わらず、さらに長々と句を連ねていくこともあります。

▼**蹴鞠**(けまり)　鹿の革でできた鞠を地面に落とさないように蹴る遊びです。蹴る回数だけでなく、蹴った鞠の高さ、蹴るときの姿勢も問われます。

▼**今様**(いまやう)　平安時代中期におこった、和歌とは違う新しい様式の流行歌謡です。主に「**白拍子**(しらびやうし)」と呼ばれる女が男装して舞いながら歌い、その舞を「**男舞**(をとこまひ)」と言います。

▼**鷹狩り**(たかがり)　秋や冬に、調教した鷹を使って野で鳥や小動物を捕(と)る遊びです。

野での遊びとして他に、春の「**桜狩り**」、秋の「**紅葉狩り**」などがあります。桜や紅葉を求めて郊外に出かけることです。「**子**(ね)**の日の遊び**」(→P332)も野に出て行う遊びです。

▼**雛遊び**(ひひなあそび)　ひな祭りとは違います。女の子の人形遊びのことです。気が向くといつでも遊びます。大人も一緒に遊びます。一緒に遊ぶことで幼い子に貴族の社会を教えていくのです。

10 信仰

物語や説話などでは、登場人物が世をはかなんで出家を決意するといった場面がよく描かれます。人々の考え方や生き方は、主に仏教思想によって大きく支えられていました。

安倍晴明

▼**陰陽道** 天文や暦、物事の吉凶を占うことを目的とした学問で、これを修めた人が「**陰陽師**」です。人々は、何かを行うとき、陰陽師に相談して行う日を決めました。平安時代の安倍晴明が有名です。

▼**夢** 夢は未来の予兆です。気になる夢を見たときは、「**夢解き**（＝夢を占う人）」に占ってもらいます。夢を占うことを「**夢合はす**」と言います。合わせ方次第で、いい夢もつまらない夢になったりします。

　願い事があって寺に参籠して祈ると、仏が夢に現れてお告げをします。現れるのは、祈願してからきまって三日目か七日目の夜です。

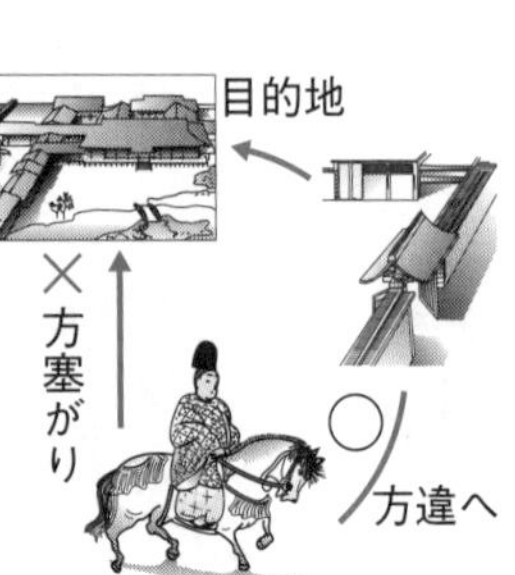

▼**方違へ** 陰陽道でその日その方角に行ってはならないことを「**方塞がり**」と言います。その方角に当たる所へ行くためには、前夜別の場所に泊まって、方角を変えてから向かいます。これを「**方違へ**」と言います。ある事をしてはいけない日のことを「**凶日**」と言います。爪を切ってはいけない日まであります。 読み重要語

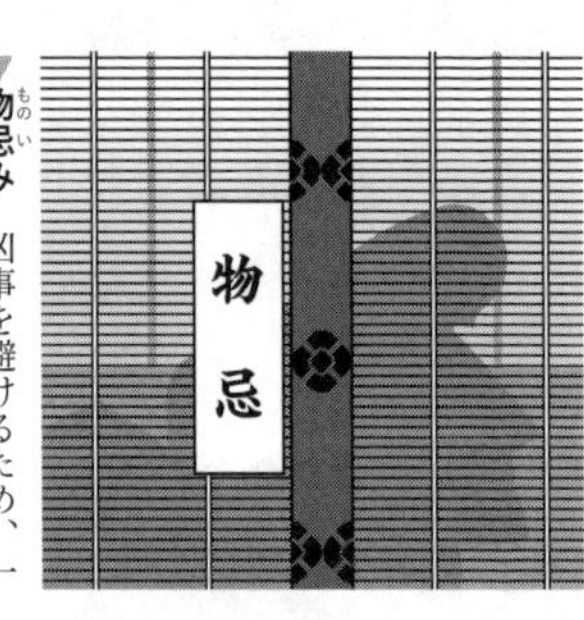

▼**物忌み** 凶事を避けるため、一定期間外出を慎むことです。また、不吉な行為を慎むことを「**こと忌み**」と言います。 読み重要語

▼**言霊** 言葉に宿っている霊力です。言葉は発せられると、言葉どおりのことを実現しようと活動します。不吉な言葉を口にすることは慎まれます。これも「**こと忌み**」と言います。悲劇的な話は若い人向きではありません。

▼**庚申待ち** 干支で庚申に当たる日に徹夜をする習俗です。この日眠ると体の中にいる三尸という虫が抜け出して、日ごろの罪科を天帝に密告するのです。起きていると抜け出せません。そのため眠気覚ましにさまざまな遊びがこの夜催されました。

▼**けがれ** 宗教的に汚れていることを言います。「**死**」「**出産**」「**病気**」などが当たります。「けがれ」には伝染性があり、当人以外の人にも感染します。「けがれ」た人は、一定期間神事に携わったり、参内したりすることができません。神に祈ったり、水につかったりして「**禊**」をすることで「けがれ」を除きます。「けがれ」た人に接するときは、その人のいる室内に入らず、立ったままで用件をすますと感染しません。

▼社　氏族が一族の神を祀る所（神社）です。氏族によって祀る神が違うため、崇める神社も違います。天皇家は**伊勢神宮**、藤原氏は**春日大社**、平氏は**厳島神社**、鎌倉時代を切り開いた武士の源氏は**八幡宮**を崇めます。

春日大社

伊勢神宮

八幡宮

厳島神社

▼斎宮・斎院　天皇家は未婚の皇女を伊勢神宮と賀茂神社に神に奉仕する巫女として送り出します。伊勢神宮に仕える方を「**斎宮**」、賀茂神社に仕える方を「**斎院**」と言います。

▼物の怪　人にとりついて重い病気にしたり、死に至らせたりする悪霊です。生霊と死霊があります。

読み重要語

▼御霊　怨みをいだいたまま亡くなった人の怨霊で、神として祀られたものを言います。大宰府に流され、その地で亡くなった**菅原道真**の御霊が有名です。異変が相次ぎ祟られた人々は恐れ、北野天神として祀りました。

▼**加持祈禱**　密教僧が真言を唱えて願いがかなうように仏に祈ることです。悪霊を調伏（＝おさえ鎮めること）したり、重い病を治したりするためによく行われます。

▼**験者**　加持祈禱をして霊験をあらわす行者のことです。験者は険しい山を踏破したり、滝に打たれたり、荒行をすることで不思議な力を獲得します。

▼**無常**　この世のものは絶えず生滅変化し、常住することはないという考えです。「死」を表しているときもあります。

▼**仮の世**　「この世（現世）」のことです。仏教では、「この世」は「あの世」（古語では「**後の世**」「**後世**」と言います）に行くまでの一時的な生でしかないのです。「**仮の宿り**」とも言います。

▼**出家**　俗世を離れて仏道に入ることです。その際、髪を剃ります。熱心に仏道修行に励んでいても、剃髪していなければ出家したとは見なされません（→P298「**出家する**」）。

▼**剃髪**　髪は、仏道の師として選んだ僧に剃ってもらいます。まだ少年であるのに剃髪した場合、髪の毛が生えていた頭の部分が日に焼けておらず青々としています。それが目にする人々の涙を誘います。

▼**尼削ぎ**　出家するとき女性は、完全に髪を剃るのではなく、髪を肩や背の辺りで切りそろえます。この髪型を「**尼削ぎ**」と言います。

▼**浄土**　仏の住む清浄な世界です。浄土はあちらこちらにたくさんあります。その中で、阿弥陀仏の住む浄土である「**極楽**」が多くの人々の信仰の対象となりました。西の方角にあるので「**西方浄土**」とも言います。

▼**蓮の上**　極楽浄土のことです。「極楽往生」（成仏）すると極楽の池に咲く蓮の上に生まれます。

▼**念仏**　「南無阿弥陀仏」と唱えることです。「南無」は古代インド語で「帰依する」という意味です。「帰依」とは、神仏や高僧などを深く信じて従い頼ることです。西方浄土に住む阿弥陀仏に対して念ずるわけですから、当然西を向いて唱えます。

▼**輪廻転生**　極楽往生できずに、六つの迷いの世界―「地獄」「餓鬼」「畜生」「修羅」「人間」「天上」―のどれかに生まれ変わることになることを言います。悟りを開いた者だけが、この輪の回転から逃れて、極楽往生するのです。

ワンポイント
□六つの迷いの世界（六道）
「地獄」「餓鬼」「畜生」
「修羅」「人間」「天上」

▼**罪**　極楽往生を妨げる行いを言います。古文の世界では「現世への執着」が「罪」として描かれます。

▼**ほだし**　出家して極楽往生しようとする人の思いを妨げて、その人を俗世や現世に引き戻そうとするものを言います。古文の世界では「家族」が「ほだし」として描かれます。

初　版第1刷発行　2009年10月1日
初　版第5刷発行　2010年4月1日
第2版第1刷発行　2011年1月20日
第2版第8刷発行　2013年2月1日
改訂版第3版第1刷発行　2013年9月1日
改訂版第3版第9刷発行　2017年1月1日
三訂版初　版第1刷発行　2017年9月20日
三訂版第2版第1刷発行　2018年2月20日
三訂版第2版第13刷発行　2023年3月10日
四訂版初　版第1刷発行　2023年10月20日
四訂版初　版第4刷発行　2024年10月1日

わかる・読める・解ける

Key & Point 古文単語330 四訂版

監修者・著者紹介

中野幸一（なかの こういち）
1932年神奈川県生まれ。早稲田大学大学院修了。文学博士。早稲田大学名誉教授。『源氏物語』など平安時代の物語文学を中心に研究し、数多くの著作がある。新編日本古典文学全集（小学館）では、『うつほ物語』『紫式部日記』の校注・訳を担当。

池田修二（いけだ しゅうじ）
1958年青森県生まれ。慶應義塾大学大学院修了。元・河合塾国語科専任講師。古文講師として共通テスト・センター試験対策、記述論述対策の講義など、長年におよぶ指導経験を持つ。

宮下拓三（みやした たくぞう）
1956年静岡県生まれ。静岡大学卒業。17年にわたり静岡県内の高校で国語科教諭を務めたのち退職。現在は著述業。高校国語教科書の編集委員を務めた経験を持ち、古典文法にも造詣が深い。

監修者｜中野 幸一
著　者｜池田 修二　宮下 拓三

発行者｜前田 道彦

発行所｜株式会社 いいずな書店
〒110-0016
東京都台東区台東1-32-8　清鷹ビル4F
TEL 03-5826-4370
振替 00150-4-281286
ホームページ https://www.iizuna-shoten.com

印刷・製本｜㈱ウイル・コーポレーション

◆装丁／BLANC design inc. 阿部ヒロシ
◆図版／アート工房

ISBN978-4-86460-673-8 C7081

（表見返しより続く）

No.	語	読み	意味	参照	出題大学
31	**指貫**	さしぬき	直衣・狩衣の下にはく袴（はかま）。	付録P346	立教大／日本大
32	**直垂**	ひたたれ	庶民の服。のちに武家の平服。		青山学院大／学習院大
33	**才**	ざえ	漢学の素養。学識。	P132	福井大／立命館大
34	**宿世**	すくせ	前世からの因縁。宿縁（しゅくえん）。	P60	愛知県立大／都留文科大
35	**念誦**	ねんず	念仏を唱えること。「ねんじゅ」とも。		成蹊大／立教大
36	**聖**	ひじり	徳高い僧。高僧。修行僧。	例文P198	東京学芸大／立教大
37	**方違へ**	かたたがえ	いったん方角を変えてから目的地に行くこと。	図版P190	新潟大／松山大
38	**唐土**	もろこし	日本で古く中国を指して言った語。		尾道大／立教大
39	**東南**	たつみ	辰と巳の間の方角。南東。「巽」とも書く。	付録P330	愛知学院大／学習院大
40	**未申**	ひつじさる	未と申の間の方角。南西。	付録P330	宮崎大／立命館大
41	**十六夜**	いさよい	陰暦十六日の夜。「いざよい」とも。	例文P266	熊本大／東京学芸大
42	**如月**	きさらぎ	陰暦二月の異称。	付録P332	都留文科大／熊本県立大
43	**卯月**	うづき	陰暦四月の異称。	付録P333	熊本大／福井大
44	**九月**	ながつき	陰暦九月。長月。	付録P334	関西学院大／立教大
45	**神無月**	かみなづき	陰暦十月の異称。「かんなづき」とも。	付録P335	京都産業大／高知大
46	**十一月**	しもつき	陰暦十一月。霜月。	例文P189	高崎経済大／防衛大
47	**気色**	けしき	様子。機嫌。思い。	例文P61	学習院大／立命館大